中國古典時代の文書の世界

西脇常記 著

中國古典時代の文書の世界
── トルファン文書の整理と研究 ──

知泉書館

序　文

　20世紀初頭，1902年から1914年の間の4回にわたり，ドイツ（プロシャ）學術調査隊は中央アジア（現在の新疆ウイグル自治區）から多くの文物を將來した。その中の文書類は，それらを得た場所の中心がトルファン地域であったためにトルファン文書と呼ばれ，漢語，ウイグル語，ソグド語，トカラ語，サンスクリットなど多くの言語文書を含んでいる。「中國古典時代の文書の世界——トルファン文書の整理と研究」と名づけた以下の作品は，そのうちの漢語文書を核とした研究である。

　ドイツ隊の將來した文書の研究は，第1回學術調査隊の歸國直後から早くもベルリンで始まっていたが，第二次世界大戰では連合國による空襲を受け，大きな破壞を被った。疎開で被害を免れた文物もあったが，研究そのものは中斷を餘儀なくされた。やがて日本と同樣に敗戰から立ち上がると，修復・研究は東ドイツの首都である東ベルリンで續けられた。不幸なことに東ドイツと日本とは1973年まで國交のない狀態が續いたが，そのような時代にも，東ドイツに入り漢語佛典の目錄を日獨共同で進める計畫を締結した，藤枝晃氏のような研究者が存在した。しかしそれは特殊な例であり，文書の自由な閱覽はベルリンの壁の崩壞までは體制の異なる西側研究者にはほとんど閉ざされたままであった。

　筆者がベルリンで初めてトルファン文書に直接ふれたのは，1994年3月末，その年の復活祭の連休が始まる直前であった。東西ドイツが統合され，主として舊東ドイツに保管されていた文書が西側の研究者にも公開されるようになった初めの年で，筆者が最初の外國人訪問者であった。それからすでに20年以上經った。その間，ベルリンのコレクションを用いていくつかの論文を書き，また2001年には筆者の專門である「中國哲學史」の立場を活かして外典の目錄 *Chinesische Texte vermischten In-*

halts aus der Berliner Turfansammlung（Franz Steiner Verlag, Stuttgart）を出版した。

　完成後しばらくしてベルリンから版本斷片の目錄を作らないかとの打診があった。いまだ漢譯大藏經のCD檢索など存在しなかった時代である。また，漢字を用いた文書とは言え佛敎は全くの專門外のことで，一時は躊躇した。しかし，ベルリンですでに實行されていたいくつかのトルファン關係のプロジェクトの終了する2015年末までに出版できればよいとのことで，それなら定年を迎えており，ゆっくり時間をかければなんとかできるのではないかと安直に考え引き受けた。ところが，やって見ると想像以上に大變な作業であった。そして十年を費やし，ドイツ語に翻譯してくれたクリーゲスコルテ（Dr. Magnus Kriegeskorte），ウイッテルン（Prof. Dr. Christian Wittern），フォーゲルザング（Prof. Dr. Kai Vogelsang）等の助力によって，2014年秋に目錄は出版された。

　目錄をより完全なものにするため，ベルリン・トルファン文書と關わりのあるイスタンブール，ヘルシンキ，そしてサンクトペテルブルクにも，筆者は足を延ばして調査を行った。その間，トルファン文書を用いたいくつかの論文を發表し，それらをまとめて2002年には『ドイツ將來のトルファン漢語文書』（京都大學學術出版會），2009年には『中國古典社會における佛敎の諸相』（知泉書館）の兩書を上梓した。本書はその續編とも言うべきもので，上述のドイツ語版版本目錄作成と平行して生まれた作品である。從って，發表時期も媒體も異なるため敍述には重複する部分も多くあるが，一篇の首尾を優先して，基本的にはオリジナルな形を留めた。以下に各章の解說を記す。

I　トルファン出土漢語大藏經の版本について

　この解說は2014年ドイツから出版された目錄*Chinesische Blockdrucke aus der Berliner Turfansammlung*の序論として用意されたものに基づいている。ただし，用意した原稿から出版までにはかなりの時間を要したので，その間に筆者自身の研究も進み，他の研究者の新しい研究も發表された。それらの成果を加えるため論述を改める必要があった。特に

契丹藏の部分である。周知のごとく，近年，山西省應縣佛宮寺の木塔第四層に安置されていた釋迦像の胎内から發見された契丹大藏經の零本12巻は，大藏經研究者の眼を惹きつけた。雕印から九百年以上を經て初めてその姿を現したもので，それによって版本大藏經研究は大きく前進した。筆者の手がけたベルリン・トルファン印刷文書佛典斷片の95パーセントは契丹藏である。また「IIトルファン漢語文書の目錄と論集：第3章 ロシア・クロトコフ蒐集漢語版本について（附目錄）」に見えるクロトコフ蒐集品にも，比較的行數の多い貴重な契丹藏斷片が含まれている。その中にはベルリン所藏斷片と接合できるものもあり，それらによって契丹大藏經の零本や房山石經テキストだけでは決定できなかった契丹藏の版式等が，ある程度明らめられるようになった。

II　トルファン漢語文書の目錄と論集

第1章「毛詩正義」寫本殘簡について——消えたベルリンの1殘簡と日本に傳世する7殘簡

　20世紀のはじめにドイツ學術調査隊がトルファン地域を中心とする中央アジアから將來した文物は，當初から廣く自國の研究者のみならず，世界の學者にも供せられた。まだ飛行機のない時代の極東の日本からも，海路はるばる出かけてそれらの文物を實見し，さまざまな情報と研究をもたらした學者は多きに至った。それらの學者の一人に，ドイツ留學中の1928年頃に，ドイツ將來コレクションを見た中國思想史研究者の高田眞治（1893-1975）がいる。彼は唐の公式な經書注釋書「毛詩正義」寫本殘簡斷片の一枚の寫眞を持ち歸ったが，歸國後それを紹介する機會はなかった。ところがその殘簡は，彼の見た1928年頃を境にベルリンでは姿を消し，忘れられた存在となってしまった。そこで筆者は寫眞からこのテキストの移寫と注記を行った。また唐の「毛詩正義」寫本は，少ない現存數のうち7枚の斷片が我が國に存在する。それらは一連の寫本である。そこでその移寫と注記も併せて試みた。

第2章　靜嘉堂文庫藏漢語版本斷片について（附目錄）

靜嘉堂文庫には貼り交ぜの折本8冊が藏されている。それらは1935年前後に中國書籍業者を通して，日本で購入されたと傳えられている。元の所有者は淸朝末期に新疆ウルムチで財務官を務めたことのある梁玉書（素文）で，彼はトルファン一帶で多くの漢語文書を蒐集している。彼の舊藏品は現在では中國國家圖書館（北京圖書館）や東京大學總合圖書館等にも收められており，また中村不折舊藏（現在は臺東區立書道博物館藏）にも入っている。本章では靜嘉堂文庫藏の漢語版本斷片の同定作業をする中で，それらが諸圖書館や博物館所藏のものと同じようにトルファン出土のものであることを，「出自の問題」「トルファンに入った大藏經セットの問題」「契丹藏の扉繪の問題」の3點について論じ，章末に同定目錄を載せた。

第3章 ロシア・クロトコフ蒐集漢語版本について（附目錄）
ロシア政府の役人であったクロトコフ（N.N. Krotkov 1869-1919）は，ウルムチ總領事や伊寧（Kuldia）領事を務める傍ら，トルファン地域でウイグル文書・ソグド文書・漢語文書等を蒐集したと自ら記している。その漢語文獻がどれほどの量にのぼるかは明らかでないが，いま『俄藏敦煌文獻』第⑰冊（上海古籍出版社，2001）には，一塊の木版佛典斷片の圖版が收められている。ロシアの中央アジア探檢の歷史は長く，從ってその蒐集品の多さも群を拔いている。しかしそれ故，蒐集品の整理もなかなか進まず，敦煌出土かトルファン出土かも明確に區分されていないのが現狀である。本章では，彼が手に入れた木版佛典斷片を同定する中で，それらがトルファンでドイツ學術調査隊の蒐集した斷片と接續する例を擧げ，彼の言述の正しさを明らかにした。附錄として421枚の木版佛典斷片の目錄をつけた。これらのまとまった木版斷片は宋から元にかけての大藏經の版式を考える上で貴重なものであり，同定過程で得られた成果は本書「Ⅰ　トルファン出土漢語大藏經解說：第2章　トルファン出土漢語大藏經の概觀」に述べた。

第4章 マンネルヘイム・コレクションについて（附目錄）
比較的早くから存在が知れ渡っていても，いくつかの理由が重なってその研究が遲れることはしばしばある。マンネルヘイム・コレクション

もその例に當たろう。淸朝最末期の軍事情勢を蒐集する任務を帶びた帝政ロシアの若き將校であったマンネルヘイム（C.G.E. Mannerheim）は，1906年から2年間，サンクトペテルブルクを出發して北京まで，ユーラシア大陸を西から東に横斷した。その間，彼はトルファン地域で漢語文書を入手した。そのコレクションには，小斷片であるが約2千點の漢語文書が含まれている。彼は軍人であり學者ではない。文書は廢墟や廢寺から土民が獲たものを購入したと考えられている。1枚の淸代の印刷斷片を除いてすべて寫本である。このコレクションの文書を筆者は2008, 2009年の兩年にわたりヘルシンキで實見する機會を得た。本稿で紹介するのは，その中でも，未傳佛典など比較的珍しいものである。最後に附錄として漢語斷片目錄を載せた。

第5章　金藏『大方便佛報恩經』は契丹藏か？

戰前のほぼ一藏の『金藏』發見，および近年の應縣木塔『契丹藏』零本の發見等によって，刻本大藏經研究は飛躍的に進み，文字の形や版式等から3系統，すなわち北宋の開寶藏とその覆刻である『金藏』・『高麗藏』，『契丹藏』そして江南地方で雕刻されたいくつかの大藏經の3つに大きく整理されるようになった。しかしこの3系統には例外もあるようで，小論では金藏『大方便佛報恩經』卷2を材料として，その版式とテキストの檢討から，それが『契丹藏』に基づいたものかどうかを考究した。檢討に用いたテキストは，フビライ中統年間（1260-1264）に印造された趙城廣勝寺本と，モンゴル時代の憲宗6年（1256）に印造された大寶集寺本の2本の金藏，契丹藏『大方便佛報恩經』卷1（應縣木塔本），高麗藏再雕本，房山石經本である。

第6章　行琳集『釋教最上乘祕密藏陀羅尼集』をめぐって

行琳は唐末の長安・安國寺（大安國寺）の密教僧である。安國寺は唐の名刹の一つであり，この故址とおぼしき地下から，新中國成立間もない1959年に大理石の密教像が發見された。報告者は，會昌廢佛の被害をさけるために埋めたものと考えた。なぜなら唐末にこの寺院の活動を傳える史料は皆無だったからである。行琳の編集した陀羅尼總集と言える『釋教最上乘祕密藏陀羅尼集』は，契丹大藏經に入藏され，その斷片は

ドイツ學術調査隊將來のトルファン文書の中にも確認されている。また金の時代には房山に石經として刻まれた。行琳のこの作品の内容を檢討し，安國寺は會昌廢佛後も存續し，密敎の中心の一つとしてその役割を果たしたこと，その作品は唐滅亡後も北中國で傳承され，遼の時代の密敎文化にもつながっていくことを明らかにした。

第7章　一枚のウイグル文印刷佛典扉繪

ウイグル文書研究者のツィーメ（Peter Zieme）はかつて「一枚のウイグル印刷物の供養者と識語」（Donor and Colophon of an Uigur Blockprint）を著し，ベルリン藏の識語を有つウイグル斷片U 4791（TM 36）を分析して，これがベルリン藏斷片の中のウイグル文印刷佛典扉繪MIK Ⅲ 4r, MIK Ⅲ 23r, MIK Ⅲ 6705(1)と關わりをもつことを明らかにした。そして，その識語の書かれた年代「戊申」と，印刷された場所「中都」の問題が殘された。U 4791は僅か一斷片ではあるが，漢語印刷が10世紀後半の北宋から本格的になるのに對し，ウイグル文印刷はいつから始まり，またどこで印刷されたかを考える貴重な史料である。ウイグル語と中央アジア史に暗い筆者は漢語の印刷本大藏經とその扉繪の研究からこの問題に當たり，U 4791識語の書かれた年代およびウイグル文印刷佛典の印刷場所を推測し，またそこから，時代や言語の異なる大藏經も印刷メディアの上では共有部分のあることを證明した。

Ⅲ　雜　纂

第1章　舍利――火葬の風景

このオリジナル原稿は，2005年2月22日に，筆者の勤務した京都大學人間・環境學の公開講座で話したものである。今は當たり前に聞こえるが，所謂「開かれた大學」が當時は聲高く叫ばれ，人間・環境學でも，一つのテーマのもとに數人の敎員がそれぞれの研究分野から一般市民を對象に講義するという企畫があった。日頃，漢字世界に埋沒していた者としては，このような企畫に接することは少なく，自分の研究を客觀化できるよい機會と積極的に參加した。人々の印象にまだ強く殘っている

比較的近い時期の中國考古學發掘の報告書や展覽會のカタログ等を用い，使ったことのない新しい機器も利用して，理解しやすいことに努めた。インドから佛教と共にもたらされた火葬が，土葬を習俗とする古代中國社會にどのように浸透していったかを，この年のテーマ「心と形」の視點に立って中國思想史の上で捉えたものである。

　第 2 章　一人の日本人中國學研究者から見たドイツの中國學
　本稿は2009年 9 月24日～25日の兩日にハンブルク大學中國學講座開設100周年を記念して催されたシンポジュウム「21世紀のドイツ中國學展望」で口頭發表（ドイツ語）した原稿に加筆したものである。シンポジュウムの參加は舊知のハンブルク大學Prof. Dr. Kai Vogelsang の招聘である。筆者は1969/1970年の冬學期にミュンヘン大學留學，そして1989/1990年，つまりベルリンの壁崩壞の年のハンブルク大學研修，あるいは1994年から始まったトルファン文書研究での十數回におよぶベルリン訪問などでたびたびドイツに滯在する機會を持った。その間に彼の地の研究所や耳學問で得た知識によって日頃考えていることをもとに準備したものである。本來はドイツの研究者の爲のものであるが，日本の中國學者がドイツ中國學にふれる機會は少ないので，その意味で多少の裨益するところがあると考え本書に載せた。

　第 3 章　私の過去と現在
　2012年 5 月12日，京都大學・總合人間學部（舊教養部）と臺灣國立淸華大學の共催で，シンポジューム「新漢學・京都論壇」が開かれた。このオリジナル原稿は，その際京大時計台下會議室で開かれた口頭發表のために用意したものである。演題はもとよりその内容についても，主催者側からの注文があった。筆者が京大で專攻した「中國哲學史」の立場から，自らの過去の研究と現在の研究について，餘り細かい内容にならないように話すとの要請であった。京大を去ってからすでに 6 年，古稀を目前に控え，自由を滿喫してゆるんだ研究生活を立て直す絶好の機會と考え，參加したものである。「中國哲學史」專攻の筆者がどのような立場から本書を著したか，自省の意味も込めて最後に置いた。

目　次

序　文 …………………………………………………………………………ⅴ

Ⅰ　トルファン出土漢語大藏經の版本について

はじめに …………………………………………………………………………5

第1章　トルファン文書とその研究成果 …………………………………7

第2章　トルファン出土漢語大藏經 ………………………………………13
　1　大藏經版本の概観 ……………………………………………………13
　2　數系統の大藏經とその斷片 …………………………………………15
　　(1)　『開寶藏』と『高麗藏』 …………………………………………15
　　(2)　『金藏』とその系列 ………………………………………………16
　　(3)　『契丹藏』 …………………………………………………………27
　　(4)　江南地方で雕刻されたいくつかの大藏經 ………………………41
　3　トルファンへの版本流入と扉繪の流傳 ……………………………42

Ⅱ　トルファン漢語文書の目錄と論集

第1章　「毛詩正義」寫本殘簡について
　　　　──消えたベルリンの1殘簡と日本に傳世する7殘簡 …………55
はじめに …………………………………………………………………………55
　1　「毛詩正義」の寫本とその形態 ………………………………………56
　2　ドイツ學術調査隊將來「毛詩正義」寫本殘簡について …………58
　3　ドイツ學術調査隊將來「毛詩正義」寫本殘簡の移錄と注記 ……60

4　日本に傳世する「毛詩正義」寫本7殘簡について……………63
　　5　日本に傳世する「毛詩正義」寫本殘簡の移寫と注記…………67
　おわりに………………………………………………………………81

第2章　静嘉堂文庫藏漢語版本斷片について（附目錄）………85
　はじめに………………………………………………………………85
　　1　出自の問題……………………………………………………86
　　2　トルファンに入った大藏經セットの問題…………………89
　　3　契丹藏の扉繪の問題…………………………………………91
　　附　静嘉堂文庫藏版本斷片目錄………………………………100

第3章　ロシア・クロトコフ蒐集漢語版本について（附目錄）…117
　はじめに………………………………………………………………117
　　1　ロシア・コレクションの整理の一端………………………118
　　2　クロトコフ蒐集品の出自……………………………………121
　　附　クロトコフ蒐集漢語版本目錄……………………………126

第4章　マンネルヘイム・コレクションについて（附目錄）……169
　はじめに………………………………………………………………169
　　1　マンネルヘイム・コレクションの蒐集地…………………170
　　2　マンネルヘイム・コレクションの特徵―時代・內容……174
　　3　種々の斷片……………………………………………………176
　　　(1)　未傳佛典……………………………………………………176
　　　(2)　『佛說仁王護國般若波羅蜜經』寫本……………………187
　　　(3)　道教關係……………………………………………………190
　　　(4)　世俗文書……………………………………………………192
　　附　マンネルヘイム・コレクション漢語斷片目錄……………196

第5章　金藏『大方便佛報恩經』は契丹藏か？………………287
　はじめに………………………………………………………………287
　　1　現存する金藏『大方便佛報恩經』…………………………288
　　2　金藏『大方便佛報恩經』卷二の版式からの檢討…………289

3　金藏『大方便佛報恩經』卷二のテキストからの檢討…………292
　おわりに………………………………………………………………297

第6章　行琳集『釋教最上乘祕密藏陀羅尼集』をめぐって………301
　はじめに………………………………………………………………301
　　1　房山石經と契丹大藏經（契丹藏）………………………………303
　　2　トルファン文書斷片に見える行琳集『釋教最上乘祕密藏
　　　　陀羅尼集』………………………………………………………308
　　3　行琳「釋教最上乘祕密藏陀羅尼集序」…………………………311
　　4　行琳集『釋教最上乘祕密藏陀羅尼集』の傳承…………………315
　おわりに………………………………………………………………317

第7章　一枚のウイグル文印刷佛典扉繪………………………………321
　はじめに………………………………………………………………321
　　1　問題の所在（一）…………………………………………………322
　　2　問題の所在（二）…………………………………………………324
　　3　黨寶海氏說について………………………………………………325
　　4　中村健太郎氏の考え………………………………………………328
　　5　筆者の考え…………………………………………………………329
　おわりに………………………………………………………………333

Ⅲ　雜　纂

第1章　舍利──火葬の風景……………………………………………339
　　1　法門寺の佛舍利供養………………………………………………339
　　2　韓愈の上表文………………………………………………………340
　　3　火葬の起源・ストゥーパの說話…………………………………341
　　4　佛舍利信仰と說話…………………………………………………344
　　5　火葬の受容…………………………………………………………345
　　6　高僧舍利信仰………………………………………………………346
　　7　舍利信仰と禪………………………………………………………348
　　8　韓愈と禪……………………………………………………………349

9　古典的儒教の人間觀……………………………………………351
　10　近世中國の人間觀………………………………………………352

第2章　一人の日本人中國學研究者から見たドイツの中國學……355
　はじめに………………………………………………………………355
　1　ドイツ中國學と日本中國學の相違……………………………355
　2　ドイツ中國學の足跡……………………………………………360
　おわりに………………………………………………………………365

第3章　私の過去と現在………………………………………………367
　1　私の過去…………………………………………………………367
　2　私の現在…………………………………………………………370
　　(1)　志磐撰『佛祖統紀』法運通塞志……………………………370
　　(2)　ベルリン・トルファン文書の印刷斷片目錄………………375
　最後に…………………………………………………………………380

あとがき…………………………………………………………………383
初出一覽…………………………………………………………………385
英文目次…………………………………………………………………387

中國古典時代の文書の世界
―― トルファン文書の整理と研究 ――

I

トルファン出土漢語大藏經の版本について

は じ め に

　筆者がベルリンで初めてトルファン文書に直接ふれてから，すでに20年以上が經った。その間，長らくベルリン・トルファン・コレクションの漢語斷片研究に携わり，いくつかの論文の中でトルファン文書についての解説を試みた。それらは，論文の内容や發表時期に應じて，獨自のアプローチや重複部分を持つものである。そこで，以下に述べるように，*Chinesische Blockdrucke aus der Berliner Turfansammlung*『ベルリン・トルファン漢語印刷文書斷片目錄』の出版を機に，近年中心的に扱っているトルファン出土漢語大藏經版本の解説部分をまとめておきたいと考える。

　まず，漢語斷片のうち佛典に關して，ベルリンから出版された目錄の紹介から始めよう。以下の3册の目錄は，すでに早い時期に出版されている。

1）　Fujieda Akira; Schmitt,G. ; Thilo,T; Inokuchi Taijun : *Katalog chinesischer buddhistischer Textfragmente* Band 1, 1975, Berlin, Akademie der Wissenschaften der DDR.

2）　Thomas Thilo : *Katalog chinesischer buddhistischer Textfragmente* Band 2, 1985, Berlin, Akademie der Wissenschaften der DDR.

3）　*Chinesische und manjurische Handschriften und seltene Drucke Teil 4 : Chinese Buddhist Texts from the Berlin Turfan Collections* Volume 3 Compiled by Kogi Kudara Edited by Toshitaka Hasuike and Mazumi Mitani, 2005, Franz Steiner Verlag, Stuttgart.

そして2014年に，上で述べた漢語印刷文書目錄

4）　*Chinesische und manjurische Handschriften und seltene Drucke Teil 7 : Chinesische Blockdrucke aus der Berliner Turfansammlung.*

Beschrieben von Tsuneki Nishiwaki. Übersetzt von Magnus Kriegeskorte und Christian Wittern. Herausgegeben von Simone-Christiane Raschmann, Franz Steiner Verlag, Stuttgart
が出版された。

1) では1071點, 2) では1200點, 3) では1109點, 4) では1282點の漢語佛典斷片が同定されている。

佛典以外のものに關しては，筆者がかつて

5) *Chinesische Texte vermischten Inhalts aus der Berliner Turfansammlung*, 2001, Franz Steiner Verlag, Stuttgart

を作成し，その中では358點が同定できている。これは，中國佛教に關わる偽經，漢譯佛典目録や中國思想史に關わる斷片も含んでおり，1) 2) 4) の内容と重なるものもある。ベルリン・コレクションには6000枚の漢語斷片が含まれると言われているが，今回の版本目録の1300點を加えれば，その約8割が同定できたことになる。ただ何枚かの斷片は重複するので，その數字はおよその目安であって，正確ではない。

筆者が敢えて新しく版本目録を作ろうとしたのは，既存の目録には寫本を重視する傾向があったからである。トルファン文書は，敦煌文書より古い時代のものを含む點で注目された。從ってトルファン文書の寫本は敦煌文書より細かい時代區分に分類され，敦煌のものにくらべて古いことが示されている。一方，唐末から始まる印刷斷片，つまり版本斷片には十分な配慮がなされなかった。寫本は4あるいは5の時代に分けて分類されているのに，版本には何の區分もなく，すべてが「版本」として一括されている。

これには別の理由もある。それは1) 2) の目録ができたころ，佛典の版本研究は緒についたばかりだったことである。

そこで以下に，大藏經版本研究の歴史や，佛典版本學が近年になって盛んになってきた狀況に觸れつつ，版本の特色とその研究の重要性について，ベルリン・トルファン・コレクションを軸に述べてみたい。

第1章
トルファン文書とその研究成果

――――――

　トルファン地域から出土したいわゆる「トルファン文書」の研究は，敦煌文書に基づいた敦煌學とともに，近年ますます充實してきている。20世紀の初頭，つまり今から百年以上も前に列強各國の探檢隊が競って自國に持ち歸った文書は，今やコレクションとして整理され目錄も出版されて，そのデジタル畫像は世界に廣く提供されつつある。

　かつて，藤枝晃はそれらのコレクションを8つに分類し，「各コレクションの現況」として主に漢語文書についての説明を加えている[1]。しかしその後，中國では新しい發掘成果が出ており，またそれに基づく最近の研究もある。そこでそれらを考慮して補足整理すれば，以下のようになる。

　1　大谷コレクション
　2　ベルリン・コレクション
　2a　西獨コレクション
　2b　出口（常順）コレクション
　2c　イスタンブール大學コレクション
　3　マンネルヘイム・コレクション
　4　スタイン・コレクション（第3次 1913-1916收集）
　5　サンクトペテルブルク・コレクション
　6　中國の三つのコレクション
　6a　黃文弼（1893-1966）發掘品
　6b　新中國發掘品1：1959年から10數年の間にアスターナやカラ・ホージャで古墓發掘

 6c 新中國發掘品 2：主として1980年から1981年にかけてベゼクリク千佛洞崖前の堆土と一部洞窟内で見つかった1000餘片
 7 王樹枏（1852-1936）舊藏品：中村不折（臺東區立書道博物館）・上野淳一（精一の子息。朝日新聞社 3 代目社主）等に移行
 8 梁玉書（素文）收集品：靜嘉堂文庫（岩崎彌之助・小彌太）・中國國家圖書館・中村不折（臺東區立書道博物館）・東京大學總合圖書館等に移行
 9 旅順博物館藏の大谷コレクション
 9a 西嚴寺藏橘資料

　筆者が對象としたベルリンの版本を中心に，少し解説してみよう。
　「2　ベルリン・コレクション」については，上で擧げたように 5 冊の目録が出版され，また，2006年からは漢語斷片（Ch）の畫像もインターネットのWeb上で公開された（http://www.bbaw.de/forschung/turfanforschung/dta/index.html[Data I], http://idp.bbaw.de/[Data II]）。これによって，これより先に公開されていたCh/UやCh/So等の斷片の漢語文書も含め，すべての漢語文書が世界のあらゆる場所で見られるようになった。
　「2b　出口（常順）コレクション」は，ドイツ學術調査隊將來品の流出物で，130點である。その圖版は，1978年に藤枝晃によって『高昌殘影』として出版された。その解題書は，氏の死後，2005年になって出版された[2]。この書はトルファン文書研究の基本書と言えよう。
　「2c　イスタンブール大學コレクション」も，やはりドイツ學術調査隊將來品の流出物である。流出の經緯については研究者によって異なる見解が出て來ている[3]。このコレクションは現在のところWeb上で公開されていない。その目録としては
  Osman Sertkaya and Kogi Kudara: *A Provisional Catalogue of Central Asian Fragments preserved at The Library of Istanbul University,* 1987
があったが，未刊だったため，筆者は近年このコレクションを調査する機會を得て，その目録「イスタンブール大學圖書館所藏漢語トルファン文書一覽表」[4]を發表した。

「3 マンネルヘイム・コレクション」は，20世紀のはじめに，後にフィンランド大統領となったマンネルヘイム（C.G. Mannerheim 1869-1951）が收集した。彼は帝政ロシアの將校として，淸朝末期の軍事情況を探るため，1906-1908の2年間にわたって，モスクワから北京までユーラシア大陸を橫斷した。その間にトルファン地域を中心に集めた2,000點ほどの斷片が，現在，國立圖書館（元のヘルシンキ大學圖書館）に保管されている。筆者はこのコレクションも實地調査し，「マンネルヘイム・コレクションについて」[5]で解說し，假目錄を發表した[6]。ただ，このコレクションには淸代の「田賦徵收文書」を除いて版本斷片は藏されていない。

「4 スタイン・コレクション」は，スタイン（A. Stein 1862-1943）が第3次探檢中（1913-1916）にトルファンに立ち寄って調査した際，アスターナで古墓を發掘して，文書を獲たものである。圖錄は，沙知・吳芳思編『斯坦因第三次中亞考古所獲漢文文獻-非佛經部分』2冊[7]が出版されている。

「5 サンクトペテルブルク・コレクション」は帝政ロシア期以來の探檢家や外交官が中央アジアで收集したもので，現在，サンクトペテルブルクの科學アカデミー東洋寫本硏究所（Institute of Oriental Studies Manuscripts of the Russian Academy of Science, St. Petersburg Branch）に保管されている。ただ，敦煌とトルファン出土品が混在したまま整理されており，トルファンのものを抽出するのは容易ではない。漢語文書の圖錄は，『俄藏敦煌文獻』全17冊[8]が出版されている。なおカラホト（西夏・黑水城）から將來した漢語文書の圖錄は，『俄藏黑水城文獻・漢文部分』全6冊[9]として出版されている。

ロシア藏の中で，はっきりとトルファン文書と考えられ，漢語佛典版本斷片研究に大きな意味を持つのは，クロトコフ（N.N. Krotkov 1869-1919）の收集品である。その解說と同定目錄は本書Ⅱ-第3章に收められている。彼はウルムチ總領事や伊寧（Kuldja）領事を務める傍ら，トルファンでウイグル文書・ソグド文書・漢語文書等を收集した。その漢語文獻がどれほどの量にのぼるかは分からないが，いま『俄藏敦煌文獻』第17冊[10]には，Дх 17015－Дх 17435の番號をつけた畫像寫眞が收められている。その中の300點ほどが版本で，このようなまとまった點數

のトルファン出土の版本斷片の存在は，ベルリン・コレクションの整理においても大きな武器となった。筆者は實見調査する機會を持ち，その中のいくつかの斷片は，ベルリン・コレクションと直接に接續し，一紙に復元できるものもいくつかあること，また版式等樣々なことを確認した。

「6　新中國發掘品」としては，古くは中華人民共和國成立直後の黄文弼發掘品が擧げられる。彼の報告書『吐魯番考古記』[11]には，獲得したいくつかの文書や寫眞が載せられている。續いて1957年から20年近くの間には，新疆維吾爾自治區博物館を中心に，アスターナやカラホージャ地區の古墓の發掘が十數回行われ，大量の文書が得られた。錄文集『吐魯番出土文書』全10冊[12]と同名の全4冊の圖版が出版されている[13]。

その後，1980年代以降に墳墓，遺構，寺院遺跡等から得られた文書の圖錄は，最近になって出版された。榮新江・李肖・孟憲實主編『新獲吐魯番出土文獻』2冊[14]である。この中には，2002年交河故城の大佛寺から出土した漢語佛典斷片39點が含まれている。それらは，4世紀の高昌郡時代から，この地が西州に屬した唐時代の8世紀半ばまでの寫本と考えられている。版本は含まれていない。

また，これと前後して『吐魯番柏孜克石窟出土漢文佛教典籍』上下篇[15]が出版された。これは，1980年代の初めにベゼクリク千佛洞の改修の際に發掘された文書について，同定作業や接續作業が終わり，圖版とともに出版されたものである。その中の未同定1片（81TB10:07a）の寫本は，基撰『瑞應疏』下卷の初めに當たる部分の注釋で，遼の唯識學僧詮明撰述『彌勒上生經疏會古通今新抄』卷4に收まるものである。この斷片は，ベルリンのCh/U 6121 + Ch/U 6002, Ch/U 7372, Ch/U 6286と寫經の形式・字形等すべてにわたりよく似ており，本來は同一寫本ではなかったかと思われる[16]。收錄佛典は寫本ばかりでなく，契丹版や金版をはじめとする多くの版本斷片も含まれており，また，ウイグル文書，ソグド文書，西夏文書，ブラフミー文書，あるいは漢語/ウイグル文書，漢語/ブラフミー文書も含まれている。

「7　王樹枏舊藏品」の内，中村不折藏については，全文書の圖版が磯部彰編『臺東區立書道博物館所藏　中村不折舊藏禹域墨書集成』[17]として出版されている。

「8　梁玉書（素文）收集品」では，靜嘉堂文庫に移ったものの内，版本斷片について筆者が目錄を作っている[18]。

　「9　旅順博物館藏の大谷コレクション」は，圖錄・目錄の『旅順博物館藏　新疆出土漢文佛經選粹』[19]と論文集『旅順博物館藏　トルファン出土漢文佛典研究論文集』[20]が出版されている。

　「9a　西嚴寺藏橘資料」は，大谷探檢隊の第二・三次の隊員であった橘瑞兆（1890-1968）から佛教文化史研究者の小川貫弌（1912-2006）に寄贈された文書斷片約180點餘である。小斷片で表裏異語文獻（漢語の裏にウイグル語・イラン語等の胡語）が多く含まれている[21]。

　以上の概觀からも分かるように，列強がトルファン地域から各國に將來した文書や新中國成立以後に發掘された文書は，着實に整理が進められ，21世紀に入ると，その成果は彩色圖錄やWebサイトで廣く公開されて，研究環境は格段に整いつつある。また上で觸れたほとんどのトルファン漢語文書は，陳國燦・劉安志主編『吐魯番文書總目　日本收藏卷』[22]，榮新江主編『吐魯番文書總目　歐美收藏卷』[23]の2冊の目錄で鳥瞰できる。既存の研究や目錄を網羅して作られたものであるが，ベルリン所藏のCh/Uなどには新たに同定されたものも加わっている。

1） 『トルファン出土佛典の研究──高昌殘影釋錄』序章「トルファン出土寫本總說」（法藏館，2005）3-9頁。
2） 注(1)に掲げる書。
3） 百濟康義「イスタンブール大學所藏の東トルキスタン出土文獻──特にその出所について」（『東方學』第84輯，148-137頁）およびAyşe Gül Sertkaya,「How the Texts found in Turfan were transferred to the Library of Istanbul University？」（新疆吐魯番地區文物局編『吐魯番學研究：第二屆吐魯番學國際學術研討會論文集』215-220頁，上海辭書出版社，2006）參照。
4） 『中國古典社會における佛教の諸相』（知泉書館，2009）右開き135-151頁。
5） 『文化史學』65號，91-112頁。後に『トルファン出土漢語文書研究』（自費出版，2010）所收。多少修正して本書Ⅱ-第4章所收。
6） 「マンネルヘイム・コレクション漢語斷片目錄」（注(5)引く『トルファン出土漢語文書研究』所收）。多少修正して本書Ⅱ-第4章所收。
7） 上海辭書出版社，2005。「非佛經部分」とされるが，佛教關係も多少含まれる。
8） 上海古籍出版社，1992-2001。
9） 上海古籍出版社，1996-2000。
10） 上海古籍出版社，2001。

11) 『考古學特刊』第3號，中國科學院，1954。邦譯は土井淑子譯『トルファン考古記』（恆文社，1994）。
12) 文物出版社，1981-1991。
13) 文物出版社，1992-1996。
14) 中華書局，2008。また整理の過程で生まれた研究成果『新獲吐魯番出土文獻研究論集』（中國人民大學，2010）が圖版編集者の名で出版されている。
15) 文物出版社，2007。
16) 拙稿「唯識關係新史料」注記11（注(4)引く拙著，右開き220頁）參照。
17) 全3冊，2005。
18) 「靜嘉堂文庫藏漢語版本斷片について」（『文化史學』69號，145-195頁）。また本書Ⅱ-第2章に收める。
19) 旅順博物館・龍谷大學共編，法藏館，2006。
20) 龍谷大學佛教文化研究所・西域研究會，2006。
21) 斷片畫像は猪飼祥夫・大木彰・橘堂晃一編『西嚴寺藏橘資料・古寫經斷簡集成・小川貫弌先生著作集（DVD二枚組）』（小川貫弌先生藏貴重書研究會，代表：小田義久，2008）に收められている。解説と同定目録は，大木彰・橘堂晃一・吉田豐「大谷探檢隊收集「西嚴寺藏橘資料」について」（龍谷大學『東洋史苑』第七十・七十一合併號）が出ている。
22) 武漢大學出版社，2005。
23) 武漢大學出版社，2007。

第2章
トルファン出土漢語大藏經

―――――

1　大藏經版本の概觀

　まず大藏經版本一般について述べる。單刻の佛典は唐代から木版印刷が始まったが，大藏經として刻されたものは，北宋の971-983年に始まる開寶版大藏經（『開寶藏』，蜀版，北宋敕版ともいう）が最初である。ベルリン・トルファン・コレクションには，この『開寶藏』の斷片から元の時代までに刻された敕版（官版）や私家版の大藏經斷片が含まれている。以下に述べるように，近年になって大藏經の新發見が續き，それらは版式から3つの系統に分けて整理されるようになった。3系統について簡潔に記せば，次のようになる。
　α）『開寶藏』，およびその覆刻の『高麗藏』と『金藏』
　　卷子本。1版23行。行14字。界線ナシ。千字文帙號は『開元釋敎錄略出』に記されているものよりおおむね1字繰り上がる。『開寶藏』には天地の界線がないのに對し，覆刻（かぶせぼり，コピーに當たる）の『高麗藏』と『金藏』にはそれが備わっている。字形などはまったく變わらないので，同じ版木を用いて印刻したと考えられている。
　β）『契丹藏』（『遼藏』，『丹本』）
　　卷子本。1版27-30行。行17字もしくは17字前後。千字文帙號は『開元釋敎錄略出』に記されているものよりおおむね1字繰り下が

る。天地の界線がある。房山石經（千字文番號のあるもの）の底本。

版式の特徵の１つとして，經卷の卷首と卷尾の經題の前後に罫線を施すが，その形態は多樣である。また鋭角的な文字にも特徵がある[1]。

γ）江南地方で雕刻されたいくつかの大藏經

折本（折帖）形式。１版30行ないし36行。１折６行。每版５折（半葉）ないし６折（半葉）。行17字。千字文帙號は『開元釋教錄略出』に記されているものと一致する。

以下の５種がある。

『崇寧藏』（福州，東禪寺等覺禪院版）：元豐３年（1080）-政和２年（1112）。每經の卷首に題記を備える。南宋から元にかけて補修がたびたびくり返されている。

『毘盧藏』（福州，開元寺版）：東禪寺版が完成した政和２年（1112）に雕印が始まり，南宋の紹興21年（1151）に完成。その後，南宋の時代に補版が作られ，補修は元まで續いている。版式は『崇寧藏』と同じ。

『思溪藏』（湖州，思溪版）：湖州思溪（現在の浙江省湖州市）の王永從一族による私家版大藏經。北宋の末年，靖康元年（1126）に雕印が始まり，南宋の紹興２年（1132）に完成。『思溪藏』には『湖州思溪圓覺禪院新雕大藏經律論等目錄』と『安吉州法寶資福禪寺大藏經目錄』の２つの目錄があり，前者に追雕補刻の部分を加えたのが後者である。

『磧砂藏』（蘇州，磧砂版）：平江府（蘇州）陳湖中の磧砂延聖院（元では延聖寺）で雕印された。南宋の嘉定９年（1216）に開雕されたが，宋元の王朝交替の際にしばらく中斷を餘儀なくされ，元の大德元年（1297）から再開された。その後，追雕と補刊の事業は15世紀前半の明の時代まで續いた。

『普寧藏』（杭州，普寧寺版）：元軍の兵火のために『思溪藏』が燒失し，大藏經の再刊が圖られた。これには新興宗教教壇である白雲宗教壇の經濟力と組織力が大いに寄與した。雕造には至元14年（1277）から14年間を費やし，27年（1290）に完成した。版式は『思溪藏』を踏襲している。

このように版本系統が明らかにされたのは前世紀末から今世紀にかけてである。その最大の契機は『金藏』と『契丹藏』の發見であった。それらの存在は，主として佛教側の殘した佛典目錄や歷史史料によって文獻上は確認されていたが，最後の確證を得るまでには至っていなかったのである。

『金藏』は，まず1934年に山西省趙城縣の廣勝寺彌勒殿から，ほぼ一藏揃った形で發見された。これが廣勝寺本である。また1959年にはチベットの薩迦寺北寺で555卷が發見され，大寶集寺本と呼ばれる。現在流布している『中華大藏經』[2]の底本にはこれらの金藏が利用され，缺けた部分は高麗再雕本等で補っている。『中華大藏經』は，『開寶藏』の覆刻である『金藏』を底本とするため，『開寶藏』の版式を確認する上でも利便を提供し，大藏經版本研究に大きな貢獻をすることとなった。

『契丹藏』は，1974年に山西省應縣佛宮寺の木塔の第四層に安置されていた釋迦像の胎内から，12卷發見された。同時に多くの契丹刻本の佛典・章疏類が發見され，圖版と解說を附した『應縣木塔遼代祕藏』[3]が出版されている。

2　數系統の大藏經とその斷片

上で述べたように，10世紀から14世紀にいたる間に雕印された大藏經は，
　α）『開寶藏』，およびその覆刻の『高麗藏』と『金藏』
　β）『契丹藏』（『遼藏』，『丹本』）
　γ）江南地方で雕刻されたいくつかの大藏經
の3系統に大きく分けられる。これ以外にいわゆる單刻本が存在する。

以下，ベルリン斷片からいくつかの例を舉げ，このコレクションを概觀しつつ，3系統に屬する大藏經について解說を加える。

(1)　『開寶藏』と『高麗藏』

『開寶藏』は最初の刊本大藏經で，敕版である。北宋時代の971-983年に始まり，初刻部分でも1,076部，5,048卷，480帙にのぼる。さらに宋

代に新たに譯された經なども加わるので壯大な卷數となる。この大藏經は國内のみならず，近隣の高麗や日本にも下賜されており，ある程度の部數が印刷されたものと考えられる。しかし現在，『開寶藏』として世界で確認されているのは十數卷に過ぎない[4]。從ってたとえ斷片であっても貴重なものである。

なお高麗では，その覆刻が二度行われた。『高麗藏』と『再雕高麗藏』である。『開寶藏』をはじめとする諸大藏經は，宋，遼，金，モンゴル，元からトルファンに入ったと考えられるが，二つの『高麗藏』はトルファンには入っていないと思われる。

ベルリン・コレクションの，Ch/U 6412v, Ch/U 7494r（T III D 1020），Ch/U 8098rは，『開寶藏』の『蘇悉地羯羅供養法』である。出口503 もそれで，出口503 ＋中斷＋Ch/U 7494r＋Ch/U 8098＋Ch/U 6412rと接續する。Ch 2848（T III M 146）『中阿含經』，Ch/U 7326r（T III 62.1021)『大般若波羅蜜多經』も『開寶藏』であろう。トルファン出土の斷片は小さく，天地の揃ったものは少ないので，界線の有無で『開寶藏』かその覆刻の『金藏』かを判定することは不可能な場合が多い。この點については，次の『金藏』の解説の際に述べる。

(2) 『金藏』とその系列

　ⅰ）『金藏』

『金藏』は北宋の『開寶藏』の覆刻版と言われている。その出版の歷史を概略すれば，以下のようになる。一般的に大藏經の開版を傳える史料はさほど多くない上に，『開寶藏』には刊記があるが，『金藏』にはほとんどないため，その歷史を探ることはさらに難しい。ここに述べることは，苦勞して樣々な史料に當たった先人達の研究成果に基づいているが，推測部分も含まれている。

先に述べたように，『金藏』は1934年，山西省趙城縣にある廣勝寺の彌勒殿から一藏がほぼ揃った形で發見された。『開寶藏』と異なるのは，『金藏』が皇帝による敕版ではなく，民間におこった大藏經だという點である。北宋・欽宗の靖康元年（1126）正月，首都の開封に金が入寇した。翌年には，都下の顯聖寺聖壽禪院に置かれていた敕版大藏經の板木が，金兵の手によって運び去られた。この板木はその後，行方不明であ

ったが，山西省潞州出身の崔法珍によって，30年後に『金藏』の雕刻が企てられた。その間の經緯は「最初敕賜弘敎大師雕藏經板院記」[5]に詳しい。

それによれば，崔法珍は潞州長子縣（山西省）の人で，幼いころから佛敎に親しみ，13歳で出家した。大藏經の雕刻を誓い，庶民からの布施を募って，30年かかってそれを實現した。刊記によれば，最も古いものは1149年であり，最も新しいものは1173年である。開版の場所は解州（山西省）の天寧寺であった。金の世宗の大定18年（1178）になって，崔法珍は印刷した大藏經を朝廷に進獻した。敕命が降り，佛典は都，中都（現在の北京）の僧侶を動員して盛大に迎えられ，大聖安寺に安置された。

その後，大定20年（1181）には，崔法珍の流通の願いを實現するために，板木そのものも都に運ばれた。その時の經板の總數は168,113枚，卷數は6,980卷であった。運び込まれた經板は，佛典に通じている導遵ら5人の僧侶の手によって校正された。經板の整備は大定23年（1183）に終わり，經板は大昊天寺に安置されて，そこで印刷に附された。こうして『金藏』は世間に流布するようになったが，間もなく經板は大昊天寺から弘法寺に移され，そこで印刷事業が續けられたものと考えられている。

1234年，モンゴル・宋の連合軍によって金は滅亡するが，弘法寺の經板はモンゴルの時代にも傳存された。その間，戰火等で一部を失う被害を被ったが，絶えず補修と校訂が加えられ，印經活動は續けられている。

いま，われわれの利用している『中華大藏經』の底本は，すでに述べたように，以上の廣勝寺本とチベットの薩迦寺北寺の大寶集寺本という『金藏』を主として用いているが，前者はモンゴルの世祖フビライ＝ハンの中統年間（1260-1264）に燕京で印刷されたものである。後者はそれより幾分早いモンゴルのモンケ＝ハン（憲宗）6年（1256）の，ともに金が滅んだ後のモンゴル時代に印刷されたものである。從って，これら兩金藏にはモンゴル時代の補雕を經たものも當然含まれていると考えられている。

以上のように，『金藏』は金（1115-1234）の12世紀の半ばから30年ほどを要して開版にこぎつけたが，絶えず補雕を重ねて金滅亡後も維持され，モンゴル時代から元に入っても，長い命を保っていた。ここからは，

大藏經の開版および印刷には，背後にある王朝の權威と財力を誇示しようとする意圖と，佛教世界の文化遺産として王朝を越えて傳えようとする意圖の兩面が働いていることが見て取れよう。

　さて以上述べたように，20世紀になって廣勝寺本や大寶集寺本が發見されたことによって，『金藏』の版式や字形などは明らかになった。『金藏』は『開寶藏』の覆刻本であるために，1紙の行數，字形，あるいは柱刻とその位置などは『開寶藏』とほぼ同じである。すなわち，卷子本，行14字，1板23行，柱刻には經典名の簡稱，卷數，板數，千字文帙號が記される。柱刻の場所は紙縫の冒頭である。また，首題の下に千字文帙號がくる。ただ，この版式や字形は『開寶藏』の覆刻部分にあてはまることで，咸平（998-1003）以後の新譯や律，論，章疏（佛典注釋）などの部分は異なることになるし，また本書Ⅱ-第5章「金藏『大方便佛報恩經』は契丹藏か？」に見られるように，何らかの理由で別系統の契丹藏の影響を受けている事例も發見されている[6]。

　廣勝寺本『大般若波羅蜜多經』卷103[7]［圖1］を例示すれば，最初に扉繪があり，續いて經文がくる。扉繪は釋迦說法圖で26.1×38.7cmの長方形であり，扉繪右上にこの藏經の置かれた「趙城縣廣勝寺」の文字が刻まれている[8]。1卷の大きさは29.8×1320.0cmで，天地に界線が引かれ，界高は22.0cmである。大寶集寺本の界高もほぼ同じで，扉繪は護法神王圖である[9]［圖2］。

　『金藏』は『開寶藏』の覆刻本と述べたが，それを如實に示すのは，『開寶藏』の題記までが，そのまま『金藏』に雕られている場合である。例えば，『佛說寶雨經』卷10の題記には，「大宋開寶六年癸酉歲奉敕雕造」[10]と刻まれている。上で述べた版式や字體の近似からも兩者の關係は明白であるが，ただ版式では，『金藏』には天地に界線が加わる點で兩者に違いがある。『開寶藏』の說明のところで述べたように，トルファン文書は斷片であるために天地が失われている場合が多いので，『金藏』と『開寶藏』の決定的な違いを示す界線が確認できず，區別できない場合がある。

　すでに述べたように，發見された廣勝寺本と大寶集寺本は，ともに金の時代ではなくモンゴル時代に印刷されたものである。『金藏』は，1178年に崔法珍が印刷したのを最初とし，元の世祖，フビライ＝ハン

第2章　トルファン出土漢語大藏經

圖1　廣勝寺本『大般若波羅蜜多經』卷103（釋迦說法圖）

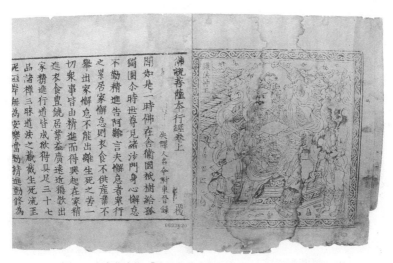

圖2　大寶集寺本『佛說菩薩本行經』卷上（護法神王圖）

(1260-1294) の時代に外國に送る36部を印刷するまでの百餘年間に43回印刷されたことが，歷史記錄上に見える[11]。トルファンで發見された『金藏』斷片には題記を備えたものもないので，これらがいつの時代に印刷され，どのようなルートで入ってきたかを知ることは難しい。

Ch 5605a（TⅢ D, B8）『大般若波羅蜜多經』卷155は，紙縫の冒頭に柱刻「大般若經卷第一百五十五　第十二張　張字號」が雕られるが，その

始まりは左の經文「薩」の字の位置からであるのに對し，廣勝寺本はもう一字上の「訶」の字からである。從って，Ch 5605aと廣勝寺本は同版であるが，おそらく同じ時に刷られたものではないであろう。あるいはCh 3231r（TⅠD 1023）『金剛般若波羅蜜經取著不壞假名論』とCh 1797（TⅠD 1010）『四分律』卷12の兩斷片は，刷りが廣勝寺本とは異なるように見える。このように，廣勝寺本及び大寶集寺本と比較し，その字形あるいは紙質の相異等の細かい檢討を辛抱强く積み重ねる以外に，目下，トルファン出土『金藏』の出自に迫る道はない。

ベルリン・コレクションには，多くの『金藏』斷片が含まれており，旅順博物館藏大谷コレクションの17斷片[12]と比べると，版本斷片に占める『金藏』の割合が高いように思える。これは兩探檢隊の發掘・收集場所の違いによるものであろうか。

ⅱ）金版系胡蝶裝本

『金藏』は，本來は卷子本であるが，トルファンからは，金版系胡蝶裝本と思われる斷片が幾枚か發見されている。それら金版系蝴蝶裝本の存在は，比較的早くから知られていたが，大藏經の歷史の中にどのように位置づけるべきかは研究者の惱みであった。ところが，上の「5　サンクトペテルブルク・コレクション」の中で言及したクロコトフ收集品の中には，これを解く1枚の「印造記」が含まれていた。以下，この版式の大藏經について見てみよう。

「金版系蝴蝶裝本」と述べたが，これが金版であることに初めて言及したのは藤枝晃である[13]。これより前に小川貫弌は，以下に述べる出口504と黃文弼收集品の蝴蝶裝斷片をとりあげ，「北宋敕版よりの覆刻であろう」[14]と判斷している。

出口コレクションの「金版系蝴蝶裝本」は，504の『妙法蓮華經』卷4と505の『大般若波羅蜜多經』卷276の兩斷片である。前者は，25.4×33.9cm。半葉6行。行14字。界高22.4cm。匡幅27.3cm。後者は，24.9×17.2cm。半葉6行。行14字である。藤枝は，この兩斷片が『金藏』の版式，字體と一致することに氣づいた。しかし『金藏』は上で述べたように卷子本である。そこで1版の23行に柱刻の1行を加えた24行を四分して每半葉6行の蝴蝶裝本に覆刻改裝したものと彼は解した。しかし，例

え1版がちょうど6行で割り切れるとはいえ，印刷の煩わしさを考えれば，卷子本の『金藏』版木を特殊な方法で刷って蝴蝶裝本に仕立てたとは考えにくい。下記の一覽表に掲げるように，このような斷片は黃文弼收集品にも2點あり，ベルリン・コレクションにもいくつかある。また最近では，敦煌莫高窟北區石窟（元の時代の石窟）からも發見されている。竺沙氏はこれについて藤枝氏と同じように，金藏の覆刻としている[15]。

筆者も早くからこの蝴蝶裝本斷片に氣づいていたが，やはり位置づけに困惑し手を附けずにいた。ところが，クロトコフ收集品の中に，やはり以上のような金版系蝴蝶裝本の斷片が幾枚か含まれ，その中の1枚には印造記（識語）が殘されていたのである。これには印刷の時期や「弘法寺藏」本であることも記されており，金版系蝴蝶裝本の出自を解く貴重な一史料となる。以下に詳述する。

　　ⅲ）印造記を伴った斷片

それはДx 17433［圖3］である。この斷片の大きさは28.8×24.0cm。界高21.7cm。四周枠線の左線はなく，上下と右の三方の枠線のみが確認できる。枠內の冒頭に柱刻「大般若經　第二百四十二　十四張　閏字」が置かれ，次に『大般若波羅蜜多經』卷242の末尾1行（T6, 224 c12-13）があり，1行空行の後に，尾題が續く。殘念なことにこの卷の『金藏』が遺っていないので『高麗再雕本』と比較すれば，尾題までの版式あるいは字形は非常によく似ている[16]。その後に，やはり三方のみ確認できる19.5×10.5cmの枠線があり，その中に下記

圖3　Дx 17433

のような印造記が記される。[ ]内の文字は筆者の補ったもの。

  淸信奉佛弟子
  宣差圖欒參謀喜藏都通印經三藏，[所]
  集善利，上資
  皇化，永轉法輪，普願衆生，斉成佛道者
   大朝國庚戌年　月　日
   燕京弘法大藏經局印造記

これを現代語に意譯すれば，

  在家信者である佛弟子の
  宣差圖欒參謀の喜藏都通は經・律・論の三藏を印刷いたします。
  この功德によって得られる善妙な利益が，上は皇帝陛下の德政と教化を助け，永久に佛の教えが說かれ，この世に生きる全ての人がともに佛の道を成就せんことを祈願します。
   大朝國庚戌の年某月某日
   燕京にある弘法寺の大藏經局の印造記

となる。少し說明してみよう。

 まず「大朝國」は，元の世祖フビライ＝ハンが1271年に國號を元に改める前のモンゴルを表現していたと考えられる[17]。1206年の太祖チンギス＝ハンのモンゴル建國から1271年までの間には，庚戌の年は1度だけであるから，「庚戌年」はグユク＝ハン（定宗）が亡くなり，モンケ＝ハン（憲宗）が卽位する間の1250年となろう。「宣差圖欒參謀喜藏都通」は，「圖欒參謀」が官職，「喜藏」が佛經を印造した人物の漢字名である。「都通」はモンゴル・元朝時代にウイグル語のTutungを漢字で表記したもので，中國佛教社會で用いられた「都統」に起源をもつと言われている。この言葉は，ウイグル人社會では稱號として用いられていた。「圖欒參謀」は聞き慣れない漢語である。「圖欒」もウイグル語の漢語表記という可能性はあるが，推測の域を出ない。地名，あるいは地域を示すと思われる。「喜藏」はウイグル語の"Kitso"とか"Hitso"の漢語表記であろう[18]。目下，「喜藏」に關するウイグル文書からの情報は得られていない[19]。

 モンゴル・元王朝下において，ウイグル人が佛敎信仰の一つの證として，佛典の印刷を行ってきたことは明らかにされており，拙文「元初の

一枚の印刷佛典・扉繪と供養圖」[20]に見える發願者は，フビライ＝ハンの臣下であったウイグル人の蒙速思（蒙速速）で，この印造記とあまり隔たっていない時代の人物である。その扉繪には釋迦説法圖が大きく描かれているが，これは契丹版の『妙法蓮華經』變相圖を利用したものと考えられる。つまり，契丹藏が開版された燕京（北京）には，金やモンゴル，元の時代になっても，往時の扉繪の原板，あるいは覆刻板が存在し，必要に應じて利用されていたのである。『金藏』の大寶集寺本は，上で述べたように，モンゴル期の1256年に印造されたもので，扉繪は「護法神王」の繪柄である。これも契丹藏の扉繪に起源を持つものであろう。扉繪ばかりでなく經板も相互に流通していたことは當然考えられ，『金藏』の佛典注釋（章疏）の部分は契丹藏の字形を保っていると言われている[21]。

iv）元の『弘法藏』

大藏經の歴史を考える上では，元のいわゆる『弘法藏』が問題となる。『弘法藏』とは，燕京（北京）の弘法寺に藏置され，モンゴル，元の世祖の時代に大規模な補修と校訂とを受けて開雕された，元の官版を指すものと考えられている。これに當たる現物は確定されていないが，存在したことは文獻上確かである。例えば，『影印宋磧砂藏經』の『大般若波羅蜜多經』卷1末に附された1332年の紀年のある題記からは，元の文宗治世下に，南宋から元にかけての大藏經である『普寧藏』（杭州），『思溪藏』（湖州），『東禪寺版』（福州），『磧砂版』（蘇州）に混じって大都，つまり燕都の『弘法藏』が存在したことが確認できる。その經藏目録は『至元法寶勘同總錄』（以下，『至元錄』と簡稱）である。

金から元の時代に，燕京の弘法寺に藏置されていたのは，上で見たように『金藏』の經板であったから，當然『弘法藏』自體は『金藏』の行14字等の版式あるいは卷子本の裝丁を備えていたと考えられる[22]。

府憲展は，上で紹介したクロトコフ收集品の中の，弘法寺「印造記」を含む金版系蝴蝶裝本の斷片に注目して，それらを『弘法藏』と斷定した[23]。なぜなら，卷子本と蝴蝶裝本とで體裁は異なるが，その他の版式，字形等は『金藏』と酷似していたからである。しかしこれまでには，他にも『弘法藏』の候補として研究者にとり擧げられたものがある。そ

れらについて見てみよう。

　まず,府がクロトコフ收集品の報吿をするより20數年ほど前の1979年に,雲南圖書館で,至元2年(1336)に文宗の皇后卜答失里(ブタシリ)が印造した經藏32卷が發見され,それらは元の官版,『元官藏』であると報吿された[24]。それら32卷の千字文帙號は『至元錄』と一致し,版式は1版7折,1折6行の計42行で,行17字の折本裝であった。天地の界線は雙線(二重線)を持っている。

　『元官藏』については,すでに小野玄妙がその存在に言及していたが[25],上のような實際の經藏が發見されるまでには,長い時閒を要した。そして同じ時期に,雲南圖書館藏ばかりでなく我が國の對馬の仁位東泉寺でも,同版の80卷本『華嚴經』の存在が確認された[26]。

　先にも述べたように,いわゆる『弘法藏』は,『金藏』の校訂・補刻を經た增廣本であるから,『金藏』の版式等を備えていなければならず,發見された『元官藏』はこの條件を充たさない。さらにその印造は1336年で,1332年にはすでに存在していたとされる『弘法藏』とは時代が合わない。

　ところが,雲南と對馬で『元官藏』と思しき經藏が發見された後,1987年になると北京の智化寺から,もう一つの別の經藏が發見された。元の『延祐藏』本である。これは元の延祐3年(1316),仁宗皇帝(1311-1320在位)の敕命で印刷された大藏經である。金の大定18年(1178)に雕刻された『金藏』の經板を使用しており[27],その原板の千字文帙號のみを改めた別種の官版大藏經である。從って,卷子本である點を初め,版式の上で,『延祐藏』は『金藏』と密接な關係にある。これもまたいわゆる『弘法藏』候補の一つと言え,元の官版とも考えられよう。因みに發見されたのは零本で,わずか『大金色孔雀王呪經』1卷(積號),『陀羅尼集經』1卷(福號),『大寶積經』卷5(鳥號)のみであり,どの程度の規模の大藏經であったかは分かっていない[28]。

　いま,トルファン發見の金版系蝴蝶裝本を含めた4者を整理すれば,次のようになる。

金版系蝴蝶裝本	1250年	蝴蝶裝本	1行14字
『延祐藏』	1316年	卷子本	1行14字
『弘法藏』(?)	1332年以前	卷子本(?)	1行14字(?)

『元官藏』　　　1336年　　　折本　　　1行17字

　以上，金から元にかけての北中國での大藏經の歴史をふり返ったのであるが，複雜な樣相となっているのは，史料不足によって，次々に發見される經藏をどのように位置づけるべきか，決定できないためである。目下の結論としては，いわゆる『弘法藏』に該當するのは『延祐藏』（發見された卷數は少ないが）のみである。トルファン發見の「金版系蝴蝶裝本」は「印造記」から「弘法寺本」と言えるだけである。

　次にこれまでに發見された金版系蝴蝶裝本斷片一覽を掲げる。半葉5行のものは最後に附す。

　ⅴ）　金版系蝴蝶裝本斷片一覽

Ch 3328（TⅡT 1672）　『大般若波羅蜜多經』卷95
Ch 3146（TⅡT 1978）　『大般若波羅蜜多經』卷137
Ch 2098（TⅡ 4016）　『大般若波羅蜜多經』卷184
Ch 1133（TⅡ 1547）+Ch 1820（TⅡ 1552）　『大般若波羅蜜多經』卷184
Ch 1859（TⅡT 4000）　『大般若波羅蜜多經』卷184
Ch 1205（TⅡT 1197）+Ch 1094（TⅢ）　『大般若波羅蜜多經』卷184
Ch 3190（TⅢ 2040）　『大般若波羅蜜多經』卷184
黄文弼　圖15　『大般若波羅蜜多經』卷197
黄文弼　圖16　『大般若波羅蜜多經』卷197
Ch 1791（TⅡT 1536）　『大般若波羅蜜多經』卷197
Ch 1782（TⅢM 173.141）　『大般若波羅蜜多經』197
Ch 2909（TⅡD 302）　『大般若波羅蜜多經』卷222
Дх 17433　『大般若波羅蜜多經』卷242
Дх 17195 + Дх 17189 + Дх 17177 + Дх 17178 + Дх 17179 + Дх 17163　『大般若波羅蜜多經』卷275
出口505　『大般若波羅蜜多經』卷276
Ch 2416r（TⅡT 1900）　『大般若波羅蜜多經』卷474
Ch 1162（TⅡT 1942）　『大般若波羅蜜多經』卷474
Ch 2677（o.F.）　『大般若波羅蜜多經』卷571
Ch 3076r（o.F.）　『大般若波羅蜜多經』卷571
Ch 3660（o.F.）　『大般若波羅蜜多經』卷598

Ch 2468（o.F.）＋Ch 3626 （o.F.）＋Ch 2388 （o.F.）『集一切福徳三昧經』
　　卷下
Ch 2754（TⅢD 316）『中阿含經』卷21
Ch 1132（TⅡ1325）『妙法蓮華經』卷3
出口504　『妙法蓮華經』卷4
Ch/U 8158（TⅡ 1002, MIK030512）　『御製縁識幷序』
Ch/U 7466（TⅢM 219.100）　『御製縁識幷序』
Mainz 71　（TⅠ 233）　『御製縁識幷序』
敦煌莫高窟北區石窟B168窟『大寶積經』卷94[29]
TK 253　『瑜伽師地論』卷32[30]

以下，半葉5行
Ch 5607（TⅢM 190）a，B10　『大般若波羅蜜多經』卷56［圖4］
MIKⅢ 7624（TⅢM 236）v　以前の記號はⅢ23v　『大般若波羅蜜多經』
　　卷184
Ch 1120（TⅡ 1546）　『大般若波羅蜜多經』卷184
Ch 3232（TⅡ 1662）　『大般若波羅蜜多經』卷571

半葉5行か6行か不明

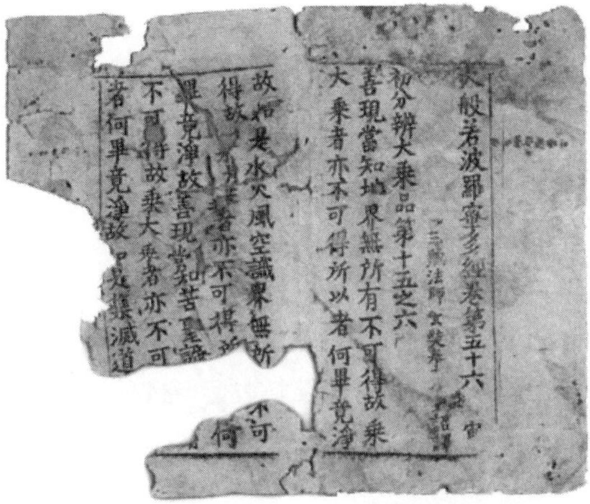

圖4　Ch 5607（TⅢ M190）a，B 10『大般若波羅蜜多經』

第2章　トルファン出土漢語大藏經

Ch 883　（TⅡT 1301）『中阿含經』卷10
Ch 1801　（o.F.）『大般若波羅蜜多經』卷561
Ch 2496（TⅡD 329）『大般若波羅蜜多經』卷576

(3)　『契丹藏』
　　ⅰ）佛宮寺木塔
　『契丹藏』は一說に興宗・道宗の1032-1068年に南京大憫忠寺（現在の北京法源寺）で開版された。旅順博物院所藏（大谷探檢隊トルファン將來）の漢語版本斷片の90パーセント以上は契丹版であると言われているが，ベルリン・トルファン・コレクションの場合にもこのことは當てはまる。
　そもそも契丹版がわれわれの目の前に姿を現わしたのは，そんなに古いことではない。1974年に，山西省應縣佛宮寺の木塔（以下，「木塔」と簡稱）の第4層に安置されていた釋迦像の胎内から，12卷の契丹大藏經の端本とともに多くの契丹刻本の佛典・章疏類が發見された。その報告は，10年近く過ぎた1982年第9期『文物』においてはじめて行われ，さらに10年を經た1991年になって，發見された典籍類の圖版と解說を附した『應縣木塔遼代祕藏』が文物出版社から出版された。
　解說では12點が『契丹藏』と報告された。その後，あらゆる角度からその當否が研究者によって檢討され，最後に竺沙雅章氏が結論に達したのは12點の中の以下に示す10點であった。それがその後の研究者にも妥當なものと考えられた。（　）内の數字は『應縣木塔遼代祕藏』の整理番號。
(1)　60卷本『大方廣佛華嚴經』卷47，"垂"字號
　　　界高 22cm　版廣50-54.1cm　29.7×824.4cm　1紙27行　1行17-18字
(2)　80卷本『大方廣佛華嚴經』卷24，"愛"字號
　　　界高 23.5cm　版廣53.6cm　30.5×125cm　30.5×69cm　1紙28行　1行15字
(3)　80卷本『大方廣佛華嚴經』卷26，"愛"字號
　　　界高 23cm　版廣55cm　30.2×83cm　1紙28行　1行15字
(4)　80卷本『大方廣佛華嚴經』卷51，"首"字號
　　　界高 23.6cm　版廣？cm　29.7×70cm　29.7×72cm　1紙？行　1

(7) 『大法炬陀羅尼經』卷13，"靡"字號
　　界高 22cm　版廣53-54cm　29.5×865.7cm　1紙27行　1行16-18字
(8) 『大方便佛報恩經』卷1，"欲"字號
　　界高 22.3cm　版廣53.8-55cm　28.4×493.3cm　1紙27行　1行16-18字
(9) 『中阿含經』卷36，"清"字號
　　界高 22.3cm　版廣53.4-53.8cm　29.7×1129cm　1紙27行　1行16-18字
(10) 『阿毘達磨發智論』卷13，"弟"字號
　　界高 22.4cm　版廣53.5-55.8cm　29.1×1129.2cm　1紙27行　1行16-18字
(11) 宋法天譯『佛說大乘聖無量壽決定光明王如來陀羅尼經』，"刻"字號
　　界高 21.8cm　版廣53.3cm　29.2×292cm　1紙27行　1行16-18字
(12) 遼德雲集『一切佛菩薩名集』卷6，"勿"字號
　　界高 24cm　版廣55-55.2cm　28.9×235.4cm　1紙28行　1行12-21字

　竺沙氏が12點から10點に絞るに際して用いた基準は，「1行17字」「首題・尾題の前後に罫線を施す」「千字文帙號等の版式」であった。竺沙氏は(2)，(3)，(4)の唐譯80卷本の『大方廣佛華嚴經』が，1行15字であるために當初は『契丹藏』ではないとしたのであるが，その後に宋の諸版大藏經においては，『華嚴經』は1行15字であったことが明らかになり，その說を改めた。その後，竺沙氏は黑水城出土から『契丹藏』の覆刻本とされる80卷本『華嚴經』卷40の斷片（TK 88）を見出し，自らの判斷の正しいことを確認している[31]。また『應縣木塔遼代祕藏』報告書は，(5)『妙法蓮華經』卷2と(6)『證讚大乘功德經』卷1を『契丹藏』としたが，竺沙氏によってはずされた。柱刻に千字文帙號が缺けていたり，發見された他の佛典と版式がやや異なっていたりしたことによる。
　『契丹藏』の80卷本『華嚴經』については，クロトコフ蒐集品にそれを筆寫した60點以上の斷片が存在し，木塔發見のそれと同じように，1

行15字の『契丹藏』の寫本であることが確認できる。斷片の大半は『華嚴經』卷7であるが，それらはもともとこの一卷を構成していたものの，一點一點が小さく全體を復元するまでには至っていない。

80卷本『華嚴經』は，各10卷ずつ「平，章，愛，育，黎，首，臣，伏」の帙號を帶びることになるが，Дх 17119の卷7の斷片は紙縫から1行目と2行目の間に柱刻「平」字號が見え，『契丹藏』のそれと一致する。他の斷片も含め1行15字であり，それらを接續すると，1紙28行となる。

ベルリンには，クロトコフ蒐集品に見える，契丹藏を筆寫した80卷本『華嚴經』寫本そのものは存在しないが，版式の一致する版本斷片はいくつか存在する。唯一，帙號の確認できるCh 1960（TⅢ 1195）は，『華嚴經』卷69の部分であるが，紙縫より1行目と2行目の間に柱刻「臣」號が見え，下部界線もある。木塔，クロトコフ蒐集品，ベルリン藏は字形も同じで，柱刻の場所，1紙の行數，1行の字數，上下の界線等の版式も全て一致するが，木塔のみ天地の界線はなぜか雙線（二重線）である。

上述したように『契丹藏』579帙の雕印は，興宗重熙年間（1032-1055）の早い時代に始まり，20年（1051）ごろには『開元釋教錄』480帙までの部分はほぼ終わっていたとされる。その後，追雕が續けられ，全ての雕印は道宗咸雍4年（1068）に完了する[32]。

木塔の創建は遼の清寧2年（1056）で，その第4層に安置されていた釋迦塑像は一度も改修されておらず金初のものと考えられるので，胎内で發見された上述の『契丹藏』經典は遼末から金初（12世紀初）に印刷されたものと考えられている[33]。

ⅱ）房山石經

應縣木塔から『契丹藏』が發見されるまでは，この大藏經の姿を知る上では，房山石經の遼金刻經の部分が最も重要な資料であった。なぜならこの部分は『契丹藏』を底本に刻まれたと考えられてきたからである。

房山石經とは，隋の靜琬が末法の到來に備えて佛經を石に刻み，石室に鋼藏したのが始まりで，唐，遼，金の佛教徒がこの遺志を受け繼いで，數千卷の浩瀚な大藏經を雕りつけたものである。この事業は多くの資材

と金錢があって初めて實行できるもので，一佛教徒が始めたとはいえ，地方の有力者やさらには中央の貴族たち，すなわち所謂檀越たちの強力な援助や，また廣く庶民の支持があって可能となった。數百年にわたる大事業の間にはこの地が戰亂に卷き込まれた時代もあり，常に同じようなペースで石經事業が進められたわけではない。いま靜琬以後，遼の時代までのこの事業の簡單な歷史を『契丹藏』との關わりを中心に概觀しておこう。參考にしたのは塚本善隆「房山雲居寺と石刻大藏經」[34]と，竺沙雅章「新出資料よりみた遼代の佛教」[35]である。

房山は北京の西南，現在の北京市地區房山縣に位置する。唐の睿宗の第九女の金仙長公主は，この石經事業を引き繼いだ雲居寺に寺領を寄附して「大唐新舊譯經四千餘卷」の佛經を下賜せんことを，開元18年(730)に兄である玄宗に奏上した。雲居寺に經藏を送ることの先頭に立ったのは，長安の崇福寺の僧侶，智昇である。彼は『開元釋教錄』，つまり大藏經の目錄の撰者であり，この年にそれを完成させている。この目錄はその後の大藏經目錄の手本となった。こうして雲居寺が中央と結びついて大藏經を手にした爲に，これ以降，唐の時代には600卷の大部な『大般若波羅蜜多經』の刻經が始まった。しかし，唐末五代の政治の混亂期には當然，石經事業は中斷し下火になった。

遼(916-1125)が938年に，晉から燕雲十六州の割讓を受けた後，ふたたび事業は復興のきざしを見せる。特に1004年の北宋との間の澶淵の盟以降に盛んとなる。聖宗(治世982-1031)が積極的に漢族文化の導入を圖ったことが大きな原因の一つであると言われている。續く興宗(治世1031-1055)と道宗(治世1055-1100)の時代はすでに述べたように契丹大藏經が印造された時期に當たり，刻經事業は繼續推進され，1057年には「四大部經」[36]が完成した。これは小藏とも言われる[37]。小藏とは大藏經の代表的な經典で構成されている意で，大藏經の代わりと目された。またこの時期には，唐にはじまった『大般若波羅蜜多經』600卷の殘りの80卷も完成している。「四大部經」と『大般若波羅蜜多經』の完成によって石經事業もほぼ完成に近づいたと言える。

ところで，この「四大部經」の中の『大寶積經』卷第31の碑題下に，初めて千字文帙號「鳥」が刻まれた。雕造は興宗の重熙13年(1044年)であり，これ以降，『契丹藏』が石經の底本に用いられたと考えられて

いる。從來の石經の大きさはおよそ150から200cmに及ぶ長大なものであったが，通理大師が刻經の先頭に立つた大安９年（1093）からは，縱38から45cm，幅73から80cmの小型の石版が用いられるようになった。このことからもそれは確認できる。すなわち石版の小型化は『契丹藏』をそのままの形で刻することによるのであり，その一紙が石の表裏兩面に刻まれたからである[38]。小型石經は，１版27行もしくは28行，１行17字であるが，これは『契丹藏』の版式と一致する。通理大師以後も刻經事業は續けられ，續く金の時代に入っても途絕えることはなかった。

ⅲ) 契丹大藏經，房山石經とトルファン文書

房山石經と『契丹藏』の關係は以上のようなものであるが，新たに發見された應縣木塔の『契丹藏』と實際比べてみてもそう言えるのであろうか。中純夫は，「應縣木塔所出「契丹藏經」と房山石經遼金刻經」[39]の中で，發見された『契丹藏』の中の５點と，房山石經本，守其『高麗國新雕大藏校正別錄』[40]所引の「丹藏」（＝契丹藏）本，『金藏』（『中華大藏經』所收）そして『再雕高麗大藏經』本との綿密な對校を行い，果たして房山の遼金石經が契丹藏本を底本としているのか，そしてまた應縣木塔の刻本佛典が契丹藏の零本であるかを追究した。その結果，木塔本と石經本の親近性を確認出來るのは，『中阿含經』卷36と『佛説大乘聖無量壽決定光明王如來陀羅尼經』であることが示された。

ベルリン・コレクションの中にも，非常に小さい斷片であるが，これらの佛典が存在する。まず『中阿含經』卷36の斷片を列擧すれば

　　Ch 2533（o.F.）[41] ＋ Ch 2443（o.F.）[42]
　　Ch 1110（TⅢT 467）[43]
　　Ch 835（TⅡT 1648）[44]

大きさ，版式，柱刻等は注記のようであるが，以上４點のベルリン斷片，應縣木塔本[45]，房山石經本[46]は版式が一致し，「面」を「靣」に作っている點や「サンズイ」の形など，字形もそっくりである。このことによって，ベルリン斷片，應縣木塔本の『中阿含經』卷36が『契丹藏』であり，また房山石經本は『契丹藏』を底本にしたことが改めて確認できよう。

ただ柱刻の位置は，ベルリン斷片では紙縫から１行目と２行目の間に

あり，應縣木塔本の場合は紙縫の冒頭にあって，異なっている。從って，『契丹藏』の柱刻の位置は2種類あることになる。『中阿含經』の房山石經本は，金の貞元元年（1153）から3年（1155）に雕られたものであるが，その際は應縣木塔本と同じ版式の『契丹藏』テキストが用いられたことを示している。因みに應縣木塔は上述のように遼末から金初（12世紀初）を遲れることはないと考えられている。

次にもう一方の『佛說大乘聖無量壽決定光明王如來陀羅尼經』についてベルリンの斷片を見る。

Ch 2289（T II T 1146) 北宋・法天譯『佛說大乘聖無量壽決定光明王如來陀羅尼經』（T19,86b18-23）[47]。

應縣木塔本[48]と房山石經本[49]に顯著な異同はない。ベルリン斷片にも同じように異同はない。ただ「尼」「師」「此」「就」の字形は房山石經本に近く，「修」や「滿」のサンズイは應縣木塔本に近い。

契丹藏は卷子本であるが，この斷片は册子本であり，金（あるいは元）の單刻本と考えられる。從って，應縣木塔本や房山石經本などの『契丹藏』とベルリン斷片の關係を云々するのに最も良い資料とは言えないが，金の單刻本も『契丹藏』の流れを受けていることを示している。

また，本稿「第1章 トルファン文書とその研究成果」に掲げた表のうち「5 サンクトペテルブルク・コレクション」及び本章「『金藏』とその系列」で觸れたクロトコフ收集品の中にも多くの『契丹藏』や契丹版の單刻本が含まれ，そこにはベルリン所藏斷片と接續するものも多い。接續によって一版が復元できれば，『契丹藏』の版式を考える上に貴重な資料を提供することになる。接續によって天地が整い，1行の字數が確定したり1紙の行數が明らかになったり，あるいは千字文帙號が讀み取れることによって，それら大藏經の版式が判明する場合もあるからである。『契丹藏』版式については，ⅴ）で述べる。

　ⅳ）天宮寺佛塔

『契丹藏』と契丹版については，この30年の間に木塔以外にも新たな發見があった。その中でも木塔と同じように注目されたのは，1987年，河北省豐潤縣にある天宮寺の佛塔から發見された『契丹藏』である。天宮寺は11世紀半ば，遼の時代に創建されたものであるが，1976年の唐山

大地震で佛塔が大きな損傷を被り，その修復工事中に多くの佛典が見つかった。それらを實見した複數の研究者によって報告されているが，木塔の場合のような圖版つき報告書は20年以上經過した今日になっても出ておらず，また報告者間の記述にも齟齬があって，全貌の詳細は分からない。内部資料や調査に參加した研究者からの直接情報を基に紹介している，李際寧[50]や竺沙雅章氏[51]の記述に賴らざるを得ない[52]。

天宮寺の契丹佛典發見の中で注目すべき點はいくつもあるが，最も重要なことは，『契丹藏』に大字本と小字本の2種類が存在したことを確證する小字本の出現である。上で述べた木塔をはじめとする『契丹藏』は，全て大字本である。小字本の存在は文獻上は知られていたが，實際にそれが發見されたのは初めてであった。ベルリンやロシア藏には，目下のところ小字本と思しき斷片は無いようなので，詳細は兩氏の記述に讓りここでは觸れない。

　ⅴ）『契丹藏』の版式

『契丹藏』は敕令による官版なので，版式は統一されていたものと思われるが，それが五千卷以上の大部となる大藏經であれば，一經一經，寫本の時代から版本の時代に至るまでのそれぞれの歷史をもっており，開版される際の版式統一もある程度までの許容範圍を持っていて不思議はない。上述した80卷本『華嚴經』だけが1行15字であるのは，その許容範圍の一例であろう。

かつて1行字數で『契丹藏』かどうか問題とされたのが『大般若經』であった。小川貫弌は，大谷將來の『西域考古圖錄』や中村不折藏の中に『契丹藏』の殘片があることを指摘した[53]。しかしそこで小川によって提示された『契丹藏』は，1行が17字でなく16-19字と幅があり，學者の間で疑問視された。なぜなら，『大般若經』は大藏經の最初に置かれるもので，1行17字等の版式はゆるぎないものと考えられ，また16-19字の『大般若經』には紙縫から1行目と2行目の間に柱刻「般若一百六十　十」とあったが，それは『契丹藏』ではないと判斷されたからである[54]。

このような判斷がなされたのは，『契丹藏』全體が殘っていないことに大きな原因がある。應縣の木塔から發見された『契丹藏』は，全體の

巻數からみれば，五百分の一以下に過ぎない。ベルリン・トルファン・コレクションやロシア藏，あるいは新中國での發掘品，そして木塔の『契丹藏』が知られていない半世紀前に，小川は「今日東京の書道博物館や靜嘉堂文庫，並びに龍谷大學圖書館に藏するトルファン出土の印刷佛典には契丹版大藏經の殘葉數點を傳えるのである。『契丹藏』の零本さえない今日，貴重な殘簡である」[55]と述べているが，この發言はいまも活きている。世界に散藏されているトルファン出土の斷片を丁寧に調査し，一つ一つその版式を積み上げる作業は，今日でも求められているのである。

さて『契丹藏』の『大般若經』版式はどのようなものであったか。これを解く斷片はクロトコフ蒐集品にいくつか含まれており，ベルリン・コレクションにも，直接それらと接續はしないものの，一連の斷片が存在する。

クロトコフ蒐集品のДx 17198は卷子本表紙の題簽で，「大般若波羅蜜多經［卷第］五百六十五　果」[56]と記す。この題簽からは，これが『契丹藏』の表紙に附されたものと見て取れる。『契丹藏』の『大般若經』卷561-570の10卷は「果」（＝菓）の千字文帙號を帶びるからである。また，題簽の樣式は，二重枠に佛典名を記すものであるが，外枠は塗りつぶされた太い線である。この樣式は木塔の『契丹藏』やベルリンのCh 2475, Ch 3565, MIKⅢ 4633b2＋Ch 1772 等の題簽の樣式と一致する。ただクロトコフ蒐集品では，卷565は題簽のみであるが，卷569の經文斷片は30近くあり，それらは下記のように接續する。

　　Дx 17402＋Дx 17301a＋Дx 17293＋Дx 17203＋Дx 17185＋Дx 17310
　　　＋Дx 17240＋Дx 17096

　　Дx 17122＋Дx 17124＋Дx 17199＋Дx 17412

　　Дx 17282＋Дx 17214＋Дx 17280＋Дx 17186＋Дx 17415＋Дx 17121＋
　　　Дx 17236＋Дx 17212

　　Дx 17194＋Дx 17159＋Дx 17418

これらを組み合わせると，『契丹藏』の『大般若經』卷569は天地の界線を有し，紙縫から1行目と2行目の間に，例えば，柱刻「般若五百六十九　十二　菓」があり，1行18-19字，1紙30行の版式をもつ卷子本であることが明らかになる。また紙の上下幅は29.2-29.5cmで，界高は

22.3cm（Ch 2258）である。

　ところで，Ch 2258（o.F.）は寫本であるが，『契丹藏』の『大般若經』卷98をそのまま筆寫した斷片である。珍しく天地が保たれており，形狀は以下のようである。29.5×13.5cm。界高22.3cm。1行17-19字。天地兩界線。1行目と2行目に柱刻「般若九十八　四　月」がある。これも上の『契丹藏』の『大般若經』の版式を考える上で貴重な斷片の1枚である[57]。

　『大般若經』以外で，クロトコフ蒐集品とベルリン藏が接續して『契丹藏』と認められるものは，『阿毘達磨倶舍論』，『別譯雜阿含經』，『雜阿含經』である。これらは木塔發見の『契丹藏』とは重ならず，完本でもなく，1紙の行數の分からないものもあるが，貴重な『契丹藏』であることには變わりない。以下に，上で述べた80卷本『華嚴經』（寫本），『大般若經』とともに記す。

　　『華嚴經』80卷本（寫本）　1行15字，1紙28行。上下兩界線あり。柱刻は紙縫から1行目と2行目の間に，例えば「花嚴經七　平」。

　　『大般若經』　縱幅29.2-30.5cm。界高23.3cm。1行18-19字。1紙30行。上下兩界線あり。柱刻は紙縫から1行目と2行目の間に，例えば「般若五百六十九　十二　菓」。

　　『阿毘達磨倶舍論』　1行17字。1紙27行。上下兩界線あり。柱刻は紙縫から1行目と2行目の間に，例えば「倶舍論二十　志」。

　　『別譯雜阿含經』　1紙は29.3×51.7cm，界高20.8cm。1行16-18字。1紙27行。上下兩界線あり。紙縫より1行目と2行目の間に柱刻「別譯雜阿含二　十　淵」。

　　『雜阿含經』　縱幅28.6-30cm。1行17-18字。界高21.5-22cm。上下兩界線あり。紙縫の冒頭に例えば，柱刻「雜阿含三　七　盛」。

　ここで注目すべきことは，上でも觸れたように，官版大藏經とはいえ版式にばらつきのある點である。例えば上の『雜阿含經』の柱刻の位置は，ここに擧げた他の4點とは異なり，紙縫の冒頭に刻まれている。木塔の『契丹藏』は冒頭に柱刻が位置すること，またベルリン所藏の『雜阿含經』斷片で柱刻が確認できるものはすべて冒頭にきていることから，何ら不思議ではないとも言える。しかし，『雜阿含經』はこの一種の版

式のみであったのか。これは多くの『契丹藏』が發見されない限り答えられない問であろう。なぜなら，ここでの『別譯雜阿含經』の柱刻の位置は紙縫より1行目と2行目の間であったが，紙縫の冒頭にくるもの（Ch 1165a）もあるからである。

さらに上で擧げた木塔發見『契丹藏』の(9)『中阿含經』卷36は，紙縫の冒頭に，例えば「中阿含經卷三十六　二　清」と柱刻の文字が竝ぶ。これと重なる部分であるベルリン藏Ch 2533＋Ch 2433は，字形，版式ともに一致するが，柱刻の場所は紙縫より1行目と2行目の間である。この『中阿含經』卷36のテキストは，房山石經にも用いられていることが確認でき，そこでの柱刻に當たる部分は冒頭に位置する。石經は，金の貞元元年（1153）から3年（1155）に雕られたものであるから，少なくともこの時代まで，冒頭に柱刻のくるテキストが存在したことは確かである[58]。

一方ベルリン藏の『中阿含經』斷片には，木塔の『中阿含經』と字形も版式もまた柱刻の位置も同じもの（Ch 3314r）が存在する。柱刻の位置の異なるテキストは，これ以外にも多くの例を見出すことができる。例えば，Ch 2988とCh 1087は『長阿含經』斷片である。

また，柱刻の中の千字文帙號の表記も2種ある。(8)『大方便佛報恩經』卷1，(10)『阿毗達磨發智論』卷13ではそれぞれ，「欲字號」「弟字號」のように，「字號」の2字が加わる。古くは開寶藏の柱刻で，例えば「佛本行集經卷第十九　第二張　令字號」のように，佛典名，卷數，板數，千字文帙號が丁寧に書かれた。これを覆刻した『金藏』も同じように丁寧に記されている。『契丹藏』の(8)(10)は，千字文帙號以外は，佛典名以下全てが「報恩經一　十八　欲字號」，「發智論十三　二　弟字號」と簡略表記になっている。

天地の界線は，『契丹藏』では單線であるが，先に擧げた木塔の(2)，(3)，(4)の80卷本『大方廣佛華嚴經』では雙線（二重線）であった。これも版式が複數あることを想定させる資料の一つであろう。

『契丹藏』のもう一つの版式特徴は，首題・尾題に縱の罫線を引く點である。例えば，Ch 5524（o.F.）『增壹阿含經』卷22の卷末[圖5]は，經文が終わると左端に1縱罫線を引き，1行空欄のさらに左端に1縱罫線を引き，尾題「增壹阿含經卷第二十二　如」がくる。最後はさらに左

第2章　トルファン出土漢語大藏經　　　　　　　　37

端に1縱罫線を引く。これは別の佛典、『雜阿含經』卷18の末尾斷片Ch/U 7465r（T Ⅲ 75）やCh/U 7602r（o.F.）でも確かめられる。ところがCh 2384r（o.F.）は『增壹阿含經』卷3の卷末［圖6］であるが、經文が終わると左端に2本の縱罫線を引き2行空欄となり、尾題「增壹阿含經卷第［三　斯］」が續き、最後はさらに左端に1縱罫線が來る。

　Ch 5555r（TM 46）は、『增壹阿含經』卷3の卷末［圖7］で、Ch 2384rと同じ部分が殘っており、版式、字形も同じであるが、經文の終わりに罫線はなく、1行分の空欄の後に尾題「增壹阿含經卷第三　斯」がくる。尾題の左端の1縱罫線はある。罫線の多樣性についてはCh 5546も一資

圖5　Ch 5524『增壹阿含經』
　　　卷22の末尾

圖6　Ch 2384r『增壹阿含經』卷3の末尾

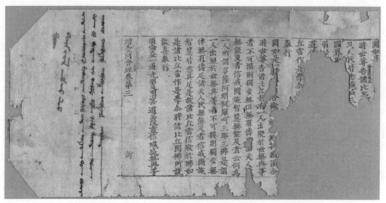

圖7　Ch 5555r（TM46）『增壹阿含經』卷3の末尾

料となろう。この斷片は『長阿含經』卷22卷末で，先に例として用いた Ch 2258と同じように，『契丹藏』を筆寫したものである。柱刻の位置，表記等，あるいは尾題下に帙號「薄」が來るのも『契丹藏』を正確に筆寫したものと思われるが，經文の後の罫線，あるいは尾題の前後の罫線は一本もない。尾題にも「佛說長阿含經卷第二十二　十六　薄」と，他の版では見られなかった板數「十六」が入る[59)]。

　以上，『契丹藏』の版式について，クロトコフ蒐集品とベルリン藏の斷片を用いて述べ，複數の版式を想定せざるを得ない例をはじめ，いくつかの新知見を提示した。それらの資料は，木塔發見の『契丹藏』とは異なり，ほとんどが小斷片に過ぎないが，千字文帙號の確認できるものや，天地の完全なものがいくつかあり，『契丹藏』を考える武器となる。上述のものも含め，そうした重要な斷片として筆者の氣づいたものを示せば，下記のようになる。なお，[ ]は筆者が補う。

Дх 17034　『六度集經』卷2　1行17字　紙縫から1行目と2行目の間に柱刻「集二 十 毀」

Дх 17044　『別譯雜阿含經』卷2　界高22.3cm　1行17字　紙縫から1行目と2行目の間に柱刻「二 十二 淵」

Дх 17048＋Дх 17345　『別譯雜阿含經』卷2　1行17字　紙縫から1行目と2行目の間に柱刻「別譯雜阿含二 十二 淵」

Дх 17211　『別譯雜阿含經』卷2　界高20.8cm　版廣51.7cm　29.3×83.5cm　1行17字　1紙27行　紙縫から1行目と2行目の間に柱刻「別譯雜阿含二 十 淵」，「別譯雜阿含二 十一 淵」

Дх 17347　『別譯雜阿含經』卷2　紙縫から1行目と2行目の間に柱刻「［別譯雜阿含二 ?］淵」

Дх 17233　『雜阿含經』卷3　1行17字　首題下に「盛」字號

Дх 17284　『雜阿含經』卷3　1行17字　紙縫の冒頭に柱刻「雜阿含三 四 盛」

Дх 17291　『雜阿含經』卷3　1行17字　紙縫の冒頭に柱刻「雜阿含三 七 盛」

Дх 17208r　『雜阿含經』卷17　1行17字　紙縫の冒頭に柱刻「［雜阿含十七 ?］川」

Дх 17140＋Дх 17112　寫本『大方廣佛華嚴經』卷7　扉繪＋首題＋譯

者名＋品題＋經文　1行15字

Дx 17119　寫本『大方廣佛華嚴經』卷7　1行15字　紙縫から1行目と2行目の閒に柱刻「[大花嚴經七？] 平」

Дx 17173　『長阿含經』卷10　柱刻「履」

Дx 17198　表紙題簽　「大般若波羅蜜多經　［卷第］五百六十五　果」

Дx 17185　『大般若波羅蜜多經』卷569　1行19字　紙縫から1行目と2行目の閒に柱刻「[般若五百六十九 ？] 菓」

Дx 17194　『大般若波羅蜜多經』卷569　1行17-19字　紙縫から1行目と2行目の閒に柱刻「般若五百六十九 十二 菓」

Дx 17236　『大般若波羅蜜多經』卷569　1行18-19字　紙縫から1行目と2行目の閒に柱刻「般若五百六十九 十一 菓」

Дx 17171　『大般若波羅蜜多經』卷569　首題下に「菓」字號

Дx 17207　『佛說十地經』卷2　1行17字　首題下に「書」字號

Дx 17049＋Дx 17104　『阿毘達磨俱舍論』卷20　1行17字　紙縫から1行目と2行目の閒に柱刻「俱舍論二十？ 志」

Ch 5524（o.F.）『增壹阿含經』卷22　界高 21.7cm　版廣？cm　29.5×23.5cm　1紙？行　1行17字　尾題「增壹阿含經卷第二十二　如」

Mainz 730v（TⅢM 117）『阿毘達磨顯宗論』卷26
　　界高21.0-21.3cm　28.8cm×69.5cm　1紙27行　1行17字
　　紙縫から1行目と2行目の行閒に，柱刻「顯宗論二十六 二 自」，「[顯宗論二十六 三] 自」

Mainz 765r（TⅡ1035）『中阿含經』卷12
　　界高21.9cm　29.5cm×53.0cm　1紙27？行　1行16-18字
　　紙縫の冒頭に柱刻「中阿含十二 五 興」

Ch 2061r（TⅡ1298）『大般若波羅蜜多經』卷447
　　界高22.3cm　29.2×10.5cm　1紙？行　1行18-19字

Ch/U 7602（o.F.）『大寶積經』卷31
　　界高20.8cm　28.9cm×10.4cm　1紙？行　1行？字
　　尾題「大寶積經卷第三十一　鳥」

Ch 1851（TⅡ T1952）『中阿含經』卷50
　　界高21.8cm　29.0×3.2cm　1紙？行　1行17字

Ch 2415a＋b（TⅢ 1154）『大般若波羅蜜多經』卷366

　　　　　　　界高22.3cm　30.5×41.5cm　1紙?行　1行18-19字
Ch 2100r（TⅡ1026）『中阿含經』卷42
　　　　　　　界高21.7cm　29.2×17.7cm　1紙?行　1行17-18字
Ch 1049（TⅠD 1009）『雜阿含經』卷5
　　　　　　　界高22.0cm　30.0×17.2cm　1紙?行　1行17字
　　　　　　　紙縫の冒頭に柱刻「雜阿含五 六［盛］」
Ch/U 7465r（TⅢ75）『雜阿含經』卷18
　　　　　　　界高21.5cm　28.6×20.8cm　1紙?行　1行17-18字
　　　　　　　尾題「雜阿含經卷第十八　川」
Ch 5555r（T M 46）『增壹阿含經』卷3
　　　　　　　界高21.9cm　29.4×58.3cm　1紙?行　1行16-18字
　　　　　　　紙縫の冒頭に柱刻「增壹阿含三［?］斯」
　　　　　　　尾題「增壹阿含經卷第三　斯」
Mainz 728（o.F.）『阿毘達磨俱舍論』卷6
　　　　　　　界高?cm　12.6cm×77.6cm　1紙27行　1行17字
　　　　　　　紙縫から1行目と2行目の行間に柱刻「俱舍論六［?　眞］」
　　　　　　　尾題「說一切有部俱舍論［卷第六　眞］」
Ch/U 8143（TⅡM 155.1019, MIK 030472）『不空羂索神變眞言經』卷30
　　　　　　　［圖8］
　　　　　　　界高21.7cm　28×12.4cm　1紙?行　1行?字
　　　　　　　扉繪+首題+經文　首題下に「男」字號

　最後に，上で述べた『契丹藏』の版式を含む諸特徵を整理すると下記のようになる。
　　　《卷子本》
　　　《縱幅28.6～30.5cm》
　　　《界高20.8～22.3cm》
　　　《1紙27行，28行，30行》
　　　《1行17字前後》
　　　《經卷の卷首と卷尾の經題の前後に罫線を施す》
　　　《首題と尾題の下に千字文帙號を記す》
　　　《紙縫の冒頭，あるいは紙縫より1行目と2行目の間に柱刻》

《柱刻には經名，卷數，板數，千字文帙號》

《千字文帙號は『開元釋敎錄略出』のそれより，おおむね1字下がる》

《題簽は經名・卷數とその下の千字文帙號。それを二重枠で圍む。外枠は太い。印刷あるいは筆寫，あるいは兩者の混在》

《銳角的な字形》

(4) 江南地方で雕刻されたいくつかの大藏經

ベルリン・コレクション（出口コレクションを含む）には，折帖裝であることや字形あるいは1行字數から，江南地方で雕刻されたものと思われる大藏經の斷片がいくつか存在する。完本である『崇寧藏』とか『毘盧藏』には，多くの場合，經卷卷首に數行程度の雕造の緣起を記した題記が見られ，『磧砂藏』や『普寧藏』には卷末に施財者等を記した

圖8　Ch/U 8143『不空羂索神變眞言經』卷30

刊記がついている。このような題記や刊記の確認できる斷片は，ベルリン・コレクションからは見つかっていないため，これについては1行字數や字形等から判斷せざるを得ない。

　藤枝氏は，出口508『大般若波羅蜜多經』卷133（T5,726b15-24）を『崇寧藏』，つまり東禪寺版と考えた。34.3×19.3cm，界高23.7cmで，11行の斷片であり，柱刻「宿　三卷　五」と「匡郭の寸法と書體」から開元寺版や磧砂版ではなく，東禪寺版としたのである[60]。但し，東禪寺版等を實見した上での判斷ではない。

　Ch 3850a＋b（o.F.）は，『大般若波羅蜜多經』卷133（T5,724c6-16）で

ある。23.8×20.1cm，11行，1折（半葉）6行であり，字體，紙質から出口508と同版同テキストと思われる。そこで，筆者は宮内廳書陵部所藏の東禪寺版（30.2×67.2cm　界高25.1cm　1折6行　1紙36行）と比べてみたが，出口藏もベルリン藏も，ともに改行不一致で東禪寺版とは認定できなかった。もちろん磧砂版とも合わない。この一例から見ても，小斷片から江南の諸藏版のどれにあたるかを決定することは難しい。以上の2斷片の他の宋末から元に至る江南の版本斷片と筆者が判斷したものを以下に掲げておく。

Ch 1093（TⅢD）　　　『大般若波羅蜜多經』卷48（T5,272b28-c2）
Ch 3098（TⅢD）＋Ch 3464（TⅢD）＋Ch 3589（TⅢD）＋Ch 3471c（TⅢD）　　　『大般若波羅蜜多經』卷119（T5,654a5-15）
Ch 3471a（TⅢD）　　　『大般若波羅蜜多經』卷119（T5,654a19-24）
Ch 3103（TⅢD）　　　『大般若波羅蜜多經』卷130（T5,710b14-20）
Ch 3471b（TⅢD）　　　『大般若波羅蜜多經』卷130（T5,710b25-29）
Ch 3851（o.F.）　　　『大般若波羅蜜多經』卷130（T5,713a17-29）
Ch 1854（TⅢ D1051）　『大般若波羅蜜多經』卷132（T5,721a3-11）
Ch 3850a＋b（o.F.）　　『大般若波羅蜜多經』卷133（T5,724c6-16）
Ch 1818（TⅢ T435）　『大般若波羅蜜多經』卷431（T7,170c14-20）
Ch/U 8177（TD 1004a,b, MIK 031770）
　　　　　　　　　　『大方廣佛華嚴經』卷76（T10,414a23-29）
Ch 1770（TⅡ 1114）　『佛說觀彌勒菩薩上生兜率天經』（T14,419c26-420a3）

3　トルファンへの版本流入と扉繪の流傳

上で述べたように，北宋の『開寶藏』，その流れを受ける『金藏』，さらに契丹版，そして江南地方の諸版，これらのすべてがトルファンに入っていたことは，斷片から確認できる。しかし，それぞれの大藏經がどのようなルートを通ってトルファンに入ったかを云々するのは難しい問題である。華北の地の10世紀から14世紀の政治情勢が微妙にからんでくるからである。個々の大藏經の説明の中で觸れたところもあるが，ここ

第2章　トルファン出土漢語大藏經　　　　　　43

でまとめてこのルートについて考えてみる。
　ルートを考える上で1つのヒントを與えてくれるのは北宋の追雕本，つまり『開寶藏』に追雕されたものである。上で取り上げたCh 2289（TⅡT 1146）の法天譯『佛說大乘聖無量壽決定光明王如來陀羅尼經』（T19,86b18-23）斷片のように，北宋の追雕本で『契丹藏』に入り，ベルリン・トルファン・コレクションにその斷片が見られるものは下記のようにいくつかある。

　　Ch/U 7316r（TⅡS 32a.1000）＋Ch/U 7546（TⅡS 32a）＋Ch 863（TⅡS 32a.1001）　天息災譯『一切如來大祕密王未曾有最上微妙大曼荼羅經』卷4
　　Ch/U 7374r（TID）　法天譯『大方廣總持寶光明經』卷5
　　Ch/U 7472r（o.F.）c＋b＋a　法賢譯『佛說瑜伽大敎育王經』卷4
　　Ch/U 7480r（TⅡT 1659）　施護譯『佛說五十頌聖般若波羅蜜經』
　　MIK Ⅲ85r（TⅢM 167）　法賢譯『佛說衆許摩訶帝經』卷1
　　Ch 1081（TⅢT 204.51）　法賢譯『佛說幻化網大瑜伽敎十忿怒明王大明觀想儀軌經』
　　Ch 1097（TⅡT 1510）　慈賢譯『妙吉祥平等祕密最上觀門大敎王經』卷2
　　Ch 1115（TI 510x）　法賢譯『佛說解夏經』
　　Ch 1620（TⅡT 1504）　施護譯『大金剛香陀羅尼經』
　　Ch 2128（TⅡ 1343）　施護譯『大金剛香陀羅尼經』

　開寶年間に法天が北インドから，その後に天息災（後に法賢と改名），施護，慈賢らが相次いでインドからやって來た。宋の太宗は太平興國7年（982）に太平興國寺に譯經院を置き，天息災らに命じて，主として密敎經典を翻譯させた。その事業は眞宗，仁宗まで續くが，北宋での翻譯事業は徐々に下火となり神宗の時代に廢止された。太平興國7年から仁宗景祐2年（1035）までの半世紀餘に漢譯された佛典は564卷に及んだ[61]。これらの新譯經典は順次，『開寶藏』に入藏追雕された。上で列擧した10斷片の佛典もその中に入るものである。
　追雕本『開寶藏』は，トルファンでは目下のところ見つかっておらず，ほとんどは契丹版である。ただ『開寶藏』系統の金版として以下の2斷

片がある。
　Ch 1050（TⅡ 4043）法護譯『佛説如來不思議祕密大乘經』卷11
　Ch/U 6152（o.F.）施護等譯『佛説一切如來眞實攝大乘現證三昧大敎王經』卷3

　これらは北宋から金に入り，そこで覆刻され，それがトルファンに入ったと考えて問題なかろう。トルファンと金との間には，トルファンと遼（契丹）との間と同じく，何の障害もなかったからである。しかし新譯追雕の『開寶藏』の場合は，まず高麗に入り，そこを經由して『契丹藏』に附加され，それがトルファンに入ったと考えられている。その根據は北宋と遼（契丹）の關係である。兩國が立立對峙した期間は百數十年に及び，その間には政治・經濟の交渉のみならず，文化交流も禁じた書禁のようなことも起こっている。國家の威信をかけた「大藏經」が直接入ることは難しかったと考えられるからである。

　もっとも，對峙した百數十年の期間，いつも緊張關係があったわけではなく，たとえ公的文化交流はなくても，何らかの道は開かれていて，直接，北宋から遼に入ったことも考えられよう。筆者はその是非を云々する新しい資料を持ち合わせていないので，契丹版には，北宋時代に新しく翻譯されて『開寶藏』の追雕とされた佛典のいくつかがあり，それがトルファンに入った事實のみの提示で終わる。

　また江南の諸大藏經と思われる斷片について，どの大藏經のものかを確定するのは難しいと述べたが，そのルートを考える史料も，やはりまだ發見されていない。直接，間接に入ったのであろうが，それは時期によっても異なるはずである。今のところ，斷片からの情報は何もない。新たな發見が期待されるところである。

　最後に，同じ手法によって契丹版と金版の扉繪の流傳について一言述べておきたい。

　本書Ⅱ-第3章「ロシア・クロトコフ蒐集漢語版本について（附目錄）」で言及したロシア藏のΦ360＋TK 278は『契丹藏』の扉繪であり，「釋迦説法圖」が描かれていた。この扉繪はやや横長ではあるが方形に近い形のものであった。また，應縣木塔から發見された『契丹藏』にもいくつか扉繪が殘っている。60卷本『大方廣佛華嚴經』は「護法神王」

で縦長[62]，『中阿含經』は「釋迦說法圖」で方形[63]，木塔の契丹版『妙法蓮華經』には變相圖で横長[64]のものと「護法天王（神王）」で縦長[65]のものがある。

ベルリン・コレクション舊Ch/U 8143『不空羂索神變眞言經』斷片には「護法神王」の文字を刻記する扉繪の一部と首題・經文が續いている。首題の下に千字文帙號を記しており，『契丹藏』の一つの扉繪であったことを物語るが，さらに扉繪の「護法神王」の文字の下には「……藏經記」[66]［圖9］が刻されており，『契丹藏』の扉繪であることを一層確信させる。TK 274[67]［圖10］は『長阿含經』，中村不折舊藏『晉唐屑玉』⑲[68]［圖11］は『大般若經』斷片であるが，それらの扉繪はCh/U 8143と一連の『契丹藏』「護法神王」の扉繪である。これらの扉繪と經文は一體として雕られている。

遺された『契丹藏』の扉繪資料は多くはないが，扉繪は大きく二つに分かれ，「變相圖」のように經文の内容を描く例と經文の内容とは直接關わりのない「釋迦說法圖」や「護法神王」のような例がある。前者は横長，後者は方形であった。

一方，『金藏』の扉繪の一つは，クロトコフ蒐集品の中に収められるДх 17281＋Дх 17061［圖12］に見える。これは小斷片であるが，『大般若波羅蜜多經』卷51の冒頭の部分にあたり，「扉繪＋首題＋譯者名＋品題＋經文」を遺している。經文の部分は天地の界線を有し，1行14字，首題の下に千字文帙號の「宙」の字が記され，『金藏』の版式を備えている。廣勝寺本の『金藏』[69]と比べてみると，文字の摩滅具合から廣勝寺本より幾分早い刷りと思えるが，兩者は同版であることが確かめられる。

扉繪の遺っている部分は横幅2cmほどで小さいものではあるが，經文と扉繪の間には紙縫が確認され，それぞれの界高も異なり，扉繪と經文は別々に雕られたものであると分かる。扉繪は，七卷本『妙法連華經』卷3の授記品の變相圖の一部である。元來の卷3の變相圖は横長で，授記品に續いて化城喩品の内容も描かれるが，この『金藏』の扉繪ではその一部が利用されている。元來の『妙法蓮華經』變相圖を適當な大きさで切りとって，一藏の扉繪として再利用したためである。時代は降るが，先に言及した，元初のフビライ＝ハンの臣下であった蒙速思（蒙速速）の供養した佛典印刷の扉繪も，Дх 17281＋Дх 17061と同じように元來は

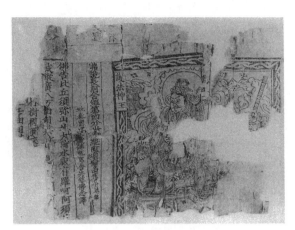

圖9　舊 Ch/U 8143 『不空羂索神變眞言經』卷30

圖10　TK 274 『長阿含經』

圖11　中村不折舊藏『晉唐屑玉』

圖12　Дx 17281＋Дx 17061 『大般若波羅蜜多經』卷51

契丹時代の『妙法蓮華經』變相圖にその起源を持っているのではないかと思われる[70]。

また，廣勝寺本『金藏』の扉繪は「釋迦說法圖」[圖1]であり，13世紀中頃の印造とされるが，その起源は分からない。廣勝寺本よりやや早い大寶集寺本『金藏』の扉繪[圖2]は方形の「護法神王」であり，契丹の扉繪を踏襲している。そこでは，扉繪の構圖や四周枠の祥雲紋はほとんど契丹の形式を變えずに描きながら，「護法神王」の刻記文字は金の字體に代っている。また，扉繪と經文の界高は一致せず，それらが別々に雕られたことを示している。

筆者は先に，トルファン文書 Ch 1054 + Ch 1615 が遼の唯識學僧詮明の『上生經疏科文』斷片であることを論じたが，その中で，契丹の字體によく似た金版廣勝寺本の『上生經疏隨新抄科文』が同じテキストであることを述べた[71]。これは金版に採り入れられる際に，契丹版そのままの覆刻ではなく，金版の版式にあうように少し整え，字體はそのまま殘して翻刻されたのではないかと思われる。經典板木と同じように，燕京の弘法寺のような特定の場所に護法神王や『法華經』變相圖のような扉繪板木が保管され，求めに應じて少しずつバリエーションをつけることが起こったが，基本的には原形をとどめ，時代を超えて長い生命を有したものと考えられよう。

1) 『契丹藏』には以下で述べるように，小字本が存在するが，ベルリン・コレクションにはその斷片は含まれていない。
2) 中華書局，1983-2004。
3) 文物出版社，1991。
4) 最近になり，方廣錩・李際寧によって12巻のリプリントが『開寶遺珍』（文物出版社，2010）として出版された。
5) 國家圖書館藏『磧砂藏』の『大寶積經』卷29卷末に載せる，明代の鮑善恢の書いた題跋。この記述内容は『金史記事本末』と一致する。
6) その時期が金藏開版の時點にまで遡るのか，あるいはそれ以後の改修・補雕の際なのかは不明であるが，上で述べた宋から元への版本の3系統は今後の研究では微修正が必要となろう。この點に關して，すでに童瑋は金藏『止觀大意』『妙法蓮花經文句』『摩訶止觀』『瑜伽師地論義演』『因明入正理論疏』『法苑義林』『般若波羅蜜多心經幽贊』等が契丹藏の復刻であることを指摘している（「《趙城金藏》與《中華大藏經》」中華書局出版，1989，1-2頁）。

7) 『中國國家圖書館　善本特藏精品選錄』(北京, 2000, 20頁)。
8) この廣勝寺本の扉繪は經文と同じ時期, つまり世祖フビライの中統年間 (1260-1264) に印造されたものと考えられるが, 竺沙雅章は明初の雕版とし(『宋元佛教文化史研究』第二部, 第四章, 二, 1「『金藏』の補刻」343頁, 汲古書院, 2000), また阿部隆一も明代とする(斯道文庫編『阿部隆一遺稿集』第一卷　宋元版篇所收「天理圖書館藏宋金元版本考」〈汲古書院, 1993, 431-460頁〉の中の「阿毗達磨發智論」「集沙門不應拜俗等事」項)。このような見解の相違は, 研究者の眼にした廣勝寺本が異なることに因ろう。一般的に言えば, 明代の料紙の色は白いと言われている。
9) 宿白「趙城金藏, 弘法藏和薩迦寺發現的漢文大藏殘本」(『藏傳佛教寺院考古』所收, 文物出版社, 1996) 參照。因みに, この扉繪は「護法神王圖」であるが, これも基本的には經文と同じ時期に印造されたと考えられよう。
10) 『中華大藏經』第16册, 644頁中段。
11) 注(6)引く童瑋, 5頁參照。
12) 竺沙雅章「西域出土の印刷佛典」(Ⅰ-第1章注(20)の書, 所收) 121頁。
13) 藤枝晃, 上揭書258-260頁。
14) 小川貫弌「吐魯蕃出土の印刷佛典」(『印度學佛教學研究』4號-1, 34頁)。
15) 竺沙雅章「『金藏』本の裝丁について」(『汲古』52號, 27-29頁)。
16) 『中華大藏經』第3册, 375頁中段-下段參照。
17) 『高麗史』世家卷二十三, 高宗二に, 「辛卯十八年(1231)……十二月……甲戌, 將軍趙叔昌與撒禮塔所遣蒙使九人持牒來, 牒曰, 蒙古大朝國皇帝聖旨專命撒里打火里赤統領大軍, 前去高麗國」と見え, 蒙古(モンゴル)を指す用例がある。また『山右石刻叢編』卷25の, 中統四年(1263)歲次癸亥二月壬子朔の紀年を有つ「三靈侯廟像記」に, 「大朝國解州聞喜縣東鎮城北上社觌修三靈侯廟像記」とある。さらに「山前等路僧尼都提領賜紫覺辯大師源公塔銘」(『石刻史料新編』, 第3輯24册所收)に「大朝戊子歲」の用例があり, 『金藏』廣勝寺本の『阿毗達磨品類足論』卷5末の題記にも, 「大朝國燕京弘法寺刀造僧普輪」(『中華大藏經』第44册, 39頁上段)と見える。
18) ベルリン・トルファン研究所のDr. Abdurishid Yakupの教示。
19) モンケ=ハンからフビライ=ハンの時代に活躍したビシュバリク出身のウイグル人Arasang (Atsang?) は佛典翻譯も行っている。彼の漢字表記は安藏である。この時代, 「藏」は佛教に關わる人物につけられたようである。北村高「安藏と佛教」(『東洋史苑』52・53合併號, 1-12頁) 參照。また時代は特定できないが, U 244に「眞藏都通」の1行落書が見える。
20) 拙著『中國古典社會における佛教の諸相』(知泉書館, 2009) 右開き153-174頁。
21) 注(6)引く童瑋, 1頁。
22) 竺沙雅章『宋元佛教文化史研究』(第1部第4章, 汲古書院, 2000), 349頁。
23) クロトコフ收集品を紹介した府憲展の報告論文のタイトルが「《俄藏敦煌文獻》科羅特闊夫收集品的《弘法藏》和高昌刻經活動」(敦煌研究院編, 『2000年敦煌學國際學術討論會文集—紀念敦煌藏經洞發現暨敦煌學百年』甘肅民族出版社, 2003

所收。328-342頁）となっていることにも，それは端的に現われている。
24) 童瑋・方廣錩・金志良「元代官刻大藏經的發現在」（『文物』1984-12, 82-86頁, 圖版7）。
25) 小野玄妙『佛書解說大辭典』（大東出版社, 1936) 891-893頁。
26) 村井章介「對馬仁位東泉寺所藏の元版新譯華嚴經について──弘法藏殘卷の發見」（『佛教史學研究』28-2）。
27) 例えば『金藏』の『阿毘達磨品類足論』卷5の尾題の前に「大朝國燕京弘法寺刁造僧普輪」1行の書込（『中華大藏經』第44册，39頁上段）が見える。これは，『金藏』が補修されて，モンゴルのモンケ＝ハンの時，1256年に印造された大寶集寺本や，1262年に印造された廣勝寺本と同じ經板が使われたことを示している。
28) 何梅「北京智化寺《延祐藏》本考」（『世界宗教研究』2005年第4期, 26-32頁）。
29) 『敦煌莫高窟北區石窟』第3卷（文物出版社, 2004, 167頁, 圖版100, 1, 2）。
30) 『俄藏黑水城文獻・漢文部分』第4卷, 322頁。
31) 竺沙雅章「黑水城出土の遼刊本について」（『汲古』43號, 20-26頁）。
32) 志延撰「暘臺山清水院創造藏經記」（『金石萃編』卷153) 參照。
33) 閻文儒・傅振倫・鄭恩淮「山西應縣佛宮寺釋迦塔發現的《契丹藏》和遼代刻經」15頁（『文物』1982-6) 參照。また，佛宮寺木塔の創建に關しては，興宗（1031-1055在位）の皇后蕭撻里の力が働いたとする說もある。張暢耕・寧立新・支配勇「契丹仁懿皇后與應州寶宮寺釋迦塔」（『遼金史論集』6, 社會科學文獻出版社, 94-144頁）參照。
34) 『塚本善隆著作集』五（大東出版社, 1975) 291-610頁。初出は『東方學報』京都第五册副刊。
35) 『宋元佛教文化史研究』（第1部第4章，汲古書院，2000) 84-86頁。初出は『禪學研究』第72號。
36) 涅槃・華嚴・般若・寶積の四部。
37) 『金石萃編』卷153,「涿州白帶山雲居寺東峰續鐫成四部經記」。
38) 志才撰「涿州涿鹿山雲居寺續祕藏石經塔記」（『全遼文』卷11）に「背面俱用，鐫經兩紙」と見える。
39) 氣賀澤保規編『中國佛教石經の研究』（京都大學學術出版會，1996) 所收, 193-239頁。
40) 『高麗大藏經』第38册。
41) 12.3×10.9cm，5＋(1)行，行17字。
42) 12.9×12.7cm, (1)＋6行，行17字。紙縫から1行と2行の間に柱刻「淸」。
43) 12.6×13.0cm, (1)＋6＋(1)行，行17字。
44) 14.5×12.2cm, 6＋(1)行，行17－18字。紙縫から1行と2行の間に柱刻「中阿含經」。
45) 『應縣木塔遼代祕藏』，本文53頁下段。
46) 『房山石經・遼金刻經』21册（華夏出版會，2000）。
47) 28.3×16.5cm，6行，行15字。
48) 『應縣木塔遼代祕藏』本文76頁下段。

49) 「刻」號。『房山石經・遼金刻經』25册，502頁上段。金の天眷3年（1140）に刻石。
50) 『佛經版本』「豐潤所出小字本遼藏」（江蘇古籍出版社，2002）93-99頁。
51) 竺沙雅章，上揭書，第一部第五章「遼代華嚴宗の一考察の中の「新出の遼代佛教典籍」」112-113頁。
52) 最近出版された『第一批國家珍貴古籍名錄圖錄』第4册（國家圖書館出版社，2009），938頁には小字本『金光明最勝王經』卷10卷末の鮮明な彩色圖版が載せられている。その解説によれば遼清寧5年（1059）の雕刻である。蝴蝶裝，界高15.8cm，半葉13行，1行24字。左右は單線，上下は雙線（二重線）。
53) 注（14）に引く「吐魯番出土の印刷佛典」28-37頁。
54) 竺沙雅章，上揭書，第一部第二章「契丹大藏經小考」307頁。
55) 大藏會編『大藏經――成立と變遷』41頁（百華苑，1964）。
56) ［ ］內は破棄部分を筆者が補う。以下同じ。「六十五」は筆寫，他は印刷されている。
57) クロトコフ蒐集品のДx 17041，Дx 17050，Дx 17063，Дx 17153，Дx 17167も契丹藏『大般若經』を筆寫したものである。
58) 房山石經と『契丹藏』については，拙著『中國古典時代の佛教の諸相』「返還文書研究 2――返還文書から見たトルファン版本の概觀」（知泉書館，2009）右開き49-53頁參照。
59) 木塔からは上で述べた『契丹藏』ばかりでなく，單刻本の契丹版も發見された。それらとベルリン・コレクションの接觸は，例えば，筆者がとりあげたことのある遼初の唯識學者，詮明「法華經玄贊會古通今新抄」の寫本（出口 327）によって確かめられる（拙著『中國古典社會における佛教の諸相』「4　出口コレクションの一斷片によせて」參照）。またCh 5635とCh 3263の契丹版，單刻本の『佛母大孔雀明王經』四周雙線邊框では，天の部分の內側に刻された金剛杵と祥雲紋が應縣木塔の『妙法蓮華經』卷第三（甲）（乙），卷第四（甲）（乙），卷第八（甲）と同じである。これは字形の酷似からも確かめられる。
60) 藤枝晃，上揭書263-264頁。
61) 『景祐新修法寶錄』（『宋會要輯稿』道釋2）。
62) 界高21.7cm×橫幅16.1cm（『應縣木塔遼代祕藏』文物出版社，1991，24頁「1」）。
63) 界高22.0-23.0cm×橫幅21.0cm（注（62）引く同書，28-29頁「7」「9」）。
64) 界高22.0-24.1×橫幅49.5-50.5cm（注（62）引く同書，32頁。「17」，「18」，33頁「21」，35頁「25」，「26」）。
65) 界高21.8cm×橫幅16.5cm（注（62）引く同書，36頁「27」）。
66) この部分，現在のベルリン保管のCh/U 8143（圖8）では破棄されて文字は殘っていない。この寫眞は向達（1900-1966）が1934-1938年にヨーロッパに派遣され，敦煌文書の調査・研究等に從事した際にベルリンで撮ったものである。李德範編『敦煌西域文獻舊照片合校』（北京圖書館，2007）391-392頁。
67) 『俄藏黑水城文獻・漢文部分』第4卷（上海古籍出版社，1997）365頁。

第 2 章　トルファン出土漢語大藏經　　　　　　　　　　51

68)　磯部彰編『臺東區立書道博物館所藏　中村不折舊藏禹域墨書集成』下，66頁下
　　段，69頁。
69)　『中華大藏經』第 1 册，505頁中段。
70)　拙著『中國古典社會における佛教の諸相』右開き53-174頁參照。
71)　注（70）引く同書206頁以下參照。

附記：本章および以下の章におけるChおよびCh/U記號を帶びる寫眞はベルリン
　　　（Depositum der Berlin-Brandenburgischen Akademie der Wissenschaften in
　　　der Staatsbibliothek zu Berlin − Preußischer Kulturbesitz Orientabteilung）
　　　からの提供を受けた。

II

トルファン漢語文書の目録と論集

第1章
「毛詩正義」寫本殘簡について
――消えたベルリンの1殘簡と日本に傳世する7殘簡――

――――――――

はじめに

　20世紀のはじめドイツは，トルファン地域を中心とする中央アジアへ，4回の學術調査隊を派遣した。最後の調査隊が收集した文書，美術品，考古學遺物等を載せた列車は，第一次世界大戰が勃發する直前の1914年7月に，敵國ロシアのモスクワを通過して，無事にベルリンに到着したと言われている。しかしそれらは，その後の2度の大戰では甚大な痛手を被った。戰前の研究者達が目にしながら，消えてしまった貴重な文物も多い。戰爭以外にも樣々な事情が考えられるが，今や先人達の手に入れた寫眞やその研究にしか確認できないものも存在するのである。

　ここに取り上げる「毛詩正義」寫本殘簡の寫眞もその一例である。持ち歸ったのは，中國思想史研究者の高田眞治（1893-1975）であった。それは，『詩經』「邶風章」の「谷風」の後半から「式微」の前半の，僅か23行の寫眞であるが，これを紹介する價値があると思われるのは，唐代の「毛詩正義」寫本で現在まで殘されたものは數えるほどしかないことによる。

　ところで「毛詩正義」の寫本は，その頃に中國の版圖に入った敦煌やトルファンなど西に傳わると同時に，遣唐使らを通じて東の日本にも入った[1]。その中には傳世品として現在まで命を保っているものもある。そこで，高田の傳えたドイツ學術調査隊將來の「毛詩正義」殘簡を取り上げ，續いてわが國に傳世する7殘簡を紹介してみたい。その前にまず，

それらを含めた「毛詩正義」の寫本とその形態についてまとめておこう。

1 「毛詩正義」の寫本とその形態

「毛詩正義」は唐初の産物で，漢の時代に國教となった儒教の經典『五經』の注釋に施された，注釋の注釋（疏）の一つである。漢の毛亨（あるいは毛萇）の注（傳）と鄭玄の注（箋）に注釋（疏）をつけたもので，北宋の時代までは單疏本として流行していた。つまり『毛詩』の經・注本と疏本は別々の書として流通していたが，やがて南宋の時代になり，讀者に便利なように經・注と疏が合刻された。

古代に生まれた作品は書き寫すことによって繼がれてきたが，唐から宋にかけて木版印刷の出現によって，徐々に寫本は木版に取って代わられるようになった。その際，十分な校勘が行われないままに刻まれ，それが合刻の時代にも受け繼がれたため，現在見られる版本テキストには誤った部分も多いと言われている[2]。しかしながら，それらのことを檢證するための唐以前の寫本は，西域の敦煌・トルファンで多くの文書が發見されるまで，中國にはほとんど殘っていなかった。

ただし西域にも「毛詩正義」の寫本は少なく，敦煌でも，スタイン498が確認できるだけである。それは大雅「民勞」篇で，37行殘っている。「民」を「人」に避諱しているので，唐の寫本と言える[3]。

正義寫本としては，ペリオ3634vとペリオ3635vがあり，それぞれ，「春秋左氏傳正義」哀公十二年正月の疏「傳言昭公娶于吳」から十三年七月の疏「賈逵等皆云董褐」，哀公十三年七月の疏「二臣爲吳晉之臣」から哀公十四年七月の疏「之末有宍象」であり，前後は斷絕している。ペリオ3634vは27.5×298.0cmの大きさで，避諱として「民」の一畫を缺く。ペリオ3635vは47行で，27.0×95.0cmの大きさである[4]。

ペリオ3635vを實見した小島祐馬（1881-1966）は，「經注は朱を以て唯その起止を標し，正義は一二格を空しうして墨を以て其下に連書す，正義盡きてまた一二格を空しうして經注の起止を標す。此の如くにして相連續して哀公十四年に至って提行す」[5]とその形式について述べる。つまり，朱で經注を，墨で疏（正義）を書き，經注の文は起（始）と止

（終）の數文字を標記する。その後に1,2字の空格があって疏文が續く。それが終われば，再び經注の起止が始まって連續し，哀公十四年になって改行する。

　單疏本寫本の書式は，まず，經注のどの部分の疏であるかを明確にすることに意が注がれている。内藤湖南によれば，ペリオ將來の「春秋左氏傳正義」（3634v＋3635v）のように，朱墨と空格そして經注の起止を用いる書式が唐の最古のものである[6]。時代が降り北宋の時代に木版が登場しても，單疏本である限りこの遺式は守られ，朱墨の使い分けだけが無くなった。

　高田の見たベルリンの「毛詩正義」寫本については，白黒寫眞から判斷せざるを得ないが，經注の標記と疏文の部分に色の濃淡が見て取れ，明らかに朱墨の使いわけを行って筆寫されている。一方，我が國に傳世する「毛詩正義」寫本には朱墨の使い分けがない。またベルリンの「毛詩正義」とスタイン498では，經注の標記の前後に空格が設けられている場合とない場合がある。類例が少ないことから，どれがより原初的な單疏本の書式であったのかを導き出すことは難しい。

　唐代の寫本の形式として，藤枝晃は「定式の麻紙にまず細い線で罫を引く。罫は上下の界欄を引いてその中間を縱罫でつなぐ。通常は上下の界欄の間隔は20糎ばかり，縱罫の間隔は1.8糎前後となり，一紙では27-29行ばかりになる[7]」と述べる。紙の縱幅は4,5世紀以降大きくなって27-28cmになり，唐代にもそれが引き繼がれた。

　上に記した日本傳世の「毛詩正義」では，詳細は第4節以下に讓るが，その縱幅は27.0-27.4cm，罫線幅は1.4-1.9cm，界高は21.6-22.5cmで，藤枝の述べる唐代の形式範圍に納まる。1紙そのまま殘るものがないので，缺けた部分を補って考えてみると，行數は26行から27行となろう。寫本1行の字數は17字が標準であるが，疏文はそれよりも多く，空格を1字と數えて20字から28字とばらつきがある。これは，文字の大きさが均一でないことを物語る。因みにスタイン498は20字から24字，ペリオ3634v，3635vは19字から21字であり多樣である。

　ベルリンの「毛詩正義」寫本では，數文字の經・注文の標記とその正義は朱と墨で色分けされており，標記の前後の空格はある場合とない場合がある。1行は16字から20字で，日本傳世品より文字がやや大きいと

思われる。これらについては，次節以下で詳しく述べる。

2　ドイツ學術調査隊將來「毛詩正義」寫本殘簡について

　ドイツ學術調査隊がトルファンを中心に收集した西域の文物はベルリンに運ばれ，逐次整理されて，學者たちの研究あるいは博物館展示品として供された。東京帝國大學助教授で史料編纂官を兼ねていた黒板勝美(1874-1946) は，1908年2月から1910年2月までのヨーロッパ留學中に，早くもそれらに接し，歸國後の1910年3月19日に報告を行っている[8]。彼が日本人として最初にドイツ・トルファン文書に接した研究者であった。

　それ以後第2次世界大戰まで，羽田亨 (1882-1955)，矢吹慶輝 (1879-1939)，内藤湖南 (1866-1934) 等，各分野の錚々たる日本人學者達が次々とベルリンを訪れ，この文書を實見し移錄して研究した。あるいは後の研究のため寫眞を持ち歸った。そしてその中のあるものは，ベルリンでは何らかの事情によって，今は現物が失われている場合があり，先人の遺した移錄や寫眞は貴重なものとなっている。

　「毛詩正義」寫本の寫眞を持ち歸った高田眞治は，1928年2月に京城帝國大學（韓國ソウル大學の前身）助教授から東京帝國大學助教授に轉じ，同時に2ヵ年のドイツ留學に出發した。その間にベルリンを訪れ，トルファン漢語文書の寫眞を手に入れたと思われるが，いつのことであったのか，詳細はほとんど分からない[9]。彼は戰後の1948年1月から1952年3月の間，公職追放に遇い東大教授の席を失った。そして戰前戰後を通じて，留學中のことを語ろうとしなかったからである。

　高田のベルリン訪問を推察し得る唯一の資料は，彼の著作『支那思想の研究』（春秋社，1939）の口繪寫眞［圖1］に選ばれている，この「毛詩正義」寫本の殘簡である。「ルコック氏將來本詩經（伯林）」と題記されているが，本文中にそれ以上の言及はない。ただ下篇第一章「西洋に於ける支那學者の孔老二子觀（一）」の中で，彼のドイツ留學中に出版された，ハンブルク大學中國學教授フォルケの『古代中國哲學史』(A. Forke: *Geschichte der altenchinesischen Philosophie*, Hamburg,1927) を利用

第1章 「毛詩正義」寫本殘簡について　　　　　59

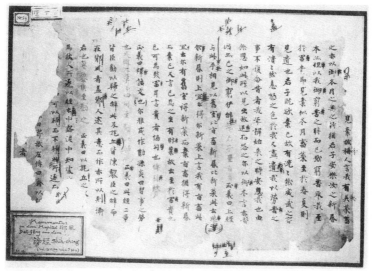

圖1　ルコック氏將來本詩經（柏林）高田眞治寫眞

　紹介し，直接に面談したことに觸れているので，フォルケを通してベルリンと關係を持ったのではないかと考えられるに過ぎない。
　口繪の寫眞からは，文書がすでに今日の保管方法と同じように2枚のガラス板の間に挾まれ，ガラスの上に3枚のラベルを貼る形式で整理されていたことが確認される。3枚のラベルの一つには「TⅡT?」とあり，ドイツの第2回調査隊がトヨク（吐峪溝）で收集したことを示す。第2回はルコック隊長が率い，1904年11月から1905年12月までの期間に行われた。もう一つのラベルには「Kommentar zu dem Kapitel 邶風 Pei-fêng aus dem 詩經 Shih-ching（Vgl. 13 King Vol. 2 P 32b)」と書かれ，同定が終わっていたことを示している。つまりこの殘簡は，『詩經』邶風章の注釋（『十三經注疏本』詩經注疏卷2の32葉裏參照）と確定されているのである。
　高田と相前後してベルリンでトルファン文書を見た大谷勝眞（1885-1941）は，「高昌國に於ける儒學」（『服部先生古希祝賀記念論文集』1936）の中で，「毛詩　邶風章」の存在を記し，吐峪溝での收集，唐中期以後の筆寫であることを述べている。つまり彼ら2人がベルリンを訪れた1928年頃には同定が終わっていて，それを見，あるいは寫眞を手に

入れることができた。ところが現在，この殘簡はベルリンに存在しない。
　中國人の王重民（1903-1975）と向達（1900-1966）は，1934年以降，長期にわたってヨーロッパに派遣され，流出した敦煌・トルファン文書の調査・研究等に從事した研究者である。彼らはベルリンにも足を運んでいるが，共に「邶風章」については何も述べない[10]。また1935年には，中國思想研究者の武内義雄（1886-1964）もベルリンを訪ねているが，同じく言及がない。このような事情から，この殘簡は，第2次世界大戰におけるベルリン空襲を避ける疎開の中で失われたと考えるよりも，高田や大谷が見た1928年頃から，王重民と向達，あるいは武内がベルリンを訪れた1935年頃までの間に，何らかの理由ですでに失われたと考えるのがより自然ではないかと思われる。
　もっとも高田や大谷は，「毛詩　邶風章」殘簡を取りあげて研究することはなかった。他の研究者たちも眼を止めなかったようである。從って，今や寫眞が唯一の情報である。そして殘簡とは言え，唐代「毛詩正義」の原初に近い姿を示し，また淸の阮元（1764-1849）が『宋刊本十三經注疏』を校勘する際には見ることの出來なかった貴重な寫本でもある。次節に移錄し若干の注記を添える。

3　ドイツ學術調査隊將來「毛詩正義」寫本殘簡の移錄と注記

　この「毛詩正義」殘簡は，上で述べたように，數文字の經・注文の標記が朱，正義が墨で色分けされており，標記の前後の1字あるいは2字の空格は設けられている場合もない場合もある。殘簡の大きさは記錄されていないが，唐代の紙の縱幅，あるいは下で觸れる舊富岡藏の傳世品を參考に寫眞から割り出せば，縱幅27-28cm×横幅40.4-41.9cmにおさまろう。天地の界線が引かれており，天高3.2-3.3cm，地高3.4-3.5cm，界高20.4-21.2cm，罫線幅1.5-1.6cmと考えられる。「邶風章」の「谷風」後半から「式微」前半の正義23行は，行16字から20字である。日本傳世品は行21字から27字であったので，この殘簡はそれに比べて幾分大きな文字で書かれていると考えられる。
　阮元の『宋刊本十三經注疏』の底本は南宋の十行本[11]である。これ

第1章 「毛詩正義」寫本殘簡について　　　　　　61

は經・注文と疏（正義），さらに陸德明『經典釋文』の合刻である。彼が校勘の際に見ることのできなかったテキストとして，同じ南宋刊の單疏本が我が國に傳世する。第5節で詳しく述べるつもりであるが，南宋刊ではあるものの，北宋の國子監で刊行されたものを南宋で覆刻しており，より古い「毛詩正義」の姿を留めている。殘念なことにこの「單疏本」は完本ではなく，全40卷の最初の7卷を缺いており，そこに重なっている高田將來寫眞の「毛詩正義」には利用できない。從って，「十行本」や阮元『宋刊本十三經注疏附校勘記』等を利用して校記するしかない。

「宋刊十行本」＝「十行本」
『宋刊本十三經注疏附校勘記』＝「阮元校勘記」
『七經孟子考文』＝「考文12)」

1. 怨其惡已，得新昏而見棄，故稱人言我有美菜，蓄
2. 之亦以御冬月之無之時，猶君子安樂汝之新昏，
3. 本亦但以我御窮苦之時而已。然窮苦取我，至
4. 於富貴即見棄，似冬月蓄菜，至於春夏則
5. 見遺也。君子既欲棄已，故有洸々然威武之容，
6. 有潰々然恚怒之色於我，又盡遺我以勞苦之
7. 事，不復念昔者我年穉始來之時安息我也。由
8. 無恩如此，所以見出，故追而怨之。亦以御冬，言亦者，
9. 因亦已之御窮。伊，辭也。箋君子至旨畜。正義曰，上經
10. 与此互相見，以舊室比旨畜，新昏比新菜。此云燕
11. 尔新昏，則上宜云得尔新菜，上言我有旨畜，此
12. 宜云尔有舊室。得新菜而棄旨畜，猶得新昏
13. 而棄已。又言已為之生有財業，故云至於富貴也。
14. 已可為致富耳，言貴者，協句也。傳肆，勞。
15. 正義曰，釋詁文也。尔雅或作勩，孫炎曰，習事之勞
16. 也。式微二章，々四句至勸以歸也。正義曰，此經二章，
17. 皆臣勸以歸之辭。此及旄丘皆陳黎臣之辭，而
18. 在鄘風者，盖鄘人述其意而作，亦所以刺衛

19. 君也。箋黎侯至勸之。正義曰，以旄丘之叙，故知
20. 為狄人所逐。以經云中露，泥中，知處之以二
21. 邑。勸之云胡不歸，知可以歸而不歸。此所逐，而云寄者，
22. 若春秋出奔之君，所在亦曰寄，故左傳曰齊以郱寄衛侯
23. 是也。喪服傳曰，寄公者何，失地之君也。謂削地盡者，

1 「故稱人言我有羙菜」：「十行本」作「故稱人言我有美菜」。
1-2 「蓄之亦以御冬月之無之時」：「十行本」作「蓄之亦以禦冬月乏無之時」。「御」，同「禦」。"谷風"有「亦以御冬」，毛傳釋曰，「御，禦也」。
3 「本亦但以我御窮苦之時而已」：「十行本」作「本亦但以我禦窮苦之時而已」。「御」，同「禦」。
3-4 「至於冨貴即見棄」：「十行本」作「至於富貴而見棄」。
6-7 「又盡遺我以勞苦之事」：「十行本」作「又盡道我以勞苦之事」。「阮元校勘記」云，「又盡道我以勞苦之事，道字上箋文作遺。形近之譌」。
7 「不復念昔者我年穉始來之時安息我也」：「十行本」作「不復念昔者我幼稚始來之時安息我也」。
8 「亦以御冬」：「十行本」作「亦以禦冬」。「御」，同「禦」。
9 「因亦己之御窮」：「十行本」作「因亦己之禦窮」。「御」，同「禦」。
9 「箋君子至旨畜」：「十行本」作「箋君子至旨蓄」。以下「畜」，均作「蓄」。
10 「以舊室比旨蓄」：「十行本」作「以舊至比旨蓄」。「阮元校勘記」云，「以舊至比旨蓄，至當作室。此與上以涇濁喻舊至誤同」。
10 「新昏比新菜」：「十行本」作「新昏以比新菜」。
10-11 「此云燕尔新昏」：「十行本」作「此云宴爾新昏」。「阮元校勘記」云，「案釋文云，宴爾，本又作燕。考文，一本宴作燕，下同」。
14 「己可為致富耳」：「十行本」作「己為致富耳」。
15 「釋詁文也」：「十行本」無「也」字。
16 「々四句至勸以歸也」：「十行本」無「也」字。
18 「亦所以刺衛」：「十行本」作「亦所以剌衛」。「刺」，俗作「剌」。

第1章 「毛詩正義」寫本殘簡について　　　　63

21「此所逐」：「十行本」作「此被狄所逐」。
22-23「故左傳曰齊以郲寄衛侯是也」：「十行本」作「故左傳曰齊以郲寄衛侯是也」。「阮元校勘記」云，「齊以郲寄衛侯。案左傳，郲當作邢」。

　以上，寫本殘簡を迻錄し，テキスト異同を主とする若干の注記を施した。この寫本からは多くのことが讀み取れる。例えば，6-7，10，10-11，22-23は，「阮元校勘記」の正しさを證するものである。また，寫眞を見れば一目瞭然であるが，行間や天地の空白部分にいくつかの書込み文字や記號が存在する。高田や大谷が見た時にはすでに同定されていたので，それらは同定者がペンで書き込んだものと思われる。例えば，17，19の「丘」字の右橫に「！」，あるいは8以下の「御」字の右橫に書込みがある。同定者は阮元『宋刊本十三經』の『毛詩注疏』本を用いて同定，あるいは校勘を行ったと考えられるが，そのテキストでは，「丘」は「孔丘」を諱んで一畫缺いており，また上に注記したように，「御」は「禦」に作られているからである。さらに，「美」の右橫には「美」の書込も見える。唐代の俗字「羙」に注記を施したのであろう。ただ上の注記と比べてみれば明白なように，いくつかの部分は拔け落ちており，十分なものではない。

4　日本に傳世する「毛詩正義」寫本7殘簡について

　今，日本でその存在が確認されている「毛詩正義」寫本は，以下の7殘簡である。これらは一つの卷子本が何枚かに分斷されたものである。しかし，もとは一つであったという意識の下に紹介されることは，これまでなかったようである。

1）秦風「小戎」殘簡　2紙　13行　行22-27字
　　27.0×25.0cm　界高22.5cm　天高1.8cm　地高2.7cm　罫線幅1.4-1.8cm　高知大學總合情報センター（附屬圖書館）　小島祐馬舊藏

2）秦風「小戎」殘簡　13行　行22-25字　27.1×24.3cm　界高21.6cm　天高2.3cm　地高3.2cm　罫線幅1.4-1.9cm　天理圖書館藏

3）秦風「小戎」から「蒹葭」殘簡　2紙　27行　行20-26字　27.5×50.4cm　界高22.3cm　天高1.8cm　地高2.7cm　罫線幅1.4-1.8cm　京都市　富岡家舊藏

4）秦風「蒹葭」殘簡　2紙　14行　行22-26字　27.4×25.8cm　界高22.3cm　天高1.8cm　地高2.7cm　罫線幅1.4-1.8cm　京都市　富岡家舊藏

5）秦風「蒹葭」殘簡　（1）+13行　行21-24字　27.4×25.4cm　界高22.3cm　天高1.8cm　地高2.7cm　罫線幅1.4-1.8cm　京都市　富岡家舊藏

6）秦風「蒹葭」殘簡　2紙　（1）+12+（1）行　行24-28字　25.5×24.5cm　界高22.3cm　天高1.8cm　地高2.7cm　罫線幅1.4-1.8cm　京都市　富岡家舊藏

7）秦風「蒹葭」殘簡　10行　行22-27字　18.0×18.0cm　天高1.8cm　罫線幅1.5-1.7cm　高知大學總合情報センター（附屬圖書館）小島祐馬舊藏

　多少の斷絕はあるが，これらは，上に竝べた順番で書き寫された，「毛詩正義」秦風「小戎」末から「蒹葭」初めにかけての一連の寫本殘簡である。

　3）から6）の4枚は上に記したように富岡家の舊藏品である。富岡鐵齋（1837-1924）の沒後，1933年1月23日に國寶指定を受けたが（現在は重要文化財），その後1939年には競賣にかけられ，富岡家から京都市に所有が移っている（『富岡文庫御藏書第二回目錄』參照）。

　富岡家と述べたが，所有者は，鐵齋より先になくなった子息，京都帝國大學講師で考古學者の謙藏（字は君撝，號は桃華，1873-1918）であった。彼がどのような經緯でこれら4枚の寫本を手に入れたかは不明であるが，その所有は，親交のあった內藤湖南を初め京都の中國學研究者には早くから知られていた。またそれらが貴重な文書であることも先人達に認識されており，1922年，京都帝國大學文學部景印唐鈔本のシリーズ

第1章 「毛詩正義」寫本殘簡について　　　　　　　　65

の第1册に、「毛詩秦風正義殘簡」としてファクシミリが收められた。このシリーズの資金は以下に述べる羅振玉（1866-1940）に依っている。彼は京都における8年近い亡命生活を打ち切り歸國する際に、自らが滯在中に果たせなかった、日本に現存する唐鈔本の影印を、親交のあった內藤湖南と狩野直喜に依賴した。その資金として、羅は自宅「永慕園」を京都帝國大學に寄附した。その間の經緯は、シリーズ第1册の初めに置かれた狩野直喜と羅振玉の序に見える。

　これより先に、亡命中の羅振玉は京都滯在中（1911年11月-1919年5月）に富岡謙藏からこの寫本を借り、1913年に跋文を書いた。オリジナルは寫本に添えられる形で殘っている。また上記景印本出版の際にも、寫本影印末にはその影印も載せられた。この文章は、後年『雪堂校刊群書敍錄』卷下，永豐鄉人稿乙に「日本古寫本毛詩單疏殘簡跋」[13]として收められた。羅の跋文については、テキスト校勘に關連するので下で詳しく見るが、「字迹疏秀，唐寫本之佳者」と述べ、校勘に用いて「以校天水以後諸本，其勝處殆不可指數」とこのテキストの價值を稱贊している。

　ただ不思議なことに、羅以外にこの寫本に注目した者は少なく、羅の跋文に觸れる者もほとんどいなかったようである。ただ當時、羅と親交のあった內藤湖南は、1929年「影印祕府尊藏宋槧單本尚書正義解題」[14]の中で、唐の單本正義の中で目睹したものとして、1）と7）の小島舊藏とともに觸れている。

　小島舊藏とは、京都帝國大學教授で中國思想史研究者の小島祐馬[15]の所藏になるものである。小島はパリ留學中にペリオ將來の敦煌文獻の調查を行い、移寫したペリオ3635「春秋正義殘簡」、ペリオ3311「唐監舍本五經正義殘簡」について紹介する中で、「ペリオ目錄三六三五號は『春秋左氏傳』單疏本の殘簡である。唐鈔の五經單疏本は『毛詩』と『禮記』との一部分が我國に現存する外、今日知られて居るところでは僅かに此卷があるだけである。」[16]と述べる。

　ところが、單疏本『毛詩』には自ら所有する寫本も含まれるが名も出さず、後年、自らそれを使ったり研究したりした形跡もない。小島の死後に、この殘簡は他の藏書とともに高知大學附屬圖書館に移った。いまその2枚の彩色寫眞は、1987年に出版された『小島文庫目錄』の口繪を

飾っている。

　東方文化研究所經學文學研究室では，1935年から6年を費やし「尚書正義」の校訂を終え，それに續いて1941年からは「毛詩正義」の校定に着手している。その主宰者の吉川幸次郎は，校訂作業に用いる資料として，富岡舊藏と小島舊藏の單疏本を掲げてその價値について語っている[17]。しかしこの研究會は，吉川が1947年に文學部教授に轉任することによって未完に終わったようである。そして現在，當時の研究會參加者の作った草稿青燒き原稿が幾册かに分けて京都大學文學部圖書室に保存されているが，それを見る限り，小島や富岡の寫本「秦風」殘簡を利用するところまでは進まなかったようである。

　2) の寫本殘簡も，いつどのような形で天理圖書館（天理教教會）に歸したか不明である。現在は四角にくり拔いた臺紙に收められている。白色の厚紙の上に置かれ，表面を漉きの粗い和紙が覆い，上部を除く三方は臺紙に糊付けされている。粗い和紙の上からでも見えないわけではないが，表裏が見られるように，糊附けのない上部から取り出せる工夫がなされている。右下に「天理圖/書館藏」の朱印が捺されている。全體は桐函に藏められているが，内の左下には「昭和四十二年十一月三十日　天理教教會」と寄贈ラベルが貼られている。翌年の1968年，天理圖書館發行『善本寫眞集』に短い解説とともに寫眞が載せられた。しかしこれより先，1960年出版の『天理圖書館稀書目錄』和漢書之部第3 (47頁) にすでに記錄されているから，入手の時期はさらに遡ることになるが，正確には分からない。

　筆者は何らかの形でこれらの7殘簡をすべて實見した。料紙や字體あるいは使用された假借字（例えば「韔」を「暢」）から，一連のものであることは門外漢の筆者にも分かる。唐代の寫本であると言われているが，その根據の一つは，富岡舊藏3) から6) に避諱が見られることである。つまり文書の「民」字の一部は1畫を缺き，また「葉」字を改めて「萊」に作っている。これは唐太宗の諱「世民」を避けており，「毛詩正義」の成立からこの寫本は唐高宗以後の唐代のもの，あるいはそれを寫したものと言えよう。また裏には，反古紙として使われた際の佛教關係の筆寫がある。それらは墨の濃淡あるいは字體が異なることもあり，表の「毛詩正義」のように一連のものかどうかは卽斷出來ない。ただその

中には「オコト點」のようなものや，例えば「与」に「ア大ヘ」とつけるような「カタカナ」ルビがある。これらからは，平安時代のものと推斷できよう。

5 　日本に傳世する「毛詩正義」寫本殘簡の移寫と注記

　3）から6）の富岡家舊藏の四枚の「毛詩正義」殘簡について，羅振玉が「日本古寫本毛詩單疏殘簡跋」を記していることは上に述べた。彼は，「『毛詩』秦風正義の殘簡。「小戎」「蒹葭」の總六十七行を殘し，前後はともに斷損している。友人の富岡君撝氏の所藏である。筆跡はすっきりしていて美しく，唐寫本のすぐれたものである。「民」の字の缺筆が據り所となるばかりか，南宋以降の諸本と校勘してみると，優れた點は數え切れない。今，重要な點の十を擧げてみる（毛詩秦風正義殘簡。存小戎蒹葭凡六十七行，前後均斷損。吾友富岡君撝所藏。字迹疏秀。唐寫本之佳者。不僅民字缺筆爲可據，也以校天水以後諸本，其勝處殆不可指數。今擧其要者十事）」と切りだし，「この文書，わずかに數十行を殘すだけであるが，役立つ點は以上のように大きい。文字の誤りや拔け落ちは多いが，六朝や唐の人々の寫本ではよくある事で，この文書の缺陷とするには足りない。富岡氏は學問が廣く，藏書が多く鑑識力に富んでいる。今，すばらしい景印を作り，この文書の傳承を廣めようとし，跋文を依賴してきた。私が謹んでこの文書の優れた點を末尾に著したのは，富岡君撝氏が古いものを愛し好んで自己本位でなく，現代の模範に足る人物だからである。時に，宣統癸丑の年（1913）十一月なり（此卷雖僅存數十行，而所得益乃如此之巨。雖亦多譌奪此六朝唐人寫本之常，不足爲此卷病也。富岡君博雅富收藏，精鑑別。今將精印以廣其傳，屬爲跋尾。予謹箸此卷之佳勝，與君撝好古而不自私，足以型當世者於卷尾，時宣統癸丑十一月）」で閉じる。跋文の中間部分は，つまり「重要な點の十」の說明で，それはこの殘簡を使ってのテキスト校勘である。

　羅振玉が以上の文書校勘の際に用いたのは，阮元が嘉慶年間に校勘した『宋刊本十三經注疏附校勘記』である。「宋刊本」とは「宋刊十行本」を指す。但し，阮元はこの刊本を覆刻して校勘したが，上で述べたよう

に南宋版そのものではない。南宋になって，經注文と疏文が初めて合刻されたが，現存する一番古いものは「宋刊十行本」と呼ばれる。毎半葉10行であることによる。これには經注文と疏文にさらに陸德明『經典釋文』の音注が加わり讀者の便を圖っている。「宋刊十行本」が出版されて以降の明の嘉靖年間（1522-1566）の閩本，明の萬曆17年（1589）の監本，明の崇禎3年（1630）の汲古閣毛氏本等はすべて，この書の形式を踏襲している。全書を20卷に分け，さらに各卷を細かく數卷に分け，全體は70卷になる。羅振玉が跋で「南宋以降の諸本」というのはこれらの版本を指す。

「宋刊十行本」は日本にも傳わり，上杉憲實（1410-1466）によって寄進されたものが，現在，足利學校遺蹟圖書館に藏されている。山井鼎（1690-1728）撰・荻生物觀補遺『七經孟子考文』は足利學校所藏の『易』，『書』，『毛詩』，『禮』，『春秋』，『論語』，『孝經』七經の古鈔本・宋刊本を校勘したものであるが，その中で明の正德本と呼ばれているものが，それに當る。『七經孟子考文』の精確な校勘は，清朝考證學者の眼にもとまり，乾隆時代の『四庫全書』にも收められた。阮元は序をつけてこの書を翻刻し，また上記『十三經注疏』校勘の際にも參照している。

ところで，阮元や羅振玉の跋文の中の校勘で利用できなかった書籍が一つある。それは，3）で「單疏本」と呼んだものである。羅振玉の歸國後の1924年に内藤湖南が購入した南宋の單疏本「毛詩正義」刊本である。南宋刊というが，北宋の淳化3年（992）に國子監で刊行されたものを，南宋の紹興9年（1139）に覆刻したものである。全40卷の内で，最初の7卷を缺くが，北宋の單疏本を傳える貴重な書籍である。もとは，金澤文庫の藏書であったが，所有者を代え，今は武田科學振興財團の所藏[18]である。

羅振玉が3）から6）の富岡家舊藏「毛詩正義」殘簡を校勘する際に主として參照したものは，阮元『宋刊本十三經注疏附校勘記』と山井鼎撰・荻生物觀補遺『七經孟子考文』であった。いま小島舊藏と天理圖書館藏の「毛詩正義」殘簡を加え，計7殘簡を移錄し，羅振玉が參照できなかった，もと金澤文庫藏の北宋の單疏本「毛詩正義」を傳える南宋版「毛詩正義」を新たに加えて，それに若干の校異を含む注記を附したい

第1章 「毛詩正義」寫本殘簡について

と思う。

「宋刊十行本」=「十行本」 「南宋單疏本(湖南舊藏)」=「單疏本」
羅振玉「日本古寫本毛詩單疏殘簡跋」=「羅振玉跋」
『宋刊本十三經注疏附校勘記』=「阮元校勘記」
『七經孟子考文』=「考文」

1)小島(一)[圖2]
1．服馬脅也。陰蔭也。橫側車前，所以蔭苓也。靷所以引車也。鋈沃
2．也。治白金以沃灌靷環也。續，々靷，踹也。 箋游環至之環
3．正義曰，此經所陳，皆為驂馬設之，故箋申明毛禁出止入之意，言所以
4．禁止驂馬也。輈在軹前，橫木暎軹，故知垂輈上謂陰板輈上也。靷言
5．鋈續則是作環相接。故云，白金飾續靷之環。 傳文茵至曰
6．羣 正義曰，茵者車上之褥，用皮為之。言文茵則皮有文綵。故知
7．虎皮也。劉熙釋名云，文茵車中所坐也。用虎皮有文綵是也。暢訓

圖2 小島祐馬舊藏「毛詩正義」殘簡1

為
8. 長，故為長轂。言長於大車之轂也。色之青黑者名為騏，馬名為
9. 騏。知其色作騏文也。釋畜云，馬後右足白驤，左騹。樊光云，後右
10. 足白驤，左足白騹。然則左足者，謂後左足也。釋畜又云，膝上皆
11. 白惟騹。郭璞曰，馬膝上皆白為惟騹，後左脚白者直名騹。意亦
12. 同也。　箋言我至五德。　正義曰，言我。釋詁文。聘義云，君子比德於
13. 玉焉，温潤而澤仁也。縝密以栗智也。廉而不劌義也。垂之而隊，礼

1 「所以蔭苓也」:「單疏本」同。「十行本」作「荃」。「阮元校勘記」改「荃」作「苓」。

2 「治白金以沃灌靷環也」:「單疏本」作「冶」。「十行本」作「治」。「阮元校勘記」改「治」作「冶」。

4 「輈在軓前」:「單疏本」同。「十行本」作「軌」。「阮元校勘記」改「軌」作「軓」。

4 「横木暎軓」:「單疏本」,「十行本」均作「映」。「暎」同「映」。

4 「故知垂輈上謂陰板輈上也」:「單疏本」,「十行本」均作「故知垂輈上謂陰板垂輈上也」。

6 「言文茵則皮有文綵」:「單疏本」,「十行本」均作「采」。

7 「用虎皮有文綵是也」:「單疏本」,「十行本」均作「采」。

7-8 「暢訓為長」:「單疏本」,「十行本」均作「暢」。

8 「色之青黒者名為騏」:「單疏本」,「十行本」均作「黑」。

9 「左騹」:「單疏本」,「十行本」均作「左白騹」。

9-10 「後右足白驤」:「單疏本」同。「十行本」作「後右足白曰驤」。

10 「左足白騹」:「單疏本」同。「十行本」作「左足白曰騹」。

11 「郭璞曰」:「單疏本」,「十行本」均作「璞」。

12 「聘義云」:「單疏本」,「十行本」均作「聘」。

13 「縝密以栗智也」:「單疏本」,「十行本」均作「知」。

第1章 「毛詩正義」寫本殘簡について　　　　71

13「垂之而隊」:「單疏本」,「十行本」均作「垂之如墜」。王引之
　『經傳釋詞』卷七,「而,猶若也。若與如古同聲,故而訓為如,
　又訓為若」。『禮記』聘義作「垂之如隊」。「隊」,「隧」,「墜」
　同。

2）天理
1．皮之鞱, 其馬則有金鏤之膺。其未用之時, 備其折壞, 交暢
2．之中, 以竹為閛, 置於弓隈, 然後以繩約之。然則甲兵矛盾備具
3．如是, 以此伐戎, 豈有不克者乎。又言婦人閔其君子云, 我念
4．我之君子, 則有寢則有興之勞苦。我此君子, 體性厭々然安
5．靜之善人, 秩々然有哲智, 其德音遠聞。如此善人, 今乃又供軍
6．役, 故閔念之。 傳俴駟至文貌。 正義曰, 俴訓為淺。駟是四馬。
　是
7．用淺傅之金, 為四馬之甲, 故知淺駟, 四介馬也。成二年左傳說齊
8．侯与晉戰云, 不介馬而馳之。是戰馬皆被甲也。孔甚, 釋言文也。
　厶
9．矛, 三隅矛, 刃有三角, 蓋相傳為然也。曲禮曰, 進戈者前其鐏,
　後
10．其刃。進矛戟者前其鐏。是矛之下端當有鐏也。彼注云, 銳底曰
11．鐏, 取其鐏地。平底曰錞, 取其錞地。則錞異物。言錞鐏者, 取類
　相, 非
12．訓為鐏也。上言龍盾, 是盡龍於盾, 則知蒙伐是盡物於伐, 故以蒙
13．為討羽, 謂盡雜鳥之羽以為盾飾也。夏官司兵掌五盾, 辨

　　1「皮之鞱」:「單疏本」,「十行本」均作「韜」。「鞱」同「韜」。
　　1-2「交暢之中」:「單疏本」,「十行本」均作「交韔二弓於韔之
　　　中」。「暢」,「韔」音同。
　　2「以竹為閛」:「單疏本」,「十行本」均作「閉」。「閛」同「閉」。
　　　『玉篇』:「閛, 閉的俗字」。
　　2-3「然則甲兵矛盾備具如是」:「單疏本」,「十行本」均作「兵
　　　甲」。
　　4「則有寢則有興之勞苦」:「單疏本」,「十行本」均作「則有寢則

有興之勞」。

5 「秩々然有哲智」:「單疏本」,「十行本」均作「秩々然有哲知」。
7 「為四馬之甲」:「單疏本」作「以為四馬之甲」。「十行本」作「以為駟馬之甲」。
8 「孔甚釋言文也」:「單疏本」,「十行本」均無「也」字。
10 「進矛戰者前其錞」:「單疏本」,「十行本」均作「進矛戟者前其鐓」。以下「錞」字,「單疏本」,「十行本」均作「鐓」。「錞」同「鐓」。
11 「取類相」:「單疏本」,「十行本」均作「取類相明」。
12 「是盡龍於盾」:「單疏本」,「十行本」均作「是畫龍於盾」。「盡」,「畫」的俗字。以下「畫」均作「盡」[19)]。
13 「辨」:「單疏本」,「十行本」均作「各辨」。

3）富岡（一）

1. 文貌。箋俴至淺尨伐。 正義曰。箋申明俴駟為四介馬之意，以馬
2. 無深淺之量，而謂之俴駟，正謂以淺薄之金為甲之札，金厚則重
3. 知宜薄也。金甲堅剛，苦其不和，故美其能甚群，言和調也。物心
4. 不和，則不得群聚，故以和為群也。左傳及旄丘言狐裘蒙茸，皆尨
5. 蒙同音。周礼用牲，用玉言尨者，皆謂雜色。故轉尨為蒙，明尨是
6. 雜羽。畫雜之文於伐，故曰尨伐。故曰尨蒙為討，箋轉討為尨，皆以義言
7. 之，無正訓也。 傳底之虎至縢約。正義曰。下句云，交暢二弓，則
8. 虎暢是盛弓之物，故知虎是虎皮，暢為弓室也。弟子職曰，執
9. 箕膺粲，則膺是匈也。鏤膺，謂膺上有鏤，明是以金飾
10. 帶，故知膺是馬帶。若今之婁匈也，春官巾申説五路之飾
11. 皆有樊纓。注云，樊讀如鞶帶之鞶，謂大帶者。彼謂在腹
12. 之帶与膺異也。交二弓謂暢中，謂顛到安置之。既夕記説明
13. 器之弓云，有柲。注云，柲，弓檠也。施則縛之於裏，備項傷也。
14. 以竹為之。引詩云，竹閉緄縢。然則竹閉一名柲也。言閉緄者，説文
15. 云，緄繫也。謂置柲弓裏，以繩緄之，因名柲為緄。考工記弓人注

16. 云，緄弓靴也。角長則送矢不疾，若見緄於靴，是緄為繫名
17. 也，所緄之事，即絽縢是也。故云，絽繩縢謂以繩約弓，然後內
18. 之暢中也。 箋鏤膺有刻金飾。 正義曰，釋器說治器之名
19. 云，金謂之鏤，故知鏤膺有刻金飾之。巾車云，金路樊纓九
20. 就，同姓以封。則其車尊矣。此說兵車之飾得有金飾膺者，周礼
21. 玉路金路，金路者以金玉飾車之諸末，故以金玉為名不由膺以
22. 金玉飾也。故彼注云，玉路・金路・象路，其樊及纓皆以五採罽飾
23. 之。革路，樊纓以絛絲飾之。不言馬帶用金玉象為飾也。此兵
24. 車馬帶用力尤多，故用金為膺飾，取其堅牢。金者，銅鐵皆
25. 是，不用必要黃金也。且詩言金路，皆云鉤膺，不作鏤膺，知此
26. 鏤膺非金路也。 傳厭々至有知。 正義曰，釋訓云，厭々安也。
27. 秩秩智也。 兼葭三章，々八句至國焉。 正義曰，作兼葭詩者，刺
    襄

1 「箋佼至淺尥伐」：「單疏本」作「箋佼淺至尥伐」。「十行本」作「箋佼淺至庡伐」。「阮元校勘記」云「按依說文則尥者正字。庡者假借字」。

1 「箋申明佼駟為四介馬之意」：「單疏本」，「十行本」均作「箋申明佼駟為四介馬之意」。「明」同「明」。

3 「知宜薄也」：「單疏本」，「十行本」均作「知其薄也」。「羅振玉跋」云「宜，宋以来諸本作其。考其文誼殆謂金厚則重，故知宜以淺薄之金為之。今本作知其淺。語意全失矣」。

3 「苦其不和」；「單疏本」，「十行本」均作「則苦其不和」。

3-4 「物心不和」：「單疏本」，「十行本」均作「物不和」。

4-5 「皆尥蒙同音」：「單疏本」同。「十行本」作「皆庡蒙同音」。

5 「用玉言尥者」：「單疏本」同。「十行本」作「用玉言庡者」。

5 「故轉尥為蒙」：「單疏本」作「故轉蒙為尥」。「十行本」作「故轉蒙為庡」。「羅振玉跋」云「故轉尥為蒙。諸本作故轉蒙為尥。案疏誼謂詩轉周礼之 尥為蒙，乃云轉蒙為尥，為誤倒矣」。

5 「明尥是」：「單疏本」同。「十行本」作「明庡是」。

6 「畫雜之文於伐」：「單疏本」，「十行本」均作「畫雜羽之文於伐」。

6 「故曰弢伐」:「單疏本」同。「十行本」作「故曰庉伐」。
6 「故曰弢蒙為討」:「單疏本」,「十行本」均作「傳以蒙為討」。
6 「箋轉討為弢」:「單疏本」同。「十行本」作「箋轉討為庉」。
7 「傳底之虎至縢約」:「單疏本」,「十行本」均作「傳虎虎至縢約」。
7 「交暢二弓」:「單疏本」,「十行本」均作「交韔二弓」。「暢」,「韔」音同。
7-8 「則虎暢是盛弓之物」:「單疏本」,「十行本」均作「則虎韔是盛弓之物」。「暢」,「韔」音同。
8 「暢為弓室也」:「單疏本」,「十行本」均作「韔為弓室也」。「暢」,「韔」音同。
8-9 「執箕膺荣」:「單疏本」作「執箕膺撎」。「十行本」作「執箕膺揭」。「阮元校勘記」云,「明監本・毛本箕誤其。閩本不誤」。「羅振玉跋」云,「山井鼎七經孟子考文云,其當從宋本作箕。案其即箕本字,加竹者,乃後起之字,不得以作其為誤。今此卷仍作其。知監・毛諸本,尚間存古字矣。山井氏又謂,揭恐撎誤。阮氏十三經注疏校勘記,謂管子作楪,鄭注曲禮引此文。正義本作撎。釋文作葉。又少儀執箕膺揭,士冠禮面葉,注古文葉為撎。段茂堂先生(注記:段玉裁)曰,撎乃楪之誤。凡箕之底柶之盛物者,皆曰葉,亦謂之楪,今此卷正作葉,與釋文本合。足徵是卷所據為六朝流傳之善本矣」。
9 「則膺是匈也」:「單疏本」,「十行本」均作「胷」。
9-10 「明是以金飾帶」:「單疏本」,「十行本」均作「明」。
10 「若今之婓匈也」:「單疏本」,「十行本」均作「胷」。
10 「春官巾申說五路之飾」:「單疏本」,「十行本」均作「車」。
11 「注云樊讀如鞶帶之鞶」:「單疏本」同。「十行本」作「注云樊讀如盤帶之鞶」。「阮元校勘記」云「盤當作鞶」。
11 「謂大帶者」:「單疏本」,「十行本」均作「謂今馬大帶者」。
12 「交二弓謂暢中」:「單疏本」,「十行本」均作「交二弓於韔中」。
12 「謂顛到安置之」:「單疏本」,「十行本」均作「倒」。
12 「既夕記說明」:「單疏本」,「十行本」均作「明」。

第1章　「毛詩正義」寫本殘簡について　　　　　　　　　75

13 「施則縛之於裏」：「單疏本」，「十行本」均作「弛則縛之於弓裏」。
13 「備項傷也」：「單疏本」，「十行本」均作「備損傷也」。「羅振玉跋」云，「備頃卽傾之別傷也，諸本作備損傷。案弓弛而縛以䪐乃入韣中，所以妨傾側致損。今譌傾為損，誼不全矣」。
15 「謂置䪐弓裏」：「單疏本」，「十行本」均作「謂置弓䪐裏」。
16 「若見紲於䪐」：「單疏本」，「十行本」均作「若見紲於䪐矣」。
17 「故云緄縢縢謂以繩約々弓」：「單疏本」，「十行本」均作「故云緄縢約謂以繩約弓」。
17-18 「然後内之韔中也」：「單疏本」，「十行本」均作「然後内之韔中也」。
19 「故知鏤膺有刻金飾之」：「單疏本」，「十行本」均作「故知鏤膺有刻金之飾」。
20 「此說兵車之飾得有金飾膺者」：「單疏本」，「十行本」均作「此謂兵車之飾得有金飾膺者」。
20-21 「周礼玉路金路」：「單疏本」，「十行本」均作「周礼玉路金路者」。
21 「金路者以金玉飾車之諸末」：「單疏本」，「十行本」均作「以金玉飾車」。
22 「其樊及纓皆以五採鋦飾」：「單疏本」，「十行本」均作「其樊及纓皆以五采鋦飾」。
25 「不用必要黄金也」：「單疏本」，「十行本」均無「用」字。
27 「秩秩智也」：「單疏本」，「十行本」均作「秩秩知也」。秩，秩音同。

4）富岡（二）
1．之草蒼々然雖盛，而未堪家用，必待白露凝戾為霜，然後堅
2．實中用，歲事得成，以興秦國之民雖衆，而未順德教，必得周礼
3．以教之，然後服從上金，國乃得興。今襄公未能用周礼，其國未得
4．興也。由未能用周礼，故得未人。所謂維是得人之道，乃遠在大水
5．邊，大水喻礼樂，言得人之道乃在礼樂之樂邊。既以水喻礼々

樂，々
6. 之傍有得之道，因從水内求之。若逆流遡洄而往從之，則道阻險且
7. 長遠，不可得至。言逆礼以治國，則得人之道，終不可至。若須流
遡
8. 游而往從之，則宛然在於水中央。言順礼治國，則得人之道，自來
9. 印已，正近在礼樂之内。然則非礼必不得人，心不能固國，君何以不
10. 求用周礼乎。 鄭以為，兼葭在衆草之中，蒼々然強盛，雖
11. 似不可綢傷，至白露凝戾為霜，則成而黃矣。以興衆尸之
12. 強者，不從襄公教令，雖似不可屈服，若得周礼以敎，則衆尸
13. 自然服矣。故欲求周礼，當得知周礼之人。所謂是周礼之人在
14. 於何處。在大水之一邊，喻以假言遠。既言此人在一邊，以因水

1 「而未堪家用」：「單疏本」同。「十行本」作「未堪家用」。
2-3 「必得周礼以敎之」：「單疏本」，「十行本」均作「必待周礼以敎之」。
3 「然後服從上金」：「單疏本」，「十行本」均作「然後服從上命」。
4 「故得未人」：「單疏本」，「十行本」均作「故未得人服也」。
5 「言得人之道乃在礼樂之樂邊」：「單疏本」，「十行本」均作「言得人之道乃在礼樂之一邊」。
5-6 「礼樂之傍有得之道」：「單疏本」，「十行本」均作「禮樂之傍有得人之道」。
6 「則道阻險且」：「單疏本」，「十行本」均作「則道險阻且」。
7 「則得人之道」：「單疏本」，「十行本」均作「則無得人道」。「羅振玉跋」云，「兼葭章序。正義言，逆禮以治国則無得人之道。諸本均奪之字」。
7-8 「若須流遡游而往從之」：「單疏本」，「十行本」均作「若順流遡游而往從之」。
8 「則宛然在於水中央」：「單疏本」，「十行本」均作「則宛然在於水之中央」。
8-9 「自來印已」：「單疏本」，「十行本」均作「自來迎已」。
9 「心不能固國」：「單疏本」，「十行本」均作「得人必能固國」。

第1章 「毛詩正義」寫本殘簡について　　　　77

11「似不可綢傷」:「單疏本」,「十行本」均作「似不可彫傷」。
11「則成而黃矣」:「單疏本」,「十行本」均作「則成而為黃矣」。
11-12「以興衆民之強者」:「民」字缺筆。
12-13「則衆民自然服矣」;「民」字缺筆。
13「故欲求周礼」:「單疏本」,「十行本」均無「故」字。
13-14「所謂是周礼之人在於何處」:「單疏本」,「十行本」均作「所謂是知周礼之人在於何處」。
14「喻以假言遠」:「單疏本」,「十行本」均作「假喻以言遠」。
14「既言此人在一邊」:「單疏本」,「十行本」均作「既言此人在水一邊」。
14「以因水」:「單疏本」,「十行本」均作「因以水」。

5）富岡（三）
1. 行為喻。若遡洄逆流而從之則道阻長，終不可見。言不以敬
2. 順求之，則此人不可得之。若遡於順流而從之，則此人宛然在
3. 水中央，易可得見。言以敬順求之，則此人易得。何則，賢者難
4. 進而易退，故不以敬順求之，則不可得。欲令襄公敬順求知
5. 礼之賢人，以教其國。　傳蒹葭至後興。　正義曰，蒹薕葭
6. 蘆，釋草文。郭璞曰，蒹似萑而細，高數尺。蘆葦也。陸機疏云，
7. 蒹水草也。賢堅實，牛食之，令牛肥強，青徐人謂之蒹，兗州
8. 人謂之薕，通語也。祭義說養蠶之法云，風戾以食之。注云，使
9. 靈氣燥乃食蠶。然則戾為燥之義。下章未晞，謂露未乾
10. 為霜，然則露凝為霜，亦如乾燥然，故云凝戾為霜。探下章之意
11. 以為說也。八月白露節，秋分中，九月寒露節，霜降中，白露凝戾
12. 為霜，然後歲事成，謂八月，九月葭成葦，可以為曲薄充歲事也。
    七
13. 月云，八月萑葦，則八月葦已成。此云，白露為霜，然後歲事成者，

　　1「若遡洄逆流而從之則道阻長」:「單疏本」,「十行本」均作「若遡洄逆流而從之則道阻且長」。
　　1-2「言不以敬順求之」:「單疏本」,「十行本」均作「言不以敬順往求之」。

2「若遡於順流而從之」:「單疏本」,「十行本」均作「若遡游順流
　　　而從之」。
　　3「易可得見」:「單疏本」,「十行本」均無「可」字。
　5-6「蒹兼葭蘆」:「單疏本」,「十行本」均作「蒹薕葭蘆」。
　　6「蒹似藋而細」:「單疏本」,「十行本」均作「蒹似萑而細」。
　　7「賢堅實」:「單疏本」,「十行本」均無「賢」字。
　　7「青徐人謂之薕」:「單疏本」同。「十行本」作「青徐州人謂之
　　　蒹」。「羅振玉跋」云,「正義青徐州謂之薕。閩毛監三本均誤作
　　　蒹。宋本作薕,与此合。知宋本所據為古本矣」。
　7-8「兗州人謂之蒹」:「單疏本」,「十行本」均作「兗州遼東通
　　　語也」。
　8-9「使靈氣燥乃食蠶」:「單疏本」,「十行本」均作「使露氣燥
　　　乃食蠶」。
　　11「秋分中」:「單疏本」,「十行本」均作「秋分八月中」。
　　11「霜降中」:「單疏本」,「十行本」均作「霜降九月中」。
　　13「八月萑葦」:「單疏本」,「十行本」均作「八月萑葦」。

6) 富岡（四）
　1．能用周礼，將無以固其國，當謂民未能從，國未能固，故易傳興用
　　　周礼敎
　2．民則服也。傳伊維至難至。正義曰，伊維，釋詁文。傳以詩刺
　3．未能用礼，未得人心，則所謂維人所謂維是得人之道也。下傳以遡
　4．洄喻逆礼，遡遊喻順礼，則以水喩礼言水内有得人之道，
　　　在大水一方
　5．喩其遠而難至。言得人之道，在礼樂之傍，須用礼樂以求之，故下
　6．句言，從水内以求所求之物，喩用礼以求得人之道。故王肅云，
　　　維得人
　7．之道，乃在水之一方。難至矣。水以喩礼樂，能用礼則至於道也。
　8．箋云伊當至言遠。　正義曰，箋以上句言用周礼敎民則民服，
　　　此經當是
　9．勸君求賢人使之用礼，故易傳以所謂伊人所謂是知周礼之賢人
　10．在水一邊，假喩以言遠。故下句逆流順流喩敬順不敬順，皆述求賢

11. 之事一邊水傍。下云在湄在涘，是其居水傍也。 傳曰逆淫流至以至。
12. 正義曰，釋水云，逆流而上曰泝洄，順流而下曰泝游。孫炎曰，逆渡者

   1「當謂民未能從」：「單疏本」，「十行本」均作「當謂民未服從」。
   1-2「故易傳興用周礼敎民則服也」：「單疏本」，「十行本」均作「故易傳用周礼敎民則服」。
   2-3「傳以詩刺未能用礼」：「單疏本」，「十行本」均作「傳以詩刺未能周礼」。
   3「未得人心」：「單疏本」，「十行本」均作「則未得人心」。
   3「則所謂維人所謂維是得人之道也」：「單疏本」，「十行本」均無「人所謂維」四字。
   4「則以水喩礼言水内有得人之道」：「單疏本」，「十行本」均作「言水内有得人之道」。
   7「難至矣」：「單疏本」，「十行本」均作「一方難至矣」。
   8「箋云伊當至言遠」：「單疏本」，「十行本」均無「云」字。
   8-9「此經當是勸君求賢人使之用礼」：「單疏本」同。「十行本」作「此經當是勸君求賢人使之周礼」。「羅振玉跋」云，「箋伊当至言遠。正義勸君求賢人使之用禮。宋本闕本用禮作周禮。監本・毛本使之作使知。阮相国（注記：阮元）曰，周當作用。與此卷合。宋本譌用禮為周禮。監本等又改使之為使知，以就其意。可謂一誤再誤。賴有此卷，以正之矣」。
   10「在水一邊」：「單疏本」，「十行本」均作「在大水一邊」。
   10「故下句逆流順流喩敬順不敬順」：「單疏本」同。「十行本」作「故下句逆流順流喩敬順」。「羅振玉跋」云，「又故下句逆流順流喩敬順不敬順。阮相国以宋本無不敬順字，遂疑此三字後人加之。今此卷正有此三字。與閩監毛三本同。可知宋本乃奪漏，阮氏為過信宋本矣」。
   11「傳曰逆淫流至以至」：「單疏本」，「十行本」均作「傳逆流至以至」。
   12「逆流而上曰泝洄」：「單疏本」，「十行本」均作「逆流而上曰遡

洄」。
12「順流而下曰泝游」:「單疏本」、「十行本」均作「順流而下曰遡游」。

7) 小島(二)[圖3]
1. 水内, 故言順礼未濟, 道來迎之。未濟, 謂未渡水也。以其用水為喻故
2. 以未濟言之。箋以伊人為知礼之人, 故易傳以為求賢之事。
3. 傳順礼未濟, 道來迎之。 正義曰, 定本未濟作求濟, 義亦通也。
4. 傳晞乾也。正義曰, 湛露云, 非陽不晞, 言見日則乾, 故知晞為乾
5. 也。彼言露晞, 謂露盡物乾。此篇上章言白露為霜, 則此言未晞
6. 謂未乾為霜, 与彼異。故箋云, 未晞未為霜也。傳湄水隒
7. 正義曰, 釋水云, 水水草交為湄, 謂水草交際之處, 水之岸也。釋山云, 重
8. 甗, 隒。々是山岸, 湄是水岸, 故云, 水隒。傳坻小渚 正義曰, 釋水云,

圖3 小島祐馬舊藏「毛詩正義」殘簡2

9．small洲曰渚，小渚曰沚，小沚曰坻。然則坻是小沚。言小渚者,
   渚沚皆水
10．中之地，小大異也。以渚易知，故繫渚言之。

    4「傳睎乾也」:「單疏本」,「十行本」均無「也」字。
    4「非陽不睎」:「單疏本」,「十行本」均作「匪陽不睎」。
    5「謂露盡物乾」:「單疏本」,「十行本」均作「謂露盡乾」。
    7「釋水云水水草交為湄」:「單疏本」,「十行本」均作「釋水云水
      草交為湄」。

以上，もとは１巻を構成していた，日本に傳世する唐の「毛詩正義」
殘簡７枚を移錄し，阮元や羅振玉が見ることのできなかった「單疏本」
を利用して校勘注記を加えた。
　1）小島（一）4,9-10, 2）天理7, 3）富岡（一）4-5,5,6,8-9,11,
4）富岡（二）1, 5）富岡（三）7, 6）富岡（四）8-9,10は，「單疏本」
が唐代寫本を正しく受け繼いでいることを明らかにし，それを利用でき
なかった阮元や羅振玉が苦勞して成し遂げた校勘の正しさを證してくれ
る。また，彼らが言及しなかった５）富岡（三）7の「青徐人」の異同
の發見も「單疏本」の存在に負う。もちろん，この傳世品の寫本がそれ
以上の價値をもつことは言うまでもない[20]。

おわりに

　以上，高田の寫眞に殘る，唯一のトルファン出土「毛詩正義」殘簡と，
羅振玉の紹介した舊富岡藏を含む，日本傳世の「毛詩正義」殘簡を紹介
した。殘簡とは言え，成立當初の姿に近いものをとどめ，「毛詩正義」
テキスト研究に資することは，上の注記に見られる通りである。また，
唐初に成立し，程なく筆寫されたこれらの文書には，その時代の文字の
姿もいくつか窺える。例えば「美」や「聘」の字は南北朝時代の字姿を
傳えており，唐初の字形研究にも貴重であろう。
　唐は640年に，突厥と關係の深かった高昌國を滅ぼし，その地を版圖

に納めて西州とした。それ以來，8世紀の半ば過ぎに，安史の亂によって唐王朝の支配が搖るぎ，その世紀末に吐蕃勢力が擴大するまで，この地の政治・文化は，唐の中央と同じ形であった。從って，いわゆるトルファン出土漢語寫本文書の主要部分は唐代のものが多い。やがて唐は滅び，混亂分裂の五代十國を經た10世紀半ば過ぎに，中國は北宋によって再び統一された。その頃，トルファンにはウイグル人が入り，西州回鶻（高昌回鶻）が建國されて，兩國は互いに使節團を送った。その中の一人，10世紀末に中國使節團の團長を務めた王延德（939-1006）は，歸國後報告書を作った。今その一部が傳わっている。

王延德は次のように言う。「寺院は五十餘り，すべて唐からの寺額をもつ。院内には「大藏經」・「唐韻」・「玉篇」・「經音」等らが備わっている。……勅書樓があり，唐の太宗と玄宗が手ずから認めた詔勅が嚴重に保管されている」[21]。中國の直接支配を離れて150年以上も經った異國の地に，唐の遺物が大切に保存されているのを眼にして，王延德は大きな驚きに打たれたのである。

日本傳世の「毛詩正義」寫本殘簡も，唐代に將來された可能性が大きい。その後，本來の價値は忘れられ，反古紙として寺院で利用されたのであろう，裏には天台關係の注釋等が書かれている。今後の詳しい研究を待たねばならないが，そこに施された送り假名の表記などから，書かれたのは平安中期以降と考えられる。

そうであれば，中國を挾んで西のトルファンで，王延德が唐の遺物を確認した頃に，東の日本でも，唐からもたらされた文書がすでにその時代の目的を終えて，次の利用段階に進んでいたことになる。社會・文化の移り變わりは速いが，ここに紹介した文書殘簡は，幾星霜を越えて生命を保ってきた。驚くべき事である。もともとの文書の量を考えれば，シルクロードの東西の果ての國にその一部が殘ったことが，まず奇蹟である。そして現代に至って失われた1殘簡の寫眞を含めて，それらが意味あるものとしてここに姿を現している。これについては一體なんと述べたら良いだろうか。

1)　9世紀末の漢籍目錄である，藤原佐世の『日本國見在書目錄』に，「毛詩正義四十卷孔穎達撰」と著錄されている。

2）　例えば吉川幸次郎は，平安朝末期とされる「禮記正義」曲禮篇寫本を用いて版本テキストの誤りを幾つかにわけて具體的に指摘している。「舊鈔本「禮記正義」を校勘して——東方文化研究所第九回開所記念日講演」（『東方學報京都』第九册，1938。後に『吉川幸次郎全集』第十卷，425-445頁，1970）。
3）　王重民『敦煌古籍敍錄』中華書局，45頁，潘重規「巴黎倫敦所藏敦煌詩經卷子題記」『新亞書院學術年刊』第十一期，284-288頁參照。
4）　*Catalogue des Manuscrits Chinois de Touen-Houang* Vol. 4, pp. 120-121, 1991。
5）　「巴黎國立圖書館藏　敦煌遺書所見錄（三）」（『支那學』六卷二號，101-126頁）102頁。
6）　內藤湖南「影印祕府尊藏宋槧單本尚書正義解題」（『支那學』第五卷第三號，後に『內藤湖南全集』第七卷所收『研幾小錄』，197-225頁，1970）。
7）　藤枝晃『トルファン出土佛典の研究　高昌殘影釋錄』149頁（法藏館，2005）。
8）　黑板以下，ベルリンを訪れた日本の研究者については，拙著『ドイツ將來のトルファン漢語文書』第4章　4「漢語文書研究史」（京都大學學術出版會，2002）參照。
9）　高田の資料としては，古稀記念論集に載せられた「高田博士年譜略」と「高田博士著作論文要目」（『大東文化大學漢學會誌』六號）で，死後に著された略歷（『斯文』1976-08，通號 80）もそれを踏襲している。
10）　彼らのヨーロッパ滯在中に收集した寫眞が出版されたが，そこにも見えない。李德範 編『敦煌西域文獻舊照片合校』（北京圖書館出版社，2007），及び國家圖書館善本特藏部編『王重民向達所攝敦煌西域文獻照片合集』（北京圖書館出版社，2008）參照。
11）　阮元の用いた「南宋の十行本」は，宋刊明修本の「正德本」であると言われている。長澤規矩也「十三經注疏影譜」（『長澤規矩也著作集』第三卷，宋元版の研究，1983）參照。
12）　下記の「5　日本に傳世する「毛詩正義」寫本殘簡の移寫と注記」の中の說明を參照。
13）　『羅雪堂先生全集』（臺灣，1969）初編一所收。
14）　注6）參照。
15）　小島の傳記は，岡村敬二『京大東洋學者　小島祐馬の生涯』（臨川書店，2014）參照。但し，彼の學術研究の側面には及んでおらず，本研究と關わるパリ留學あるいは「五經正義」寫本にふれることはない。
16）　注5）同文，102頁。
17）　吉川幸次郎「東方文化研究所經學文學研究室毛詩正義校定資料解說」（『東方學報京都』第十三册第二分）吉川らは單なる校勘・校訂ではなく，正しい定本を作ることを目指した。
18）　以下の校勘では，東方文化叢書第八「宋槧本毛詩正義」四十卷（一～七卷缺，京都內藤氏藏の影印，1936）を用いた。2011-13年に吉川忠夫氏の解題のついた4帙33卷の原色影印本が武田科學振興財團から出版された。
19）　張涌泉『敦煌俗字研究』413頁（上海教育出版社，1996）參照。

20) 吉川幸次郎は，宋版本以前の「禮記正義」寫本のすばらしさを具體的に述べ，版本の誤りを分類して指摘するが，最後に版本テキストへの敬意も次のように表している。「以上で大體此の鈔本の紹介を終わるのでありますが，紹介の最後に是非申し添えて置かねばならぬことは，以上私は專ら此の寫本の佳い處ばかりを申したのでありますが，こういう佳い處は沙を披いて金を揀ぶという態度で仔細に檢討して始めて出て來るのでありまして，反對に鈔本の方が誤りで宋版の方が正しいと思われる部分も多いのでありまして，寧ろ何倍か多い。此の事は寫本に依る傳承というものがいかに誤字を生み易いかということを如實に物語るものでありますが，これにつけて考えられるのは，宋人が「正義」を詳定した際の苦心でありまして，かく誤りを包藏し易い寫本というものを材料にして，ともかくもあれだけにまで詳定した苦心は，並大抵ではなかったと考えます。かりに今日版本が一つも傳わらずに，忽焉として此の鈔本が出現したとすれば，私共は之れを讀むのに何倍かの苦勞をしなければならぬ譯でありましょう。私の今日の講演は宋人の惡口をいうのが目的でありますが，一方讀書人としては其の苦心に對して敬意を表することをも忘れてはならぬと思うのであります」(注（2）引く『吉川幸次郎全集』第十巻，442頁)。
21) 『宋史』巻490，外國列傳6，「高昌」「佛寺五十餘區，皆唐朝所賜額。寺中有大藏經・唐韻・玉篇・經音等。……有勅書樓，藏唐太宗・明皇御札詔勅，緘鎖甚謹」（中華書局標點本，14112頁)。

第2章
靜嘉堂文庫藏漢語版本斷片について（附目錄）

―――――――

はじめに

　筆者は，平成18年度～平成20年度科學研究費補助金（基盤研究C）を受け，「ベルリン・トルファン・コレクションの漢語版本の總合研究」を行った。その報告書[1]の「まえがき」では，「日本藏トルファン文書版本目錄作成について」として，靜嘉堂文庫藏200點餘のトルファン文書についてもふれた。

　そこでも述べておいたが，この文庫については前世紀末にまず，榮新江が「靜嘉堂文庫藏吐魯番資料簡介」[2]を著わし，文庫所藏のトルファン斷片について報告した。榮はこの文庫を訪ねて實見し，文書の寫眞を得た。その後，2005年に出版された陳國燦・劉安志主編『吐魯番文書總目日本收藏卷』には，榮から提供された寫眞によって陳國燦の同定した「東京靜嘉堂文庫藏吐魯番文書」[3]が載せられている。

　この目錄には，同定された佛典名，卷數，行數，柱刻は記されているが，文書の大きさ，1行字數，界線の有無，『大正藏』のどの部分に當るか等の記述はない。最近の研究では，10世紀後半からはじまる開寶藏を初めとした各種漢語版本大藏經の版式が明らかになってきており[4]，大きさはともかく，版式の決め手となる1行字數や界線の有無の情報は缺かせないものである。また後にふれるが，靜嘉堂文庫藏吐魯番文書の出自を確認するためにも，列國の持ち歸った他のトルファン文書との關わりを云々するためにも，『大正藏』のどの部分に當たるかの明示は必

須であろう。筆者自身も同定作業をする中で，先に提示されなかったこれらの情報を加えることによって，いくつかの新事實に氣づいた。小論ではその內まず
   1   出自の問題
   2   トルファンに入った大藏經セットの問題
   3   契丹藏の扉繪の問題
の3點について述べ，附錄として最後に同定目錄を載せる。

1　出自の問題

　靜嘉堂文庫藏のトルファン文書の出自については，榮新江の上揭の作品に詳しいので，それによって以下に簡單に述べておこう。
　これら靜嘉堂藏のトルファン文書は，1935年前後に中國書籍業者から，日本で購入されたと言われている。その時，すでに貼り交ぜの折り本（約27.5×17.6cm）の形で，「六朝准部寫經殘字」，「六朝人寫經殘字」（八一號），「高昌出土寫經殘字」（八二號），「古高昌出土殘經」（八三號），「六朝以來寫經殘字」（八四號），「北魏以來寫經殘字」（八五號），「晉宋以來印版藏經」（八七號），「高昌出土刻經殘紙」（八八號）の8冊に整理されていた。
　表紙の題字の下には，細字で先の所有者の名が書かれており，例えば，「宣統辛亥六月　素文珍藏」，「庚戌仲冬　素文藏」，「辛亥初秋　玉書書」と見える。素文は梁玉書の字で，彼は淸朝末期に新疆迪化（ウルムチ）で財務官を務め，トルファン一帶で多數の文書斷片類を蒐集した。また，蒐集した斷片が整理される過程で，ある斷片には段永恩の跋文がそえられた。段永恩は，字は季承，甘肅武威の人で，淸朝末期に新疆莎車縣（ヤルカンド）等の知事を勤めた知識人であり，『養拙齋詩草』の著作もある。
　梁素文の蒐集品は，「八一號」等，題字下に書かれた號數からも明らかなように，以上の8冊以外にもあったようで，中國國家圖書館（北京圖書館）や東京大學總合圖書館等には，彼の舊藏品が確認されている。中村不折藏（現在は臺東區立書道博物館藏）にも，梁素文舊藏品が入って

第2章　靜嘉堂文庫藏漢語版本斷片について（附目録）　　　　　87

いると言われている。

　ここでは２例の斷片群を紹介し，靜嘉堂文庫藏と中村不折藏が，ともに梁素文蒐集品から出たトルファン出土品であることを明らかにしておく。

　まず佛典について述べる。靜嘉堂文庫藏「晉宋以來印版藏經」（八七號）第２頁「四六一」は７行の斷片であるが，１行目に「東晉罽［　］」とある。段永恩は，これを「罽賓」と讀んで，木版印刷が始まったのは趙宋の時代ではなく，東晉の罽賓國の時代にはすでに行われていたと跋文に記したが，榮はその誤りを指摘している。ここには「東晉罽賓三藏瞿曇僧伽提婆譯」と，佛典譯者の名とその時代が刻まれていたのである。その前には，「中阿含經卷第十四」と首題の１行があり，その下に契丹藏の千字文帙號「興」が記されていたことになる。千字文帙號を「興」と筆者が斷定したのは，この經典の文字の形が銳角的であること，１行の字數が17から18字であること，さらに譯者名と品題の間に縱罫が１本入ること等で，契丹藏の版式とされるものと重なる點による。

　この斷片の後ろには，「高昌出土刻經殘紙」（八八號）第５頁「五五六」が接續する。こちらには下部界線が殘り，契丹藏の版式の要件をさらに滿たす。

　中村不折藏『晉唐屑玉』㉑[5]は，４行の斷片で，『中阿含經』卷14（T1, 511c19-25）の部分であり，１行字數は17字。上で見た靜嘉堂文庫藏「四六一」の下部に繫がるものである。合わせると，「四六一」の譯者名の行には「三藏瞿」が續き，品題の行には「第三　第二小土城誦」が續く。もちろん，譯者名と品題の間の縱の罫線も存在する。『大正藏』校勘記は，品題の内の「第二小土城誦」の６字は宋元明の３本には「無シ」と傳える。『大正藏』の底本は再雕高麗藏であるが，それはこのトルファン文書斷片を含む契丹藏と同一のテキストであったことを語る。

　もう１例は佛典扉繪である。「六朝人寫經殘字」（八一號）第15頁の扉繪と「古高昌出土殘經」（八三號）第13頁「三〇九」の扉繪は，異なる冊に整理されているが，ほぼ方形に近い「護法神王」扉繪の，前者は左下（護法神王の下部）の部分，後者は右上（護法神王の上部と從者）の部分を構成する。そして中村不折舊藏『晉唐屑玉』⑲（16.7cm×22.7cm）は，左上の榜題「護法神王」あたりの部分である。以上の３斷片を合わ

圖1　護法神王圖

せると圖のように復元できる［圖1］。

　この扉繪がどのような佛典テキストの卷頭を飾ったかを見てみると，中村斷片の扉繪に續く佛典は，『大般若經』卷471である。經典の前に縱の1罫線，後ろにも縱の1罫線があって譯者名が續き，さらにその後ろにも縱の1罫線があって，品題，經文となる。下部は缺けているので確認出來ないが，上部の界線は殘っている。このような版式は契丹藏である。また，帙號は殘っていないが，1行の字數や文字の形からも，この斷片は契丹藏で間違いない。また以上の3斷片の「護法神王」扉繪の上部枠線と，それに續く佛典の上部界線は揃っており，扉繪と經典は同時に雕られた可能性が高い。

　これと同一版と思われるのは，ロシア藏TK 274, Дx 11572, Дx 11576である。この中のTK 274は出土地が西夏黒水城とはっきり分かっており，その地に契丹版が入ったことも多くの遺品から明らかにされている[6]。このTK 274には首題の「佛説長阿含經第四分世記經阿須倫品第六」が殘されており，この下に千字文帙號の「薄」があったと思われる。それを裏附けるかの如く，紙背に「長阿含經卷第二十　薄」のペン書きが殘る。これらのことから，靜嘉堂文庫藏と中村不折藏の斷片で復元される「護法神王」扉繪は，契丹藏のそれであることが確認できる。

　また以上の2例から，中村不折藏は靜嘉堂文庫藏と同じ梁素文舊藏品

第2章　靜嘉堂文庫藏漢語版本斷片について（附目錄）　　89

を含むことが確かめられる。

2　トルファンに入った大藏經セットの問題

　トルファンには趙宋開寶藏をはじめ，10世紀から印刷された大藏經がセットとしてどのくらい入ってきたかということを，靜嘉堂文庫藏のトルファン文書斷片を中心に考えてみたい。そこには，開寶藏，契丹藏，金藏のいずれの斷片も含まれている。どのトルファン・コレクションでも，版本斷片の90％以上は契丹藏が占めるが，この傾向は靜嘉堂文庫藏においても同じである。
　ところで，開寶藏は近隣の高麗や西夏等の諸國に下賜され，日本にも東大寺僧の奝然によって1セット將來された。殘念なことに，それらは安置された法成寺の火災によって燒失したが，將來から燒失までの5,60年の間に書寫され，その轉寫本は現在でも多く殘っている。このことからは，トルファンに入った版本大藏經も同じように多くはなく，2,3セット程度ではなかったかと推測される。
　この推測の裏附けの一つとして，「高昌出土刻經殘紙」（八八號）第13頁「六三一」［圖2］の斷片を舉げたい。これは，『雜阿含經』卷3

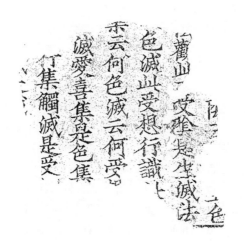

圖2　「高昌出土刻經殘紙」八八號

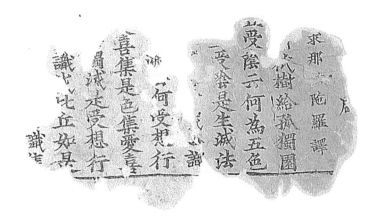

俄 Дx17248　　　俄 Дx17233

圖3　Дx 17233+Дx 17248『雜阿含經』

(T2, 15b12-17) の斷片である。又，ロシア藏 Дx 17233 + Дx 17248［圖3］は，同じく『雜阿含經』卷3（T2, 15b9-19）の斷片で，先の斷片と一部重なる。これは1行目の經題の下に帙號「盛」が認められ，それによって契丹藏斷片と言える。兩斷片を比べてみると，版式も字形も一致していることから，靜嘉堂文庫藏も契丹藏であることが確認され，さらに同じ經文部分が2枚あることから，少なくとも2セットはトルファンに傳わったことが明らかである。

　靜嘉堂文庫藏には殘念ながら存在しないが，奝然の將來した開寶藏が廣く筆寫されたのと同じ狀況を示す，ベルリン・トルファン・コレクションの寫本斷片がある。一つはCh 5546r，もう一つはCh 2258で，前者は『長阿含經』卷22（T1, 149b26-c24），後者は『大般若波羅蜜多經』卷98の寫本である。Ch 5546r は1行17から19字，上下兩部界線で，尾題「佛說長阿含經卷第二十二」に「薄」の帙號が見える。この帙號，版式等から，契丹藏を書寫したものと斷定できる。

　また，Ch 2258 は紙縫から1行目と2行目に柱刻「般若九十八　四月」があり，これも，帙號，版式，字形等あらゆる點で契丹藏を寫したものであると言える。トルファンには多數の大藏經が入ってきたのではなく，おそらく2，3セット程度のものが入りそれが筆寫されたことを，

これらの存在は語っている。同時にこのことから，今日の發達した印刷技術からは想像しがたいことながら，木版印刷の初期においては，印刷されるのはごく僅かの部數であって，それらは正しいテキストを傳えるものとして尊重され，必要に應じて筆寫されていったものと考えられよう。それは儒敎經典の正しいテキストが石經に留められ，書寫されたと同じ役割を果たしていたと言えよう。つまり，印刷時代に入っても依然として寫本の營爲は續いていたことになる。

3　契丹藏の扉繪の問題

佛敎考古學者である宿白（1922-）は，版本漢譯大藏經にふれ，契丹大藏經に言及して，「ある卷は卷の前に扉繪があり，扉繪には大日如來本尊が描かれている。大日如來は密敎胎藏部の主像であり，遼では密敎が流行ったので，その姿が經典の前に附されている。大藏經の前に置く扉繪は北方系統が南方系統に比べ早い」[7]と述べる。

この主張が見える宿白の著書は，1970年に北京大學考古系中國佛敎考古研究生のために行われた講義に基づいている。その時，山西省應縣の木塔の調査はまだ始まっていなかったが，やがて契丹藏の零卷が發見され，その最初の公式報告は1982年6期の『文物』で發表された。宿白の著書には，後に發行されたこの『文物』に掲載された契丹藏『大法炬陀羅尼經』卷13の卷首と扉繪の寫眞が資料として用いられている。

ところが件の『文物』の解說では，扉繪の尊像を彌勒菩薩としている[8]。宿白の著書では，たまたま入手できた契丹藏扉繪寫眞として利用しただけなのか，あるいは『文物』の報告にまで目を通し，意をもって「彌勒菩薩」を「大日如來」に改めたのか，定かでない。その後，10年ほどして，木塔の最終報告書として圖版が出版された[9]。そこでは扉繪の大きさへの言及はあるが，尊像を初め，繪の中身についてはふれていない。實在する契丹藏は，應縣木塔に安置された佛像の胎內から見つかった12卷のみである。その一つを取りあげ，契丹藏扉繪の一般として述べた宿白の言述が正しいかどうか，檢證する必要があろう。

中央尊像を彌勒菩薩と考えた理由について，『文物』ではふれていな

い。圖像學的に言えば，應縣契丹藏の扉繪の尊像の，伸ばした左手の指を右手で握る印相は「智拳印」と呼ばれている。この印相は彌勒菩薩像には見られないようである[10]。最終報告書圖版にその名が消えたのは，そのことに因るのかも知れない。

　宿白がこの印相から大日如來と考えたかどうかも定かではないが，彼の說いた大日如來は確かに「智拳印」の印相をもつ。應縣木塔で發見された12卷の契丹藏の中に『中阿含經』卷36があり，宿白は言及しないが，これにも『大法炬陀薩尼經』につけられたと同じ扉繪がある[11]。最終報告書としての圖版の解說では，『大法炬陀薩尼經』の扉繪についての解說と同樣に，やはり「說法圖」とのみ記す。

　ところで，これら契丹大藏經の兩卷の紙背には「神坡雲泉院藏經記」の朱印があり，神坡にある雲泉院の藏經堂に收められていた大藏經であったことが分かる。その寺院については，管見の及ぶところそれと結びつく何の文獻も見つけることはできない[12]。

　宿白が提示した『大法炬陀薩尼經』經典とその扉繪は，同時に雕造されたものではない。兩者の天地の枠線が不揃いであり，扉繪は別に作られたものがこの契丹藏の雕印の際にアレンジされたと考えられる。つまり，既存の扉繪を利用したのであろう[13]。木塔は遼の清寧2年（1056）に建てられ，そこに胎内藏のある佛像が收められた。この佛像は遼末金初を降らない時代に作られたと考えられている。從って當然，胎内に收められていた佛典はそれ以前のものということになる。

　既存の扉繪を利用したのであれば，佛典の内容と關わる變相圖の可能性もあるが，現存する『法華經』等の中には類似のものを見出せない。もし，中央の尊像が大日如來像であると，扉繪のように袈裟と覆肩衣をまとった姿の類例は珍しく，近年發見された法門寺の金銅舍利函北面の大日如來像が1例としてあげられる。これは9世紀後半の作品と言われている。ただ，菩薩・天・力士・供養者を伴っている大日如來の圖は目下のところ見出せていない。

　「智拳印」の印相をもつ像は大日如來だけではなく，毘盧舍那佛も同じ印相である。宿白は契丹での密教の流行と扉繪の大日如來像を結びつけたが，當時は華嚴も盛んであった。木塔からは40卷本と60卷本の兩『華嚴經』を初め，唐の澄觀の注疏等多くの華嚴關係の佛典が發見され

ている[14]。從って，扉繪の中央佛は毘廬舍那佛であると考えることもできる。しかし，類例を見つけだすのは，大日如來の場合と同じように難しい。

宿白の講義した時代にはほとんど知られていなかったため，契丹大藏經の說明の中ではふれられていないが，トルファン文書には多くの契丹版の斷片が含まれている。靜嘉堂文庫藏版本斷片も，すでに述べたように，ドイツやロシアの收集品と同じくトルファン出土品で，漢語佛典版本斷片の多くは契丹藏である。その例として「1　出自の問題」で擧げたように，「六朝人寫經殘字」(八一號) と「古高昌出土殘經」(八三號) の309, 中村不折舊藏『晉唐屑玉』⑲を合わせると，契丹大藏經の扉繪の一つ，「護法神王」となる。圖柄だけではなく，榜題「護法神王」の「法」のサンズイの字體からも契丹藏であることは明白である。

また，ベルリンCh/U 8143は，『不空羂索神變眞言經』卷30と「護法神王」扉繪の一部斷片である〔圖4〕。木塔發見の『大法炬陀薩尼經』と『中阿含經』の紙背に「神坡雲泉院藏經記」の朱印の存在することを上で述べた。このベルリン斷片圖では一部破棄されたために見えないが，扉繪の左下には「　」□藏經記」と雕られており，ある寺院の契丹大藏經であったことを物語っている[15]。ただ，先述のロシア藏のTK 274, Дx 11572及びДx 11576は靜嘉堂文庫藏と同版と考えられたが，この「護法神王」を詳細に比較檢討してみると，靜嘉堂文庫藏と同じ版木ではない。

また，契丹藏扉繪の「護法神王」像に關しては，別の圖柄として，木塔發見の『大方廣佛華嚴經』卷47の扉繪がある。この「護法神王」像は，從者を伴わず單身である〔圖5〕。また，榜題の「護法神王」の文字のみならず，扉繪の中に「天」「王」「人」等の文字も見える。經典の紙背には毎紙ごとに「寶嚴」の印が押印されており，これは涿州の寶嚴寺に藏された契丹大藏經であることを示す[16]。從って，「護法神王」扉繪をもつ契丹藏は何回も雕られ，その扉繪も少しずつ變化したものと考えられる。

次に，靜嘉堂文庫藏版本斷片の中にあるもう一つの扉繪について述べよう。「古高昌出土殘經」八二號第12頁179〔圖6〕は，僅かに榜題「佛爲天曹地府說法之處」が殘るのみであるが，これはある扉繪の一部であ

圖4　Ch/U 8143『不空羂索神變眞言經』卷30

圖5　木塔發見『大方廣佛華嚴經』卷47の扉繪（護法神王）

る。ロシア藏，ベルリン藏にこの榜題[17)]を有つ扉繪斷片がいくつか存在する[18)]。これらは扉繪の右端に近い部分であるが，左端と經典の繋がり部分を示すのはロシア藏 Дx 17281＋Дx 17061［圖7］である。經典は『大般若波羅蜜多經』卷51で，帙號「宙」は金大藏經であることを示す。從って，榜題から明らかなように，扉繪は釋迦說法圖で，金藏の一つにこの扉繪のついたものが印刷されていた事が分かる。

　これらの斷片の外に，さらにベルリン藏，あるいはそこから流出した出口コレクション，またロシア藏の斷片を接合してみると，その說法圖は，ある程度復元できる。復元されたこの圖は元初のものであるが，ロシア藏 Дx 17281＋Дx 17061に當たる釋迦說法圖の扉繪の最後に近い部分が切られて，供養圖と貼り合わされており，兩者がもともとは別のものであったことを示している。同じようにロシア藏 Дx 17281＋Дx 17061も，經典『大般若波羅蜜多經』との接合部分で釋迦說法圖の最後

第2章　靜嘉堂文庫藏漢語版本斷片について（附目錄）　　95

圖6　「古高昌出土殘經」八二號

圖7　Дx 17281＋Дx 17061『大般若經』卷51

尾が缺けていることから，これらも最初から一體ではなく，別々に雕られたものであることが分かる。

　さて，この釋迦說法圖の來源を探ってみれば，その構圖とほぼ同じものが，臺灣故宮博物院所藏の宋刊大字本『法華經』卷3 [19]や東福寺栗棘庵藏『法華經』卷3に附されている。これらは南宋の紹興年間（1131-1162）に浙江で印刷されたもので，南中國の作品であり[20]，上で述べてきた契丹に始まる北中國のものとは繪柄は少し異なるが，構圖そのものは同じである。この南宋の扉繪では，榜題「佛爲天曹地府說法之處」のところは「妙法蓮華經卷第三」であるが，その他の卷の榜題では，例えば卷1などは「妙法蓮華經卷第一相」と「相」の1字が加わっている。繪はその卷の內容を描いたものであり，「相」は變相の意味である。つまりこの扉繪「釋迦說法圖」は，『法華經』卷3の變相圖の構圖を踏襲するものだったのである。

　木塔發見の契丹單刻本『法華經』にも變相圖（扉繪）を有ったものはあるが，榜題「佛爲天曹地府說法之處」を有する繪柄のものは發見されていない。上で述べたように，繪柄が一致するのは金藏『大般若經』卷

圖8　Φ360＋TK 278　契丹藏扉繪（釋迦說法圖）

51の扉繪であるが，これは『法華經』の變相圖を利用したものであった。元來の變相圖が途中で切られていることの他に，經典と扉繪の枠線が不統一であることからも明らかである。利用されたであろうオリジナルの『法華經』變相圖は見つかっていないが，南宋のそれとは繪柄が異なるので，契丹時代のものであったと推測しても大過なかろう。

また，ロシア藏のΦ360＋TK 278も契丹藏の扉繪で「釋迦說法圖」［圖8］である。同じくロシア藏のTK 265vも『增壹阿含經』に附いた「釋迦說法圖」斷片である[21]。ただ，契丹藏か金藏かは史料が少なく決定できない。

以上，契丹藏や金藏の扉繪を靜嘉堂文庫藏の扉繪斷片との關わりからいささか紹介した。宿白が契丹藏について，「大日如來は密教胎藏部の主像であり，遼では密教が流行ったので，その姿が經典の前に附されている。大藏經の前に置く扉繪は北方系統が南方系統に比べ早い」と述べているのを冒頭に紹介したが，それが正しいかどうか簡單に述べておこう。

10世紀後半に雕造された北宋の開寶藏には扉繪がついていなかった。

續いて11世紀に入り開版された契丹藏にはそれがついていた。宿白は木塔發見の契丹藏扉繪によってそれを確認したわけで，彼の意見の後半部分はその通りである。しかし前半部分の記述は，少し誤解を生もう。上で見てきた變相圖のように，版本大藏經の扉繪になった時，經典内容と扉繪との密接な關係は薄められたからである。金藏では，『法華經』變相圖の榜題の「妙法蓮華經卷第三」が「佛爲天曹地府説法之處」に變わって，『法華經』ではなく『大般若經』につけられた。宿白の見た扉繪のついた契丹大藏經は，密教經典の『大法炬陀薩尼經』だけであったために，「遼では密教が流行ったので，その姿（注記：大日如來本尊）が經典の前に附されている」と彼が結論づけたことに矛盾はないが，上で見てきた事から明らかなように，この扉繪は『大般若經』から始まる一切經につけられたもので，經典の中身や當時の宗派の盛衰とは關わりがなかったのである。

　以上のような北中國で開版された大藏經は，日本には直接入ってこなかったために，その扉繪についても知ることができず，研究對象からははずれていた。最後にこれまで述べたことを踏まえた上で，契丹藏および金藏の扉繪について一般的なことをまとめておこう。

　上で，「護法神王」扉繪にもいくつかの圖柄があることを見たが[22]，それらは，官版と私版とを問わず，扉繪が少しずつアレンジされて利用されていったことを示している。そのことは，例えば，契丹藏扉繪と金藏（大寶集寺本）に見ることができるし，また『法華經』卷3の變相圖が一部切られ榜題が變えられて金藏の「釋迦説法圖」扉繪に用いられたことからも確信できる。また，契丹藏か金藏か決定できないロシア藏のTK 265vの「釋迦説法圖」が，元ウイグル佛典扉繪に利用されている例もある[23]。

　遼，金，元と次々異なる民族が異なる國家を建てた北中國で，このような文化の傳承がなぜ可能であったのか考えてみると，それは國家の枠を越えた佛教信仰の普遍性に基づくと言えよう。そしてその發信元が，遼の南京，金の中都，元の大都とそれぞれの國によって名稱こそ異なれ，一貫して現在の北京の地であり，そこに北中國出版の板木が管理され續けていたことによるのである。

1) 西脇常記編『續ベルリン・トルファン・コレクション漢語版本の總合研究』(2009, 同志社大學文學部西脇研究室)。
2) 『敦煌吐魯番研究論集』, 1996, 書目文獻出版社, 頁176-188。また同年出版された氏の『海外敦煌吐魯番文獻知見錄』江西人民出版社, 第6章「日本收藏品」第5節「靜嘉堂文庫」183-194頁にも載せる。
3) 武漢大學出版社, 512-561頁。
4) 大藏經版本については, 藤枝晃『トルファン出土佛典の研究——高昌殘影釋錄』第5章「總説」(2005, 法藏館, 245-253頁), および竺沙雅章「西域出土の印刷佛典」(旅順博物館・龍谷大學共編『旅順博物館藏トルファン出土漢文佛典研究論文集』2006, 118-134頁) 參照。
5) 中村不折藏の圖錄は, 磯部彰編『臺東區立書道博物館所藏　中村不折舊藏禹域墨書集成』全3卷 (2005, 文部科學省科學研究費特定領域研究總括班發行) を參照。
6) 竺沙雅章「黑水城出土の遼刊本について」(『汲古』Nr. 43, 20-27頁) 參照。
7) 『漢文佛籍目錄』21頁 (2009, 文物出版社)。
8) 宿白, 上揭書, 10頁。
9) 『應縣木塔遼代祕藏』(1991年, 山西省文物局・中國歷史博物館主編)。
10) 佛像については森井友之氏に教示を仰いだ。この場を借りて感謝申しあげる。
11) 『文物』では扉繪の末の一部が經典卷首の先に接續する寫眞が載せられており, それを見る限り扉繪が完全に殘っているとは考えにくい。またその解説は「釋迦説法圖」とし, 『大法炬陀薩尼經』と『中阿含經』につけられた扉繪が同種のものであることにはふれていない。
12) 陳述　輯校『全遼文』(1982, 中華書局) 卷8には, 王鼎「薊州神山雲泉寺記」(204-205頁) が収められている (同文は向南『遼代石刻文編』, 1995, 河北教育出版社, 358-359頁にも収められている)。それによれば, 雲泉寺は咸雍8年 (1072) に寺額を賜わっている。寺額を賜わる程の名刹であれば, 大藏經も備わっていたとも考えられるが, 「薊州神山雲泉寺」が件の契丹藏の紙背の朱印の示す「神坡雲泉院」と果たして結びつくかは, この資料だけでは判斷できない。
13) 左右外枠線の不揃いから, 元來の扉繪はさらに左に續くものではなかったかと推測される。
14) 契丹佛教については竺沙雅章『宋元佛教文化史研究』(2000, 汲古書院), 特に第1部, 第4章・第5章がある。また, 古松崇志「法均と燕京馬鞍山の菩薩戒壇——契丹 (遼) における大乘菩薩戒の流行」(『東洋史研究』65卷3號, 1-38頁) や「考古・石刻資料よりみた契丹 (遼) の佛教」(『日本史研究』522號, 42-59頁) 等もある。
15) これに關しては, 拙文『トルファン出土漢語文書研究』「第3章　ベルリン・トルファン・コレクションの漢譯佛典版本斷片研究——ロシア・クロトコフ蒐集品との關わりを中心に」(2010, 同志社大學・文學部・文化史學科・西脇研究室發行) の注 (60) 及び圖版IV參照。
16) 注 (9) に揭げる報告書圖版, 頁24。

17) 例えばДx 2878, Ch 2283, MIK Ⅲ 7773aの斷片。
18) 拙著『中國古典社會における佛教の諸相』第Ⅲ部6「元初の一枚の印刷佛典扉繪と供養圖」の復元圖と復元白描圖（2009, 知泉書房, 右開き162-163頁）參照。
19) 7卷本。『妙法蓮華經圖錄』(1995, 臺灣故宮博物院, 24-25頁) 參照。
20) 宮次男「宋・元版本にみる法華經繪（上）」(『美術研究』325, 25-36頁) 參照。
21) 本書Ⅱ-7章「一枚のウイグル文印刷佛典扉繪」332頁參照。
22) 木塔發見の單刻本『法華經』は蝴蝶裝であるが, 半葉の扉繪が殘っており, その内容は天王座像と童子である。また注（9）に掲げる報告書圖版, 183頁にも別種のものがあるが, 「護法天王」の文字もなく, 構圖も異なるのでここの考察の對象からは省いた。
23) 注（21）引く拙稿參照。

靜嘉堂文庫藏版本斷片目錄

「六朝人寫經殘字」八一號
第13-15（98-116）頁は缺とする。しかし，斷片は19枚ではなく，35枚になり，番號がつけられない。しばらく，版本關係のみ取り出しておく。
第15頁
右上：14.7×13.6cm　天高2.5cm
　　　『妙法蓮華經』（？）變相圖（扉繪）
　　　右中左：9.0×14.4cm　「波羅蜜名」「舍利子」の二行
　　　契丹版扉繪？
右下：11.7×15.4cm　地高1.3cm
　　　契丹版「護法神王」扉繪
　　　これは，「古高昌出土殘經」八三號第13頁「309」契丹版扉繪　護法神王と從者と一體で，中村不折藏版本⑲の右部分
　　　參照：TK 274, Дx 11572及びДx 11576と同一。
右下眞中：2.1×3.4cm
　　　扉繪一部
中右：2.3×1.5cm
　　　扉繪一部
中中：2.1×1.4cm
　　　扉繪一部
中左：1.6×1.2cm
　　　扉繪一部
左：印沙佛　六體（獨尊形）27.7×15.6cm
左・中段右：扉繪　5.8×3.6cm
　　　扉繪一部　蓮華紋
左・下段右：扉繪　3.5×4.1cm
　　　釋迦說法圖扉繪一部
左・下段中：扉繪　5.1×4.2cm
　　　釋迦說法圖扉繪一部
左・下段左：扉繪　5.7×5.5cm
　　　釋迦說法圖扉繪一部

「高昌出土寫經殘字」八二號
第11頁

第 2 章　靜嘉堂文庫藏漢語版本斷片について（附目錄）　　　　　101

176：12.5×4.0cm　（1）＋1＋（1）行　行18　　下部界線　地高1.9cm
　　　『增壹阿含經』卷6（T2,571b12-13）　契丹版
　　　177＋589＋176＋590＋504＋458
177：11.4×4.0cm　2行　行17　下部界線　地高2.0cm
　　　『增壹阿含經』卷6（T2,571b10-12）　契丹版
　　　177＋589＋176＋590＋504＋458
第12頁
179：14.3×5.4cm　扉繪題字「佛爲天曹地府說法之處」
　　　參照：Дx 2878，Ch 2283，MIK Ⅲ 7773a

「古高昌出土殘經」八三號
第12頁
279：7.3×5.4cm　3＋（1）行　行18
　　　『大般若波羅蜜多經』卷132（T5,719b4-6）　　契丹版
　　　643＋279＋288
280：4.8×4.3cm　（1）＋1＋（1）行　行？
　　　不詳　契丹版
281：7.4×3.8cm　2行　行19
　　　『大般若波羅蜜多經』卷130（T5,710c7-8）　　契丹版
283：10.5×8.0cm　（1）＋4行　行18-19　上部界線　天高0.7cm
　　　『大般若波羅蜜多經』卷559（T7,884c17-21）　契丹版
285：4.0×2.8cm　（1）＋1行　行？
　　　不詳　契丹版
287：5.4×7.0cm　3＋（1）行　行18　2紙
　　　『大般若波羅蜜多經』卷132（T5,719a26-28）　契丹版
　　　642＋287
288：3.7×7.6cm　（1）＋4行　行18
　　　『大般若波羅蜜多經』卷132（T5,719b3-6）　　契丹版
　　　643＋279＋288
289：4.9×3.1cm　（1）＋1＋（1）行　行18
　　　『大般若波羅蜜多經』卷77（T5,431c9）　　契丹版
301：4.7×4.9cm　2＋（1）行　行19　上部界線　天高2.5cm
　　　『大般若波羅蜜多經』卷381（T6,967c22-23）　契丹版
第13頁
306：6.4×8.7cm　印沙佛（獨尊形）
307：6.7×8.9cm　印沙佛（獨尊形）
308：6.8×4.3cm　印沙佛（獨尊形）
309：17.4×14.7cm　契丹版扉繪　護法神王と從者
　　　「六朝人寫經殘字」八一號第15頁　右下とともに中村不折藏版本⑲の右部分
　　　參照：TK 274，Дx 11572及びДx 11576と同一

「晉宋以來印版藏經」八七號
第1頁
452：12.2×4.7cm　2＋（1）行　行17　上部界線　天高5.7cm　2紙
　　　紙縫から1行目と2行目の間に柱刻「四分律四十四」
　　　『四分律』卷44（T22,885c9-10）　　契丹版
453：7.8×4.9cm　3行　行19-20
　　　『大般若波羅蜜多經』卷475（T7,408c16-18）　　契丹版
　　　453＋608＋588＋624
454：21.3×26.2cm　15行　行19-20
　　　『大般若波羅蜜多經』卷389（T6,1009c25-1010a12）　　契丹版
　　　454＋591＋581
455：5.8×7.7cm　（1）＋3行　行16
　　　『增壹阿含經』卷6（T2,574a27-b1）　　契丹版
456：5.8×3.9cm　2行　行17
　　　『般若燈論釋』卷14（T30,127a14-15）　契丹版
457：6.7×3.2cm　1＋（1）行　行19　上部界線　天高3.7cm
　　　『大般若波羅蜜多經』卷556（T7,868b16-17）　　契丹版
　　　511＋457＋574＋593
458：6.8×7.0cm　3＋（1）行　行17　下部界線　地高1.7cm
　　　『增壹阿含經』卷6（T2,571b18-21）　　契丹版
　　　177＋589＋176＋590＋504＋458
第2頁
459：16.3×15.0cm　8行　行17-18　上部界線　天高5.3cm
　　　『增壹阿含經』卷6（T2,574c8-15）　寶づくし　契丹版
460：2.9×3.4cm　1＋（1）行　行？
　　　不詳　契丹版
461：7.2×13.4cm　7行　行17-18
　　　『中阿含經』卷14（T1,511c20-27）　譯者＋縱罫線＋品題　　契丹版
　　　中村不折㉑＋1,2字斷絕＋461＋556
462：9.6×8.0cm　4行　行16-17　上部界線　天高4.5cm
　　　『增壹阿含經』卷6（T2,574b24-27）　　契丹版
463：4.1×2.5cm　1＋（1）行　行？
　　　不詳　契丹版
464：12.0×16.5cm　（1）＋8行　行17
　　　『增壹阿含經』卷6（T2,574b7-14）　　契丹版
　　　557＋464＋577
465：5.9×8.0cm　（1）＋3行　行17　2紙　紙縫から1行目と2行目の間に柱刻
　　　「十二」
　　　『增壹阿含經』卷6（T2,574c27-575a1）　　契丹版

第2章　靜嘉堂文庫藏漢語版本斷片について（附目録）　　103

　　　　548＋465
466：10.6×2.7cm　　1＋（1）行　行？
　　　『大般若波羅蜜多經』卷？　　契丹版
第3頁
467：18.7×12.3cm　（1）＋4行　行17　　上部界線　天高4.9cm
　　　『般若燈論釋』卷14（T30,125c21-25）　　契丹版
468：9.0×6.0cm　　3＋（1）行　行19　下部界線　地高2.4cm
　　　『大般若波羅蜜多經』卷367（T6,895a28-b3）　　契丹版
　　　468＋536
469：6.1×6.0cm　（1）＋2行　行？　　上部界線　天高3.9cm
　　　不詳　　契丹版
470：3.9×5.0cm　　2＋（1）行　行？
　　　『長阿含經』卷13（T1,83b10-12）　契丹版
　　　563＋491＋470＋519＋565
471：5.6×4.9cm　　3行　行19　下部界線　地高3.0cm
　　　『増壹阿含經』卷35（T2,741c8-10）　　契丹版
　　　526＋513＋471
472：24.1×18.2cm　（1）＋9＋（1）行　行18-19　上部界線　天高3.2cm
　　　『大般若波羅蜜多經』卷475（T7,408b21-c1）　　契丹版
　　　507＋512＋540＋539＋611＋528＋559＋472＋538＋605＋478
473：7.0×5.2cm　　3行　行？
　　　不詳　　契丹版
474：2.3×2.9cm　　1＋（1）行　行？
　　　不詳　　契丹版
第4頁
475：12.2×14.9cm　　7行　行17　上部界線　天高5.4cm
　　　『中阿含經』卷16（T1,525a19-25）　　契丹版
476：4.6×5.0cm　　2＋（1）行　行？
　　　不詳　　契丹版
477：11.6×11.3cm　（1）＋6行　行18-19　下部界線　地高3.6cm
　　　『大般若波羅蜜多經』卷475（T7,409b2-7）　　契丹版
　　　530＋485＋477＋571＋508＋521
478：5.1×7.3cm　　4行　行19
　　　『大般若波羅蜜多經』卷475（T7,408c6-9）　　契丹版
　　　507＋512＋540＋539＋611＋528＋559＋472＋538＋605＋478
479：13.6×13.3cm　（1）＋7行　行18-19　上部界線　天高3.2cm　2紙
　　　紙縫から1行目と2行目の間に柱刻「般若四百七十五」
　　　『大般若波羅蜜多經』卷475（T7,409a6-12）　　契丹版
　　　582＋479＋484＋495
480：6.9×5.1cm　（1）＋2＋（1）行　行20

　　　　　『大般若波羅蜜多經』卷397（T6,1058c20-22）　　契丹版
481：9.2×15.7cm　（1）＋7行　行18　　下部界線　地高2.5cm　經文が終わり，
　　　　　2本の縱罫線が續き，尾題，尾題の下に千字文帙號「列」，その後に縱罫線
　　　　　『大般若波羅蜜多經』卷148（T5,803c21-27）　　契丹版
482：3.5×2.5cm　（1）＋1行　行？
　　　　　不詳
第5頁
483：7.1×9.9cm　5＋（1）行　行18-19　　上部界線　天高2.8cm
　　　　　『大般若波羅蜜多經』卷475（T7,404b8-12）　　契丹版
484：17.8×12.7cm　（1）＋6＋（1）行　行18-19　　下部界線　地高3.0cm　2紙
　　　　　紙縫から1行目と2行目の間に柱刻「崗」
　　　　　『大般若波羅蜜多經』卷475（T7,409a6-12）　　契丹版
　　　　　582＋479＋484＋495
485：14.0×18.4cm　1＋（1）行　行18-19　　上部界線　天高3.5cm　『大般若波
　　　　　羅蜜多經』卷475（T7,409a27-b8）　　契丹版
　　　　　530＋485＋477＋571＋508＋521
486：10.4×13.6cm　7行　行19-20　下部界線　地高3.0cm
　　　　　『大般若波羅蜜多經』卷37（T5,206c29-207a5）　　版本？
第6頁
487：11.8×11.1cm　　6行　行19-20 上部界線　天高5.5cm
　　　　　『大般若波羅蜜多經』卷245（T6,236a16-21）　　契丹版
488：13.5×10.6cm　5行　行17-18　下部界線　地高3.0cm
　　　　　『長阿含經』卷21（T1,140b27-c3）　契丹版
　　　　　「終」作「夛」
　　　　　490＋488
489：5.1×4.7cm　2＋（1）行　行19
　　　　　『大般若波羅蜜多經』卷562（T7,901c28-29）　　契丹版
490：16.5×14.3cm　6行　行16-17　　2紙　紙縫から1行目と2行目の間に柱刻
　　　　　「長阿含經二十一」　上部界線　天高5.0cm
　　　　　『長阿含經』卷21（T1,140b21-26）　　契丹版
　　　　　「終」作「夛」
　　　　　490＋488
491：3.4×5.4cm　（1）＋2＋（1）行　行17
　　　　　『長阿含經』卷13（T1,83b10-11）　　契丹版
　　　　　563＋491＋470＋519＋565
492：6.8×12.9cm　6行　行19-20　下部界線　地高2.8cm
　　　　　『大般若波羅蜜多經』卷562（T7,901b9-14）　　契丹版
　　　　　578＋498＋518＋492＋555＋585＋610＋516
493：4.2×6.2cm　4行　行16-18
　　　　　『大般若波羅蜜多經』卷454（T7,291b14-17）　　契丹版

第2章　靜嘉堂文庫藏漢語版本斷片について（附目錄）　　　105

第7頁
494：12.6×13.8cm　7行　行17
　　　『長阿含經』卷13（T1,83b20-29）　契丹版
495：15.3×9.2cm　5行　行18-19　下部界線　地高3.1cm
　　　『大般若波羅蜜多經』卷475（T7,409a13-18）　契丹版
　　　582＋479＋484＋495
496：2.3×1.8cm　1行　行？
　　　不詳　契丹版
497：5.5×4.4cm　2＋（1）行　行17
　　　『增壹阿含經』卷6（T2,571c7-8）　契丹版
498：9.4×3.7cm　2行　行21　上部界線　天高0.8cm
　　　『大般若波羅蜜多經』卷562（T7,901b4-5）　契丹版
　　　578＋498＋518＋492＋555＋585＋610＋516
499：13.1×10.0cm　（1）＋4＋（1）行　行19　上部界線　天高4.5cm
　　　『大般若波羅蜜多經』卷397（T6,1057a7-10）　契丹版
500：14.8×20.0cm　（1）＋10＋（1）行　行19　下部界線　地高2.7cm
　　　『大般若波羅蜜多經』卷397（T6,1058a9-19）　契丹版
第8頁
501：17.7×13.8cm　7＋（1）行　行17-19　　上部界線　天高0.3cm
　　　『大般若波羅蜜多經』卷397（T6,1055a13-20）　契丹版
　　　554＋501
502：8.3×3.5cm　（1）＋1＋（1）行　行19
　　　『大般若波羅蜜多經』卷397（T6,1056c15-16）　契丹版
503：7.5×11.1cm　6行　行18　下部界線　地高2.4cm
　　　『大般若波羅蜜多經』卷289（T6,468b18-24）　契丹版
504：8.7×8.8cm　4＋（1）行　行17
　　　『增壹阿含經』卷6（T2,571b15-19）　契丹版
　　　177＋589＋176＋590＋504＋458
505：18.3×18.3cm　10行　行19-20　下部界線　地高2.9cm
　　　『大般若波羅蜜多經』卷397（T6,1056a7-17）　契丹版
506：7.2×4.0cm　（1）＋2行　行19
　　　『大般若波羅蜜多經』卷454（T7,292a29-b2）　契丹版
　　　537＋514＋506
第9頁
507：15.6×13.2cm　7行　行18-19　上部界線　天高3.1cm
　　　『大般若波羅蜜多經』卷475（T7,408b8-15）　契丹版
　　　507＋512＋540＋539＋611＋528＋559＋472＋538＋605＋478
508：11.9×18.2cm　9行　行18-20　下部界線　地高2.2cm　經文が終わり、縱罫線
　　　が續く
　　　『大般若波羅蜜多經』卷475（T7,409b10-18）　契丹版

530＋485＋477＋571＋508＋521
509：5.4×4.4cm　3行　行？　上部界線　天高1.7cm
　　　不詳　契丹版
510：15.0×16.4cm　8行　行18-20　上部界線　天高3.8cm
　　　『大般若波羅蜜多經』卷130（T5,710b9-17）　契丹版
511：6.3×10.8cm　（1）＋5＋（1）行　行19　紙縫から1行目と2行目の間に柱刻「般若五百五十六」
　　　『大般若波羅蜜多經』卷556（T7,868b14-19）　契丹版
　　　511＋457＋574＋593

第10頁
512：22.3×16.8cm　（1）＋9行　行18-19　上部界線　天高0.6cm
　　　『大般若波羅蜜多經』卷475（T7,408b13-21）　契丹版
　　　507＋512＋540＋539＋611＋528＋559＋472＋538＋605＋478
513：18.5×16.4cm　9＋（1）行　行18-19　上部界線　天高5.0cm
　　　『増壹阿含經』卷30（T2,741b27-c8）　契丹版
　　　526＋513＋471
514：4.8×3.6cm　2行　行19
　　　『大般若波羅蜜多經』卷454（T7,292a27-29）　契丹版
　　　537＋514＋506
515：5.9×2.8cm　（1）＋1行　行？　下部界線　地高1.4cm
　　　不詳　契丹版
516：6.0×10.9cm　6行　行18-19　下部界線　地高1.4cm
　　　『大般若波羅蜜多經』卷562（T7,901b15-21）　契丹版
　　　「疾」の異體字　「受」作「授」
　　　578＋498＋518＋492＋555＋585＋610＋516

第11頁　1枚闕
517：14.7×5.9cm　3＋（1）行　行18　上部界線　天高3.5cm
　　　『大般若波羅蜜多經』卷245（T6,236a7-9）　契丹版
518：14.2×9.2cm　5＋（1）行　行19-20　上部界線　天高1.5cm
　　　『大般若波羅蜜多經』卷562（T7,901b5-9）　契丹版
　　　「疾」の異體字
　　　578＋498＋518＋492＋555＋585＋610＋516
519：6.0×4.9cm　2＋（1）行　行17
　　　『長阿含經』卷13（T1,83b13-15）　契丹版
　　　563＋491＋470＋519＋565
520-1：4.4×4.7cm　2＋（1）行　行？
　　　不詳　契丹版
520-2：3.6×1.5cm　1行　行？　「一切智智」のみ
　　　不詳　契丹版
521：7.9×21.1cm　9行　行19　經文が終わり、縱罫線2本が續き、尾題「大般若

第 2 章　靜嘉堂文庫藏漢語版本斷片について（附目錄）　　107

波羅蜜多經卷第四百七十五」
『大般若波羅蜜多經』卷475（T7,409b11-20）　契丹版
530 ＋ 485 ＋ 477 ＋ 571 ＋ 508 ＋ 521
522：12.3×11.4cm　（1）＋ 6 行　行18-19　上部界線　天高2.0cm
『大般若波羅蜜多經』卷497（T7,526c24-527a1）　契丹版
522 ＋ 525
523：8.5×8.9cm　（1）＋ 4 行　行17
『般若燈論釋』卷14（T30,126c12-16）　契丹版
524：7.5×4.0cm　2 ＋（1）行　行17　上部界線　天高3.3cm
『增壹阿含經』卷13（T2,609c13-14）　契丹版
525：3.5×6.4cm　3 ＋（1）行　行18-19
『大般若波羅蜜多經』卷497（T7,527a1-4）　契丹版
522 ＋ 525
526：7.8×7.6cm　4 ＋（1）行　行18-19　下部界線　地高1.8cm
『增壹阿含經』卷35（T2,741b29-c3）　契丹版
526 ＋ 513 ＋ 471

第12頁

527：7.8×7.5cm　1 ＋（1）行　行？　上部界線　天高5.7cm
　　不詳　契丹版
528：6.9×4.6cm　2 ＋（1）行　行18　下部界線　地高1.3cm
『大般若波羅蜜多經』卷475　（T7,408b24-25）　契丹版
507 ＋ 512 ＋ 540 ＋ 539 ＋ 611 ＋ 528 ＋ 559 ＋ 472 ＋ 538 ＋ 605 ＋ 478
529：10.9×6.4cm　3 行　行17
『長阿含經』卷13（T1,83c16-19）　契丹版
529 ＋ 567
530：9.9×9.0cm　4 ＋（1）行　行18　　下部界線　地高1.0cm
『大般若波羅蜜多經』卷475（T7,409a25-b1）　契丹版
530 ＋ 485 ＋ 477 ＋ 571 ＋ 508 ＋ 521
531：2.7×4.4cm　（1）＋ 1 行　行17-18
　　不詳　契丹版
532：12.8×6.8cm　（1）＋ 2 行　行17　2 紙　下部界線　地高2.8cm　紙縫の冒頭
　　に柱刻「競」
『般若燈論釋』卷14（T30,126c9-10）　契丹版
533：28.4×18.0cm　2 行　行？　上部界線　天高4.5cm　經文が終わり、縱罫線が
　　2 本續き、尾題＋帙號「增壹阿含經卷第十八馨」
『增壹阿含經』卷18（T2,641c25-27）　契丹版
Ch 2384rと同じ版式

「高昌出土刻經殘紙」八八號
第 1 頁

534：13.9×14.7cm （1）＋7行　行17　上部界線　天高5.0cm
　　　『長阿含經』卷13（T1,83c22-28）　　契丹版
535：3.9×3.8cm　2行　行19
　　　『大般若波羅蜜多經』卷562（T7,901c11-12）　　契丹版
536：9.9×16.9cm （1）＋8行　行18-19　下部界線　地高2.3cm　經文が終わり、
　　　左縱罫線アリ
　　　『大般若波羅蜜多經』卷367（T6,895b4-12）　　契丹版
468＋536
　　　537：14.1×10.2cm　6行　行19　上部界線　天高4.6cm
　　　　　『大般若波羅蜜多經』卷454（T7,292a24-b1）　　契丹版
　　　537＋514＋506
538：8.5×6.6cm　3＋（1）行　行19
　　　『大般若波羅蜜多經』卷475（T7,408c2-4）　　契丹版
　　　507＋512＋540＋539＋611＋528＋559＋472＋538＋605＋478
539：4.8×2.1cm　1行　行？
　　　『大般若波羅蜜多經』卷475（T7,408b20）　　契丹版
　　　507＋512＋540＋539＋611＋528＋559＋472＋538＋605＋478
540：7.2×2.7cm　1行　行？　上部界線　天高2.4cm
　　　『大般若波羅蜜多經』卷475（T7,408b19）　　契丹版
　　　507＋512＋540＋539＋611＋528＋559＋472＋538＋605＋478
541：13.0×10.4cm　（1）＋5＋（1）行　行19　下部界線　地高3.0cm
　　　『大般若波羅蜜多經』卷556（T7,869a13-18）　　契丹版
　　　541＋558
第2頁
542：14.2×4.9cm　2行　行17　上部界線　天高4.1cm
　　　『長阿含經』卷20（T1,129b15-16）　　契丹版
　　　604＋542＋545
543：10.8×6.4cm （1）＋3行　行17-18　下部界線　地高2.0cm
　　　『增壹阿含經』卷6（T2,571c12-15）　　契丹版
　　　584＋543＋599
544：8.8×5.5cm　3行　行19　上部界線　天高4.8cm
　　　『大般若波羅蜜多經』卷397（T6,1055b6-8）　　契丹版
545：25.5×26.7cm （1）＋13行　行17　2紙　上部界線　天高4.5cm　紙縫から1
　　　行目と2行目の間に柱刻「長阿含經□十」
　　　『長阿含經』卷20（T1,129b17-c1）　　契丹版
　　　604＋542＋545
546：9.6×7.1cm （1）＋3＋（1）行　行16-17　下部界線　地高0.6cm
　　　『長阿含經』卷11（T1,66c25-27）　　契丹版
第3頁
547：15.4×15.3cm （1）＋7行　行17　上部界線　天高3.3cm

第2章　靜嘉堂文庫藏漢語版本斷片について（附目錄）　　109

　　　　『長阿含經』卷10（T1,59c15-22）　　契丹版
548：12.5×10.5cm　5＋（1）行　行17　下部界線　地高2.6cm
　　　　『增壹阿含經』卷6（T2,574c18-26）　　契丹版
　　　　「能」作「得」，「髏」作「僂」
　　　　548＋465
549：10.3×15.6cm　8行　行17　上部界線　天高1.5cm
　　　　『長阿含經』卷9（T1,54b25-c3）　契丹版
550：12.0×11.4cm　6行　行17　　下部界線　地高1.7cm
　　　　『增壹阿含經』卷42（T2,775c7-13）　契丹版
　　　　「慚」作「慙」
第4頁
551：21.1×11.0cm　5＋（1）行　行17-18　上部界線　天高4.4cm
　　　　『長阿含經』卷20（T1,129c7-12）　　契丹版
552：5.1×6.0cm　（1）＋2＋（1）行　行17
　　　　『增壹阿含經』卷6（T2,572a6-9）　　契丹版
553：10.9×5.2cm　（1）＋2＋（1）行　行19
　　　　『大般若波羅蜜多經』卷254（T6,236a4-5）　契丹版
554：16.6×7.9cm　（1）＋4行　行19
　　　　『大般若波羅蜜多經』卷397（T6,1055a11-15）　契丹版
　　　　554＋501
555：17.6×7.2cm　4＋（1）行　行18-20　上部界線　天高0.3cm
　　　　『大般若波羅蜜多經』卷562（T7,901b10-14）　契丹版
　　　　578＋498＋518＋492＋555＋585＋610＋516
556：10.3×12.8cm　（1）＋6＋（1）行　行17-18　下部界線　地高2.5cm
　　　　『中阿含經』卷14（T1,511c26-512a27）　　契丹版
　　　　中村不折㉑＋1,2字斷絶＋461＋556
第5頁
557：12.5×7.8cm　4行　行17　　上部界線　天高5.0cm
　　　　『增壹阿含經』卷6（T2,574b4-7）　　契丹版
　　　　557＋464＋577
558：13.8×7.7cm　（1）＋4行　行18　　下部界線　地高3.0cm
　　　　『大般若波羅蜜多經』卷556（T7,869a19-22）　契丹版
　　　　541＋558
559：7.5×7.1cm　（1）＋3＋（1）行　行19
　　　　『大般若波羅蜜多經』卷475（T7,408b23-25）　　契丹版
　　　　507＋512＋540＋539＋611＋528＋559＋472＋538＋605＋478
560：6.7×5.2cm　3＋（1）行　行18-19
　　　　『大般若波羅蜜多經』卷397（T6,1058c26-1059a1）　　契丹版
561：7.0×6.8cm　3行　行19　上部界線　天高0.0cm　左に縱罫線
　　　　『大般若波羅蜜多經』卷556（T7,871c19-22）　　契丹版

562：9.8×4.0cm　2＋（1）行　行20　上部界線　天高2.5cm
　　　　例えば，『大般若波羅蜜多經』卷284（T6,446a19-20）　　契丹版
563：8.9×8.9cm　（1）＋4行　行17　上部界線　天高0.7cm
　　　　『長阿含經』卷13（T1,83b6-9）　　契丹版
　　　　563＋491＋470＋519＋565
564：15.1×11.5cm　6行　行19-20　下部界線　地高3.2cm
　　　　『大般若波羅蜜多經』卷556（T7,869c7-13）　　契丹版
第6頁
565：10.0×13.6cm　（1）＋6行　行17　上部界線　天高4.2cm
　　　　『長阿含經』卷13（T1,83b10-16）　　契丹版
　　　　「以」作「已」
　　　　563＋491＋470＋519＋565
566：4.9×2.7cm　1＋（1）行　行？
　　　　不詳
567：4.9×4.1cm　2＋（1）行　行17
　　　　『長阿含經』卷13（T1,83c19-20）　　契丹版
　　　　529＋567
568：3.4×2.7cm　1＋（1）行　行17
　　　　『長阿含經』卷13（T1,83c24-25）　　契丹版
569：14.7×32.5cm　（1）＋17＋（1）行　行18　下部界線　地高1.3cm
　　　　『大般若波羅蜜多經』卷519（T7,656b21-c6）　　契丹版
570：3.5×4.4cm　2行　行？
　　　　不詳　契丹版
571：8.6×9.1cm　（1）＋4＋（1）行　行19-20　上部界線　天高3.4cm　2紙
　　　　『大般若波羅蜜多經』卷475（T7,409b8-12）　　契丹版
　　　　530＋485＋477＋571＋508＋521
572：4.4×3.6cm　2行　行18
　　　　『大般若波羅蜜多經』卷383　多く該當　契丹版
573：2.8×5.0cm　（1）＋1＋（1）行　行？
　　　　不詳　契丹版
574：7.9×5.6cm　（1）＋3行　行18-19　上部界線　天高4.2cm
　　　　『大般若波羅蜜多經』卷556（T7,868b18-20）　　契丹版
　　　　511＋457＋574＋593
575：7.7×4.7cm　（1）＋1＋（1）行　行17　紙縫から1行目と2行目の間に
　　　　柱刻「佛説長阿十七」
　　　　『長阿含經』卷17　多く該當　契丹版
第7頁
576：7.8×10.1cm　5行　行17　上部界線　天高4.0cm
　　　　『般若燈論釋』卷14（T30,126c23-28）　　契丹版
　　　　576＋606

第 2 章　靜嘉堂文庫藏漢語版本斷片について（附目錄）　　　111

577：11.2×15.6cm　7＋（1）行　行16-17
　　　『增壹阿含經』卷6（T2,574b15-22）　契丹版
　　　557＋464＋577
578：6.8×11.8cm　5＋（1）行　行20-21　下部界線　地高2.9cm
　　　『大般若波羅蜜多經』卷562（T7,901b3-8）　契丹版
　　　578＋498＋518＋492＋555＋585＋610＋516
579：4.3×2.2cm　1行　行？　上部界線　天高0.9cm
　　　例えば，『大般若波羅蜜多經』卷383（T6,981c2）　契丹版
580：6.8×5.7cm　3＋（1）行　行18
　　　『大般若波羅蜜多經』卷388（T6,1006c5-6）もしくは卷478（T7,425c19-20）
　　　契丹版
581：3.7×3.4cm　2行　行19
　　　『大般若波羅蜜多經』卷389（T7,1010a4-5）　契丹版
　　　454＋591＋581
582：8.4×8.7cm　5行　行18-19
　　　『大般若波羅蜜多經』卷475（T7,409a1-5）　契丹版
　　　582＋479＋484＋495
583：10.7×10.1cm　5行　行15-19　下部界線　地高2.7cm　紙縫から1行目と2行
　　　目の間に柱刻「闕」
　　　『大般若波羅蜜多經』卷535（T7,747c1-5）　契丹版
584：5.3×4.3cm　（1）＋2行　行17-18
　　　『增壹阿含經』卷6（T2,571c10-11）　契丹版
　　　584＋543＋599
585：9.8×5.0cm　3行　行17-18
　　　『大般若波羅蜜多經』卷562（T7,901b15-17）　契丹版
　　　578＋498＋518＋492＋555＋585＋610＋516
586：6.3×5.9cm　3行　行18　下部界線　地高2.8cm
　　　『大般若波羅蜜多經』卷535（T7,747c17-19）　契丹版
第8頁
587：15.6×9.6cm　（1）＋4＋（1）行　行14　界線ナシ
　　　『大般若波羅蜜多經』卷589（T7,1047b2-5）　開寶藏
588：8.4×13.3cm　1＋（1）行　行18
　　　『大般若波羅蜜多經』卷475（T7,408c19-26）　契丹版
　　　453＋608＋588＋624
589：7.3×5.0cm　（1）＋1＋（1）行　行17
　　　『增壹阿含經』卷6（T2,571b11-13）　契丹版
　　　177＋589＋176＋590＋504＋458
590：8.5×5.9cm　（1）＋2＋（1）行　行17
　　　『增壹阿含經』卷6（T2,571b13-14）　契丹版
　　　177＋589＋176＋590＋504＋458

591：6.4×8.1cm　7行　行18
　　　『大般若波羅蜜多經』卷389（T6,1010a9-12）　　契丹版
　　　454＋591＋581
592：10.0×12.1cm　6行　行17
　　　『般若燈論釋』卷14（T30,126a4-11）　　契丹版
593：9.8×12.6cm　7行　行19
　　　『大般若波羅蜜多經』卷556（T7,868b18-24）　　契丹版
　　　511＋457＋574＋593
594：3.9×3.1cm　1＋（1）行　行17
　　　『增壹阿含經』卷6（T2,572a13）　　契丹版
　　　626＋594＋635
もう1小斷片アリ
第9頁
595：10.3×11.0cm　（1）＋5行　行17　　2紙
　　　『長阿含經』卷5（T1,30c4-11）　　契丹版
　　　603＋600＋596＋698＋597＋595
596：3.1×5.7cm　2＋（1）行　行17
　　　『長阿含經』卷5（T1,30b24-26）　　契丹版
　　　603＋600＋596＋698＋597＋595
597：5.3×3.5cm　（1）＋1＋（1）行　行？
　　　『長阿含經』卷5（T1,30c3-4）　　契丹版
　　　603＋600＋596＋698＋597＋595
598：5.3×10.6cm　（1）＋5行　行17
　　　『長阿含經』卷5（T1,30b27-b4）　　契丹版
　　　603＋600＋596＋698＋597＋595
599：10.8×3.5cm　（1）＋1＋（1）行　行？　下部界線　地高1.0cm
　　　『增壹阿含經』卷6（T2,571c15-16）　　契丹版
　　　584＋543＋599
600：6.0×3.7cm　2行　行17
　　　『長阿含經』卷5（T1,30b22-23）　　契丹版
　　　603＋600＋596＋698＋597＋595
601：1.8×2.1cm　（1）＋1行　行？
　　　不詳
602：7.8×7.4cm　4行　行17
　　　『增壹阿含經』卷6（T2,573c17-20）　　契丹版
603：4.4×5.5cm　12行　行17　　首題＋譯者＋經文
　　　『長阿含經』卷5（T1,30b10-21）　　契丹版
　　　603＋600＋596＋698＋597＋595
604：26.5×25.5cm　5行　行17　上部界線　天高4.0cm
　　　『長阿燈經』卷2（T1,129b11-14）

第 2 章　靜嘉堂文庫藏漢語版本斷片について（附目録）

604＋542＋545

第10頁

605：15.7×16.8cm　9＋（1）行　行16-19　上部界線　天高3.0cm
　　　紙縫から1行目と2行目の間に柱刻「四百七十」
　　　『大般若波羅蜜多經』卷475（T7,408c3-11）　　契丹版
　　　507＋512＋540＋539＋611＋528＋559＋472＋538＋605＋478

606：5.9×5.6cm　3行　行17
　　　『般若燈論釋』卷14（T30,126c26-28）　　契丹版
　　　576＋606

607：7.7×10.6cm　5行　行17-18　下部界線　地高2.0cm
　　　『增壹阿含經』卷6（T2,573c17-20）

608：5.8×4.7cm　2＋（1）行　行18　下部界線　地高2.9cm
　　　『大般若波羅蜜多經』卷475（T7,408c17-18）　　契丹版
　　　453＋608＋588＋624

609：15.8×11.8cm　6行　行16　上部界線　天高4.0cm
　　　『妙法蓮華經』卷6（T9,53a7-13）　　單刻本
　　　出口512と同版式

610：5.7×3.7cm　2行　行20
　　　『大般若波羅蜜多經』卷562（T7,901b19-21）　　契丹版
　　　578＋498＋518＋492＋555＋585＋610＋516

611：7.2×13.4cm　5行　行19　下部界線　地高3.1cm
　　　『大般若波羅蜜多經』卷475（T7,408b19-21）　　契丹版
　　　507＋512＋540＋539＋611＋528＋559＋472＋538＋605＋478

第11頁

612：17.5×4.7cm　3行　行14　上部界線　天高5.5cm
　　　『長阿含經』卷18（T1,115a13-15）　　金版

613：17.9×32.1cm　18＋（1）行　2紙　行17-20　下部界線　地高3.0cm　紙縫から1行目と2行目の間に柱刻「玉」
　　　『大般若波羅蜜多經』卷445（T7,244a12-b1）　　契丹版

614：9.7×6.7cm　4行　行18-20　上部界線　天高3.6cm
　　　『大般若波羅蜜多經』卷445（T7,246c21-24）　　契丹版
　　　614＋630＋617＋621

615：13.3×14.9cm　8行　行18-19　上部界線　天高4.8cm
　　　『大般若波羅蜜多經』卷262（T6,326b21-29）　　契丹版

第12頁

616：12.2×10.8cm　5行　行19　上部界線　天高4.4cm
　　　縱罫線＋首題＋縱罫線＋譯者＋縱罫線＋品題＋經文
　　　『大般若波羅蜜多經』卷226（T6,134a3-9）　　契丹版

617：15.9×14.1cm　（1）＋6＋（1）行　行18-19　下部界線　地高2.8cm　2紙
　　　紙縫から1行目と2行目の間に柱刻「十二」

　　　　　『大般若波羅蜜多經』卷445（T7,246c20-28）　契丹版
　　　　　614＋630＋617＋621
　　618：9.5×3.5cm　（1）＋1＋（1）行　行18　下部界線　地高2.9cm
　　　　　『大般若波羅蜜多經』卷471（T7,387a6-7）　契丹版
　　619：11.6×9.2cm　5＋（1）行　行19
　　　　　『大般若波羅蜜多經』卷445（T7,243c25-244a1）　契丹版
　　620：12.9×5.9cm　3行　行16-17　下部界線　地高3.0cm
　　　　　『中阿含經』卷24（T1,579c1-3）　契丹版
　　621：4.9×3.9cm　2行　行19　1行目と2行目の閒に柱刻「玉」
　　　　　『大般若波羅蜜多經』卷44（T7,246c27-28）　契丹版
　　　　　614＋630＋617＋621
　　622：5.8×6.8cm　（1）＋3＋（1）行　行19
　　　　　『大般若波羅蜜多經』卷262（T6,328c8-11）　契丹版
　　　　　622＋623
　　623：6.4×3.4cm　1行　行？
　　　　　『大般若波羅蜜多經』卷262（T6,328c12）　契丹版
　　　　　622＋623
　第13頁
　　624：7.0×4.9cm　（1）＋2行　行18　下部界線　地高2.8cm
　　　　　『大般若波羅蜜多經』卷475（T7,408c23-24）　契丹版
　　　　　453＋608＋588＋624
　　625：12.9×11.2cm　5行　行14　界線ナシ
　　　　　『大般若波羅蜜多經』卷589（T7,1047b7-10）　開寶藏
　　626：7.2×5.5cm　（1）＋2＋（1）行　行17
　　　　　『增壹阿含經』卷6（T2,572a12-13）　契丹版
　　　　　626＋594＋635
　　627：9.4×7.5cm　3＋（1）行　行17　1行目と2行目の閒に柱刻「般若四百七十五」
　　　　　『大般若波羅蜜多經』卷475（T7,408a27-29）　契丹版
　　628：1.8×2.4cm　1行　1字「在」のみ
　　　　　不詳
　　629：3.5×3.9cm　2行　行17
　　　　　『大般若波羅蜜多經』卷454（T7,290b13-14）　契丹版
　　630：8.4×9.4cm　4行　行18-19　下部界線　地高2.8cm
　　　　　『大般若波羅蜜多經』卷44（T7,246c20-23）　契丹版
　　　　　614＋630＋617＋621
　　631：12.5×12.3cm　7行　行17　下部界線　地高0.4cm
　　　　　『雜阿含經』卷3（T2,15b12-17）　契丹版
　　632：7.4×9.6cm　6行　行19-20
　　　　　『大般若波羅蜜多經』卷445（T7,244a1-7）　契丹版

第 2 章　靜嘉堂文庫藏漢語版本斷片について（附目録）　　　　　　115

633：10.3×10.9cm　6 行　　行19-20　上部界線　天高4.3cm
　　　『大般若波羅蜜多經』卷445（T7,244a1- 7 ）　契丹版
634：3.8×4.3cm　2 行　行？
　　　不詳
635：4.4×4.0cm　1 +（1 ）行　行17
　　　『增壹阿含經』卷 6 （T2,572a15-16)　　契丹版
　　　626＋594＋635
第14頁
636：12.8×6.9cm　4 行　行18　上部界線　天高4.5cm
　　　『大般若波羅蜜多經』卷344（T7,765a18-21)　　契丹版
637：6.4×4.3cm　2 行　行18
　　　『大般若波羅蜜多經』卷430（T7,161b20-21)　　契丹版
638：9.6×12.2cm　（1 ）＋ 6 ＋（1 ）行　行17-19
　　　『大般若波羅蜜多經』卷430（T7,161a9-15)　　契丹版
640：4.8×7.0cm　4 行　行19
　　　『大般若波羅蜜多經』卷563（T7,908b10-13)　　契丹版
641：5.4×4.5cm　2 ＋（1 ）行　行18　上部界線　天高1.5cm
　　　例えば，『大般若波羅蜜多經』卷132（T5,719b17-19,720c24-26，722b2-4,
　　　723c8-10)　契丹版
642：10.9×9.6cm　4 行　行18　2 紙　上部界線　天高4.3cm
　　　『大般若波羅蜜多經』卷132（T5,719a24-28)　　契丹版
　　　642＋287
643：3.9×5.7cm　3 行　行19
　　　『大般若波羅蜜多經』卷132（T5,719b2- 4 ）　　契丹版
　　　643＋279＋288
644：5.0×5.0cm　2 ＋（1 ）行　行18
　　　『大般若波羅蜜多經』卷600（T7,1109c11-13)　　契丹版
645：6.3×4.2cm　2 行　行18　下部界線　地高2.9cm
　　　例えば『大般若波羅蜜多經』卷352（T6,809c11-12)　契丹版

第3章
ロシア・クロトコフ蒐集漢語版本について（附目録）

はじめに

　ロシアは，列強に先驅けて，19世紀末から中央アジア探檢に乗り出した。探檢家としては，カラホトで西夏文書を發見したコズロフ（P.K. Kozlov 1863-1935）や，敦煌・トルファンで發掘を行った，佛教學者でもあるオルデンブルク（S.F. Oldenburg 1863-1934）等が有名である。ロシアの中央アジア・コレクションは，彼ら數人の探檢家や學者の將來した文物を中心としているが，そればかりではなく，中央アジアに派遣された外交官が積極的に蒐集したものも含んでいる[1]。
　その内の一人，ここに紹介するクロトコフ（N.N. Krotkov 1869-1919）は，ウルムチ總領事や伊寧（Kuldja）領事を務める傍ら，トルファン地域で多くの文物や漢語文書やウイグル文書・ソグド文書等を蒐集した。彼が手にした漢語文獻がどれほどの量にのぼるかは分からないが，いま『俄藏敦煌文獻』[2]には，一塊の木版佛典斷片の圖版が収められている。
　この木版佛典は，斷片とはいえ，10世紀から本格的に始まる木版大藏經の姿や版式を考える上で貴重な資料である。漢譯大藏經の卷數は大部で，1藏が五千卷を優に超えるものであるが，中國北部で刻印され北宋から元までに印刷されて現在遺っているのは，世界中を見回しても微々たるものである。例えば，北宋初期に雕造されて印刷に付された開寶藏は，我が國にも奝然（938-1016）によって1藏もたらされたが，ほどなく火災によって燒失している。戰亂，火災等を免れて現在世界で存在の

確認されている開寶藏は，全て併せて10數卷ほどしかない³⁾。

また我が國は，大藏經の保存，管理が比較的しっかりしているとされるが，江南系統のものが中心に將來され，遼や金あるいは元といった中國北部の大藏經はほとんど入っていない。クロトコフ蒐集品は，ベルリン・トルファン文書とともにこの手薄な分野の貴重な資料として，歴史の間隙を埋めるものである。

筆者は近年，ベルリン・コレクションの漢語佛典版本研究をすすめ，その斷片目錄を作成中であるが，その作業を推進する上でも，クロトコフの蒐集したこれらの版本斷片は貴重である。

1 ロシア・コレクションの整理の一端

上述のように，クロトコフはトルファンからウイグル文書・ソグド文書やここで紹介する漢語文書等を持ち歸ったが，それらをどのような形で蒐集したかについては，詳しくは分かっていない。上海古籍出版社の編集者として，全17卷の『俄藏敦煌文獻』撮影に同行した府憲展は，「《俄藏敦煌文獻》科羅特闊夫蒐集品的《弘法藏》和高昌刻經活動」⁴⁾と「聖彼得堡藏絲綢之路文物」⁵⁾を發表して，クロトコフの蒐集品について紹介しているが，そこに書かれた情報以外に筆者が新たに加えられるものはない。

府氏によれば，クロトコフは蒐集した版本斷片文書に自らの手で1から481の番號をつけて整理した。そして包み布の上に，これはトルファンでの蒐集品であると手書きして殘した。それが Дх 17015 – Дх 17435 となって整理され，現在サンクトペテルブルクのロシア科學アカデミー東洋寫本研究所に保管されている。なお，クロトコフの整理した481枚が421番目を示す番號で終わっているのは，中にピタリと接合する斷片がいくつかあったために同一番號で整理されたことによる。

上で述べたように，ロシアは中央アジア探檢に乗り出した最初の國で，19世紀から20世紀にかけて，幾度も多くの探檢隊を送り，あるいはまた外交官の力を借りて，大量の蒐集品を獲ている。ただ大量であるためにその整理は十分でなく，目錄作成も一部で終わって完成に到っていない。

第３章　ロシア・クロトコフ蒐集漢語版本について（附目錄）　　　119

　例えば，Дx はロシア語「敦煌」の略號であり，この略號の下に敦煌とトルファンの蒐集品が區別なく整理されている。從って，記號だけでは敦煌のものかトルファンのものか分からない。
　一例を擧げれば，Дx 16721, Дx 16839, Дx 16884の３斷片は『禮記』坊記篇の鄭注で唐代の一連の寫本であるが，これには誰がいつどこからロシアに將來したかを知る手がかりはなかった。ところが，許建平はこの３斷片と接續する１斷片がベルリン・コレクションのCh 2068（o.F.）[6]であることを見出した[7]。４斷片は「Дx 16721 + Дx 16839 + Ch 2068（o.F.）+ Дx 16884」の形で接續する。Ch 2068にはドイツ學術調査隊の派遣時期，蒐集場所を示す舊番號が缺けているため，いつどこで獲得されたかの詳しい情報は得られない。しかし，ドイツ隊の主たる發掘場所はトルファンであることから，ロシア藏のこの３片もトルファンで採集されたものであると考えられ，それであれば1909年９月にトルファンに入ったオルデンブルクが將來したものではないかというところまで推測できるようになった[8]。
　整理が十分でない今一つの例をあげよう。2009年の夏，京都で「シルクロード文字を辿って」の名を冠したロシア探檢隊蒐集の文物展覽會が催され，漢語を初めとする各種の文字で書かれた文書がサンクトペテルブルクから遠路はるばる運ばれ展示された。ロシアの出品文書は１點を除き，同年の春にサンクトペテルブルクで開かれた展覽會で展示されたもので，先にふれたロシア科學アカデミー東洋寫本研究所の所藏品であった。
　その中の一枚にΦ 360「釋迦說法圖殘缺」と表示される木版圖が含まれていた。記號「Φ」は，「Φπyr」の第１字母で，1930年代にフルク（K.K. Φπyr, Konstantin・Konstantinovich Flygコンスタンチン・コンスタンチノヴィチ　フルク1893-1942）が整理したものであることを示す。これは１から366まである。
　ロシアでの展覽會カタログの解說は，大きさとともに「中國版本。このような版畫は卷子本の扉繪として置かれ，佛典の内容を表現している。扉繪の有るものはごく稀である」[9]と記す非常に簡單なものである。日本語版の解說はやや詳しく，中國佛典版本の扉繪の一般的なことに觸れている。ただこの扉繪そのものについては「卷頭の釋迦說法圖の左半分

が殘ったものと見られる」[10]に止まっている。問題は，兩カタログとも右半分の存在に觸れない點と敦煌蒐集品とする點である。

實は，この右半分はすでにその存在がロシアの研究者には知られている。コズロフが黑水城から將來した西夏漢語文書は，近年になって『俄藏黑水城文獻』6卷として出版されているが，TK 278[11]には，件の右半分が收められている。これはΦ360「釋迦說法圖」の左半分と隙閒なくピタリと接合する。TK 278は三つからなり，一つはこの「釋迦說法圖」であり，あとの二つは圖の裏にある「中阿含經卷第十五題簽」と「摩訶僧祇律卷第五題簽」をそれぞれに有つ表紙である。『俄藏黑水城文獻』卷6所收の附錄，孟列夫（メンシコフ）等の「敍錄」は，これらを「宋刻」[12]としている。

ところで『俄藏黑水城文獻』には，Φ360「釋迦說法圖」も敦煌蒐集品ではなく黑水城出土品として，TK 278と一體のものとは氣づかれずに收められ[13]，その「敍錄」では「宋刻」ではなく「西夏刻」[14]と記されている。このように，ロシア藏の中央アジア蒐集品は餘りにも多いため，目錄作成に從事する研究者の眼に止まらない場合，元は一斷片でも異なる整理番號がつけられ，どこの出土品かを確定することが容易でない場合もある。

いま改めてこの扉繪「釋迦說法圖」[15]について考えてみると，TK 278を構成する二つの題簽は筆寫であり，出土地等を明らめる資料を提示している。「中阿含經卷第十五」の下には「興」の千字文帙號，「摩訶僧祇律卷第五」[16]の下には同じく「登」が書かれているが，これは『契丹藏』の帙號であると考えられる。『中阿含經』六十卷は，十卷ごとに，それぞれ「夙，興，溫，凊，似，蘭」の千字文帙號をもって整理されている。卷十五は「興」であり一致する。一方，『摩訶僧祇律』四十卷は，十卷ごとに「登，仕，攝，職」の一字を帶びる。卷五は「登」でありこれも一致する。

TK 278は，圖錄では，扉繪とその裏側にある上の題簽を備えた二つの表紙が確認され整理されている。扉繪「釋迦說法圖」の右に餘白部分があるが，その右端は數ミリほどの幅で紙が固められており，またそのすぐ左の中央あたりに穴の痕跡が見える。卷子本を卷きあげてここに通した紐で縛ったと考えられる。ただ實見してみると，扉繪の裏側には題

簽を備えた表紙以外に別の寫本も重なっており，複雑な様相を呈している。とりわけ二つの題簽と扉繪の關係をどのように考えるべきかについては，問題が殘る。ただし形態として，現在は一體となっているため，整理者もこの三つに共通の番號を附與したものと思われる。

扉繪「釋迦說法圖」の天地に配される金剛杵や祥雲紋の形が契丹版の特徵を示していること，あるいは西夏時代の黑水城から多くの契丹版が出土していることから，Ф360＋TK 278の「釋迦說法圖」は，敦煌出土ではなく黑水城出土であり，『契丹藏』の扉繪の一つであったと言えよう。

このように，ロシア・コレクションはその數が多いために，整理の方針が確定しておらず，形式的な記述からは中味が窺いにくいものとなっている。逆にまた，貴重な史料が多く祕されている可能性もある。

2　クロトコフ蒐集品の出自

さてクロトコフは，版本斷片文書が自らトルファンで蒐集した品であることをメモに殘したが，果たしてそれは正しいのか。そして正しいなら，トルファンのどの地域でどのような形で手に入れたか，これらについては何の手がかりもない。このことは，フィンランド國立圖書館に藏するマンネルヘイム・コレクションの大半の漢語文書と同じである。トルファンで獲られたと言われるものの，どこでどのように手に入れたか，詳しいことは少しも分からないのである[17]。

クロトコフは1907年に巨大な絹本畫「千手觀音」，「刺繡觀音」等の美術品を購入したとされるが，それらはドイツ學術調査隊のアルベルト・グリュンウェーデル（Albert Grünwedel, 1856－1935）が調査した高昌故城E建築群の中のβ寺院からのものである。このことから府氏は，文書もこの地域から獲られたものと推定している。彼はメンシコフをはじめとするロシア側の研究者にもこれ以上の情報はないと述べている。

筆者はかつてマンネルヘイム・コレクションの出自をコレクションの中身によって確認したが，同じくクロトコフの蒐集品も，果たして彼自らが記したようにトルファンのものか，さらにもっと詳しくトルファン

のどの地域のものかを知るには，蒐集品そのものの分析以外に道はない。

　筆者は目下，ベルリン・トルファン・コレクションの佛典版本の研究を行い，その目録化作業に勉めている。そこで，世界各地で保管されあるいは近年新たに發見された，佛典版本の圖錄や成果から様々な情報を蒐集している。その中で，藤枝晃氏が出口コレクションの解說書[18]に載せた一枚の版本斷片がベルリン・コレクションと接續することを見つけた。

　出口コレクションは，出口常順（1902－1994）がベルリン留學中の1930年代に，ドイツ學術調査隊の中央アジアからの將來品の中から130點を，ある人物を介して讓り受けたものである。件の一枚は512『妙法蓮華經』[19]で，大きさは13.9×22.8cm，12行の斷片である。これと直接に接續するベルリンの斷片はCh 37（o.F.）であり，その後に中斷があってCh 3150（TⅡD）がさらに續く。

　藤枝氏の解說を要約すれば，「厚手麻紙の刊本。毎行十七字。紙縫から第1行の後に柱刻「五　十三」アリ。朱點で句讀點を打つ。行頭にはまた朱の見出し點がつけられている。從って讀誦に使われたテキストである。字體はほとんど舊字體であることから十世紀頃の版本」となる。

　その後，解說で指摘された形を備える斷片は，直接接續するCh 37とCh 3150以外に，さらにCh 1134a（TⅡ4045），Ch 1134e（TⅡ4045），Ch 1624（TⅡ1757），Ch 1929（TⅠ），Ch 2772a（TⅡD），Ch 3278r（TⅢT 465）と，ベルリン・コレクションにいくつも數えられることが分かった。佛典が『妙法蓮華經』とポピュラーなものであり，朱の書込等多くの特徵を備えているため，斷片であっても判別の誤りは生じにくい。このことはクロトコフ蒐集品にもあてはまる。

　詳しく調べてみると，出口コレクションとベルリン・コレクションが接續したと同じように，クロトコフ蒐集品の中にもそれらと接續するものがいくつも存在した。朱點が施された上記『妙法蓮華經』は35斷片にも上り，「Дх 17405 + Дх 17253 + Дх 17288 + Дх 17098 + Дх 17099 + Дх 17100 + Дх 17091 + Дх 17023 + Дх 17075 + Дх 17332 + Ch 2772a + Ch 1624 + Ch 3278r + Ch 1134e + Дх 17033 + Ch 1134a + Дх 17070 + Дх 17267 + Дх 17285 + Дх 17257 + Дх 17297 + Дх 17264 + Дх 17324 + Дх 17219 + Дх 17074 + Дх 17283 + Дх 17238 + Дх 17224 + 中斷 + Дх 17263 + Дх 17244 +

第3章　ロシア・クロトコフ蒐集漢語版本について（附目錄）　　123

Дx 17239 ＋ Дx 17142 ＋ 1 行斷絕 ＋ Дx 17210 ＋ Дx 17423 ＋ Ch 1929 ＋ Дx 17052 ＋ Дx 17133v ＋ 中斷 ＋ Дx 17103r ＋ Дx 17252r ＋ Дx 17092a ＋ Дx 17426r」と接續し，同一版本テキストであることが判明した。

　これによって，クロトコフ蒐集品は，彼自らが記すようにトルファン出土であることが確認できた。またベルリン斷片の多くには，學術調査隊派遣時期と蒐集地を示す舊記號が付され，（　）内に示される。それによるとこれらの斷片は，1904年11月から1905年12月に行われたル・コックを隊長とする第2回調査隊によって，トルファン盆地のダキアノス，トヨク（吐峪溝）からもたらされたものである。朱點の施された讀誦用のテキストは同一人の所有物であり，もし廢寺等の發掘から獲られたものであるなら，複數の場所から採集されることはあり得ない。しかし外交官のクロトコフが自ら發掘して手に入れたわけではなく，またドイツ隊の蒐集品とて全てが發掘して手にしたものではない。それ故，入手場所がこのように複數になったのであろう。もちろんドイツの蒐集品整理の段階で誤った情報が混入した結果とも考えられる。

　もう一例，ベルリン・コレクションの中で數が多く，しかも特徴のある斷片から，クロトコフ蒐集品がトルファン出土品であることを確認したい。それは，Ch 900（T Ⅲ S 91.500），Ch 945（T Ⅱ T 1609），Ch 1784a（T Ⅱ D 238），Ch 1784b（T Ⅱ D 238），Ch 2644 （o.F.），Ch 2712（o.F.），Ch 3233（T Ⅱ T 1277）の『金光明最勝王經』卷三と Ch 3179（T Ⅲ 2085），Ch 2219（T Ⅱ T 1751），Ch 1940（T Ⅱ 1028），Ch 3775（o.F.）の『金光明最勝王經』卷五の斷片である。この版本斷片は1行18ないし19字で，行頭には「○」の見出し點が雕られている。天地に界線があり，文字は銳角的で，「氵」（サンズイ）に特徴をもつ『契丹藏』の系統である。さらに，文字の右横に「。」をつけ，その上に直音もしくは反切の音注が書き込まれることもある。

　このような特徴を備えた斷片は，クロトコフ蒐集品にも多く含まれ，44枚にのぼる。それらはベルリン藏と「Дx 17107 ＋ Дx 17315 ＋ Дx 17353 ＋ Дx 17295 ＋ Дx 17134 ＋ Дx 17258 ＋ Дx 17286 ＋ Дx 17319 ＋ Дx 17344 ＋ Дx 17299 ＋ Ch 945 ＋ Дx 17356 ＋ Дx 17389 ＋ Дx 17401 ＋ Дx 17255 ＋ Дx 17250 ＋ Дx 17352 ＋ Дx 17312 ＋ Дx 17125 ＋ Дx 17434 ＋ Ch 2644 ＋ Ch 1784b ＋ 1 行斷絕 ＋ Дx 17368 ＋ Дx 17366 ＋ Дx 17084 ＋ 斷絕 ＋ Дx 17038 ＋ Ch 3233 ＋

Дх 17184ar + Дх 17354」、「Дх 17292 + Дх 17201 + Ch 2712 + Дх 17232 + Дх 17227 + Дх 17301b + Дх 17317 + Дх 17209 + Дх 17101 + Дх 17168 + Дх 17126」、「Дх 17084 + 中斷 + Дх 17038 + Ch 3233 + Дх 17354」、あるいは「Ch 3179 + Ch 2219 + Ch 1940 + Ch 3775 + Дх 17385 + Дх 17110 + Дх 17058 + Дх 17148」と接合する。

　これもまた、先に示した『妙法蓮華經』斷片と同じく、ベルリン・コレクションとクロトコフ蒐集品が同一テキストであり、所有者は字音をつけて音讀用に使っていたものと考えられる。同一テキストでありながら、ベルリン・コレクションの調査時期は第2回と第3回（1905年12月－1907年4月）に分かれ、出土地もダキアノス、トヨク、センギム（勝金口）と複數であるが、いずれもトルファン盆地である。第2回と第3回は、隊長の交代で區別されるが、時期は一部重なって連續している。そのような事情が反映している可能性もあろう。

　以上、クロトコフ蒐集品には、ベルリン・コレクションの『妙法蓮華經』や『金光明最勝王經』の諸斷片と接續するものが含まれていることを擧げ、クロトコフ自らがトルファンで蒐集したと記したことは信じるに足る點について述べた。

1）　ロシア中央アジア探檢の歴史については、I.F.Popova「19世紀末から20世紀初頭におけるロシアの中央アジア探檢隊」（展覽會カタログ『シルクロード文字を辿って』京都國立博物館、2009所收）參照。
2）　第⑰册（上海古籍出版社、2001）。
3）　李際寧「『開寶藏』在世知多少」（『佛經版本』江蘇古籍出版社、2002, 64-69頁）參照。また現存12卷の開寶藏は方広錩・李際寧編『開寶遺珍』（文物出版社、2010）參照。
4）　敦煌研究院編『2000年敦煌學國際學術討論會文集——紀念敦煌藏經洞發見暨敦煌學百年』（甘肅民族出版社、2003）328-342頁所收。
5）　榮新江、李孝聰主編『中外關係史：新史料與新問題』（科學出版社、2004年）、225-232頁所收。
6）　以下Ch, Ch/U, Mainz等のベルリン・トルファン・コレクション畫像はhttp://www.bbaw.de/forschung/turfanforschung/dta/index.htmlから引き出せる。
7）　許建平『敦煌經籍敍錄』（中華書局、2006）446頁。
8）　注(1)に引くカタログ19頁。
9）　*The Caves of one Thousand Buddhas – Russian Expeditions on the Silk Route*, St. Petersburg, 2008, pp. 294。

10) 注(1)引くカタログ 107頁。
11) 『俄藏黒水城文献』第 4 巻（上海古籍出版社，1997）369頁上段。
12) 『俄藏黒水城文献』第 6 巻（上海古籍出版社，2000）33-34頁。
13) 同書，同巻，130頁下段。
14) 同書，同巻，46-47頁。
15) 畫像は本書Ⅱ-第 2 章「靜嘉堂文庫藏漢語版本斷片について」の「圖 8」(96頁) 參照。
16) 「敍錄」が「巻15」と記すのは誤りと思われる。
17) 本書Ⅱ-第 4 章「マンネルヘイム・コレクションについて」171頁參照。
18) 『トルファン出土佛典の研究　高昌殘影釋錄』（法藏館，2005）。
19) 同書，267頁。

クロトコフ蒐集漢語版本目録

凡　例

* r/vは1斷片の表・裏を示す。
* 漢語文書は版本と寫本に分け，前者はさらに，金版（金藏），契丹藏，契丹版，單刻本で區別する。
* 契丹藏と契丹版の區別は，千字文帙號の確認できたものを前者とする。その斷片に見えなくても，有する斷片と接續するものは契丹藏とする。
* 行數の（ ）内は，1字として整っていない行。
* ［ ］内は筆者が補った文字。
* 界線があって幅の記入がないのは，界線外側の餘白が殘存しないもの。
* Chはベルリン・トルファン漢語文書の記號。その後ろに（ ）があるのはその採集時期・採集地が明らかなもの。T Ⅰ は第1回學術調査隊（1902年12月 – 1903年4月），T Ⅱ は第2回學術調査隊（1904年11月-1905年12月），T Ⅲ は第3回學術調査隊（1905年12月 – 1907年4月）。その後ろのDはダキアノス，Tはトヨク（吐峪溝）。
* Chの畫像はhttp://www.bbaw.de/forschung/turfanforschung/dta/index.htmlから引き出せる。

附　記

目録は，『俄藏敦煌文獻』第⑰册（上海古籍出版社，2001）の50 – 118頁に收められた圖版に據っている。但し，實見して以下の點に氣づいた。

　・Дх 17019とДх 17020の圖版は入れ替わっている。
　・Дх 17063とДх 17064の圖版は入れ替わっている。
　・Дх 17080の2枚の圖版は，右がДх 17080，左がДх 17071となる。そこで目録では，58頁以下の圖版につけられた舊Дх 17071の記號は除いた。
　・58頁以下の圖版は6枚を1セットとして載せているが，それは記號の若い順ではない。
　　最初の圖版はДх 17195（1葉），2番目は該當記號が見あたらない。3番目はДх 17189（1葉），4番目はДх 171178，5番目はДх 17179，6番目はДх 1763，7番目はДх 17177。
　・Дх 17154は，2斷片が連續するとして1記號となっているが，直接にはつながらない。そこで目録では，右からДх 17154a，Дх 17154bとした。
　・Дх 17184r/vは2斷片が1記號である。目録では，右からДх 17184a r/v，Дх 17184b r/vとした。
　・Дх 17196vの圖版は拔けている。
　・Дх 17241とДх 17242の圖版は入れ替わっている。

第3章 ロシア・クロトコフ蒐集漢語版本について（附目録） 127

- Дх 17251vの圖版は抜けている。
- Дх 17301 は 2 斷片が 1 記號である。目錄では，右からДх 17301a，Дх 17301bとした。
- Дх 17320とДх 17321の圖版は入れ替わっている。
- Дх 17335（右）とДх 17336の圖版は入れ替わっている。
- Дх 17335（左）はДх 17324。
- 舊Дх 17324はДх 17386。
- 舊Дх 17386に該當する圖版斷片は存在しない。
- Дх 17370Bはない。
- Дх 17381とДх 17382の圖版は入れ替わっている。
- Дх 17426vの圖版は抜けている。

Дх 17015　金版　23.7×59.5cm　（1）+26行　上部界線　天高4.5cm　T=220『大般若波羅蜜多經』卷522（T7,672a24-b12）　紙縫の冒頭に「大般若經第五百」Дх 17290 + Дх 17220 + Дх 17294 + Дх 17015　「怙」に「故」，「洲」に「呪」，「渚」に「住」，「聾」に「力　中」，「盲」に「猛」，「揚」に「羊」，「姓」に「淨」の音注は右に，注をつけた左には「。」が書き込まれる　Ch 1621の場合は左の「。」はつかない

Дх 17016　契丹藏　8.0×5.7cm　3+（1）行　下部界線　地高2.3cm　T=100『別譯雜阿含經』卷2（T2,386c15-17）
　　　Дх 17362 + Дх 17130 + 1行斷絕 + Дх 17090r + 2行斷絕 + Дх 17065 + Дх 17067 + Дх 17422 + Дх 17162 + Дх 17343 + Дх 17097 + Дх 17341 + Дх 17392 + 1行斷絕 + Дх 17016

Дх 17017　版本　3.0×2.4cm　（2）行　不詳

Дх 17018　寫本（契丹藏）　3.5×7.8cm　4行　下部界線　地高2.0cm　T=279『大方廣佛華嚴經』卷7（T10,33a16-18）　Дх 17115 + Дх 17018 + Дх 17119

Дх 17019　寫本（契丹藏）　5.7×7.0cm　（1）+3行　T=279『大方廣佛華嚴經』卷7（T10,33c19-20）
　　　Дх 17031 + 1行斷絕 + Дх 17176 + Дх 17037 + Дх 17273 + Дх 17019 + Дх 17428 + Дх 17120 + Дх 17245 + Дх 17278 + Дх 17025 + Дх 17425

Дх 17020　契丹藏　5.9×6.9cm　（1）+3+（1）行　上部界線　天高0.7cm　T=220『大般若波羅蜜多經』卷569（T7,939b25-27）

Дх 17021　寫本（契丹藏）　5.9×6.9cm　（1）+1行　上部界線　天高0.5cm　T=279『大方廣佛華嚴經』卷7（T10,33b6-7）
　　　Дх 17421 + Дх 17155 + Дх 17305 + Дх 17021 + Дх 17161 + Дх 17269 + Дх 17268 + Дх 17346 + Дх 17242 + Дх 17416 + Дх 17188 + Дх 17218 + Дх 17093 + Дх 17223 + Дх 17085

Дх 17022　契丹藏　7.8×5.0cm　（1）+2行　上部界線　天高4.2cm　T=100『別譯雜阿含經』卷2（T2,384a24-26）

Дх 17022＋Дх 17182＋Ch 1921

Дх 17023　單刻本　4.2×4.7cm（1）＋2行　T=262『妙法蓮華經』卷4（T9,33b11-12）朱點入り

　　　Дх 17405＋Дх 17253＋Дх 17288＋Дх 17098＋Дх 17099＋Дх 17100＋Дх 17091＋Дх 17023＋Дх 17075＋Дх 17332＋Ch 2772a＋Ch 1624＋Ch 3278r＋Ch 1134e＋Дх 17033＋Ch 1134a＋Дх 17070＋Дх 17267＋Дх 17285＋Дх 17257＋Дх 17297＋Дх 17264＋Дх 17324＋Дх 17219＋Дх 17074＋Дх 17283＋Дх 17238＋Дх 17224＋中斷＋Дх 17263＋Дх 17244＋Дх 17239＋Дх 17142＋1行斷絕＋Дх 17210＋Дх 17423＋Ch 1929＋Дх 17052＋Дх 17133v＋中斷＋Дх 17103r＋Дх 17252r＋Дх 17092a＋Дх 17426r

Дх 17024　寫本（契丹藏）　7.2×7.2cm　3＋(1)行　T=279『大方廣佛華嚴經』卷7（T10,34b10-12）柱刻「大花嚴經七」

　　　Дх 17307＋Дх 17180＋Дх 17030＋Дх 17116＋Дх 17127＋Дх 17427＋1行斷絕＋Дх 17420＋Дх 17060＋Дх 17429＋Дх 17413＋Дх 17024＋Дх 17419＋Дх 17318＋Дх 17150＋Дх 17279＋Дх 17384＋1行斷絕＋Дх 17113＋Дх 17123＋Дх 17138＋Дх 17160

Дх 17025　寫本（契丹藏）　8.0×8.1cm　3行　T=279『大方廣佛華嚴經』卷7（T10,33c22-23）

　　　Дх 17031＋1行斷絕＋Дх 17176＋Дх 17037＋Дх 17273＋Дх 17020＋Дх 17428＋Дх 17120＋Дх 17245＋Дх 17278＋Дх 17025＋Дх 17425

Дх 17026　版本　4.4×2.7cm　1＋(1)行　不詳

Дх 17027　版本　8.4×9.7cm　5行　上部界線　天高4cm　不詳

Дх 17028　契丹藏　27.6×17.9cm（1）＋8行　1行17字　上下兩界線　天高3.9cm　地高2.6cm　T=1558『阿毘達磨俱舍論』卷30（T29,155c8-16）　2行目の「是」の右横に「主」，3行目の「何」の右横に「子」，諸」の右横に「主」，4行目「若」の右横に「子」，5行目「觀」の右横に「主」の朱筆の書込

Дх 17029　寫本　2.8×1.7cm　1行2字「嚴經」のみ　『大方廣佛華嚴經』卷7？

Дх 17030　寫本（契丹藏）　契丹藏　7.6×6.8cm（1）＋3＋(1)行　T=279『大方廣佛華嚴經』卷7（T10,34a23-25）

　　　Дх 17307＋Дх 17180＋Дх 17030＋Дх 17116＋Дх 17127＋Дх 17427＋1行斷絕＋Дх 17420＋Дх 17060＋Дх 17429＋Дх 17413＋Дх 17024＋Дх 17419＋Дх 17318＋Дх 17150＋Дх 17279＋Дх 17384＋1行斷絕＋Дх 17113＋Дх 17123＋Дх 17138＋Дх 17160

Дх 17031　寫本（契丹藏）　14.4×24.1cm（1）＋10行　上部界線　天高4.7cm　T=279『大方廣佛華嚴經』卷7（T10,33c5-13）

　　　Дх 17031＋1行斷絕＋Дх 17176＋Дх 17037＋Дх 17273＋Дх 17020＋Дх 17428＋Дх 17120＋Дх 17245＋Дх 17278＋Дх 17025＋Дх 17425

Дх 17032　金版　7.8×13.1cm（1）＋6行　T=312『佛說如來不思議祕密大乘經』卷11（T11,730c24-28）

　　　Дх 17081＋Дх 17032＋Дх 17215

第3章　ロシア・クロトコフ蒐集漢語版本について（附目錄）　　129

Дх 17033　單刻本　10.7×12.9cm　6＋（1）行　上部界線　天高0.8cm　T=262『妙法蓮華經』卷4（T9,33b24-c1）　朱點が入る

　　Дх 17405＋Дх 17253＋Дх 17288＋Дх 17098＋Дх 17099＋Дх 17100＋Дх 17091＋Дх 17023＋Дх 17075＋Дх 17332＋Ch 2772a＋Ch 1624＋Ch 3278r＋Ch 1134e＋Дх 17033＋Ch 1134a＋Дх 17070＋Дх 17267＋Дх 17285＋Дх 17257＋Дх 17297＋Дх 17264＋Дх 17324＋Дх 17219＋Дх 17074＋Дх 17283＋Дх 17238＋Дх 17224＋中斷＋Дх 17263＋Дх 17244＋Дх 17239＋Дх 17142＋1行斷絕＋Дх 17210＋Дх 17423＋Ch 1929＋Дх 17052＋Дх 17133v＋中斷＋Дх 17103r＋Дх 17252r＋Дх 17092a＋Дх 17426r

Дх 17034　契丹藏　14×13.7cm　7行　1行17字　T=152『六度集經』卷2（T3,9b3-11）　紙縫から1行目と2行目の間に柱刻「[六度]集二 十　毀」

Дх 17035　契丹藏　6.6×4.7cm　（1）＋2行　T=1558『阿毘達磨俱舍論』卷20（T29,107a1-2）

　　Дх 17379＋Дх 17105＋Дх 17149＋Дх 17059＋Дх 17193＋1行斷絕＋Дх 17277＋Дх 17035＋Дх 17187＋Дх 17106＋Дх 17276

Дх 17036　版本　4.3×2.9cm　1＋（1）行　不詳

Дх 17037　寫本（契丹藏）　7.3×6.9cm　3＋（1）行　T=279『大方廣佛華嚴經』卷7（T10,33c15-17）

　　Дх 17031＋1行斷絕＋Дх 17176＋Дх 17037＋Дх 17273＋Дх 17020＋Дх 17428＋Дх 17120＋Дх 17245＋Дх 17278＋Дх 17025＋Дх 17425

Дх 17038（Дх 17040と接續一體）　單刻本　契丹版　7.4×11.3cm　5＋（1）行　T=665『金光明最勝王經』卷3（T16,415b12-17）

　　Дх 17084＋中斷＋Дх 17038＋Дх 17184ar＋Ch 3233＋Дх 17354

Дх 17039　契丹藏　6.3×6.1cm　3行　T=1558『阿毘達磨俱舍論』卷6（T29,34c27-29）　「焰」の右橫に黑ペン書込

　　Дх 17165＋Дх 17039＋Дх 17228

Дх 17040（Дх 17038と接續一體）　Дх 17038を見よ

Дх 17041　寫本（契丹藏）　6.4×3.9cm　（1）＋1＋（1）行　下部界線　地高2.2cm　T=220『大般若波羅蜜多經』卷283？特定できず

Дх 17042　單刻本　契丹版　8.3×3.9cm　（1）＋2行　上部界線　天高3.9cm　T=665『金光明最勝王經』卷5（T16,423c21-23）　段落上に「○」をつける

Дх 17043　契丹版　4.6×9.5cm　4行　首題の前に縱の罫線　T=220『大般若波羅蜜多經』特定できず

Дх 17044　契丹藏　25.6×33.5cm　20行　1行17字　上下兩界線　地高0.7cm　地高3.1cm　界高21.7cm　T=100『別譯雜阿含經』卷2（T2,385a25-b16）　紙縫から1行目と2行目の間に柱刻「二　十二　淵」

　　Дх 17254＋Дх 17044＋Дх 17117＋Дх 17306＋Дх 17251＋Дх 17270

Дх 17045　版本　5.3×4.1cm　2行　上部界線　天高3.7cm　不詳

Дх 17046　版本　5.2×4.0cm　（1）＋1行　上部界線　天高3.7cm　不詳　紙は白色

Дх 17047　寫本（契丹藏）　6.8×5.4cm　2＋（1）行　T=279『大方廣佛華嚴經』

巻7 （T10,34a11-12）
　　Дх 17064 + Дх 17183 + Дх 17181 + Дх 17047 + Дх 17080

Дх 17048　契丹藏　11.5×10.5cm　5行　1行17字　下部界線　地高2.6cm　T=100 『別譯雜阿含經』巻2 （T2,387a24-b1）　紙縫から1行目と2行目の間に柱刻「淵」
　　Дх 17321 + Ch 894 + Дх 17364 + Дх 17398 + Дх 17360 + Дх 17417 + Дх 17235 + Дх 17424 + Дх 17314 + Дх 17217 + Дх 17082 + Дх 17359 + Дх 17196r + Дх 17261 + Дх 17048 + Дх 17345 + Дх 17400 + Дх 17154b + Дх 17338 + Дх 17262

Дх 17049　契丹藏　15.3×11.3cm　（1）+5行　上部界線　天高4.5cm　T=1558 『阿毘達磨俱舍論』巻20（T29,106c8-12）　紙縫から1行目と2行目の間に柱刻「俱舍論二十」朱で文字の横にしるしをつける
　　Дх 17049 + Дх 17104

Дх 17050　寫本（契丹藏）　5.7×9.1cm　（1）+4行　T=220『大般若波羅蜜多經』巻283（T6,436b6-10）

Дх 17051　契丹藏　10×8.4cm　4行　下部界線　地高2.7cm　T=1558『阿毘達磨俱舍論』巻6（T29,35a13-17）
　　Дх 17249 + Дх 17051 + Дх 17302 + Дх 17156 + Дх 17372 + Дх 17164 + Дх 17309

Дх 17052（Дх 17055と接續一體）　單刻本　11.2×10.9cm　紙　6行　下部界線　地高1.6cm　T=262『妙法蓮華經』巻4（T9,34c2-5）
　　Дх 17405 + Дх 17253 + Дх 17288 + Дх 17098 + Дх 17099 + Дх 17100 + Дх 17091 + Дх 17023 + Дх 17075 + Дх 17332 + Ch 2772a + Ch 1624 + Ch 3278r + Ch 1134e + Дх 17033 + Ch 1134a + Дх 17070 + Дх 17267 + Дх 17285 + Дх 17257 + Дх 17297 + Дх 17264 + Дх 17324 + Дх 17219 + Дх 17074 + Дх 17283 + Дх 17238 + Дх 17224 + 中斷 + Дх 17263 + Дх 17244 + Дх 17239 + Дх 17142 + 1行斷絶 + Дх 17210 + Дх 17423 + Ch 1929 + Дх 17052 + Дх 17133v + 中斷 + Дх 17103r + Дх 17252r + Дх 17092a + Дх 17426r

Дх 17053　契丹版　4.1×4.7cm　（1）+1+（1）行　T=1428『四分律』巻14（T22,662a9-10）

Дх 17054　寫本（契丹藏）　4.2×3.7cm　（1）+1+（1）行　T=279『大方廣佛華嚴經』巻6（T10,26b14-15）

Дх 17055（Дх 17052と接續一體）　Дх 17052を見よ

Дх 17056　版本　5.4×6.8cm　3+（1）行　不詳（密教關係）

Дх 17057r　寫本　26.6×15.8cm　12行　1行31-32字　T=262『妙法蓮華經』巻5（T9,39c21-40a14）

Дх 17057v　寫本　26.6×15.8cm　12行　1行31-32字　T=262『妙法蓮華經』巻5（T9,40a15-b11）

Дх 17058　單刻本　契丹版　7.7×4.3cm　4+（1）行　上部界線　天高4.0cm　T=665『金光明最勝王經』巻5（T16,424b27-28）　「藉」の右横に「○」をつけその上に「即」の音注
　　Ch 3179 + Ch 2219 + Ch 1940 + Ch 3775 + Дх 17385 + Дх 17110 + Дх 17058 + Дх

17148

Дх 17059　契丹藏　5.5×4.7cm　（1）＋2行　T=1558『阿毘達磨倶舎論』卷20
（T29, 106c22-23）　朱筆の書込
　　Дх 17379＋Дх 17105＋Дх 17149＋Дх 17059＋Дх 17193＋1行斷絕＋Дх 17277＋
　　Дх 17035＋Дх 17187＋Дх 17106＋Дх 17276

Дх 17060　寫本（契丹藏）　7.9×5.2cm　2行　上部界線　天高4.8cm　T=279『大方
廣佛華嚴經』卷7（T10, 34b3-4）
　　Дх 17307＋Дх 17180＋Дх 17030＋Дх 17116＋Дх 17127＋Дх 17427＋1行斷絕＋
　　Дх 17420＋Дх 17060＋Дх 17429＋Дх 17413＋Дх 17024＋Дх 17419＋Дх 17318＋
　　Дх 17150＋Дх 17279＋Дх 17384＋1行斷絕＋Дх 17113＋Дх 17123＋Дх 17138＋
　　Дх 17160

Дх 17061　金版　15.4×17.3cm　2紙　下部界線　地高2.7cm　扉繪＋首題＋譯者名
＋5＋（1）行　T=220『大般若波羅蜜多經』51（T5, 287a5-9）「宙」字號
左末尾は別紙（13.5×2.7cm）がはりつく（表は漢字寫本，裏はウイグル）
　　Дх 17281＋Дх 17061

Дх 17062　寫本　5.5×5.0cm　3行　T=374『大般涅槃經』卷1（T12, 370b18-20）

Дх 17063　寫本（契丹藏）　9.0×9.2cm　首題＋譯者名＋3行　T=220『大般若波羅
蜜多經』卷283（T6, 436a24-26）
　　Дх 17063＋Дх 17167＋Дх 17153

Дх 17064　寫本　契丹藏　9.0×9.2cm　（1）＋4行　上部界線　天高1.7cm　T=279
『大方廣佛華嚴經』卷7（T10, 34a7-10）
　　Дх 17064＋Дх 17183＋Дх 17181＋Дх 17047＋Дх 17080

Дх 17065　契丹藏　9.3×9.5cm　4＋（1）行　下部界線　地高2.4cm　T=100『別
譯雜阿含經』卷2（T2, 386b24-c3）
　　Дх 17362＋Дх 17130＋1行斷絕＋Дх 17090r＋2行斷絕＋Дх 17065＋Дх 17067
　　＋Дх 17422＋Дх 17162＋Дх 17343＋Дх 17097＋Дх 17341＋Дх 17392＋1行斷絕
　　＋Дх 17016

Дх 17066　版本　8.1×5.3cm　（1）＋3＋（1）行　不詳（『大般若』？）

Дх 17067　契丹藏　4.7×4.1cm　2＋（1）行　T=100『別譯雜阿含經』卷2（T2,
386b25-27）　裏は別紙寫本がはりつく（「世尊」の2字のみ）
　　Дх 17362＋Дх 17130＋1行斷絕＋Дх 17090r＋2行斷絕＋Дх 17065＋Дх 17067
　　＋Дх 17422＋Дх 17162＋Дх 17343＋Дх 17097＋Дх 17341＋Дх 17392＋1行斷絕
　　＋Дх 17016

Дх 17068　契丹藏　6.7×6.9cm　3＋（1）行　T=100『別譯雜阿含經』卷2（T2,
386a20-22）
　　Дх 17141＋Дх 17287＋Дх 17347＋Дх 17342＋Дх 17144r＋Дх 17357＋Дх 17431＋Дх
　　17109＋Дх 17349＋Дх 17266＋Ch 961r＋Дх 17409＋Дх 17313＋Ch 3631＋Ch
　　1919＋1行斷絕＋Дх 17331＋Дх 17320＋Дх 17311＋Дх 17068＋Дх 17154a＋Дх
　　17247＋Дх 17316＋Дх 17298＋Дх 17135

Дх 17069　金版　8.1×6.6cm　（1）＋3＋（1）行　T=220『大般若波羅蜜多經』卷

188 (T5,1010a20-22)

Дx 17069＋Дx 17071

Дx 17070　單刻本　11.8×11.6cm　（1）＋6行　上部界線　天高4.7cm　T=262『妙法蓮華經』卷4（T9,33c2-6）　朱點が入る

Дx 17405＋Дx 17253＋Дx 17288＋Дx 17098＋Дx 17099＋Дx 17100＋Дx 17091＋Дx 17023＋Дx 17075＋Дx 17332＋Ch 2772a＋Ch 1624＋Ch 3278r＋Ch 1134e＋Дx 17033＋Ch 1134a＋Дx 17070＋Дx 17267＋Дx 17285＋Дx 17257＋Дx 17297＋Дx 17264＋Дx 17324＋Дx 17219＋Дx 17074＋Дx 17283＋Дx 17238＋Дx 17224＋中斷＋Дx 17263＋Дx 17244＋Дx 17239＋Дx 17142＋1行斷絕＋Дx 17210＋Дx 17423＋Ch 1929＋Дx 17052＋Дx 17133v＋中斷＋Дx 17103r＋Дx 17252r＋Дx 17092a＋Дx 17426r

Дx 17071　金版　4.4×5.8cm　（1）＋2＋（1）行　T=220『大般若波羅蜜多經』卷188（T5,1010a21-22）

Дx 17069＋Дx 17071

Дx 17072　版本　契丹版　6.1×2.7cm　1＋（1）行　不詳

Дx 17073　寫本　23.3×9.1cm　5行　1行16字　二重界線　天高2.8cm　地高1.9cm　T=262『妙法蓮華經』卷2（T9,13a20-25）

Дx 17074　單刻本　18.3×13.4cm　（1）＋7行　上部界線　天高4.4cm　T=262『妙法蓮華經』卷4（T9,34a3-10）　朱點が入る

Дx 17405＋Дx 17253＋Дx 17288＋Дx 17098＋Дx 17099＋Дx 17100＋Дx 17091＋Дx 17023＋Дx 17075＋Дx 17332＋Ch 2772a＋Ch 1624＋Ch 3278r＋Ch 1134e＋Дx 17033＋Ch 1134a＋Дx 17070＋Дx 17267＋Дx 17285＋Дx 17257＋Дx 17297＋Дx 17264＋Дx 17324＋Дx 17219＋Дx 17074＋Дx 17283＋Дx 17238＋Дx 17224＋中斷＋Дx 17263＋Дx 17244＋Дx 17239＋Дx 17142＋1行斷絕＋Дx 17210＋Дx 17423＋Ch 1929＋Дx 17052＋Дx 17133v＋中斷＋Дx 17103r＋Дx 17252r＋Дx 17092a＋Дx 17426r

Дx 17075　單刻本　4.3×2.8cm　1＋（1）行　T=262『妙法蓮華經』卷4（T9,33b12-13）

Дx 17405＋Дx 17253＋Дx 17288＋Дx 17098＋Дx 17099＋Дx 17100＋Дx 17091＋Дx 17023＋Дx 17075＋Дx 17332＋Ch 2772a＋Ch 1624＋Ch 3278r＋Ch 1134e＋Дx 17033＋Ch 1134a＋Дx 17070＋Дx 17267＋Дx 17285＋Дx 17257＋Дx 17297＋Дx 17264＋Дx 17324＋Дx 17219＋Дx 17074＋Дx 17283＋Дx 17238＋Дx 17224＋中斷＋Дx 17263＋Дx 17244＋Дx 17239＋Дx 17142＋1行斷絕＋Дx 17210＋Дx 17423＋Ch 1929＋Дx 17052＋Дx 17133v＋中斷＋Дx 17103r＋Дx 17252r＋Дx 17092a＋Дx 17426r

Дx 17076　版本　19.8×8.1cm　6行　1行15字　上下兩界線　天高2.5cm　地高1.5cm　不詳（密教關係）

Дx 17077　單刻本　契丹版　8.0×5.1cm　2＋（1）行　T=665『金光明最勝王經』卷3（T16,414c13-14）

Дx 17078　契丹版　5.5×3.8cm　2＋（1）行　T=125『增一阿含經』卷23（T2,

第3章　ロシア・クロトコフ蒐集漢語版本について（附目録）

673a23-25）

Дх 17079　寫本　7.8×6.6cm　2＋（1）行　捺印佛像＋『佛名經』

Дх 17080　寫本（契丹藏）　4.3×6.7cm　（1）＋3行　T=279『大方廣佛華嚴經』卷7（T10,34a12-14）

　　　Дх 17064＋Дх 17183＋Дх 17181＋Дх 17047＋Дх 17080

Дх 17081　金版　11.1×9.9cm　5行　下部界線　地高3.3cm　T=312『佛說如來不思議祕密大乘經』卷11（T11,730c23-27）

　　　Дх 17081＋Дх 17032＋Дх 17215

Дх 17082　契丹藏　4.5×3.3cm　2行　T=100『別譯增阿含經』卷2（T2,387a12-13）

　　　Дх 17321＋Ch 894＋Дх 17364＋Дх 17398＋Дх 17360＋Дх 17417＋Дх 17235＋Дх 17424＋Дх 17314＋Дх 17217＋Дх 17082＋Дх 17359＋Дх 17196r＋Дх 17261＋Дх 17048＋Дх 17345＋Дх 17400＋Дх 17154b＋Дх 17338＋Дх 17262

Дх 17083　契丹藏　7.1×9.3cm　（1）＋2＋（1）行　上部界線　天高4.0cm　T=1558『阿毘達磨俱舍論』卷30（T29,155b3-4）

Дх 17084　單刻本　契丹版　16.0×12.1cm　（1）＋6行　上部界線　3.8cm　T=665『金光明最勝王經』卷3（T16,415b3-9）　段落上に「○」をつける

　　　Дх 17084＋中斷＋Дх 17038＋Ch 3233＋Дх 17354

Дх 17085　寫本（契丹藏）　18.5×19.5cm　（1）＋8＋（1）行　上部界線　天高4.8cm　T=279『大方廣佛華嚴經』卷7（T10,33b20-28）

　　　Дх 17421＋Дх 17155＋Дх 17305＋Дх 17021＋Дх 17161＋Дх 17269＋Дх 17268＋Дх 17346＋Дх 17242＋Дх 17416＋Дх 17188＋Дх 17218＋Дх 17093＋Дх 17223＋Дх 17085

Дх 17086　契丹版　6.8×4.9cm　（1）＋2＋（1）行　上部界線2.3cm　T=411『大乘大集地藏十輪經』卷6（T13,751b6-7）

　　　Дх 17086＋Дх 17089r

Дх 17087r（Дх 17094rと接續一體）　寫本　25.8×15.9cm　11行　T=262『妙法蓮華經』卷3（T9,19c12-20a12）

Дх 17087v（Дх 17094vと接續一體）　寫本　25.8×15.9cm　11行　T=262『妙法蓮華經』卷5（T9,20a13-b12）

Дх 17088　契丹版　10.2×5.8cm　3行　下部界線　地高1.3cm　T=1560『阿毘達磨俱舍論本頌』（T29,311a23-27）

Дх 17089r　契丹版　8.5×6.7cm　（1）＋3行　上部界線　天高3.9cm　T=411『大乘大集地藏十輪經』卷6（T13,751b8-11）

　　　Дх 17086＋Дх 17089r

Дх 17089v　ウイグル文書

Дх 17090r　契丹藏　5.6×4.1cm　2行　下部界線　地高2.3cm　T=100『別譯增阿含經』卷2（T2,386b16-18）　rとvは別紙がはりついたもの

　　　Дх 17362＋Дх 17130＋1行斷絕＋Дх 17090r＋2行斷絕＋Дх 17065＋Дх 17067＋Дх 17422＋Дх 17162＋Дх 17343＋Дх 17097＋Дх 17341＋Дх 17392＋1行斷絕

＋Дx 17016
Дx 17090v 寫本　5.6×4.1cm　（3）行と1＋（1）行　不詳　rとvは別紙がはりつ
　　　いたもの
Дx 17091　單刻本　4.9×5.0cm　3行　T=262『妙法蓮華經』卷4（T9,33b8-10）
　　　朱點を入れる
　　　Дx 17405＋Дx 17253＋Дx 17288＋Дx 17098＋Дx 17099＋Дx 17100＋Дx 17091＋
　　　Дx 17023＋Дx 17075＋Дx 17332＋Ch 2772a＋Ch 1624＋Ch 3278r＋Ch 1134e＋
　　　Дx 17033＋Ch 1134a＋Дx 17070＋Дx 17267＋Дx 17285＋Дx 17257＋Дx 17297＋
　　　Дx 17264＋Дx 17324＋Дx 17219＋Дx 17074＋Дx 17283＋Дx 17238＋Дx 17224＋
　　　中斷＋Дx 17263＋Дx 17244＋Дx 17239＋Дx 17142＋1行斷絕＋Дx 17210＋Дx
　　　17423＋Ch 1929＋Дx 17052＋Дx 17133v＋中斷＋Дx 17103r＋Дx 17252r＋Дx
　　　17092a＋Дx 17426r
Дx 17092a　單刻本　4.1×4.6cm　2＋（1）行　T=262『妙法蓮華經』卷4
　　　（T9,34c16-18）
　　　Дx 17405＋Дx 17253＋Дx 17288＋Дx 17098＋Дx 17099＋Дx 17100＋Дx 17091＋
　　　Дx 17023＋Дx 17075＋Дx 17332＋Ch 2772a＋Ch 1624＋Ch 3278r＋Ch 1134e＋
　　　Дx 17033＋Ch 1134a＋Дx 17070＋Дx 17267＋Дx 17285＋Дx 17257＋Дx 17297＋
　　　Дx 17264＋Дx 17324＋Дx 17219＋Дx 17074＋Дx 17283＋Дx 17238＋Дx 17224＋
　　　中斷＋Дx 17263＋Дx 17244＋Дx 17239＋Дx 17142＋1行斷絕＋Дx 17210＋Дx
　　　17423＋Ch 1929＋Дx 17052＋Дx 17133v＋中斷＋Дx 17103r＋Дx 17252r＋Дx
　　　17092a＋Дx 17426r
Дx 17092b　寫本　2.7×2.8cm　（2）行　不詳　vは1行ウイグル
Дx 17093　寫本（契丹藏）　8.1×7.9cm　4行　下部界線　地高1.9cm　T=279『大方
　　　廣佛華嚴經』卷7（T10,33b14-17）
　　　Дx 17421＋Дx 17155＋Дx 17305＋Дx 17021＋Дx 17161＋Дx 17269＋Дx 17268＋
　　　Дx 17346＋Дx 17242＋Дx 17416＋Дx 17188＋Дx 17218＋Дx 17093＋Дx 17223＋
　　　Дx 17085
Дx 17094r　Дx 17087rを見よ
Дx 17094v　Дx 17087vを見よ
Дx 17095　金版　12.2×7.1cm　3＋（1）行　下部界線　地高0.6cm　T=220『大般若
　　　波羅蜜多經』卷571（T7,948c28-949a1）
Дx 17096　契丹藏　6.7×8.5cm　（1）＋4＋（1）行　T=220『大般若波羅蜜多經』
　　　卷569（T7,937b11-15）　紙縫から1行目と2行目の間に柱刻「三」あり
　　　Дx 17402＋Дx 17301a＋Дx 17293＋Дx 17203＋Дx 17185＋Дx 17310＋Дx 17240
　　　＋Дx 17096
Дx 17097　契丹藏　5.4×6.6cm　（1）＋2行　T=100『別譯增阿含經』卷2（T2,
　　　386c6-7）
　　　Дx 17362＋Дx 17130＋1行斷絕＋Дx 17090r＋2行斷絕＋Дx 17065＋Дx 17067
　　　＋Дx 17422＋Дx 17162＋Дx 17343＋Дx 17097＋Дx 17341＋Дx 17392＋1行斷絕
　　　＋Дx 17016

第３章　ロシア・クロトコフ蒐集漢語版本について（附目錄）　　　　135

Дх 17098　單刻本　6.3×4.7cm　（1）＋2行　下部界線　地高0.5cm　T=262『妙法蓮華經』卷4（T9,33b6-7）　朱點を入れる
　　　Дх 17405＋Дх 17253＋Дх 17288＋Дх 17098＋Дх 17099＋Дх 17100＋Дх 17091＋Дх 17023＋Дх 17075＋Дх 17332＋Ch 2772a＋Ch 1624＋Ch 3278r＋Ch 1134e＋Дх 17033＋Ch 1134a＋Дх 17070＋Дх 17267＋Дх 17285＋Дх 17257＋Дх 17297＋Дх 17264＋Дх 17324＋Дх 17219＋Дх 17074＋Дх 17283＋Дх 17238＋Дх 17224＋中斷＋Дх 17263＋Дх 17244＋Дх 17239＋Дх 17142＋1行斷絕＋Дх 17210＋Дх 17423＋Ch 1929＋Дх 17052＋Дх 17133v＋中斷＋Дх 17103r＋Дх 17252r＋Дх 17092a＋Дх 17426r

Дх 17099　單刻本　10.6×8.3cm　（1）＋4行　下部界線　地高1.2cm　T=262『妙法蓮華經』卷4（T9,33b8-11）　朱點を入れる
　　　Дх 17405＋Дх 17253＋Дх 17288＋Дх 17098＋Дх 17099＋Дх 17100＋Дх 17091＋Дх 17023＋Дх 17075＋Дх 17332＋Ch 2772a＋Ch 1624＋Ch 3278r＋Ch 1134e＋Дх 17033＋Ch 1134a＋Дх 17070＋Дх 17267＋Дх 17285＋Дх 17257＋Дх 17297＋Дх 17264＋Дх 17324＋Дх 17219＋Дх 17074＋Дх 17283＋Дх 17238＋Дх 17224＋中斷＋Дх 17263＋Дх 17244＋Дх 17239＋Дх 17142＋1行斷絕＋Дх 17210＋Дх 17423＋Ch 1929＋Дх 17052＋Дх 17133v＋中斷＋Дх 17103r＋Дх 17252r＋Дх 17092a＋Дх 17426r

Дх 17100　單刻本　10.7×10.7cm　5＋（1）行　上部界線　天高5.0cm　T=262『妙法蓮華經』卷4（T9,33b8-12）　朱點を入れる
　　　Дх 17405＋Дх 17253＋Дх 17288＋Дх 17098＋Дх 17099＋Дх 17100＋Дх 17091＋Дх 17023＋Дх 17075＋Дх 17332＋Ch 2772a＋Ch 1624＋Ch 3278r＋Ch 1134e＋Дх 17033＋Ch 1134a＋Дх 17070＋Дх 17267＋Дх 17285＋Дх 17257＋Дх 17297＋Дх 17264＋Дх 17324＋Дх 17219＋Дх 17074＋Дх 17283＋Дх 17238＋Дх 17224＋中斷＋Дх 17263＋Дх 17244＋Дх 17239＋Дх 17142＋1行斷絕＋Дх 17210＋Дх 17423＋Ch 1929＋Дх 17052＋Дх 17133v＋中斷＋Дх 17103r＋Дх 17252r＋Дх 17092a＋Дх 17426r

Дх 17101　單刻本　契丹版　6.6×10.0cm　5＋（1）行　下部界線　地高2.1cm　T=665『金光明最勝王經』卷3（T16,417a13-17）
　　　Дх 17292＋Дх 17201＋Ch 2712＋Дх 17232＋Дх 17227＋Дх 17301b＋Дх 17317＋Дх 17209＋Дх 17101＋Дх 17168＋Дх 17126

Дх 17102　寫本　7.9×3.4cm　（1）＋1行　上部界線　天高4.1cm　不詳（『大方廣佛華嚴經』卷7？）

Дх 17103r　單刻本　13.3×7.8cm　上部界線　天高4.6cm　（1）＋4行　T=262『妙法蓮華經』卷4（T9,34c14-19）　朱點を入れる
　　　Дх 17405＋Дх 17253＋Дх 17288＋Дх 17098＋Дх 17099＋Дх 17100＋Дх 17091＋Дх 17023＋Дх 17075＋Дх 17332＋Ch 2772a＋Ch 1624＋Ch 3278r＋Ch 1134e＋Дх 17033＋Ch 1134a＋Дх 17070＋Дх 17267＋Дх 17285＋Дх 17257＋Дх 17297＋Дх 17264＋Дх 17324＋Дх 17219＋Дх 17074＋Дх 17283＋Дх 17238＋Дх 17224＋中斷＋Дх 17263＋Дх 17244＋Дх 17239＋Дх 17142＋1行斷絕＋Дх 17210＋Дх

17423 + Ch 1929 + Дх 17052 + Дх 17133v + 中斷 + Дх 17103r + Дх 17252r + Дх 17092a + Дх 17426r

Дх 17103v 寫本　7.8×13.3cm　（1）+3 行　不詳　別紙が重なる

Дх 17104 契丹藏　9.6×8.8cm　2 紙　4 行　下部界線　地高2.7cm　T=1558『阿毘達磨俱舍論』卷20（T29,106c7-11）　紙縫から 1 行目と 2 行目の間に柱刻「志」　朱墨を使う（紙面が朱にそまる）

Дх 17049 + Дх 17104

Дх 17105 契丹藏　8.6×9.2cm　4 +（1）行　上部界線　天高0.4cm　T=1558『阿毘達磨俱舍論』卷20（T29,106c20-23）　朱墨を使う（紙面が朱にそまる）

Дх 17379 + Дх 17105 + Дх 17149 + Дх 17059 + Дх 17193 + 1 行斷絕 + Дх 17277 + Дх 17035 + Дх 17187 + Дх 17106 + Дх 17276

Дх 17106 契丹藏　6.2×8.9cm　（1）+3 +（1）行　T=1558『阿毘達磨俱舍論』卷20（T29,107a4-7）　朱墨を使う（紙面が朱にそまる）

Дх 17379 + Дх 17105 + Дх 17149 + Дх 17059 + Дх 17193 + 1 行斷絕 + Дх 17277 + Дх 17035 + Дх 17187 + Дх 17106 + Дх 17276

Дх 17107 單刻本　契丹版　9.2×7.5cm　4 行　T=665『金光明最勝王經』卷 3 （T16,414c1-4）　段落上に「〇」をつける

Дх 17108 契丹版　10.5×9.4cm　5 +（1）行　不詳

Дх 17387（上）+ Дх 17146（中）+ Дх 17108（下）

Дх 17109 契丹藏　11.3×7.8cm　（1）+3 +（1）行　T=100『別譯增阿含經』卷 2 （T2,385c19-21）

Дх 17141 + Дх 17287 + Дх 17347 + Дх 17342 + Дх 17144r + Дх 17357 + Дх 17431 + Дх 17109 + Дх 17349 + Дх 17266 + Ch 961r + Дх 17409 + Дх 17313 + Ch 3631 + Ch 1919 + 1 行斷絕 + Дх 17331 + Дх 17320 + Дх 17311 + Дх 17068 + Дх 17154a + Дх 17247 + Дх 17316 + Дх 17298 + Дх 17135

Дх 17110 單刻本　契丹版　11.1×5.8cm　3 +（1）行　下部界線　地高 2 cm　T=665『金光明最勝王經』卷 5 （T16,424b26-29）

Ch 3179 + Ch 2219 + Ch 1940 + Ch 3775 + Дх 17385 + Дх 17110 + Дх 17058 + Дх 17148

Дх 17111 金版　10.9×4.3cm　（1）+1 +（1）行　T=279『大方廣佛華嚴經』卷55 （T10,289a7-8）

Дх 17111 + Дх 17430 + Дх 17304

Дх 17112 寫本（契丹藏を寫したもの）　8.1×13.6cm　首題 + 3 行　1 行15字　上部界線　天高4.9cm　T=279『大方廣佛華嚴經』卷 7 （T10,32c25-27）

Дх 17112 + Дх 17140

Дх 17113 寫本（契丹藏）　12.9×11.2cm　5 +（1）行　1 行15字　上部界線　天高4.5cm　T=279『大方廣佛華嚴經』卷 7 （T10,34b24-27）

Дх 17307 + Дх 17180 + Дх 17030 + Дх 17116 + Дх 17127 + Дх 17427 + 1 行斷絕 + Дх 17420 + Дх 17060 + Дх 17429 + Дх 17413 + Дх 17024 + Дх 17419 + Дх 17318 + Дх 17150 + Дх 17279 + Дх 17384 + 1 行斷絕 + Дх 17113 + Дх 17123 + Дх 17138 +

第 3 章　ロシア・クロトコフ蒐集漢語版本について（附目録）　　　137

　　Дх 17160
　Дх 17114　契丹藏　10.7×9.2cm　5 行　1 行17-20字　T=220『大般若波羅蜜多經』
　　　卷140（T5,762c12-16）
　　　　Дх 17114 + Дх 17327
　Дх 17115　寫本（契丹藏）　7.3×16.5cm　8 行　1 行15字　上部界線　天高0.2cm
　　　T=279『大方廣佛華嚴經』卷 7　（T10,33a12-18）
　　　　Дх 17115 + Дх 17018 + Дх 17119
　Дх 17116　寫本（契丹藏）　6.6×7.1cm　4 行　T=279『大方廣佛華嚴經』卷 7
　　　（T10, 34a24-28）
　　　　Дх 17307 + Дх 17180 + Дх 17030 + Дх 17116 + Дх 17127 + Дх 17427 + 1 行斷絕 +
　　　　Дх 17420 + Дх 17060 + Дх 17429 + Дх 17413 + Дх 17024 + Дх 17419 + Дх 17318 +
　　　　Дх 17150 + Дх 17279 + Дх 17384 + 1 行斷絕 + Дх 17113 + Дх 17123 + Дх 17138 +
　　　　Дх 17160
　Дх 17117　契丹藏　9.5×6.4cm　（1）+ 2 行　下部界線　地高2.9cm　T=100『別譯
　　　增阿含經』卷 2　（T2,385a28）
　　　　Дх 17254 + Дх 17044 + Дх 17117 + Дх 17306 + Дх 17251 + Дх 17270
　Дх 17118　寫本（契丹藏）　12.5×3.0cm　（1）+ 1 行　上部界線　天高1.1cm
　　　T=279『大方廣佛華嚴經』卷 6　（T10,26c9-10）
　　　　Дх 17403r + Дх 17265 + Дх 17118
　Дх 17119　寫本（契丹藏）　9.2×2.1cm　（1）+ 2 行　1 行15字　下部界線　地高
　　　2.1cm　T=279『大方廣佛華嚴經』卷 7　（T10,33a19-20）　紙縫から 1 行目と
　　　2 行目の間に柱刻「平」
　　　　Дх 17115 + Дх 17018 + Дх 17119
　Дх 17120　寫本（契丹藏）　9.2×4.3cm　（1）+ 1 +（1）行　1 行15字　T=279
　　　『大方廣佛華嚴經』卷 7　（T10,33c19-20）
　　　　Дх 17031 + 1 行斷絕 + Дх 17176 + Дх 17037 + Дх 17273 + Дх 17020 + Дх 17428 +
　　　　Дх 17120 + Дх 17245 + Дх 17278 + Дх 17025 + Дх 17425
　Дх 17121　契丹藏　9.2×8.3cm　5 行　下部界線　地高3.0cm　T=220『大般若波羅蜜
　　　多經』卷569（T7,940b11-15）「果」を「菓」に作る
　　　　Дх 17282 + Дх 17214 + Дх 17280 + Дх 17186 + Дх 17415 + Дх 17121 + Дх 17236 +
　　　　Дх 17212
　Дх 17122　契丹藏　3.5×5.8cm　2 +（1）行　T=220『大般若波羅蜜多經』卷569
　　　（T7,936c7- 8 ）　Дх 17122 + Дх 17124 + Дх 17199 + Дх 17412
　Дх 17123　寫本（契丹藏）　13.5×10.2cm　4 +（1）行　上部界線　天高4.8cm　1
　　　行15字　T=279『大方廣佛華嚴經』卷 7　（T10,34b28-c2）
　　　　Дх 17307 + Дх 17180 + Дх 17030 + Дх 17116 + Дх 17127 + Дх 17427 + 1 行斷絕 +
　　　　Дх 17420 + Дх 17060 + Дх 17429 + Дх 17413 + Дх 17024 + Дх 17419 + Дх 17318 +
　　　　Дх 17150 + Дх 17279 + Дх 17384 + 1 行斷絕 + Дх 17113 + Дх 17123 + Дх 17138 +
　　　　Дх 17160
　Дх 17124　契丹藏　5.6×5.8cm　2 +（1）行　下部界線　地高2.4cm　T=220『大

般若波羅蜜多經』卷569（T7,936c8-9）

Дх 17122＋Дх 17124＋Дх 17199＋Дх 17412

Дх 17125　單刻本　契丹版　8.8×5.7cm　3行　下部界線　地高2.5cm　T=665『金光明最勝王經』卷3（T16,415a18-20）「螺」の右橫に「。」をつけ，その上に「羅」，「建」の右橫に「。」をつけ，「見」の音注

Дх 17126　單刻本　契丹版　11.2×5.2cm　（1）＋3＋（1）行　T=665『金光明最勝王經』卷3（T16,417a20-22）段落上に「○」をつける

Дх 17292＋Дх 17201＋Ch 2712＋Дх 17232＋Дх 17227＋Дх 17301b＋Дх 17317＋Дх 17209＋Дх 17101＋Дх 17168＋Дх 17126

Дх 17127　寫本（契丹藏）　4.0×5.5cm　2＋（1）行　T=279『大方廣佛華嚴經』卷7（T10,34a25-26）

Дх 17307＋Дх 17180＋Дх 17030＋Дх 17116＋Дх 17127＋Дх 17427＋1行斷絕＋Дх 17420＋Дх 17060＋Дх 17429＋Дх 17413＋Дх 17024＋Дх 17419＋Дх 17318＋Дх 17150＋Дх 17279＋Дх 17384＋1行斷絕＋Дх 17113＋Дх 17123＋Дх 17138＋Дх 17160

Дх 17128　契丹版　8.0×6.9cm　（1）＋3行　T=1606『大乘阿毘達磨雜集論』卷9（T31,736c14-17）

Дх 17129　寫本（契丹藏）　4.2×5.7cm　2＋（1）行　上部界線　天高0.2cm　T=279『大方廣佛華嚴經』卷7（T10,34a1-2）

Дх 17129＋Дх 17137

Дх 17130　契丹藏　11.0×11.6cm　5行　下部界線　地高2.6cm　T=100『別譯雜阿含經』卷2（T2,386b6-10）寶づくし（？）

Дх 17362＋Дх 17130＋1行斷絕＋Дх 17090r＋2行斷絕＋Дх 17065＋Дх 17067＋Дх 17422＋Дх 17162＋Дх 17343＋Дх 17097＋Дх 17341＋Дх 17392＋1行斷絕＋Дх 17016

Дх 17131　單刻本　契丹版　12.5×13.6cm　7＋（1）行　下部界線　地高2.2cm　T=665『金光明最勝王經』卷3（T16,416c18-27）段落上に「○」をつける

Дх 17132　單刻本　5.2×3.9cm　1＋（1）行　上部界線　天高0.4cm　T=262『妙法蓮華經』卷2（T9,10c17）

Дх 17133r 寫本　6.5×7.1cm　3行　不詳　別紙が貼りついたもの

Дх 17133v 單刻本　6.5×7.1cm　3行　下部界線　地高2.7cm　T=262『妙法蓮華經』卷4（T9,34c6-8）朱點を入れる

Дх 17405＋Дх 17253＋Дх 17288＋Дх 17098＋Дх 17099＋Дх 17100＋Дх 17091＋Дх 17023＋Дх 17075＋Дх 17332＋Ch 2772a＋Ch 1624＋Ch 3278r＋Ch 1134e＋Дх 17033＋Ch 1134a＋Дх 17070＋Дх 17267＋Дх 17285＋Дх 17257＋Дх 17297＋Дх 17264＋Дх 17324＋Дх 17219＋Дх 17074＋Дх 17283＋Дх 17238＋Дх 17224＋中斷＋Дх 17263＋Дх 17244＋Дх 17239＋Дх 17142＋1行斷絕＋Дх 17210＋Дх 17423＋Ch 1929＋Дх 17052＋Дх 17133v＋中斷＋Дх 17103r＋Дх 17252r＋Дх 17092a＋Дх 17426r

Дх 17134　單刻本　契丹版　7.8×5.1cm　（1）＋8行　T=665『金光明最勝王經』

第3章　ロシア・クロトコフ蒐集漢語版本について（附目録）　　139

　　　卷3　（T16,414c8-17）　Дх 17134＋Дх 17258
Дх 17135　契丹藏　12.5×4.8cm　3行　上部界線　天高4.8cm　T=100『別譯雜阿含經』卷2（T2,386a28-29）
　　　Дх 17141＋Дх 17287＋Дх 17347＋Дх 17342＋Дх 17144r＋Дх 17357＋Дх 17431＋Дх 17109＋Дх 17349＋Дх 17266＋Ch 961r＋Дх 17409＋Дх 17313＋Ch 3631＋Ch 1919＋1行斷絕＋Дх 17331＋Дх 17320＋Дх 17311＋Дх 17068＋Дх 17154a＋Дх 17247＋Дх 17316＋Дх 17298＋Дх 17135
Дх 17136　寫本　7.2×1.9cm　1＋（1）行　T=286『十住經』卷2（T10,511c14）
Дх 17137　寫本（契丹藏）　5.5×5.7cm　2＋（1）行　T=279『大方廣佛華嚴經』卷7　（T10,34a2-3）
　　　Дх 17129＋Дх 17137
Дх 17138　寫本（契丹藏）　7.0×6.4cm　2＋（1）行　T=279『大方廣佛華嚴經』卷7　（T10,34b29-c1）
　　　Дх 17307＋Дх 17180＋Дх 17030＋Дх 17116＋Дх 17127＋Дх 17427＋1行斷絕＋Дх 17420＋Дх 17060＋Дх 17429＋Дх 17413＋Дх 17024＋Дх 17419＋Дх 17318＋Дх 17150＋Дх 17279＋Дх 17384＋1行斷絕＋Дх 17113＋Дх 17123＋Дх 17138＋Дх 17160
Дх 17139　契丹藏　13.2×6.7cm　2紙　4行　下部界線　地高2.8cm　T=220『大般若波羅蜜多經』卷569（T7,942a2-5）
　　　Дх 17388＋Дх 17152＋Дх 17139
Дх 17140　寫本（契丹藏）　12.3×7.5cm　扉繪＋品題　T=279『大方廣佛華嚴經』卷7（T10,32c25）　Дх 17140＋Дх 17112
Дх 17141　契丹藏　10.6×10.1cm　2紙　(1)＋4行　下部界線　地高2.7cm　T=100『別譯雜阿含經』卷2（T2,385c5-8）
　　　Дх 17141＋Дх 17287＋Дх 17347＋Дх 17342＋Дх 17144r＋Дх 17357＋Дх 17431＋Дх 17109＋Дх 17349＋Дх 17266＋Ch 961r＋Дх 17409＋Дх 17313＋Ch 3631＋Ch 1919＋1行斷絕＋Дх 17331＋Дх 17320＋Дх 17311＋Дх 17068＋Дх 17154a＋Дх 17247＋Дх 17316＋Дх 17298＋Дх 17135
Дх 17142　單刻本　13.3×13.4cm　(1)＋5行　上部界線　天高4.5cm　T=262『妙法蓮華經』卷4（T9,34b14-19）　朱點を入れる
　　　Дх 17405＋Дх 17253＋Дх 17288＋Дх 17098＋Дх 17099＋Дх 17100＋Дх 17091＋Дх 17023＋Дх 17075＋Дх 17332＋Ch 2772a＋Ch 1624＋Ch 3278r＋Ch 1134e＋Дх 17033＋Ch 1134a＋Дх 17070＋Дх 17267＋Дх 17285＋Дх 17257＋Дх 17297＋Дх 17264＋Дх 17324＋Дх 17219＋Дх 17074＋Дх 17283＋Дх 17238＋Дх 17224＋中斷＋Дх 17263＋Дх 17244＋Дх 17239＋Дх 17142＋1行斷絕＋Дх 17210＋Дх 17423＋Ch 1929＋Дх 17052＋Дх 17133v＋中斷＋Дх 17103r＋Дх 17252r＋Дх 17092＋Дх 17426r
Дх 17143　契丹藏　11.4×6.3cm　(1)＋3行　下部界線　地高2.7cm　T=1558『阿毘達磨俱舍論』卷6（T29,35a6-8）　「知」の右橫下に「．．．．」,「隨」の右橫下に「。」,「事」の右橫に書込

Дх 17145＋Дх 17204＋Дх 17143＋Дх 17303

Дх 17144r　契丹藏　6.5×8.5cm　3＋（1）行　下部界線　地高2.8cm　T=100『別譯雜阿含經』卷2（T2,385c15-17)

　　　Дх 17141＋Дх 17287＋Дх 17347＋Дх 17342＋Дх 17144r＋Дх 17357＋Дх 17431＋Дх 17109＋Дх 17349＋Дх 17266＋Ch 961r＋Дх 17409＋Дх 17313＋Ch 3631＋Ch 1919＋1行斷絶＋Дх 17331＋Дх 17320＋Дх 17311＋Дх 17068＋Дх 17154a＋Дх 17247＋Дх 17316＋Дх 17298＋Дх 17135

Дх 17144v　寫本　6.8×1.9cm　1行　T=310『大寶積經』卷106（T11,594c14）　Дх 17144rに1行の寫本貼り附く

　　　Дх 17211v＋Ch 961v＋Дх 17144v

Дх 17145　契丹藏　8.8×5.3cm　1＋（2）行　上部界線　天高5.7cm　T=155『阿毘達磨俱舍論』卷6（T29,35a5-7）

　　　Дх 17145＋Дх 17204＋Дх 17143＋Дх 17303

Дх 17146　契丹版　5.6×4.2cm　2＋（1）行　不詳　紙は淡黄色

　　　Дх 17387（上）＋Дх 17146（中）＋Дх 17108（下）

Дх 17147　寫本　6.2×5.8cm　（1）＋1＋（1）行　上部界線　天高4.6cm　不詳

Дх 17148　單刻本　契丹版　6.9×4.1cm　2＋（1）行　T=665『金光明最勝王經』卷5（T16,424b27-29）

　　　Ch 3179＋Ch 2219＋Ch 1940＋Ch 3775＋Дх 17385＋Дх 17110＋Дх 17058＋Дх 17148

Дх 17149　契丹藏　5.9×4.0cm　2行　T=1558『阿毘達磨俱舍論』卷20（T29,106c20-21)　朱墨を使う　紙面が朱で染まる

　　　Дх 17379＋Дх 17105＋Дх 17149＋Дх 17059＋Дх 17193＋1行斷絶＋Дх 17277＋Дх 17035＋Дх 17187＋Дх 17106＋Дх 17276

Дх 17150　寫本（契丹藏）　4.4×4.1cm　（1）＋2行　T=279『大方廣佛華嚴經』卷7（T10,34b14-15)

　　　Дх 17307＋Дх 17180＋Дх 17030＋Дх 17116＋Дх 17127＋Дх 17427＋1行斷絶＋Дх 17420＋Дх 17060＋Дх 17429＋Дх 17413＋Дх 17024＋Дх 17419＋Дх 17318＋Дх 17150＋Дх 17279＋Дх 17384＋1行斷絶＋Дх 17113＋Дх 17123＋Дх 17138＋Дх 17160

Дх 17151　契丹版　13.1×25.9cm　（1）＋13行　下部界線　地高2.9cm　T= 1『長阿含經』卷10（T1,62c11-26）

　　　Дх 17172＋Дх 17173＋Дх 17151

Дх 17152　契丹藏　13.3×19.2cm　（1）＋10＋（1）行　上部界線　天高2.9cm　T=220『大般若波羅蜜多經』卷569（T7,941c20-942a1)

　　　Дх 17388＋Дх 17152＋Дх 17139

Дх 17153　寫本（契丹藏）　9.8×10.1cm　（1）＋5行　T=220『大般若波羅蜜多經』卷283（T6,436a26-b2)

　　　Дх 17063＋Дх 17167＋Дх 17153

Дх 17154a　契丹藏　5.7×8.2cm　2＋（1）行　下部界線　地高2.8cm　T=100『別譯

第3章　ロシア・クロトコフ蒐集漢語版本について（附目録）　　141

雜阿含經』卷2（T2,386a21-22）
　　Дx 17141 + Дx 17287 + Дx 17347 + Дx 17342 + Дx 17144r + Дx 17357 + Дx 17431 + Дx 17109 + Дx 17349 + Дx 17266 + Ch 961r + Дx 17409 + Дx 17313 + Ch 3631 + Ch 1919 + 1行斷絕 + Дx 17331 + Дx 17320 + Дx 17311 + Дx 17068 + Дx 17154a + Дx 17247 + Дx 17316 + Дx 17298 + Дx 17135

Дx 17154b　契丹藏　12.8×6.7cm　（1）+3行　下部界線　地高2.0cm　T=100『別譯雜阿含經』卷2（T2,387a28-b3）
　　Дx 17321 + Ch 894 + Дx 17364 + Дx 17398 + Дx 17360 + Дx 17417 + Дx 17235 + Дx 17424 + Дx 17314 + Дx 17217 + Дx 17082 + Дx 17359 + Дx 17196r + Дx 17261 + Дx 17048 + Дx 17345 + Дx 17400 + Дx 17154b + Дx 17338 + Дx 17262

Дx 17155　寫本（契丹藏）　6.2×2.7cm　（1）+1行　T=279『大方廣佛華嚴經』卷7（T10,33b4）
　　Дx 17421 + Дx 17155 + Дx 17305 + Дx 17021 + Дx 17161 + Дx 17269 + Дx 17268 + Дx 17346 + Дx 17242 + Дx 17416 + Дx 17188 + Дx 17218 + Дx 17093 + Дx 17223 + Дx 17085

Дx 17156　契丹藏　12.3×14.5cm　7行　下部界線　地高2.7cm　T=1558『阿毘達磨俱舍論』卷6（T29,35a21-27）「即」の右横に朱字「答」の書込　Ch 3601aと同一テキストか？
　　Дx 17249 + Дx 17051 + Дx 17302 + Дx 17156 + Дx 17372 + Дx 17164 + Дx 17309

Дx 17157　契丹版　5.3×2.8cm　（1）+1行　不詳

Дx 17158　寫本（契丹藏）　7.1×3.1cm　2行　T=279『大方廣佛華嚴經』卷6（T10,26b29-c1）

Дx 17159　契丹藏　13.7×13.3cm　上部界線　天高4.5cm　8+（1）行　T=220『大般若波羅蜜多經』卷569（T7,940c26-941a3）
　　Дx 17194 + Дx 17159 + Дx 17418

Дx 17160　寫本（契丹藏）　5.2×4.3cm　2行　T=279『大方廣佛華嚴經』卷7（T10,34c1-2）
　　Дx 17307 + Дx 17180 + Дx 17030 + Дx 17116 + Дx 17127 + Дx 17427 + 1行斷絕 + Дx 17420 + Дx 17060 + Дx 17429 + Дx 17413 + Дx 17024 + Дx 17419 + Дx 17318 + Дx 17150 + Дx 17279 + Дx 17384 + 1行斷絕 + Дx 17113 + Дx 17123 + Дx 17138 + Дx 17160

Дx 17161　寫本（契丹藏）　6.8×6.5cm　3行　T=279『大方廣佛華嚴經』卷7（T10,33b6-8）
　　Дx 17421 + Дx 17155 + Дx 17305 + Дx 17021 + Дx 17161 + Дx 17269 + Дx 17268 + Дx 17346 + Дx 17242 + Дx 17416 + Дx 17188 + Дx 17218 + Дx 17093 + Дx 17223 + Дx 17085

Дx 17162　契丹藏　12.5×11.7cm　5+（1）行　上部界線　天高5.1cm　T=100『別譯增阿含經』卷2（T2,386c2-7）
　　Дx 17362 + Дx 17130 + 1行斷絕 + Дx 17090r + 2行斷絕 + Дx 17065 + Дx 17067 + Дx 17422 + Дx 17162 + Дx 17343 + Дx 17097 + Дx 17341 + Дx 17392 + 1行斷絕

＋Дx 17016

Дx 17163　金版系蝴蝶裝　28.3×16.7cm　6行　半葉6行　T=220『大般若波羅蜜多經』卷275（T6,392b26-c2）　上下・左の3線　天高4.0cm　地高2.2cm　左幅2.5cm

　　　Дx 17195＋Дx 17189＋Дx 17177＋Дx 17178＋Дx 17179＋Дx 17163

Дx 17164　契丹藏　21.7×19.1cm　10行　上部界線　天高5.3cm　T=1558『阿毘達磨俱舍論』卷6（T29,35a27-b10）　紙縫から1行目と2行目の間に柱刻「俱舍論　六」　朱筆の書込（「唯」，「頌」の右横）　黒ペン書込　Ch 3601aと同一テキストか？

　　　Дx 17249＋Дx 17051＋Дx 17302＋Дx 17156＋Дx 17372＋Дx 17164＋Дx 17309

Дx 17165　版本　3.0×4.1cm　2紙　2行　T=1558『阿毘達磨俱舍論』卷6（T29,34c26-27）　「得」の横に黒ペン書込

　　　Дx 17165＋Дx 17039＋Дx 17228

Дx 17166　版本　3.2×2.0cm　1行　不詳

Дx 17167　寫本（契丹藏）　10.3×8.1cm　（1）＋3＋（1）行　上部界線　天高3.7cm　T=220『大般若波羅蜜多經』卷283（T6,436a26-28）

　　　Дx 17063＋Дx 17167＋Дx 17153

Дx 17168　單刻本　契丹版　16.1×15.4cm　（1）＋7＋（1）行　上部界線　天高3.7cm　T=665『金光明最勝王經』卷3（T16,417a16-23）

　　　Дx 17292＋Дx 17201＋Ch 2712＋Дx 17232＋Дx 17227＋Дx 17301b＋Дx 17317＋Дx 17209＋Дx 17101＋Дx 17168＋Дx 17126

Дx 17169　版本　3.9×2.8cm　2行　不詳

Дx 17170　版本　5.7×3.5cm　1行　上部界線　天高4.3cm　不詳

Дx 17171　契丹藏　10.7×3.1cm　1行　下部界線　地高2.6cm　「菓」字號のみ　T=220『大般若波羅蜜多經』卷569か？

Дx 17172　契丹藏　6.5×4.2cm　2行　上部界線　天高4.2cm　T=1『長阿含經』卷10（T1,62c8-9）　柱刻「長阿含十」

　　　Дx 17172＋Дx 17173＋Дx 17151

Дx 17173　契丹藏　10.2×3.8cm　（1）＋2行　上部界線　天高4.2cm　T=1『長阿含經』卷10（T1,62c9-10）

　　　Дx 17172＋Дx 17173＋Дx 17151　柱刻「履」

Дx 17174　版本　6.0×2.1cm　（1）行　不詳

Дx 17175　契丹藏　8.0×4.2cm　（1）＋1＋（1）行　T=100『別譯雜阿含經』卷2（T2, 384a11）

　　　Ch 1124r＋Дx 17175

Дx 17176　寫本（契丹藏）　8.3×7.1cm　3＋（1）行　上部界線　天高1.3cm　T=279『大方廣佛華嚴經』卷7（T10,33c15-16）

　　　Дx 17031＋1行斷絶＋Дx 17176＋Дx 17037＋Дx 17273＋Дx 17020＋Дx 17428＋Дx 17120＋Дx 17245＋Дx 17278＋Дx 17025＋Дx 17425

Дx 17177　金版系蝴蝶裝　28.5×16.5cm　6行　半葉6行　上下・右枠線　天高

第 3 章　ロシア・クロトコフ蒐集漢語版本について（附目録）　　143

　　　　3.8cm　地高2.5cm　右幅5.5cm　T=220『大般若波羅蜜多經』卷275（T6,392b
　　　　12-16）　冒頭に「大般若經卷第二百七十五　第三張　歲字號」
　　　　　　Дх 17195＋Дх 17189＋Дх 17177＋Дх 17178＋Дх 17179＋Дх 17163
Дх 17178　金版系蝴蝶裝　28.5×17.7cm　6 行　半葉 6 行　上下・左枠線　天高
　　　　3.8cm　地高2.7cm　左幅3.7cm　T=220『大般若波羅蜜多經』卷275（T6,392b
　　　　16-21）
　　　　　　Дх 17195＋Дх 17189＋Дх 17177＋Дх 17178＋Дх 17179＋Дх 17163
Дх 17179　金版系蝴蝶裝　28.3×15.6cm　6 行　半葉 6 行　上下右枠線　天高4.1cm
　　　　地高2.3cm　右幅3.2cm　T=220『大般若波羅蜜多經』卷275（T6,392b21-24）
　　　　　　Дх 17195＋Дх 17189＋Дх 17177＋Дх 17178＋Дх 17179＋Дх 17163
Дх 17180　寫本（契丹藏）　6.2×4.1cm　（1）＋1＋（1）行　T=279『大方廣佛華
　　　　嚴經』卷 7（T10,34a24）
　　　　　　Дх 17307＋Дх 17180＋Дх 17030＋Дх 17116＋Дх 17127＋Дх 17427＋1 行斷絕＋
　　　　Дх 17420＋Дх 17060＋Дх 17429＋Дх 17413＋Дх 17024＋Дх 17419＋Дх 17318＋
　　　　Дх 17150＋Дх 17279＋Дх 17384＋1 行斷絕＋Дх 17113＋Дх 17123＋Дх 17138＋
　　　　Дх 17160
Дх 17181　寫本（契丹藏）　4.6×5.2cm　2＋（1）行　下部界線　地高2.7cm
　　　　T=279『大方廣佛華嚴經』卷 7（T10,34a10-11）
　　　　　　Дх 17064＋Дх 17183＋Дх 17181＋Дх 17047＋Дх 17080
Дх 17182　契丹藏　7.8×4.6cm　2＋（1）行　上部界線　天高1.3cm　T=100『別
　　　　譯雜阿含經』卷 2（T2,384a26-27）
　　　　　　Дх 17022＋Дх 17182＋Ch 1921
Дх 17183　寫本（契丹藏）　5.2×5.1cm　（1）＋2 行　T=279『大方廣佛華嚴經』卷
　　　　7（T10,34a8-9）
　　　　　　Дх 17064＋Дх 17183＋Дх 17181＋Дх 17047＋Дх 17080
Дх 17184ar 單刻本　契丹版　4.1×5.3cm　3 行　上部界線　天高1.7cm　T=665『金
　　　　光明最勝王經』卷 3（T16,415b12-16）
　　　　　　Дх 17084＋中斷＋Дх 17038＋Дх 17184ar＋Ch 3233＋Дх 17354
Дх 17184av 文字なし4.1×5.3cm
Дх 17184br 金版　29.9×25.8cm　2 紙（1）＋13行　上下兩界線　天高4.7cm　地
　　　　高3.2cm　T=220『大般若波羅蜜多經』卷332（T6,700c3-13）
Дх 17184bv チベット文書　29.9×25.8cm　別紙貼りつく
Дх 17185　契丹藏　16.9×25.3cm　2 紙　15行　1 行19字　下部界線　地高3.0cm
　　　　T=220『大般若波羅蜜多經』卷569（T7,937b10-26）　紙縫より1行目と2行
　　　　目の間に柱刻「菓」
　　　　　　Дх 17402＋Дх 17301а＋Дх 17293＋Дх 17203＋Дх 17185＋Дх 17310＋Дх 17240
　　　　＋Дх 17096
Дх 17186　契丹藏　9.9×16.9cm　9＋（1）行　下部界線　T=220『大般若波羅蜜
　　　　多經』卷569（T7,940b1-11）
　　　　　　Дх 17282＋Дх 17214＋Дх 17280＋Дх 17186＋Дх 17415＋Дх 17121＋Дх 17236＋

Дx 17212

Дx 17187　契丹藏　10.3×4.9cm　（1）＋2行　上部界線　天高4.7cm　T=1558『阿毘達磨俱舍論』卷20（T29,107a3-4）　朱墨を入れる　紙面が朱色で染まる

　　Дx 17379＋Дx 17105＋Дx 17149＋Дx 17059＋Дx 17193＋1行斷絕＋Дx 17277＋Дx 17035＋Дx 17187＋Дx 17106＋Дx 17276

Дx 17188　寫本（契丹藏）　6.1×4.6cm　2＋（1）行　下部界線　地高2.1cm　T=279『大方廣佛華嚴經』卷7（T10,33b12-13）

　　Дx 17421＋Дx 17155＋Дx 17305＋Дx 17021＋Дx 17161＋Дx 17269＋Дx 17268＋Дx 17346＋Дx 17242＋Дx 17416＋Дx 17188＋Дx 17218＋Дx 17093＋Дx 17223＋Дx 17085

Дx 17189　金版系蝴蝶裝　28.4×32.8cm　1葉　12行　半葉6行　四周枠線　天高3.7cm　地高2.5cm　右幅3.4cm　左幅3.0cm　T=220『大般若波羅蜜多經』卷275（T6,392b2-12）

　　Дx 17195＋Дx 17189＋Дx 17177＋Дx 17178＋Дx 17179＋Дx 17163

Дx 17190　契丹藏　3.2×2.7cm　（1）＋1行　T=220『大般若波羅蜜多經』卷569（T7,939b20-21）

　　Дx 17241＋Дx 17200＋Дx 17190

Дx 17191　寫本（契丹藏）　6.2×3.6cm　（1）＋1行　T=279『大方廣佛華嚴經』卷7（T10,33c17-18）

　　Дx 17037＋Дx 17176＋Дx 17191

Дx 17192　版本　8.6×4.1cm　1行　下部界線　地高2.7cm　不詳

Дx 17193　契丹藏　7.0×4.1cm　2行　下部界線　地高3.0cm　T=1558『阿毘達磨俱舍論』卷20（T29,106c24-25）　朱墨で書込

　　Дx 17379＋Дx 17105＋Дx 17149＋Дx 17059＋Дx 17193＋1行斷絕＋Дx 17277＋Дx 17035＋Дx 17187＋Дx 17106＋Дx 17276

Дx 17194　契丹藏　27.7×23.6cm　2紙　（1）＋1＋（1）行　上下兩界線　天高4.7cm　地高2.0cm　T=220『大般若波羅蜜多經』卷569（T7,940c19-941a4）紙縫から1行目と2行目の間に「般若五百六十九　十二　菓」

　　Дx 17194＋Дx 17159＋Дx 17418

Дx 17195　金版系蝴蝶裝　28.2×33.5cm　1葉　12行　半葉6行　四周枠線　天高3.1cm　地高3.0cm　右幅3.9cm　左幅2.7cm　T=220『大般若波羅蜜多經』卷275（T6,392b12-16）　冒頭に「大般若經卷第二百七十五　第三張　歲字號」

　　Дx 17195＋Дx 17189＋Дx 17177＋Дx 17178＋Дx 17179＋Дx 17163

Дx 17196r　契丹藏　21.1×9.1cm　5行　下部界線　地高2.8cm　T=100『別譯雜阿含經』卷2（T2,387a16-24）

　　Дx 17321＋Ch 894＋Дx 17364＋Дx 17398＋Дx 17360＋Дx 17417＋Дx 17235＋Дx 17424＋Дx 17314＋Дx 17217＋Дx 17082＋Дx 17359＋Дx 17196r＋Дx 17261＋Дx 17048＋Дx 17345＋Дx 17400＋Дx 17154b＋Дx 17338＋Дx 17262

Дx 17196v　寫本　9.1×2.7cm　1行　「世尊所言方便何」（『大寶積』卷106,594c15）のみ　別紙（補修？）

第3章　ロシア・クロトコフ蒐集漢語版本について（附目録）　　145

Дx 17197　契丹藏　11.4×4.7cm　2＋（1）行　下部界線　地高2.7cm　T=220『大般若波羅蜜多經』卷140（T5,762c2-4）

Дx 17198　契丹藏の表紙題箋「大般若波羅蜜多經卷　第五百六十五　果」21.2×3.4cm　T=220『大般若波羅蜜多經』卷565　經名は二重枠で囲む　外枠太い「大般若波羅蜜多經卷　第五百　果」まで印刷　「六十五」は手書き

Дx 17199　契丹藏　6.1×6.5cm　（1）＋3＋（1）行　T=220『大般若波羅蜜多經』卷569（T7,936c8-11）

　　Дx 17122＋Дx 17124＋Дx 17199＋Дx 17412

Дx 17200　契丹藏　5.5×4.0cm　2＋（1）行　T=220『大般若波羅蜜多經』卷569（T7,939b19-20）

　　Дx 17241＋Дx 17200＋Дx 17190

Дx 17201　單刻本　契丹版　7.3×4.1cm　2＋（1）行　T=665『金光明最勝王經』卷3（T16,416c2-4）

　　Дx 17292＋Дx 17201＋Ch 2712＋Дx 17232＋Дx 17227＋Дx 17301b＋Дx 17317＋Дx 17209＋Дx 17101＋Дx 17168＋Дx 17126

Дx 17202　寫本　4.0×1.1cm　（1）行　不詳

Дx 17203　契丹藏　6.7×3.3cm　2行　T=220『大般若波羅蜜多經』卷569（T7,937b9-11）

　　Дx 17402＋Дx 17301a＋Дx 17293＋Дx 17203＋Дx 17185＋Дx 17310＋Дx 17240＋Дx 17096

Дx 17204　契丹藏　10.0×9.2cm　4＋（1）行　T=1558『阿毘達磨俱舍論』卷6（T29,35a5-9）　Дx 17145＋Дx 17204＋Дx 17143＋Дx 17303

Дx 17205　寫本　4.2×3.9cm　2行　不詳（『大般若』？）

Дx 17206　寫本　2.1×2.5cm　1＋（1）行　不詳

Дx 17207　契丹藏　28.7×24.4cm　首題＋譯者名＋8＋（2）行　天地兩界線　天高4.4cm　地高3.3cm　界高21.5cm　T=287『佛說十地經』卷2（T10,539c6-13）　首題の下に「書」字號

Дx 17208r　契丹藏　13.5×13.0cm　7行　下部界線　地高3.5cm　T=99『雜阿含經』卷17（T2,117c15-22）　紙縫から1行目と2行目の開に柱刻「川」

Дx 17208v　ウイグル文　13.5×13.0cm　6行

Дx 17209　單刻本　契丹版　17.3×17.4cm　9行　上部界線　天3.7cm　T=665『金光明最勝王經』卷3（T16,417a9-18）　冒頭に柱刻「金光三　九」　段落上に「○」をつける

　　Дx 17292＋Дx 17201＋Ch 2712＋Дx 17232＋Дx 17227＋Дx 17301b＋Дx 17317＋Дx 17209＋Дx 17101＋Дx 17168＋Дx 17126

Дx 17210　單刻本　23.8×18.1cm　（1）＋9＋（1）行　上部界線　天高4.5cm　T=262『妙法蓮華經』卷4（T9,34b21-c3）　朱點を入れる

　　Дx 17405＋Дx 17253＋Дx 17288＋Дx 17098＋Дx 17099＋Дx 17100＋Дx 17091＋Дx 17023＋Дx 17075＋Дx 17332＋Ch 2772a＋Ch 1624＋Ch 3278r＋Ch 1134e＋Дx 17033＋Ch 1134a＋Дx 17070＋Дx 17267＋Дx 17285＋Дx 17257＋Дx 17297＋

Дх 17264＋Дх 17324＋Дх 17219＋Дх 17074＋Дх 17283＋Дх 17238＋Дх 17224＋中斷＋Дх 17263＋Дх 17244＋Дх 17239＋Дх 17142＋1行斷絕＋Дх 17210＋Дх 17423＋Ch 1929＋Дх 17052＋Дх 17133v＋中斷＋Дх 17103r＋Дх 17252r＋Дх 17092a＋Дх 17426r

Дх 17211r 契丹藏 29.3×81.5cm 40＋（1）行 3紙 1紙27行 上下兩界線 天高4.7cm 地高2.7cm 界高22.0cm T=100『別譯雜阿含經』卷2（T2,384b23-c17） 紙縫より1行目と2行目の間に柱刻「別譯雜阿含二　十　淵」,「別譯雜阿含二　十一　淵」 寳づくし「卍」（二箇所）

Дх 17211v 4寫本 5.7×1.6cm 1行 T=310『大寶積經』卷106（T11,594c11） 補修か？

  Дх 17211v＋Ch 961v＋Дх 17144v

  もう1寫本 13.9×3.8cm 2行 T=220『大般若波羅蜜多經』卷430（T7162b17-19） もう1寫本 4.7×1.7cm「合」の1字 もう1寫本 6.7×4.3cm 2行「獨園」,「聲聞」の4字 もう1寫本 1.3×1.9cm 1行「是」の1字

Дх 17212 契丹藏 7.3×4.2cm 2＋（1）行 下部界線 地高2.9cm T=220『大般若波羅蜜多經』卷569（T7,940b23-24）

  Дх 17282＋Дх 17214＋Дх 17280＋Дх 17186＋Дх 17415＋Дх 17121＋Дх 17236＋Дх 17212

Дх 17213 契丹藏 5.0×4.9cm （1）＋2行 T=99『雜阿含經』卷3（T2,16b10-12）

  Дх 17284＋Дх 17213

Дх 17214 契丹藏 21.3×25.8cm 14行 上部界線 天高4.6cm T=220『大般若波羅蜜多經』卷569（T7,940a20-b6）

  Дх 17282＋Дх 17214＋Дх 17280＋Дх 17186＋Дх 17415＋Дх 17121＋Дх 17236＋Дх 17212

Дх 17215 金版 9.6×6.3cm 3行 T=312『佛說如來不思議祕密大乘經』卷11（T11,730c27-29）

  Дх 17081＋Дх 17032＋Дх 17215

Дх 17216 契丹藏 8.5×4.2cm 2行 上部界線 天高1.3cm T=1558『阿毘達磨俱舍論』卷5（T29,25b11-12）

Дх 17217 契丹藏 6.7×5.8cm 3行 T=100『別譯雜阿含經』卷2（T2,387a12-14）

  Дх 17321＋Ch 894＋Дх 17364＋Дх 17398＋Дх 17360＋Дх 17417＋Дх 17235＋Дх 17424＋Дх 17314＋Дх 17217＋Дх 17082＋Дх 17359＋Дх 17196r＋Дх 17261＋Дх 17048＋Дх 17345＋Дх 17400＋Дх 17154b＋Дх 17338＋Дх 17262

Дх 17218 寫本（契丹藏） 3.7×4.1cm 2行 T=279『大方廣佛華嚴經』卷7（T10, 33b14-15）

  Дх 17421＋Дх 17155＋Дх 17305＋Дх 17021＋Дх 17161＋Дх 17269＋Дх 17268＋Дх 17346＋Дх 17242＋Дх 17416＋Дх 17188＋Дх 17218＋Дх 17093＋Дх 17223＋Дх 17085

第 3 章　ロシア・クロトコフ蒐集漢語版本について（附目錄）　　147

Дх 17219　單刻本　10.8×8.3cm　4＋（1）行　下部界線　地高2.8cm　T=262『妙法蓮華經』卷4（T9,34a2-6）
　　Дх 17405＋Дх 17253＋Дх 17288＋Дх 17098＋Дх 17099＋Дх 17100＋Дх 17091＋Дх 17023＋Дх 17075＋Дх 17332＋Ch 2772a＋Ch 1624＋Ch 3278r＋Ch 1134e＋Дх 17033＋Ch 1134a＋Дх 17070＋Дх 17267＋Дх 17285＋Дх 17257＋Дх 17297＋Дх 17264＋Дх 17324＋Дх 17219＋Дх 17074＋Дх 17283＋Дх 17238＋Дх 17224＋中斷＋Дх 17263＋Дх 17244＋Дх 17239＋Дх 17142＋1行斷絕＋Дх 17210＋Дх 17423＋Ch 1929＋Дх 17052＋Дх 17133v＋中斷＋Дх 17103r＋Дх 17252r＋Дх 17092a＋Дх 17426r

Дх 17220　金版　22.3×19.6cm　10＋（1）行　上部界線　天高1.1cm　T=220『大般若波羅蜜多經』卷522（T7,672a11-19）
　　Дх 17290＋Дх 17220＋Дх 17294＋Дх 17015

Дх 17221　寫本　4.6×4.7cm　1＋（1）行　不詳

Дх 17222　寫本　6.0×4.1cm　1行　下部界線　地高2.9cm　不詳

Дх 17223　寫本（契丹藏）　8.7×8.0cm　（1）＋3行　下部界線　地高1.9cm　T=279『大方廣佛華嚴經』卷7（T10,33b18-20）
　　Дх 17421＋Дх 17155＋Дх 17305＋Дх 17021＋Дх 17161＋Дх 17269＋Дх 17268＋Дх 17346＋Дх 17242＋Дх 17416＋Дх 17188＋Дх 17218＋Дх 17093＋Дх 17223＋Дх 17085

Дх 17224　單刻本　6.0×5.8cm　3＋（1）行　T=262『妙法蓮華經』卷4（T9,34a10-13）
　　Дх 17405＋Дх 17253＋Дх 17288＋Дх 17098＋Дх 17099＋Дх 17100＋Дх 17091＋Дх 17023＋Дх 17075＋Дх 17332＋Ch 2772a＋Ch 1624＋Ch 3278r＋Ch 1134e＋Дх 17033＋Ch 1134a＋Дх 17070＋Дх 17267＋Дх 17285＋Дх 17257＋Дх 17297＋Дх 17264＋Дх 17324＋Дх 17219＋Дх 17074＋Дх 17283＋Дх 17238＋Дх 17224＋中斷＋Дх 17263＋Дх 17244＋Дх 17239＋Дх 17142＋1行斷絕＋Дх 17210＋Дх 17423＋Ch 1929＋Дх 17052＋Дх 17133v＋中斷＋Дх 17103r＋Дх 17252r＋Дх 17092a＋Дх 17426r

Дх 17225　契丹版　6.8×6.2cm　3行　下部界線　地高0.7cm　T=1560『阿毘達磨俱舍論本頌』（T29,311a17-21）

Дх 17226　版本　4.3×7.4cm　3＋（1）行　不詳（『大般若』？）

Дх 17227　單刻本　契丹版　5.4×5.5cm　（1）＋2＋（1）行　T=665『金光明最勝王經』卷3（T16,416c25-27）
　　Дх 17292＋Дх 17201＋Ch 2712＋Дх 17232＋Дх 17227＋Дх 17301b＋Дх 17317＋Дх 17209＋Дх 17101＋Дх 17168＋Дх 17126

Дх 17228　契丹藏　11.4×7.9cm　（1）＋3＋（1）行　上部界線　天高2.4cm　T=1558『阿毘達磨俱舍論』卷6（T29,34c29-35a2）　黑ペン書込
　　Дх 17165＋Дх 17039＋Дх 17228

Дх 17229　版本　6.2×8.3cm　（1）＋2＋（1）行　上部界線　天高3.8cm　不詳（金版系蝴蝶裝本か？）

Дx 17230　契丹藏　7.6×11.7cm　6行　下部界線　地高1.1cm　T=1『長阿含經』卷18（T1,115a25-b1）

Дx 17231　金版　29.5×58.1cm　（1）+27行　3紙　1紙23行　上下兩界線　天高6.1cm　地高3.5cm　T=1635『大乘寶要義論』（T32,52b28-c20）　紙縫の冒頭に柱刻「大乘寶要義論卷二　弟二　感字號」，「大乘寶要［義卷二　弟三　感字號］」

Дx 17232　單刻本　契丹版　16.1×24.2cm　12+（1）行　T=665『金光明最勝王經』卷3（T16,416c20-417a5）　段落上に「○」をつける
　　Дx 17292＋Дx 17201＋Ch 2712＋Дx 17232＋Дx 17227＋Дx 17301b＋Дx 17317＋Дx 17209＋Дx 17101＋Дx 17168＋Дx 17126

Дx 17233　契丹藏　10.7×9.7cm　經題＋譯者名＋3＋（1）行　1行17字　下部界線　地高1.6cm　T=99『雜阿含經』卷3（T2,15b9-13）　經題下に「盛」字號
　　Дx 17233＋Дx 17248

Дx 17234　版本　9.8×9.4cm　（1）+4行　下部界線　地高1.6cm　不詳
　　Дx 17387（上）＋Дx 17146（中）＋Дx 17108（下）と同類か？

Дx 17235　契丹藏　9.8×4.8cm　（1）+2行　上部界線　天高4.0cm　T=100『別譯雜阿含經』卷2（T2,387a5-6）
　　Дx 17321＋Ch 894＋Дx 17364＋Дx 17398＋Дx 17360＋Дx 17417＋Дx 17235＋Дx 17424＋Дx 17314＋Дx 17217＋Дx 17082＋Дx 17359＋Дx 17196r＋Дx 17261＋Дx 17048＋Дx 17345＋Дx 17400＋Дx 17154b＋Дx 17338＋Дx 17262

Дx 17236　契丹藏　23.6×28.0cm　（1）+16行　2紙　1行18-19字　上部界線　天高4.6cm　T=220『大般若波羅蜜多經』卷569（T7,940b13-29）　紙縫より1行目と2行目の閒に柱刻「般若五百六十九　十一　菓」
　　Дx 17282＋Дx 17214＋Дx 17280＋Дx 17186＋Дx 17415＋Дx 17121＋Дx 17236＋Дx 17212

Дx 17237　契丹藏　6.8×4.5cm　2+（1）行　下部界線　地高0.4cm　T=1558『阿毘達磨俱舍論』卷5（T29,27a20-21）

Дx 17238　單刻本　12.3×4.3cm　2+（1）行　下部界線　地高1.3cm　T=262『妙法蓮華經』卷4（T9,34a8-10）
　　Дx 17405＋Дx 17253＋Дx 17288＋Дx 17098＋Дx 17099＋Дx 17100＋Дx 17091＋Дx 17023＋Дx 17075＋Дx 17332＋Ch 2772a＋Ch 1624＋Ch 3278r＋Ch 1134e＋Дx 17033＋Ch 1134a＋Дx 17070＋Дx 17267＋Дx 17285＋Дx 17257＋Дx 17297＋Дx 17264＋Дx 17324＋Дx 17219＋Дx 17074＋Дx 17283＋Дx 17238＋Дx 17224＋中斷＋Дx 17263＋Дx 17244＋Дx 17239＋Дx 17142＋1行斷絕＋Дx 17210＋Дx 17423＋Ch 1929＋Дx 17052＋Дx 17133v＋中斷＋Дx 17103r＋Дx 17252r＋Дx 17092a＋Дx 17426r

Дx 17239　單刻本　5.4×4.6cm　（1）+2行　上部界線　天高1.9cm　T=262『妙法蓮華經』卷4（T9,34b9-10）
　　Дx 17405＋Дx 17253＋Дx 17288＋Дx 17098＋Дx 17099＋Дx 17100＋Дx 17091＋Дx 17023＋Дx 17075＋Дx 17332＋Ch 2772a＋Ch 1624＋Ch 3278r＋Ch 1134e＋

第3章　ロシア・クロトコフ蒐集漢語版本について（附目録）　　149

　　Дх 17033＋Ch 1134a＋Дх 17070＋Дх 17267＋Дх 17285＋Дх 17257＋Дх 17297＋
　　Дх 17264＋Дх 17324＋Дх 17219＋Дх 17074＋Дх 17283＋Дх 17238＋Дх 17224＋
　　中斷＋Дх 17263＋Дх 17244＋Дх 17239＋Дх 17142＋1行斷絶＋Дх 17210＋Дх
　　17423＋Ch 1929＋Дх 17052＋Дх 17133v＋中斷＋Дх 17103r＋Дх 17252r＋Дх
　　17092a＋Дх 17426r

Дх 17240　契丹藏　7.3×9.9cm　（1）＋5＋（1）行　上部界線　天高4.5cm
　　T=220『大般若波羅蜜多經』卷569（T7,937b11-15）
　　Дх 17402＋Дх 17301a＋Дх 17293＋Дх 17203＋Дх 17185＋Дх 17310＋Дх 17240
　　＋Дх 17096

Дх 17241　契丹藏　7.1×4.1cm　2＋（1）行　下部界線　T=220『大般若波羅蜜多
　　經』卷569（T7,939b17-18）
　　Дх 17241＋Дх 17200＋Дх 17190

Дх 17242　寫本（契丹藏）　6.0×7.1cm　3行　下部界線　地高2.0cm　T=279『大方
　　廣佛華嚴經』卷7（T10,33b9-11）
　　Дх 17422＋Дх 17155＋Дх 17305＋Дх 17021＋Дх 17161＋Дх 17269＋Дх 17268＋
　　Дх 17346＋Дх 17242＋Дх 17416＋Дх 17188＋Дх 17218＋Дх 17093＋Дх 17223＋
　　Дх 17085

Дх 17243　金版　17.5×6.7cm　首題譯者名＋1行　T=1119『大樂金剛薩埵修行成就
　　儀軌』（T20,509a10）　首題の下に「勒」字號

Дх 17244　單刻本　17.1×16.8cm　9行　下部界線　地高2.8cm　T=262『妙法蓮華
　　經』卷4（T9,34b4-15）　一部紙が重なる
　　Дх 17405＋Дх 17253＋Дх 17288＋Дх 17098＋Дх 17099＋Дх 17100＋Дх 17091＋
　　Дх 17023＋Дх 17075＋Дх 17332＋Ch 2772a＋Ch 1624＋Ch 3278r＋Ch 1134e＋
　　Дх 17033＋Ch 1134a＋Дх 17070＋Дх 17267＋Дх 17285＋Дх 17257＋Дх 17297＋
　　Дх 17264＋Дх 17324＋Дх 17219＋Дх 17074＋Дх 17283＋Дх 17238＋Дх 17224＋
　　中斷＋Дх 17263＋Дх 17244＋Дх 17239＋Дх 17142＋1行斷絶＋Дх 17210＋Дх
　　17423＋Ch 1929＋Дх 17052＋Дх 17133v＋中斷＋Дх 17103r＋Дх 17252r＋Дх
　　17092a＋Дх 17426r

Дх 17245　寫本（契丹藏）　10.1×11.3cm　（1）＋5行　上部界線　天高4.6cm
　　T=279『大方廣佛華嚴經』卷7（T10,33c20-24）
　　Дх 17031＋1行斷絶＋Дх 17176＋Дх 17037＋Дх 17273＋Дх 17020＋Дх 17428＋
　　Дх 17120＋Дх 17245＋Дх 17278＋Дх 17025＋Дх 17425

Дх 17246　契丹藏　13.7×17.9cm　（1）＋6＋（1）行　上部界線　天高4.0cm
　　T=99『雜阿含經』卷3（T2,16c25-17a3）

Дх 17247　契丹藏　14.4×13.8cm　7行　下部界線　地高2.8cm　T=100『別譯雜阿
　　含經』卷2（T2,386a22-27）
　　Дх 17141＋Дх 17287＋Дх 17347＋Дх 17342＋Дх 17144r＋Дх 17357＋Дх 17431
　　＋Дх 17109＋Дх 17349＋Дх 17266＋Ch 961r＋Дх 17409＋Дх 17313＋Ch 3631＋
　　Ch 1919＋1行斷絶＋Дх 17331＋Дх 17320＋Дх 17311＋Дх 17068＋Дх 17154a＋
　　Дх 17247＋Дх 17316＋Дх 17298＋Дх 17135

Дx 17248　契丹藏　11.8×10.5cm　6行　下部界線　地高2.6cm　T=99『雜阿含經』卷3（T2,15b14-19）

　　　Дx 17233＋Дx 17248

Дx 17249　契丹藏　14.8×10.0cm　5行　上部界線　天高1.0cm　朱墨で書込 「諸果」の「果」の右横に「問」,「頌」の右横に「答」また黒ペンの書込 T=1558『阿毘達磨俱舍論』卷6（T29,35a11-17）

　　　Дx 17249＋Дx 17051＋Дx 17302＋Дx 17156＋Дx 17372＋Дx 17164＋Дx 17309

Дx 17250　單刻本　契丹版　13.1×11.6cm　（1）+6行　上部界線　天高3.9cm T=665『金光明最勝王經』卷3（T16,415a15-21）「勤」の右横に「卷」の音注書き込み

　　　Дx 17255＋Дx 17250＋Дx 17352＋Дx 17312＋Ch 2644＋Ch 1784b

Дx 17251r　契丹藏　16.3×21.0cm　10+（1）行　上部界線　天高4.5cm　T=100『別譯雜阿含經』卷2（T2,385b14-23）

　　　Дx 17254＋Дx 17044＋Дx 17117＋Дx 17306＋Дx 17251＋Дx 17270

Дx 17251v　寫本　11.1×1.9cm　1行　T310=『大寶積經』卷106（T11,594c16）　補修か？

Дx 17252r　單刻本　14.2×10.8cm　6+（1）行　下部界線　地高3.0cm　T=262『妙法蓮華經』卷4（T9,34c15-24）

　　　Дx 17405＋Дx 17253＋Дx 17288＋Дx 17098＋Дx 17099＋Дx 17100＋Дx 17091＋Дx 17023＋Дx 17075＋Дx 17332＋Ch 2772a＋Ch 1624＋Ch 3278r＋Ch 1134e＋Дx 17033＋Ch1134a＋Дx 17070＋Дx 17267＋Дx 17285＋Дx 17257＋Дx 17297＋Дx 17264＋Дx 17324＋Дx 17219＋Дx 17074＋Дx 17283＋Дx 17238＋Дx 17224＋中斷＋Дx 17263＋Дx 17244＋Дx 17239＋Дx 17142＋1行斷絕＋Дx 17210＋Дx 17423＋Ch 1929＋Дx 17052＋Дx 17133v＋中斷＋Дx 17103r＋Дx 17252r＋Дx 17092a＋Дx 17426r

Дx 17252v　寫本　7.8×8.6cm　（1）+5行　不詳　別紙寫本がはりつく

Дx 17253　單刻本　15.4×14.9cm　（1）+8行　上部界線　天高4.6cm　T=262『妙法蓮華經』卷4（T9,33a25-b4）　朱墨が入る

　　　Дx 17405＋Дx 17253＋Дx 17288＋Дx 17098＋Дx 17099＋Дx 17100＋Дx 17091＋Дx 17023＋Дx 17075＋Дx 17332＋Ch 2772a＋Ch 624＋Ch 3278r＋Ch 1134e＋Дx 17033＋Ch 1134a＋Дx 17070＋Дx 17267＋Дx 17285＋Дx 17257＋Дx 17297＋Дx 17264＋Дx 17324＋Дx 17219＋Дx 17074＋Дx 17283＋Дx 17238＋Дx 17224＋中斷＋Дx 17263＋Дx 17244＋Дx 17239＋Дx 17142＋1行斷絕＋Дx 17210＋Дx 17423＋Ch 1929＋Дx 17052＋Дx 17133v＋中斷＋Дx 17103r＋Дx 17252r＋Дx 17092a＋Дx 17426r

Дx 17254　契丹藏　13.1×7.3cm　4行　上部界線　天高4.3cm　T=100『別譯雜阿含經』卷2（T2,385a25-29）　Дx 17254＋Дx 17044＋Дx 17117＋Дx 17306＋Дx 17251＋Дx 17270

Дx 17255　單刻本　契丹版　12.0×7.9cm　4+（1）行　下部界線　地高2.5cm T=665『金光明最勝王經』卷3（T16,415a12-16）　見出し點「○」

第 3 章　ロシア・クロトコフ蒐集漢語版本について（附目録）　　　　151

　　　　　Дх 17255 ＋ Дх 17250 ＋ Дх 17352 ＋ Дх 17312 ＋ Ch 2644 ＋ Ch 1784b
Дх 17256　契丹版　6.1×4.5cm　（2）行　上部界線　天高4.6cm　不詳
Дх 17257　單刻本　7.4×8.1cm　4行　下部界線　地高2.2cm　T=262『妙法蓮華經』
　　　　　卷 4 （T9,33c19-23）
　　　　　Дх 17405 ＋ Дх 17253 ＋ Дх 17288 ＋ Дх 17098 ＋ Дх 17099 ＋ Дх 17100 ＋ Дх 17091 ＋
　　　　　Дх 17023 ＋ Дх 17075 ＋ Дх 17332 ＋ Ch 2772a ＋ Ch 1624 ＋ Ch 3278r ＋ Ch 1134e ＋
　　　　　Дх 17033 ＋ Ch 1134a ＋ Дх 17070 ＋ Дх 17267 ＋ Дх 17285 ＋ Дх 17257 ＋ Дх 17297 ＋
　　　　　Дх 17264 ＋ Дх 17324 ＋ Дх 17219 ＋ Дх 17074 ＋ Дх 17283 ＋ Дх 17238 ＋ Дх 17224 ＋
　　　　　中斷 ＋ Дх 17263 ＋ Дх 17244 ＋ Дх 17239 ＋ Дх 17142 ＋ 1 行斷絕 ＋ Дх 17210 ＋ Дх
　　　　　17423 ＋ Ch 1929 ＋ Дх 17052 ＋ Дх 17133v ＋ 中斷 ＋ Дх 17103r ＋ Дх 17252r ＋ Дх
　　　　　17092a ＋ Дх 17426r
Дх 17258　單刻本　契丹版　7.8×5.3cm　（1）＋2行　T=665『金光明最勝王經』
　　　　　卷 3 （T16,414c15-18）　Дх 17134 ＋ Дх 17258
Дх 17259　單刻本　5.5×3.6cm　1行　下部界線　地高3.3cm　不詳（『妙法蓮華經』
　　　　　か？）
Дх 17260　單刻本　契丹版　18.3×13.5cm　（1）＋7行　上部界線　天高3.8cm
　　　　　T=665『金光明最勝王經』卷 3 （T16,414a9-16）　見出し點「○」
Дх 17261　契丹藏　7.2×5.3cm　3行　T=100『別譯雜阿含經』卷 2 （T2,387a20-
　　　　　24）
　　　　　Дх 17321 ＋ Ch 894 ＋ Дх 17364 ＋ Дх 17398 ＋ Дх 17360 ＋ Дх 17417 ＋ Дх 17235 ＋ Дх
　　　　　17424 ＋ Дх 17314 ＋ Дх 17217 ＋ Дх 17082 ＋ Дх 17359 ＋ Дх 17196r ＋ Дх 17261 ＋ Дх
　　　　　17048 ＋ Дх 17345 ＋ Дх 17400 ＋ Дх 17154b ＋ Дх 17338 ＋ Дх 17262
Дх 17262　契丹藏　15.2×10.6cm　（1）＋5＋（1）行　上部界線　天高4.7cm
　　　　　T=100『別譯雜阿含經』卷 2 （T2,387b4-8）
　　　　　Дх 17321 ＋ Ch 894 ＋ Дх 17364 ＋ Дх 17398 ＋ Дх 17360 ＋ Дх 17417 ＋ Дх 17235 ＋ Дх
　　　　　17424 ＋ Дх 17314 ＋ Дх 17217 ＋ Дх 17082 ＋ Дх 17359 ＋ Дх 17196r ＋ Дх 17261 ＋ Дх
　　　　　17048 ＋ Дх 17345 ＋ Дх 17400 ＋ Дх 17154b ＋ Дх 17338 ＋ Дх 17262
Дх 17263　單刻本　13.3×21.1cm　9＋（1）行　2紙　上部界線　天高4.3cm
　　　　　T=262『妙法蓮華經』卷 4 （T9,34a26-b7）　朱墨を入れる　紙縫から 1 行目
　　　　　と 2 行目の間に柱刻「五　十一」
　　　　　Дх 17405 ＋ Дх 17253 ＋ Дх 17288 ＋ Дх 17098 ＋ Дх 17099 ＋ Дх 17100 ＋ Дх 17091 ＋
　　　　　Дх 17023 ＋ Дх 17075 ＋ Дх 17332 ＋ Ch 2772a ＋ Ch 1624 ＋ Ch 3278r ＋ Ch 1134e ＋
　　　　　Дх 17033 ＋ Ch 1134a ＋ Дх 17070 ＋ Дх 17267 ＋ Дх 17285 ＋ Дх 17257 ＋ Дх 17297 ＋
　　　　　Дх 17264 ＋ Дх 17324 ＋ Дх 17219 ＋ Дх 17074 ＋ Дх 17283 ＋ Дх 17238 ＋ Дх 17224 ＋
　　　　　中斷 ＋ Дх 17263 ＋ Дх 17244 ＋ Дх 17239 ＋ Дх 17142 ＋ 1 行斷絕 ＋ Дх 17210 ＋ Дх
　　　　　17423 ＋ Ch 1929 ＋ Дх 17052 ＋ Дх 17133v ＋ 中斷 ＋ Дх 17103r ＋ Дх 17252r ＋ Дх
　　　　　17092a ＋ Дх 17426r
Дх 17264　單刻本　10.8×13.1cm　（1）＋7行　上部界線　天高4.7cm　T=262『妙
　　　　　法蓮華經』卷 4 （T9,33c25-34a4）　朱墨を入れる
　　　　　Дх 17405 ＋ Дх 17253 ＋ Дх 17288 ＋ Дх 17098 ＋ Дх 17099 ＋ Дх 17100 ＋ Дх 17091 ＋

Дх 17023＋Дх 17075＋Дх 17332＋Ch 2772a＋Ch 1624＋Ch 3278r＋Ch 1134e＋Дх 17033＋Ch 1134a＋Дх 17070＋Дх 17267＋Дх 17285＋Дх 17257＋Дх 17297＋Дх 17264＋Дх 17324＋Дх 17219＋Дх 17074＋Дх 17283＋Дх 17238＋Дх 17224＋中斷＋Дх 17263＋Дх 17244＋Дх 17239＋Дх 17142＋1行斷絶＋Дх 17210＋Дх 17423＋Ch 1929＋Дх 17052＋Дх 17133v＋中斷＋Дх 17103r＋Дх 17252r＋Дх 17092a＋Дх 17426r

Дх 17265　寫本（契丹藏）　12.7×2.9cm　2行　上部界線　天高2.4cm　T=279『大方廣佛華嚴經』卷6（T10,26c8-9）

Дх 17403r＋Дх 17265＋Дх 17118

Дх 17266　契丹藏　10.1×3.0cm　1＋（1）行　上部界線　天高3.8cm　T=100『別譯雜阿含經』卷2（T2,385c27）

Дх 17141＋Дх 17287＋Дх 17347＋Дх 17342＋Дх 17144r＋Дх 17357＋Дх 17431＋Дх 17109＋Дх 17349＋Дх 17266＋Ch 961r＋Дх 17409＋Дх 17313＋Ch 3631＋Ch 1919＋1行斷絶＋Дх 17331＋Дх 17320＋Дх 17311＋Дх 17068＋Дх 17154a＋Дх 17247＋Дх 17316＋Дх 17298＋Дх 17135

Дх 17267　單刻本　13.9×21.5cm　13行　上部界線　天高1.3cm　T=262『妙法蓮華經』卷4（T9,33c7-21）　朱點を入れる

Дх 17405＋Дх 17253＋Дх 17288＋Дх 17098＋Дх 17099＋Дх 17100＋Дх 17091＋Дх 17023＋Дх 17075＋Дх 17332＋Ch 2772a＋Ch 1624＋Ch 3278r＋Ch 1134e＋Дх 17033＋Ch 1134a＋Дх 17070＋Дх 17267＋Дх 17285＋Дх 17257＋Дх 17297＋Дх 17264＋Дх 17324＋Дх 17219＋Дх 17074＋Дх 17283＋Дх 17238＋Дх 17224＋中斷＋Дх 17263＋Дх 17244＋Дх 17239＋Дх 17142＋1行斷絶＋Дх 17210＋Дх 17423＋Ch 1929＋Дх 17052＋Дх 17133v＋中斷＋Дх 17103r＋Дх 17252r＋Дх 17092a＋Дх 17426r

Дх 17268　寫本（契丹藏）　4.1×4.0cm　2行　T=279『大方廣佛華嚴經』卷7（T10, 33b8-9）

Дх 17421＋Дх 17155＋Дх 17305＋Дх 17021＋Дх 17161＋Дх 17269＋Дх 17268＋Дх 17346＋Дх 17242＋Дх 17416＋Дх 17188＋Дх 17218＋Дх 17093＋Дх 17223＋Дх 17085

Дх 17269　寫本（契丹藏）　3.7×5.1cm　2＋（1）行　T=279『大方廣佛華嚴經』卷7（T10,33b6-9）

Дх 17421＋Дх 17155＋Дх 17305＋Дх 17021＋Дх 17161＋Дх 17269＋Дх 17268＋Дх 17346＋Дх 17242＋Дх 17416＋Дх 17188＋Дх 17218＋Дх 17093＋Дх 17223＋Дх 17085

Дх 17270　契丹藏　20.2×12.4cm　（1）＋5行　下部界線　地高3.1cm　T=100『別譯雜阿含經』卷2（T2,385b17-22）

Дх 17254＋Дх 17044＋Дх 17117＋Дх 17306＋Дх 17251＋Дх 17270

Дх 17271　契丹藏　11.2×11.4cm　5＋（1）行　2紙　下部界線　地高3.2cm　T=99『雜阿含經』卷3（T2,16a9-14）　Дх 17271＋Ch 872

Дх 17272　契丹藏　8.3×13.8cm　2行　上部界線　天高1.4cm　T=99『雜阿含經』

第3章　ロシア・クロトコフ蒐集漢語版本について（附目録）

巻7（T2, 45c8-9）

Дх 17273　寫本（契丹藏）　8.2×7.7cm　（1）+3+（1）行　T=279『大方廣佛華嚴經』巻7（T10, 33c15-18）
　　　Дх 17031+1行斷絕+Дх 17176+Дх 17037+Дх 17273+Дх 17020+Дх 17428+Дх 17120+Дх 17245+Дх 17278+Дх 17025+Дх 17425

Дх 17274　契丹藏　9.9×12.2cm　（1）+5行　下部界線　地高3.3cm　T=99『雜阿含經』巻3（T2, 15b26-c1）

Дх 17275　版本　5.6×15.3cm　（8）行　上部界線　天高4.3cm　不詳

Дх 17276　契丹藏　6.0×6.1cm　（1）+3行　T=1558『阿毘達磨俱舍論』巻20（T29, 107a5-7）　朱墨の書込　紙面が朱色に染まる
　　　Дх 17379+Дх 17105+Дх 17149+Дх 17059+Дх 17193+1行斷絕+Дх 17277+Дх 17035+Дх 17187+Дх 17106+Дх 17276

Дх 17277　契丹藏　11.7×5.1cm　（1）+2行　上部界線　天高4.6cm　T=1558『阿毘達磨俱舍論』巻20（T29, 106c29-107a2）「部」の右横に朱墨の書込　紙面が朱色に染まる
　　　Дх 17379+Дх 17105+Дх 17149+Дх 17059+Дх 17193+1行斷絕+Дх 17277+Дх 17035+Дх 17187+Дх 17106+Дх 17276

Дх 17278　寫本（契丹藏）　6.0×7.7cm　4行　T=279『大方廣佛華嚴經』巻7（T10, 33c21-24）
　　　Дх 17031+1行斷絕+Дх 17176+Дх 17037+Дх 17273+Дх 17020+Дх 17428+Дх 17120+Дх 17245+Дх 17278+Дх 17025+Дх 17425

Дх 17279　寫本（契丹藏）　11.7×13.3cm　（1）+6行　上部界線　天高5.1cm　T=279『大方廣佛華嚴經』巻7（T10, 34b16-20）
　　　Дх 17307+Дх 17180+Дх 17030+Дх 17116+Дх 17127+Дх 17427+1行斷絕+Дх 17420+Дх 17060+Дх 17429+Дх 17413+Дх 17024+Дх 17419+Дх 17318+Дх 17150+Дх 17279+Дх 17384+1行斷絕+Дх 17113+Дх 17123+Дх 17138+Дх 17160

Дх 17280　契丹藏　10.6×11.9cm　（1）+6+（1）行　下部界線　地高2.8cm　T=220『大般若波羅蜜多經』巻569（T7, 940a24-b1）
　　　Дх 17282+Дх 17214+Дх 17280+Дх 17186+Дх 17415+Дх 17121+Дх 17236+Дх 17212

Дх 17281　金版　16.9×17.2cm　2紙　上部界線　天高6.3cm　扉繪+首題+譯者名+5+（1）行　T=220『大般若波羅蜜多經』51（T5, 287a5-9）「宙」字號
　　　Дх 17281+Дх 17061

Дх 17282　契丹藏　27.5×16.7cm　10行　1行19字　上下兩界線　天高4.5cm　地高1.3cm　T=220『大般若波羅蜜多經』巻569（T7, 940a11-22）　紙縫から1行目と2行目の間に柱刻「般若五百六十九　十　」
　　　Дх 17282+Дх 17214+Дх 17280+Дх 17186+Дх 17415+Дх 17121+Дх 17236+Дх 17212

Дх 17283　單刻本　6.3×6.6cm　3+（1）行　T=262『妙法蓮華經』巻4（T9, 34a

154　　　　Ⅱ　トルファン漢語文書の目録と論集

　　　4-7）

　　　　Дx 17405 + Дx 17253 + Дx 17288 + Дx 17098 + Дx 17099 + Дx 17100 + Дx 17091 + Дx 17023 + Дx 17075 + Дx 17332 + Ch 2772a + Ch 1624 + Ch 3278r + Ch 1134e + Дx 17033 + Ch 1134a + Дx 17070 + Дx 17267 + Дx 17285 + Дx 17257 + Дx 17297 + Дx 17264 + Дx 17324 + Дx 17219 + Дx 17074 + Дx 17283 + Дx 17238 + Дx 17224 + 中斷 + Дx 17263 + Дx 17244 + Дx 17239 + Дx 17142 + 1 行斷絶 + Дx 17210 + Дx 17423 + Ch 1929 + Дx 17052 + Дx 17133v + 中斷 + Дx 17103r + Дx 17252r + Дx 17092a + Дx 17426r

Дx 17284　契丹藏　20.7×21.0cm　9＋（1）行　1 行17字　上部界線　天高3.9cm T=99『雜阿含經』卷 3（T2,16b6-15）　紙縫の冒頭に「雜阿含三　　四 盛」

　　　　Дx 17284 + Дx 17213

Дx 17285　單刻本　9.3×6.8cm　1＋（1）行　下部界線　地高3.3cm　T=262『妙法蓮華經』卷 4（T9,33c18）

　　　　Дx 17405 + Дx 17253 + Дx 17288 + Дx 17098 + Дx 17099 + Дx 17100 + Дx 17091 + Дx 17023 + Дx 17075 + Дx 17332 + Ch 2772a + Ch 1624 + Ch 3278r + Ch 1134e + Дx 17033 + Ch 1134a + Дx 17070 + Дx 17267 + Дx 17285 + Дx 17257 + Дx 17297 + Дx 17264 + Дx 17324 + Дx 17219 + Дx 17074 + Дx 17283 + Дx 17238 + Дx 17224 + 中斷 + Дx 17263 + Дx 17244 + Дx 17239 + Дx 17142 + 1 行斷絶 + Дx 17210 + Дx 17423 + Ch 1929 + Дx 17052 + Дx 17133v + 中斷 + Дx 17103r + Дx 17252r + Дx 17092a + Дx 17426r

Дx 17286　單刻本　契丹版　18.7×24.3cm　（1）＋12＋（1）行　上部界線　天高3.8cm　T=665『金光明最勝王經』卷 3（T16,414c18-415a3）　見出し點「○」

Дx 17287　契丹藏　12.3×16.5cm　（1）＋7＋（1）行　上部界線　天高4.7cm　2 紙　T=100『別譯雜阿含經』卷 2（T2,385c8-14）　紙縫から 1 行目と 2 行目の間に柱刻「別譯雜」

　　　　Дx 17141 + Дx 17287 + Дx 17347 + Дx 17342 + Дx 17144r + Дx 17357 + Дx 17431 + Дx 17109 + Дx 17349 + Дx 17266 + Ch 961r + Дx 17409 + Дx 17313 + Ch 3631 + Ch 1919 + 1 行斷絶 + Дx 17331 + Дx 17320 + Дx 17311 + Дx 17068 + Дx 17154a + Дx 17247 + Дx 17316 + Дx 17298 + Дx 17135

Дx 17288　單刻本　8.1×11.1cm　（1）＋6 行　下部界線　地高0.7cm　T=262『妙法蓮華經』卷 4（T9,33a28-b5）　朱墨を入れる

　　　　Дx 17405 + Дx 17253 + Дx 17288 + Дx 17098 + Дx 17099 + Дx 17100 + Дx 17091 + Дx 17023 + Дx 17075 + Дx 17332 + Ch 2772a + Ch 1624 + Ch 3278r + Ch 1134e + Дx 17033 + Ch 1134a + Дx 17070 + Дx 17267 + Дx 17285 + Дx 17257 + Дx 17297 + Дx 17264 + Дx 17324 + Дx 17219 + Дx 17074 + Дx 17283 + Дx 17238 + Дx 17224 + 中斷 + Дx 17263 + Дx 17244 + Дx 17239 + Дx 17142 + 1 行斷絶 + Дx 17210 + Дx 17423 + Ch 1929 + Дx 17052 + Дx 17133v + 中斷 + Дx 17103r + Дx 17252r + Дx 17092a + Дx 17426r

Дx 17289　契丹藏　11.2×8.5cm　4＋（1）行　下部界線　地高1.5cm　T=1558

第 3 章　ロシア・クロトコフ蒐集漢語版本について（附目録）

『阿毘達磨倶舎論』巻7（T29,38b7-10）
　　Ch/U 7411（上）＋中斷＋Дх 17289（下）？
Дх 17290　金版　7.5×8.5cm　首題＋譯者名＋2＋（1）行　上部界線　T=22『大般若波羅蜜多經』巻522（T7,672a11-12）
　　Дх 17290＋Дх 17220＋Дх 17294＋Дх 17015
Дх 17291　契丹藏　22.0×28.9cm　14+（1）行　2紙　1行17字　上部界線　天高4.1cm　T=99『雜阿含經』巻3（T2,17b8-13）　紙縫の冒頭に柱刻「雜阿含三七　盛」
Дх 17292　單刻本　契丹版　21.2×30.0cm　16行　上部界線　天高3.8cm　T=665『金光明最勝王經』巻3（T16,416c2-20）　冒頭に柱刻「金光三」　段落上に「○」をつける　「辱」の右横に「。」をつけ，天界に「？」，「肩」の右横に「。」をつけ，その上に「現」の音注
　　Дх 17292＋Дх 17201＋Ch 2712＋Дх 17232＋Дх 17227＋Дх 17301b＋Дх 17317＋Дх 17209＋Дх 17101＋Дх 17168＋Дх 17126
Дх 17293　契丹藏　4.7×5.1cm　（1）+2＋（1）行　T=220『大般若波羅蜜多經』巻569（T7,937a24-25）
　　Дх 17402＋Дх 17301a＋Дх 17293＋Дх 17203＋Дх 17185＋Дх 17310＋Дх 17240＋Дх 17096
Дх 17294　金版　9.4×10.1cm　（1）+4＋（1）行　上部界線　天高4.8cm　T=220『大般若波羅蜜多經』巻522（T7,672a19-21）
　　Дх 17290＋Дх 17220＋Дх 17294＋Дх 17015
Дх 17295　單刻本　契丹版　9.2×14.7cm　8行　上部界線　天高3.7cm　T=665『金光明最勝王經』巻3（T16,414c8-17）　見出し點「○」
Дх 17296　金版　5.7×5.3cm　2行　下部界線　T=220『大般若波羅蜜多經』巻557（T7,876c26-27），あるいは（T7,877a3-4），あるいは（T7,877a8-9）
Дх 17297　單刻本　8.7×8.5cm　（1）+3＋（1）行　2紙　上部界線　天高0.2cm　T=262『妙法蓮華經』巻4（T9,33c22-25）　紙縫から1行目と2行目の間に柱刻「五　十」
　　Дх 17405＋Дх 17253＋Дх 17288＋Дх 17098＋Дх 17099＋Дх 17100＋Дх 17091＋Дх 17023＋Дх 17075＋Дх 17332＋Ch 2772a＋Ch 1624＋Ch 3278r＋Ch 1134e＋Дх 17033＋Ch 1134a＋Дх 17070＋Дх 17267＋Дх 17285＋Дх 17257＋Дх 17297＋Дх 17264＋Дх 17324＋Дх 17219＋Дх 17074＋Дх 17283＋Дх 17238＋Дх 17224＋中斷＋Дх 17263＋Дх 17244＋Дх 17239＋Дх 17142＋1行斷絕＋Дх 17210＋Дх 17423＋Ch 1929＋Дх 17052＋Дх 17133v＋中斷＋Дх 17103r＋Дх 17252r＋Дх 17092a＋Дх 17426r
Дх 17298　契丹藏　8.9×9.3cm　（1）+3＋（1）行　上部界線　天高4.8cm　T=100『別譯雜阿含經』巻2（T2,386a24-26）
　　Дх 17141＋Дх 17287＋Дх 17347＋Дх 17342＋Дх 17144r＋Дх 17357＋Дх 17431＋Дх 17109＋Дх 17349＋Дх 17266＋Ch 961r＋Дх 17409＋Дх 17313＋Ch 3631＋Ch 1919＋1行斷絕＋Дх 17331＋Дх 17320＋Дх 17311＋Дх 17068＋Дх 17154a＋

Дх 17247＋Дх 17316＋Дх 17298＋Дх 17135

Дх 17299　單刻本　契丹版　11.1×4.3cm　（1）＋1＋（1）行　2紙　T=665『金光明最勝王經』卷3（T16,415a3）　見出し點「○」

Дх 17300　金版　14.3×2.2cm　1行　2紙　上部界線　天高4.3cm　T=220『大般若波羅蜜多經』卷330，あるいは卷451，あるいは卷516

Дх 17301a　契丹版　15.7×36.2cm　（1）＋20＋（1）行　下部界線　地高2.9cm　T=220『大般若波羅蜜多經』卷569（T7,937a15-b8）

Дх 17402＋Дх 17301a＋Дх 17293＋Дх 17203＋Дх 17185＋Дх 17310＋Дх 17240＋Дх 17096

Дх 17301b　單刻本　契丹版　14.2×9.2cm　（1）＋4＋（1）行　下部界線　地高2.2cm　T=665『金光明最勝王經』卷3（T16,416c28-417a4）　見出し點「○」

Дх 17292＋Дх 17201＋Ch 2712＋Дх 17232＋Дх 17227＋Дх 17301b＋Дх 17317＋Дх 17209＋Дх 17101＋Дх 17168＋Дх 17126

Дх 17302　契丹藏　16.8×12.7cm　6行　上部界線　天高5.8cm　T=1558『阿毘達磨俱舍論』卷6（T29,35a18-23）「唯」の右橫に「？」朱墨が入る　「此因」の「因」の右橫，「無障」の「障」の橫，「身」の橫に黑ペン字が入る

Дх 17249＋Дх 17051＋Дх 17302＋Дх 17156＋Дх 17372＋Дх 17164＋Дх 17309

Дх 17303　契丹藏　4.4×3.6cm　（1）＋1行　T=1558『阿毘達磨俱舍論』卷6（T29,35a7-8）　Дх 17145＋Дх 17204＋Дх 17143＋Дх 17303

Дх 17304　金版　3.4×3.8cm　（1）＋1＋（1）行　下部界線　地高0.8cm　T=279『大方廣佛華嚴經』卷55（T10,289a9）　紙縫の冒頭に柱刻「育」字號

Дх 17111＋Дх 17430＋Дх 17304

Дх 17305　寫本（契丹藏）　15.8×10.8cm　（1）＋4＋（1）行　上部界線　天高4.8cm　T=279『大方廣佛華嚴經』卷7（T10,33b5-8）

Дх 17421＋Дх 17155＋Дх 17305＋Дх 17021＋Дх 17161＋Дх 17269＋Дх 17268＋Дх 17346＋Дх 17242＋Дх 17416＋Дх 17188＋Дх 17218＋Дх 17093＋Дх 17223＋Дх 17085

Дх 17306　契丹藏　7.0×4.4cm　2＋（1）行　上部界線　天高3.9cm　T=100『別譯雜阿含經』卷2（T2,385b2-3）

Дх 17254＋Дх 17044＋Дх 17117＋Дх 17306＋Дх 17251＋Дх 17270

Дх 17307　寫本（契丹藏）　8.1×6.9cm　2＋（1）行　上部界線　天高4.8cm　T=279『大方廣佛華嚴經』卷7（T10,34a23-25）

Дх 17307＋Дх 17180＋Дх 17030＋Дх 17116＋Дх 17127＋Дх 17427＋1行斷絕＋Дх 17420＋Дх 17060＋Дх 17429＋Дх 17413＋Дх 17024＋Дх 17419＋Дх 17318＋Дх 17150＋Дх 17279＋Дх 17384＋1行斷絕＋Дх 17113＋Дх 17123＋Дх 17138＋Дх 17160

Дх 17308　寫本　2.7×3.3cm　（1）＋1＋（1）行　不詳

Дх 17309　契丹藏　5.6×3.4cm　1行　下部界線　地高2.8cm　T=1558『阿毘達磨俱舍論』卷6（T29,35a28）

Дх 17249＋Дх 17051＋Дх 17302＋Дх 17156＋Дх 17372＋Дх 17164＋Дх 17309

第３章　ロシア・クロトコフ蒐集漢語版本について（附目録）

Дх 17310　契丹藏　7.3×2.7cm　（1）＋1行　2紙　上部界線　天高4.4cm　T=220
『大般若波羅蜜多經』卷569（T7,937b10）
　　Дх 17402＋Дх 17301a＋Дх 17293＋Дх 17203＋Дх 17185＋Дх 17310＋Дх 17240
　　＋Дх 17096

Дх 17311　契丹藏　11.1×4.1cm　2＋（1）行　T=100『別譯雜阿含經』卷2（T2,
386a20-21）
　　Дх 17141＋Дх 17287＋Дх 17347＋Дх 17342＋Дх 17144r＋Дх 17357＋Дх 17431
　　＋Дх 17109＋Дх 17349＋Дх 17266＋Ch 961r＋Дх 17409＋Дх 17313＋Ch 3631＋
　　Ch 1919＋1行斷絶＋Дх 17331＋Дх 17320＋Дх 17311＋Дх 17068＋Дх 17154a＋
　　Дх 17247＋Дх 17316＋Дх 17298＋Дх 17135

Дх 17312　單刻本　契丹版　8.7×7.8cm　3＋（1）行　T=665『金光明最勝王經』
卷3　（T16,415a17-21）
　　Дх 17255＋Дх 17250＋Дх 17352＋Дх 17312＋Ch 2644＋Ch 1784b

Дх 17313　契丹藏　11.5×3.1cm　（1）＋1行　上部界線　天高4.5cm　T=100『別
譯雜阿含經』卷2（T2,386a3）
　　Дх 17141＋Дх 17287＋Дх 17347＋Дх 17342＋Дх 17144r＋Дх 17357＋Дх 17431
　　＋Дх 17109＋Дх 17349＋Дх 17266＋Ch 961r＋Дх 17409＋Дх 17313＋Ch 3631＋
　　Ch 1919＋1行斷絶＋Дх 17331＋Дх 17320＋Дх 17311＋Дх 17068＋Дх 17154a＋
　　Дх 17247＋Дх 17316＋Дх 17298＋Дх 17135

Дх 17314　契丹藏　7.9×8.3cm　（1）＋3＋（1）行　T=100『別譯雜阿含經』卷2
（T2,387a9-12）
　　Дх 17321＋Ch 894＋Дх 17364＋Дх 17398＋Дх 17360＋Дх 17417＋Дх 17235＋Дх
　　17424＋Дх 17314＋Дх 17217＋Дх 17082＋Дх 17359＋Дх 17196r＋Дх 17261＋Дх
　　17048＋Дх 17345＋Дх 17400＋Дх 17154b＋Дх 17338＋Дх 17262

Дх 17315　單刻本　契丹版　14.7×9.8cm　5＋（1）行　上部界線　天高3.5cm
T=665『金光明最勝王經』卷3（T16,414c2-7）　見出し點「○」

Дх 17316　契丹藏　7.7×8.3cm　4＋（1）行　T=100『別譯雜阿含經』卷2（T2,
386a24-26）
　　Дх 17141＋Дх 17287＋Дх 17347＋Дх 17342＋Дх 17144r＋Дх 17357＋Дх 17431
　　＋Дх 17109＋Дх 17349＋Дх 17266＋Ch 961r＋Дх 17409＋Дх 17313＋Ch 3631＋
　　Ch 1919＋1行斷絶＋Дх 17331＋Дх 17320＋Дх 17311＋Дх 17068＋Дх 17154a＋
　　Дх 17247＋Дх 17316＋Дх 17298＋Дх 17135

Дх 17317　單刻本　契丹版　16.0×5.1cm　（1）＋2行　2紙　上部界線　天高
4.2cm　T=665『金光明最勝王經』卷3（T16,417a6-8）　紙縫の最初に柱刻
「金光三」
　　Дх 17292＋Дх 17201＋Ch 2712＋Дх 17232＋Дх 17227＋Дх 17301b＋Дх 17317＋
　　Дх 17209＋Дх 17101＋Дх 17168＋Дх 17126

Дх 17318　寫本（契丹藏）　8.1×4.8cm　（1）＋2行　上部界線　天高3.3cm
T=279『大方廣佛華嚴經』卷7（T10,34b14-15）
　　Дх 17307＋Дх 17180＋Дх 17030＋Дх 17116＋Дх 17127＋Дх 17427＋1行斷絶＋

　　　　　Дх 17420 ＋ Дх 17060 ＋ Дх 17429 ＋ Дх 17413 ＋ Дх 17024 ＋ Дх 17419 ＋ Дх 17318 ＋
　　　　　Дх 17150 ＋ Дх 17279 ＋ Дх 17384 ＋ 1 行斷絕 ＋ Дх 17113 ＋ Дх 17123 ＋ Дх 17138 ＋
　　　　　Дх 17160

Дх 17319　單刻本　契丹版　13.3×11.6cm　（1）＋5＋（1）行　下部界線　地高
　　　　　2.3cm　T=665『金光明最勝王經』卷3（T16,414c21-28）　見出し點「○」
Дх 17320　契丹藏　8.9×4.4cm　（1）＋2行　T=100『別譯雜阿含經』卷2（T2,
　　　　　386a18-19）
　　　　　Дх 17141 ＋ Дх 17287 ＋ Дх 17347 ＋ Дх 17342 ＋ Дх 17144r ＋ Дх 17357 ＋ Дх 17431
　　　　　＋ Дх 17109 ＋ Дх 17349 ＋ Дх 17266 ＋ Ch 961r ＋ Дх 17409 ＋ Дх 17313 ＋ Ch 3631 ＋
　　　　　Ch 1919 ＋ 1 行斷絕 ＋ Дх 17331 ＋ Дх 17320 ＋ Дх 17311 ＋ Дх 17068 ＋ Дх 17154a ＋
　　　　　Дх 17247 ＋ Дх 17316 ＋ Дх 17298 ＋ Дх 17135
Дх 17321　契丹藏　14.3×11.8cm　（1）＋6行　下部界線　地高2.8cm　T=100『別
　　　　　譯雜阿含經』卷2（T2,386c23-28）　寶づくし「卍」
　　　　　Дх 17321 ＋ Ch 894 ＋ Дх 17364 ＋ Дх 17398 ＋ Дх 17360 ＋ Дх 17417 ＋ Дх 17235 ＋ Дх
　　　　　17424 ＋ Дх 17314 ＋ Дх 17217 ＋ Дх 17082 ＋ Дх 17359 ＋ Дх 17196r ＋ Дх 17261 ＋ Дх
　　　　　17048 ＋ Дх 17345 ＋ Дх 17400 ＋ Дх 17154b ＋ Дх 17338 ＋ Дх 17262
Дх 17322　單刻本　契丹版　10.9×4.1cm　2行　下部界線　地高2.4cm　T=665『金
　　　　　光明最勝王經』卷3（T16,416c2-4）　見出し點「○」
Дх 17323　契丹藏　14.1×3.8cm　2＋（1）行　1行17-20字　下部界線　地高
　　　　　2.6cm　T=220『大般若波羅蜜多經』卷140（T5,763a2-3）
　　　　　Дх 17323 ＋ Дх 17326
Дх 17324　單刻本　4.7×4.8cm　2＋（1）行　T=262『妙法蓮華經』卷4
　　　　　（T9,33c27-28）　朱點を入れる
　　　　　Дх 17405 ＋ Дх 17253 ＋ Дх 17288 ＋ Дх 17098 ＋ Дх 17099 ＋ Дх 17100 ＋ Дх 17091 ＋
　　　　　Дх 17023 ＋ Дх 17075 ＋ Дх 17332 ＋ Ch 2772a ＋ Ch 1624 ＋ Ch 3278r ＋ Ch 1134e ＋
　　　　　Дх 17033 ＋ Ch 1134a ＋ Дх 17070 ＋ Дх 17267 ＋ Дх 17285 ＋ Дх 17257 ＋ Дх 17297 ＋
　　　　　Дх 17264 ＋ Дх 17324 ＋ Дх 17219 ＋ Дх 17074 ＋ Дх 17283 ＋ Дх 17238 ＋ Дх 17224 ＋
　　　　　中斷 ＋ Дх 17263 ＋ Дх 17244 ＋ Дх 17239 ＋ Дх 17142 ＋ 1 行斷絕 ＋ Дх 17210 ＋ Дх
　　　　　17423 ＋ Ch 1929 ＋ Дх 17052 ＋ Дх 17133v ＋ 中斷 ＋ Дх 17103r ＋ Дх 17252r ＋ Дх
　　　　　17092a ＋ Дх 17426r
Дх 17325　寫本　胡語　3.3×5.1cm　（3）行　不詳
Дх 17326　契丹藏　10.9×10.6cm　（1）＋4行　1行17-20字　下部界線　地高
　　　　　2.5cm　T=220『大般若波羅蜜多經』卷140（T5,763a4-7）
　　　　　Дх 17323 ＋ Дх 17326
Дх 17327　契丹藏　12.7×17.1cm　10行　1行17-20字　下部界線　地高2.4cm
　　　　　T=220『大般若波羅蜜多經』卷140（T5,762c17-26）
　　　　　Дх 17114 ＋ Дх 17327
Дх 17328　寫本　5.3×2.6cm　1行　下部界線　地高2.6cm　不詳
Дх 17329　金版　7.3×5.3cm　1＋（1）行　2紙　上部界線　天高2.0cm　『增一阿
　　　　　含經』卷？　紙縫の冒頭に柱刻「增」

第3章　ロシア・クロトコフ蒐集漢語版本について（附目録）　　159

Дх 17330　契丹藏　5.3×5.3cm　2＋（1）行　T=1558『阿毘達磨倶舍論』卷20
　　（T29,106c26-28）「應」に「？法」の音注　朱墨の書込で全紙が朱で染まる
　　黒ペン書込

Дх 17331　契丹藏　13.8×12.5cm　（1）＋5行　下部界線　地高2.7cm　T=100『別
　　譯雜阿含經』卷2　（T2,386a15-20）
　　Дх 17141＋Дх 17287＋Дх 17347＋Дх 17342＋Дх 17144r＋Дх 17357＋Дх 17431
　　＋Дх 17109＋Дх 17349＋Дх 17266＋Ch 961r＋Дх 17409＋Дх 17313＋Ch 3631＋
　　Ch 1919＋1行斷絶＋Дх 17331＋Дх 17320＋Дх 17311＋Дх 17068＋Дх 17154a＋
　　Дх 17247＋Дх 17316＋Дх 17298＋Дх 17135

Дх 17332　單刻本　9.5×23.6cm　12行　2紙　上部界線　天高5.0cm　T=262『妙法
　　蓮華經』卷4　（T9,33b13-24）　朱點を入れる　紙縫から1行目と2行目の間
　　に柱刻「五　九」
　　Дх 17405＋Дх 17253＋Дх 17288＋Дх 17098＋Дх 17099＋Дх 17100＋Дх 17091＋
　　Дх 17023＋Дх 17075＋Дх 17332＋Ch 2772a＋Ch 1624＋Ch 3278r＋Ch 1134e＋
　　Дх 17033＋Ch 1134a＋Дх 17070＋Дх 17267＋Дх 17285＋Дх 17257＋Дх 17297＋
　　Дх 17264＋Дх 17324＋Дх 17219＋Дх 17074＋Дх 17283＋Дх 17238＋Дх 17224＋
　　中斷＋Дх 17263＋Дх 17244＋Дх 17239＋Дх 17142＋1行斷絶＋Дх 17210＋Дх
　　17423＋Ch 1929＋Дх 17052＋Дх 17133v＋中斷＋Дх 17103r＋Дх 17252r＋Дх
　　17092a＋Дх 17426r

Дх 17333　版本　4.7×5.8cm　（1）＋2行　不詳

Дх 17334　版本　8.2×4.8cm　（1）＋2行　不詳

Дх 17335　寫本　4.7×3.8cm　（1）＋1行　『佛説佛名經』？

Дх 17336　單刻本　契丹版　5.2×4.3cm　2＋（1）行　T=665『金光明最勝王經』
　　卷3　（T16,414c27-28）

Дх 17337　單刻本　契丹版　7.8×3.9cm　2＋（1）行　T=665『金光明最勝王經』
　　卷3　（T16,414c17-19）

Дх 17338　契丹藏　13.7×14.5cm　（1）＋7行　T=100『別譯雜阿含經』卷2（T2,
　　387b3-10）
　　Дх 17321＋Ch 894＋Дх 17364＋Дх 17398＋Дх 17360＋Дх 17417＋Дх 17235＋Дх
　　17424＋Дх 17314＋Дх 17217＋Дх 17082＋Дх 17359＋Дх 17196r＋Дх 17261＋Дх
　　17048＋Дх 17345＋Дх 17400＋Дх 17154b＋Дх 17338＋Дх 17262

Дх 17339　版本　3.5×4.5cm　（1）＋1行　不詳（金版『大般若』？）

Дх 17340　契丹版　10.2×10.5cm　3行　下部界線　地高2.8cm　T=440『佛説佛名
　　經』卷8　（T14,162b5-7）

Дх 17341　契丹藏　12.8×10.3cm　4行　寶づくし　T=100『別譯雜阿含經』卷2
　　（T2,386c9-12）
　　Дх 17362＋Дх 17130＋1行斷絶＋Дх 17090r＋2行斷絶＋Дх 17065＋Дх 17067
　　＋Дх 17422＋Дх 17162＋Дх 17343＋Дх 17097＋Дх 17341＋Дх 17392＋1行斷絶
　　＋Дх 17016

Дх 17342　契丹藏　9.7×9.7cm　4＋（1）行　T=100『別譯雜阿含經』卷2（T2,

385c11-14)
　　　Дх 17141 + Дх 17287 + Дх 17347 + Дх 17342 + Дх 17144r + Дх 17357 + Дх 17431 + Дх 17109 + Дх 17349 + Дх 17266 + Ch 961r + Дх 17409 + Дх 17313 + Ch 3631 + Ch 1919 + 1行斷絶 + Дх 17331 + Дх 17320 + Дх 17311 + Дх 17068 + Дх 17154a + Дх 17247 + Дх 17316 + Дх 17298 + Дх 17135

Дх 17343　契丹藏　6.8×8.1cm　4行　T=100『別譯雜阿含經』卷2（T2,386c4-7）
　　　Дх 17362 + Дх 17130 + 1行斷絶 + Дх 17090r + 2行斷絶 + Дх 17065 + Дх 17067 + Дх 17422 + Дх 17162 + Дх 17343 + Дх 17097 + Дх 17341 + Дх 17392 + 1行斷絶 + Дх 17016

Дх 17344　單刻本　契丹版　11.0×8.8cm　5行　下部界線　地高2.4cm　T=665『金光明最勝王經』卷3（T16,414c27-415a3）　見出し點「○」

Дх 17345　契丹藏　19.3×17.6cm　（1）+ 8 +（1）行　2紙　上部界線　天高4.8cm　T=100『別譯雜阿含經』卷2（T2,387a25-b3）　紙縫から1行目と2行目の間に柱刻「別譯雜阿含二　十七」
　　　Дх 17321 + Ch 894 + Дх 17364 + Дх 17398 + Дх 17360 + Дх 17417 + Дх 17235 + Дх 17424 + Дх 17314 + Дх 17217 + Дх 17082 + Дх 17359 + Дх 17196r + Дх 17261 + Дх 17048 + Дх 17345 + Дх 17400 + Дх 17154b + Дх 17338 + Дх 17262

Дх 17346　寫本（契丹藏）　11.2×8.7cm　（1）+ 4行　T=279『大方廣佛華嚴經』卷7（T10,33b9-12）
　　　Дх 17421 + Дх 17155 + Дх 17305 + Дх 17021 + Дх 17161 + Дх 17269 + Дх 17268 + Дх 17346 + Дх 17242 + Дх 17416 + Дх 17188 + Дх 17218 + Дх 17093 + Дх 17223 + Дх 17085

Дх 17347　契丹藏　10.2×5.6cm　1 +（1）行　下部界線　地高2.7cm　T=100『別譯雜阿含經』卷2（T2,385c9-10）　紙縫から1行目と2行目の間に柱刻「淵」
　　　Дх 17141 + Дх 17287 + Дх 17347 + Дх 17342 + Дх 17144r + Дх 17357 + Дх 17431 + Дх 17109 + Дх 17349 + Дх 17266 + Ch 961r + Дх 17409 + Дх 17313 + Ch 3631 + Ch 1919 + 1行斷絶 + Дх 17331 + Дх 17320 + Дх 17311 + Дх 17068 + Дх 17154a + Дх 17247 + Дх 17316 + Дх 17298 + Дх 17135

Дх 17348　版本　6.2×6.9cm　（1）+ 2 +（1）行　上部界線　天高2.8cm　不詳

Дх 17349　契丹藏　12.5×8.8cm　上部界線　天高4.7cm　（1）+ 4行　T=100『別譯雜阿含經』卷2（T2,385c21-25）
　　　Дх 17141 + Дх 17287 + Дх 17347 + Дх 17342 + Дх 17144r + Дх 17357 + Дх 17431 + Дх 17109 + Дх 17349 + Дх 17266 + Ch 961r + Дх 17409 + Дх 17313 + Ch 3631 + Ch 1919 + 1行斷絶 + Дх 17331 + Дх 17320 + Дх 17311 + Дх 17068 + Дх 17154a + Дх 17247 + Дх 17316 + Дх 17298 + Дх 17135

Дх 17350　金版　7.6×4.1cm　2 +（1）行　上部界線　天高3.7cm　T=220『大般若波羅蜜多經』卷？

Дх 17351　單刻本　契丹版　14.2×10.3cm　（1）+ 5行　下部界線　地高3.6cm　T=665『金光明最勝王經』卷3（T16,415c22-27）　見出し點「○」
　　　Дх 17397 + Дх 17351

第3章　ロシア・クロトコフ蒐集漢語版本について（附目録）

Дх 17352　單刻本　契丹版　6.1×5.4cm　3行　T=665『金光明最勝王經』卷3
（T16,415a16-18）　見出し點「〇」
Дх 17255＋Дх 17250＋Дх 17352＋Дх 17312＋Ch 2644＋Ch 1784b

Дх 17353　單刻本　契丹版　10.6×15.9cm　（1）＋8行　下部界線　地高2.4cm
T=665『金光明最勝王經』卷3（T16,414c8-18）　見出し點「〇」「遺」の下
の地界に「爲又准（唯？）」の音注

Дх 17354　單刻本　契丹版　12.0×8.5cm　（1）＋4行　上部界線　天高3.8cm
T=665『金光明最勝王經』卷3（T16,415b18-23）
Дх 17084＋中斷＋Дх 17038＋Дх 17184ar＋Ch 3233＋Дх 17354

Дх 17355　版本　6.5×5.4cm　2＋（1）行　上部界線　天高4.7cm　不詳

Дх 17356　單刻本　契丹版　8.1×4.7cm　2行　2紙　T=665『金光明最勝王經』卷
3（T16,415a4-6）　紙縫の冒頭に柱刻「金光三　四」

Дх 17357　契丹藏　8.3×5.4cm　2＋（1）行　T=100『別譯雜阿含經』卷2（T2,
385c15-16）
Дх 17141＋Дх 17287＋Дх 17347＋Дх 17342＋Дх 17144r＋Дх 17357＋Дх 17431
＋Дх 17109＋Дх 17349＋Дх 17266＋Ch 961r＋Дх 17409＋Дх 17313＋Ch 3631＋
Ch 1919＋1行斷絕＋Дх 17331＋Дх 17320＋Дх 17311＋Дх 17068＋Дх 17154a＋
Дх 17247＋Дх 17316＋Дх 17298＋Дх 17135

Дх 17358　單刻本　契丹版　6.8×10.3cm　（1）＋1＋（1）行　上部界線　天高
3.7cm　T=665『金光明最勝王經』卷3（T16,414c2-3）　見出し點「〇」

Дх 17359　契丹藏　9.1×5.1cm　（1）＋2行　T=100『別譯雜阿含經』卷2（T2,
387a16-18）
Дх 17321＋Ch 894＋Дх 17364＋Дх 17398＋Дх 17360＋Дх 17417＋Дх 17235＋Дх
17424＋Дх 17314＋Дх 17217＋Дх 17082＋Дх 17359＋Дх 17196r＋Дх 17261＋Дх
17048＋Дх 17345＋Дх 17400＋Дх 17154b＋Дх 17338＋Дх 17262

Дх 17360　契丹藏　4.4×3.0cm　2行　T=100『別譯雜阿含經』卷2（T2,387a3-
4）
Дх 17321＋Ch 894＋Дх 17364＋Дх 17398＋Дх 17360＋Дх 17417＋Дх 17235＋Дх
17424＋Дх 17314＋Дх 17217＋Дх 17082＋Дх 17359＋Дх 17196r＋Дх 17261＋Дх
17048＋Дх 17345＋Дх 17400＋Дх 17154b＋Дх 17338＋Дх 17262

Дх 17361　契丹藏　4.5×2.5cm　（1）＋1行　T=100『別譯雜阿含經』卷2？

Дх 17362　契丹藏　13.3×10.8cm　4＋（1）行　上部界線　天高4.8cm　T=100
『別譯雜阿含經』卷2（T2,386b3-7）
Дх 17362＋Дх 17130＋1行斷絕＋Дх 17090r＋2行斷絕＋Дх 17065＋Дх 17067
＋Дх 17422＋Дх 17162＋Дх 17343＋Дх 17097＋Дх 17341＋Дх 17392＋1行斷絕
＋Дх 17016

Дх 17363　版本　5.8×3.7cm　（1）＋1行　下部界線　地高2.5cm　不詳

Дх 17364　契丹藏　5.1×7.8cm　（1）＋3＋（1）行　T=100『別譯雜阿含經』卷2
（T2, 386c29-387a2）
Дх 17321＋Ch 894＋Дх 17364＋Дх 17398＋Дх 17360＋Дх 17417＋Дх 17235＋Дх

17424＋Дх 17314＋Дх 17217＋Дх 17082＋Дх 17359＋Дх 17196r＋Дх 17261＋Дх 17048＋Дх 17345＋Дх 17400＋Дх 17154b＋Дх 17338＋Дх 17262

Дх 17365　？　5.2×2.4cm　（1）行　上部界線　天高4.1cm　不詳

Дх 17366　單刻本　契丹版　9.5×4.3cm　2＋（1）行　下部界線　2.5cm　T=665『金光明最勝王經』卷3（T19, 415a29-b2）「醫」の右橫下に「。」をつけ、その上に「衣」の音注（黑ペン書込）

　　　Дх 17368＋Дх 17366

Дх 17367　版本　4.3×2.8cm　（1）行　上部界線　天高4.0cm　不詳

Дх 17368　單刻本　契丹版　16.3×7.5cm　4行　上部界線　天3.8cm　T=665『金光明最勝王經』卷3（T19, 415a27-b2）　見出し點「○」

　　　Дх 17368＋Дх 17366

Дх 17369　版本　2.7×3.2cm　（1）＋1行　不詳

Дх 17370　版本　5.5×3.5cm　（1）行　上部界線　天高4.5cm　不詳

Дх 17371　木版佛畫斷片　5.8×2.9cm

Дх 17372　契丹藏　5.4×8.3cm　（1）＋3＋（1）行　T=1558『阿毘達磨俱舍論』卷6（T29, 35a20-23）「障」の右橫に黑ペン書込

　　　Дх 17249＋Дх 17051＋Дх 17302＋Дх 17156＋Дх 17372＋Дх 17164＋Дх 17309

Дх 17373　寫本　1.5×1.8cm　（2）行　不詳

Дх 17374　寫本　5.8×5.9cm　2行　上部界線　天高3.0cm　不詳

Дх 17375　版本　1.7×1.9cm　（1）＋1行　不詳

Дх 17376　寫本　3.5×3.7cm　2行　不詳　各行の文字の大きさは異なる　「鷲」の右橫に「？」,「畏」に「之」の音注？

Дх 17377　版本　3.1×2.4cm　（1）＋1行　不詳

Дх 17378　木版佛典扉繪斷片　11.0×11.9cm　天高2.5cm

Дх 17379　契丹藏　8.7×10.2cm　（1）＋3＋（1）行　上部界線　天高4.7cm　朱點を入れる　紙面一部朱に染まる　T=1558『阿毘達磨俱舍論』卷20（T29, 106c18-21）

　　　Дх 17379＋Дх 17105＋Дх 17149＋Дх 17059＋Дх 17193＋1行斷絶＋Дх 17277＋Дх 17035＋Дх 17187＋Дх 17106＋Дх 17276

Дх 17380　寫本　4.2×3.3cm　（1）＋1＋（1）行　不詳

Дх 17381　寫本　3.1×4.0cm　2行　不詳

Дх 17382　寫本　4.3×2.1cm　（1）行　不詳

Дх 17383　寫本　3.5×2.1cm　1行　下部界線　地高2.2cm　不詳

Дх 17384　寫本（契丹藏）　17.0×14.2cm　5＋（1）行　下部界線　地高2.9cm　T=279『大方廣佛華嚴經』卷7（T10, 34b19-23）

　　　Дх 17307＋Дх 17180＋Дх 17030＋Дх 17116＋Дх 17127＋Дх 17427＋1行斷絶＋Дх 17420＋Дх 17060＋Дх 17429＋Дх 17413＋Дх 17024＋Дх 17419＋Дх 17318＋Дх 17150＋Дх 17279＋Дх 17384＋1行斷絶＋Дх 17113＋Дх 17123＋Дх 17138＋Дх 17160

Дх 17385　單刻本　契丹版　19.3×14.2cm　7＋（1）行　下部界線　地高2.6cm

第3章　ロシア・クロトコフ蒐集漢語版本について（附目録）　　163

　　T=665『金光明最勝王經』卷5（T16,424b17-26）見出し點「○」「沉」の右
　　横に「之今」，「遭」の右横に「造」，「疾」の右横に「七」，「蟲」の右横に
　　「中」，「蛆」の右横に「取」，「屍」の右横に「二」，「朽」の右横に「喜九」の
　　音注　音注は「。」をつけ，その上にすべて黒ペンの書込
　　Ch 3179＋Ch 2219＋Ch 1940＋Ch 3775＋Дх 17385＋Дх 17110＋Дх 17058＋Дх
　　17148
Дх 17386　寫本　6.3×4.3cm　（2）＋1行　不詳
Дх 17387　契丹版　13.7×9.8cm　6行　上部界線　天高3.9cm　不詳　紙縫から2
　　行目と3行目の間に柱刻「十七」
　　Дх 17387（上）＋Дх 17146（中）＋Дх 17108（下）
Дх 17388　契丹藏　11.6×7.0cm　（1）＋4行　下部界線　地高3.1cm　T=220『大
　　般若波羅蜜多經』卷569（T7,941c16-19）
　　Дх 17388＋Дх 17152＋Дх 17139
Дх 17389　單刻本　契丹版　13.7×12.1cm　（1）＋6行　上部界線　天高3.8cm
　　T=665『金光明最勝王經』卷3（T19,415a5-11）　見出し點「○」
Дх 17390　寫本　3.7×3.2cm　（1）＋1行　不詳
Дх 17391　版本　5.5×6.1cm　（1）行　上部界線　天高4.8cm　不詳
Дх 17392　版本　6.7×4.3cm　2行　下部界線　地高2.4cm　T=100『別譯雜阿含經』
　　卷2（T2,386c12-13）
　　Дх 17362＋Дх 17130＋1行斷絶＋Дх 17090r＋2行斷絶＋Дх 17065＋Дх 17067
　　＋Дх 17422＋Дх 17162＋Дх 17343＋Дх 17097＋Дх 17341＋Дх 17392＋1行斷絶
　　＋Дх 17016
Дх 17393　版本　5.1×4.0cm　2行　下部界線　地高2.7cm　不詳
Дх 17394　版本　7.0×2.3cm　1行　不詳
Дх 17395　版本　4.8×2.6cm　1行　下部界線　地高2.5cm　不詳
Дх 17396　金版　5.7×9.5cm　4＋（1）行　T=1428『四分律』卷25（T22,737a6-
　　10）
　　Дх 17414＋Дх 17396
Дх 17397　單刻本　契丹版　7.0×8.1cm　4＋（1）行　下部界線　地高2.1cm
　　T=665『金光明最勝王經』卷3（T19,415c18-21）「植」の右横に「。」をつ
　　け，その上に「石」の音注
　　Дх 17397＋Дх 17351
Дх 17398　契丹藏　11.5×6.6cm　（1）＋3行　上部界線　天高5.0cm　T=100『別
　　譯雜阿含經』卷2（T2,387a2-4）
　　Дх 17321＋Ch 894＋Дх 17364＋Дх 17398＋Дх 17360＋Дх 17417＋Дх 17235＋Дх
　　17424＋Дх 17314＋Дх 17217＋Дх 17082＋Дх 17359＋Дх 17196r＋Дх 17261＋Дх
　　17048＋Дх 17345＋Дх 17400＋Дх 17154b＋Дх 17338＋Дх 17262
Дх 17399　寫本　4.8×1.5cm　（2）行　不詳
Дх 17400　契丹藏　7.6×8.7cm　（1）＋1行　下部界線　地高2.9cm　T=100『別譯
　　雜阿含經』卷2（T2,387a28）

Дх 17321 + Ch 894 + Дх 17364 + Дх 17398 + Дх 17360 + Дх 17417 + Дх 17235 + Дх 17424 + Дх 17314 + Дх 17217 + Дх 17082 + Дх 17359 + Дх 17196r + Дх 17261 + Дх 17048 + Дх 17345 + Дх 17400 + Дх 17154b + Дх 17338 + Дх 17262

Дх 17401　單刻本　契丹版　7.8×8.2cm　（1）＋4行　T=665『金光明最勝王經』卷3　(T19,415a8-12)

Дх 17402　契丹藏　14.8×36.5cm　（1）＋20＋（1）行　上部界線　天高2.8cm　T=220『大般若波羅蜜多經』卷569（T7,937a15-b8）

　　Дх 17402 + Дх 17301a + Дх 17293 + Дх 17203 + Дх 17185 + Дх 17310 + Дх 17240 + Дх 17096

Дх 17403r　寫本（契丹藏）15.1×8.8cm　（1）＋4行　T=279『大方廣佛華嚴經』卷6　(T10,26c7-10)　Дх 17403r + Дх 17265 + Дх 17118

Дх 17403v　ウイグル文書　15.1×8.8cm　1行

Дх 17404　單刻本　契丹版　4.4×4.7cm　2＋（1）行　T=665『金光明最勝王經』卷3　(T16,414c8-10)

Дх 17405　單刻本　6.1×4.6cm　（1）＋2行　朱點を入れる　T=262『妙法蓮華經』卷4　(T9,33a24-25)

　　Дх 17405 + Дх 17253 + Дх 17288 + Дх 17098 + Дх 17099 + Дх 17100 + Дх 17091 + Дх 17023 + Дх 17075 + Дх 17332 + Ch 2772a + Ch 1624 + Ch 3278r + Ch 1134e + Дх 17033 + Ch 1134a + Дх 17070 + Дх 17267 + Дх 17285 + Дх 17257 + Дх 17297 + Дх 17264 + Дх 17324 + Дх 17219 + Дх 17074 + Дх 17283 + Дх 17238 + Дх 17224 + 中斷 + Дх 17263 + Дх 17244 + Дх 17239 + Дх 17142 + 1行斷絕 + Дх 17210 + Дх 17423 + Ch 1929 + Дх 17052 + Дх 17133v + 中斷 + Дх 17103r + Дх 17252r + Дх 17092a + Дх 17426r

Дх 17406　版本　6.4×6.6cm　2＋（1）行　不詳

Дх 17407　單刻本　契丹版　4.7×3.9cm　2＋（1）行　T=665『金光明最勝王經』卷3　(T16,414c23-24)　見出し點「○」

Дх 17408　寫本（契丹藏）7.9×6.6cm　（1）＋1＋（1）行　2紙　下部界線　地高2.4cm　T=279『大方廣佛華嚴經』卷7（T10,33c13）

Дх 17409　契丹藏　5.7×3.2cm　（1）＋1行　上部界線　天高0.4cm　T=100『別譯雜阿含經』卷2　(T2,386a1)

　　Дх 17141 + Дх 17287 + Дх 17347 + Дх 17342 + Дх 17144r + Дх 17357 + Дх 17431 + Дх 17109 + Дх 17349 + Дх 17266 + Ch 961r + Дх 17409 + Дх 17313 + Ch 3631 + Ch 1919 + 1行斷絕 + Дх 17331 + Дх 17320 + Дх 17311 + Дх 17068 + Дх 17154a + Дх 17247 + Дх 17316 + Дх 17298 + Дх 17135

Дх 17410r　契丹藏　9.7×7.2cm　（1）＋3行　上部界線　天高5.2cm　T=99『雜阿含經』卷17（T2,117c20-22）

Дх 17410v　ウイグル文書　9.7×7.2cm　3＋（1）行

Дх 17411　寫本　3.4×2.9cm　（1）＋1行　不詳（『大方廣佛華嚴經』卷7？）

Дх 17412　契丹藏　15.7×29.1cm　17行　下部界線　地高2.9cm　T=220『大般若波羅蜜多經』卷569（T7,936c12-937a1）

第 3 章　ロシア・クロトコフ蒐集漢語版本について（附目録）

　　　　Дх 17122＋Дх 17124＋Дх 17199＋Дх 17412
Дх 17413　寫本（契丹藏）　7.4×9.1cm　5 行　2 紙　T=279『大方廣佛華嚴經』卷
　　　7　(T10, 34b6-9)
　　　　Дх 17307＋Дх 17180＋Дх 17030＋Дх 17116＋Дх 17127＋Дх 17427＋1 行斷絶＋
　　　　Дх 17420＋Дх 17060＋Дх 17429＋Дх 17413＋Дх 17024＋Дх 17419＋Дх 17318＋
　　　　Дх 17150＋Дх 17279＋Дх 17384＋1 行斷絶＋Дх 17113＋Дх 17123＋Дх 17138＋
　　　　Дх 17160
Дх 17414　金版　7.3×15.4cm　（1）＋6＋（1）行　T=1428『四分律』卷25
　　　(T22, 737a3-8)
　　　　Дх 17414＋Дх 17396
Дх 17415　契丹藏　18.9×13.3cm　（1）＋7＋（1）行　上部界線　天高4.7cm
　　　T=220『大般若波羅蜜多經』卷569（T7, 940b6-13）
　　　　Дх 17282＋Дх 17214＋Дх 17280＋Дх 17186＋Дх 17415＋Дх 17121＋Дх 17236＋
　　　　Дх 17212
Дх 17416　寫本（契丹藏）　4.5×8.6cm　4＋（1）行　T=279『大方廣佛華嚴經』
　　　卷 7　(T10, 33b10-13)
　　　　Дх 17421＋Дх 17155＋Дх 17305＋Дх 17021＋Дх 17161＋Дх 17269＋Дх 17268＋
　　　　Дх 17346＋Дх 17242＋Дх 17416＋Дх 17188＋Дх 17218＋Дх 17093＋Дх 17223＋
　　　　Дх 17085
Дх 17417　契丹藏　12.9×11.7cm　（1）＋5 行　下部界線　地高2.8cm　T=100『別
　　　譯雜阿含經』卷 2　(T2, 387a4-8)
　　　　Дх 17321＋Ch 894＋Дх 17364＋Дх 17398＋Дх 17360＋Дх 17417＋Дх 17235＋Дх
　　　　17424＋Дх 17314＋Дх 17217＋Дх 17082＋Дх 17359＋Дх 17196r＋Дх 17261＋Дх
　　　　17048＋Дх 17345＋Дх 17400＋Дх 17154b＋Дх 17338＋Дх 17262
Дх 17418　契丹藏　7.3×2.6cm　2 行　T=220『大般若波羅蜜多經』卷569（T7,
　　　941a3-4）
　　　　Дх 17194＋Дх 17159＋Дх 17418
Дх 17419　寫本（契丹藏）　5.7×7.2cm　3＋（1）行　T=279『大方廣佛華嚴經』
　　　卷 7　(T10, 34b10-12)
　　　　Дх 17307＋Дх 17180＋Дх 17030＋Дх 17116＋Дх 17127＋Дх 17427＋1 行斷絶＋
　　　　Дх 17420＋Дх 17060＋Дх 17429＋Дх 17413＋Дх 17024＋Дх 17419＋Дх 17318＋
　　　　Дх 17150＋Дх 17279＋Дх 17384＋1 行斷絶＋Дх 17113＋Дх 17123＋Дх 17138＋
　　　　Дх 17160
Дх 17420　寫本（契丹藏）　5.4×3.6cm　1＋（1）行　T=279『大方廣佛華嚴經』
　　　卷 7　(T10, 34b2)
　　　　Дх 17307＋Дх 17180＋Дх 17030＋Дх 17116＋Дх 17127＋Дх 17427＋1 行斷絶＋
　　　　Дх 17420＋Дх 17060＋Дх 17429＋Дх 17413＋Дх 17024＋Дх 17419＋Дх 17318＋
　　　　Дх 17150＋Дх 17279＋Дх 17384＋1 行斷絶＋Дх 17113＋Дх 17123＋Дх 17138＋
　　　　Дх 17160
Дх 17421　寫本（契丹藏）　6.1×12.8cm　6＋（1）行　下部界線　地高2.3cm

T=279『大方廣佛華嚴經』卷7（T10,33b4-9）

Дх 17421 + Дх 17155 + Дх 17305 + Дх 17021 + Дх 17161 + Дх 17269 + Дх 17268 + Дх 17346 + Дх 17242 + Дх 17416 + Дх 17188 + Дх 17218 + Дх 17093 + Дх 17223 + Дх 17085

Дх 17422　契丹藏　4.7×3.5cm　（1）+1+（1）行　T=100『別譯雜阿含經』卷2（T2, 386c2）

Дх 17362 + Дх 17130 + 1行斷絶 + Дх 17090r + 2行斷絶 + Дх 17065 + Дх 17067 + Дх 17422 + Дх 17162 + Дх 17343 + Дх 17097 + Дх 17341 + Дх 17392 + 1行斷絶 + Дх 17016

Дх 17423　單刻本　16.3×10.1cm　6行　朱墨を入れる　T=262『妙法蓮華經』卷4（T9,34b22-28）

Дх 17405 + Дх 17253 + Дх 17288 + Дх 17098 + Дх 17099 + Дх 17100 + Дх 17091 + Дх 17023 + Дх 17075 + Дх 17332 + Ch 2772a + Ch 1624 + Ch 3278r + Ch 1134e + Дх 17033 + Ch 1134a + Дх 17070 + Дх 17267 + Дх 17285 + Дх 17257 + Дх 17297 + Дх 17264 + Дх 17324 + Дх 17219 + Дх 17074 + Дх 17283 + Дх 17238 + Дх 17224 + 中斷 + Дх 17263 + Дх 17244 + Дх 17239 + Дх 17142 + 1行斷絶 + Дх 17210 + Дх 17423 + Ch 1929 + Дх 17052 + Дх 17133v + 中斷 + Дх 17103r + Дх 17252r + Дх 17092a + Дх 17426r

Дх 17424　契丹藏　14.2×13.3cm　6行　上部界線　天高5.0cm　T=100『別譯雜阿含經』卷2（T2,387a7-12）

Дх 17321 + Ch 894 + Дх 17364 + Дх 17398 + Дх 17360 + Дх 17417 + Дх 17235 + Дх 17424 + Дх 17314 + Дх 17217 + Дх 17082 + Дх 17359 + Дх 17196r + Дх 17261 + Дх 17048 + Дх 17345 + Дх 17400 + Дх 17154b + Дх 17338 + Дх 17262

Дх 17425　寫本（契丹藏）　6.3×2.9cm　1行　下部界線　地高2.3cm　T=279『大方廣佛華嚴經』卷7（T10,33c25）

Дх 17031 + 1行斷絶 + Дх 17176 + Дх 17037 + Дх 17273 + Дх 17020 + Дх 17428 + Дх 17120 + Дх 17245 + Дх 17278 + Дх 17025 + Дх 17425

Дх 17426r　單刻本　20.2×14.8cm　8行　上部界線　天高4.4cm　朱墨を入れる　T=262『妙法蓮華經』卷4（T9,34c19-29）

Дх 17405 + Дх 17253 + Дх 17288 + Дх 17098 + Дх 17099 + Дх 17100 + Дх 17091 + Дх 17023 + Дх 17075 + Дх 17332 + Ch 2772a + Ch 1624 + Ch 3278r + Ch 1134e + Дх 17033 + Ch 1134a + Дх 17070 + Дх 17267 + Дх 17285 + Дх 17257 + Дх 17297 + Дх 17264 + Дх 17324 + Дх 17219 + Дх 17074 + Дх 17283 + Дх 17238 + Дх 17224 + 中斷 + Дх 17263 + Дх 17244 + Дх 17239 + Дх 17142 + 1行斷絶 + Дх 17210 + Дх 17423 + Ch 1929 + Дх 17052 + Дх 17133v + 中斷 + Дх 17103r + Дх 17252r + Дх 17092a + Дх 17426r

Дх 17426v　寫本　3.6×9.7cm　3+（1）行　罫線幅2.3cm　不詳　別紙が貼りつく

Дх 17427　寫本（契丹藏）　6.5×5.2cm　（1）+2行　下部界線　地高2.5cm　T=279『大方廣佛華嚴經』卷7（T10,34a28-29）

Дх 17307 + Дх 17180 + Дх 17030 + Дх 17116 + Дх 17127 + Дх 17427 + 1行斷絶 +

Дх 17420＋Дх 17060＋Дх 17429＋Дх 17413＋Дх 17024＋Дх 17419＋Дх 17318＋Дх 17150＋Дх 17279＋Дх 17384＋1行斷絶＋Дх 17113＋Дх 17123＋Дх 17138＋Дх 17160

Дх 17428　寫本（契丹藏）　4.6×3.4cm　（1）＋1＋（1）行　T=279『大方廣佛華嚴經』卷7（T10,33c19）

Дх 17031＋1行斷絶＋Дх 17176＋Дх 17037＋Дх 17273＋Дх 17020＋Дх 17428＋Дх 17120＋Дх 17245＋Дх 17278＋Дх 17025＋Дх 17425

Дх 17429　寫本（契丹藏）　7.7×6.1cm　（1）＋2行　T=279『大方廣佛華嚴經』卷7（T10,34b3-5）

Дх 17307＋Дх 17180＋Дх 17030＋Дх 17116＋Дх 17127＋Дх 17427＋1行斷絶＋Дх 17420＋Дх 17060＋Дх 17429＋Дх 17413＋Дх 17024＋Дх 17419＋Дх 17318＋Дх 17150＋Дх 17279＋Дх 17384＋1行斷絶＋Дх 17113＋Дх 17123＋Дх 17138＋Дх 17160

Дх 17430　金版　6.7×3.0cm　（1）＋1行　T=279『大方廣佛華嚴經』卷55（T10,289a7-8）　Дх 17111＋Дх 17430＋Дх 17304

Дх 17431　契丹藏　6.7×4.2cm　2行　T=100『別譯雜阿含經』卷2（T2,385c17-18）

Дх 17141＋Дх 17287＋Дх 17347＋Дх 17342＋Дх 17144r＋Дх 17357＋Дх 17431＋Дх 17109＋Дх 17349＋Дх 17266＋Ch 961r＋Дх 17409＋Дх 17313＋Ch 3631＋Ch 1919＋1行斷絶＋Дх 17331＋Дх 17320＋Дх 17311＋Дх 17068＋Дх 17154a＋Дх 17247＋Дх 17316＋Дх 17298＋Дх 17135

Дх 17432　版本　2.7×12.1cm　7行　不詳

Дх 17433　金版系蝴蝶裝　28.8×24.0cm　1行＋尾題＋印藏記（6行）　T=220『大般若波羅蜜多經』卷242（T6,224c12-13）　四周枠線　冒頭に柱刻「大般若經第二百四十[二]」　十四張　閏字（ここでは「號」字ナシ）

Дх 17434　單刻本　契丹藏　3.6×3.5cm　（1）＋1＋（1）行　T=665『金光明最勝王經』卷3（T16,415a19-20）　黒ペンで,「鼓」の右横に「○」をつけて「古」,「吹」の右横に「○」をつけて「主」の音注の書込

Дх 17435　梵語文書　2.4×4.3cm

第4章
マンネルヘイム・コレクションについて（附目錄）

―――――

はじめに

　20世紀のはじめ，マンネルヘイムは，サンクトペテルブルクを出發して北京まで，ユーラシア大陸を西から東に横斷した。ロシアの將校として清朝末期の軍事情況を探るためであった。マンネルヘイム・コレクションは，その際に蒐集されたものから成る。本稿で紹介するのは，彼が中央アジアで集めた文書斷片のうち，トルファン地域で入手した漢語文書である。蒐集の動機などは次節に讓り，ここでは「トルファン文書」についていささか述べておく。
　トルファン地域から出土したいわゆる「トルファン文書」研究は，敦煌文書に基づいた敦煌學とともに，近年ますます盛んになっている。およそ百年前に各國探檢隊が競って自國にもち歸った文書はコレクションとして整理され，その目錄も出版されつつある。藤枝晃は，かつて「トルファン出土寫本總說」で，それらのコレクションを8つに分類し，主に漢語文書について「各コレクションの現況」として說明を加えている[1]。
　今やこれらのほとんどについて，圖錄・解說，あるいはそれらを用いた研究書が世界中で出されており，その他にも中國からは，近年になって新たにトルファンで發見された文書についての圖錄・解說・研究書が，次々と出版されている。世界に散在しているトルファン文書の全體がようやく把握できる狀況になってきたのである[2]。

しかし，マンネルヘイム・コレクションはこれらの動きに遅れていた。藤枝の説明は「……漢文小斷片が2000點あり，研究の手が着けられていなかったが，1982年に龍谷大學の井ノ口泰淳，百濟康義兩教授に私が同行して，全部を撮影し，目錄作業もほぼ完了した」[3]というものであったが，殘念ながら，その調査の結果は４半世紀以上を經た現在に至るまで發表されていない。そこで筆者は，2008年9月と2009年7月の二度，ヘルシンキに赴き，このコレクションに接する機會を設けた。どちらも短期間の調査であり，しかも史料のすべてを精査するには時間がかかる。コレクションの全貌を云々するほどの成果にはまだ屆いていないのが現實である。しかし最も知られていないコレクションへの手がかりは，できるだけ早く公にして，多少ともトルファン研究に裨益することを圖るべきだろう。以下にその調査の中間報告を記す所以である。

1　マンネルヘイム・コレクションの蒐集地

後にフィンランド大統領となったマンネルヘイムC. G. E. Mannerheim（1867-1951）は，帝政ロシア支配下の將校であった1906年から２年間，日淸戰爭以後の弱體化した中國（淸朝）の軍事情勢を蒐集する任務を帶び，サンクトペテルブルクから中央アジアを經由して北京まで，騎馬で約１萬４千キロを横斷した。その記錄が*Across Asia from West to East in 1906-1908*（2Vols., Helsinki, 1940）である。旅行から30年以上たって，大統領の職を辭して後の作品である[4]。マンネルヘイムはこの旅の途中で，石碑や壁畫の寫眞を撮り，文書や考古遺物を買い求めた。彼は，軍人であり，ヘディン，スタイン，ペリオのような學者ではない。このような蒐集に取り組んだのは，出發前に接觸したヘルシンキ大學のインド學教授ドナー（Prof. Dr. Otto Donner）の示唆による。ドナーはこの旅行に大きな關心を示し，考古學・民俗學の遺物を集めて文書や斷片を手に入れるよう要請したのである[5]。

マンネルヘイムは當初，軍事情勢把握の任務をカモフラージュするために，フランス學術調査隊のペリオ（Paul Pelliot, 1878-1945）に隨行した。しかしカシュガルに入ると，別れて獨自のルートをとった。彼はま

第4章 マンネルヘイム・コレクションについて(附目錄)　171

ず，カシュガルからヤールカンドを通って西域南路のホータン(コータン，于闐)に行き，カシュガルに引き返した。その後，天山南路のカラシャール，トルファンを通り，ハミ，安西，敦煌，蘭州，西安府，開封府，太原府を經由して北京に至った。

　途中のいくつかの場所で，彼は中央アジア出土の文書を手に入れている。ただ，どこでいつどのように2千點ほどの文書を獲得したかの記録は殘されておらず，彼の旅行記の記述から推測するしかない。一般的には，マンネルヘイムの蒐集品は，發掘ではなくバザール等で購入したものと考えられている。購入した場所としては，以下の三地點が明らかになっている。

1．ホータン地域
　ホータンの東南にあたるYangi Längärで發見された小斷片，Domoko Bazarに近いKhadalyk(Keriaの西)の廢墟からの6文書がある。

2．トルファン地域
　ここからの斷片の中には，長い卷子本漢語佛典一點とYâr Khoto(交河)で發見されたかなりの量の極小斷片が含まれている。斷片の大半は，トルファン市の東に位置するIdiqut Shähriから發見されたものと考えられている[6]。

3．Chiktym(唐代の赤亭。現在の七克臺。トルファンの東で旅程3,4日の位置)
　小さな中國の堡壘の近くにある廢墟から出土した4枚のウイグル契約文書[7]。

　この2千點の文書は，現在，國立圖書館(元のヘルシンキ大學圖書館。近年になって改名された)に保管されている。マンネルヘイムの全蒐集品の管理責任は，フィノ=ウグル協會が擔っている。從ってマンネルヘイム・コレクションの閲覽は，豫め同協會に申し込む必要がある。1カ月に1度の協會協議會議で許可を決定するので，それを待って，蒐集品の保管されている國立圖書館なり國立文書館に閲覽を申し出ることになる。

　先に述べたように，コレクションの漢語文書については1980年代の初めに日本人によって全斷片が撮影され，コレクション全體の研究が始ま

ったが，その前にハーレン博士は，1971年からのコレクションの分類・整理を終えていた[8]。それは1970年8月のグリンステッド博士Dr. Eric Grinstead（Scandinavian Institute of Asian Studies, Copenhagen）の調査に基づいている。

　マンネルヘイムは，中央アジアで獲得した文書をどのような形で持ち帰ったか明らかでないが，いくつかの斷片は卷きタバコを收める木箱に入れられていた。それらの箱は斷片と一緒に現在も保存されている。ほとんどの文書は水分等のため團子のような塊だったと言う。これを延ばし紙に挾んで整えたのは圖書補修のクヌート・エングブロブ（Knut Engblom）であった。

　エングブロブがこのような文書を扱うのは初めてであり，まず半透明紙（rice paper）を二つ折にして，その間に文書を挾んでいる。大半は斷片の數カ所にのり（膠）をつけて貼り附けてある。半透明紙に挾まれた斷片は，同種と見なされたものがいくつかずつまとめられ，さらに四つ切り畫用紙程度の白い紙を二つ折りにしたものに挾まれている。この白い紙の右肩には0から167の數字が書かれ，これが文書番號となっている。斷片のそれぞれには識別番號はない。これらの白い紙が何束かずつまとめられ，堅牢な紙箱に收められ保管されている。これとは別に，特殊なものにはそれぞれの形態に應じた箱が用意されている。

　0から19は漢語以外の言語（文字）で書かれた文書であり，20から167は漢語文書であるが，そこには漢語の裏にモンゴル語等，漢語以外の言語で書かれた文書も含まれている。もっともその數は多くはない。

　マンネルヘイムが蒐集してから半世紀以上，1970年代の初めまでは，大部分を占める漢語文書斷片は未整理のままに放置されていた。ハーレンは，まず文字の書體や紙の色・質によって分類し，それぞれに屬する斷片を大きさ（big/medium/small 大・中・小）で整理し記録した。大は16cm以上，中は7-15cm，小は6cm以下である。これ以外に極小斷片（漢字の場合であれば1文字，半文字，無文字程度のもの）があるが，これらは斷片を貼ったのと同じ紙で小さな封筒を作って一括して容れられている。しかし半透明の封筒にはかなり大きな斷片が見える場合もあり，これは未整理と言えるかも知れない。漢語文書の枚數は

　　　大文書　　　　　　　　　　　　　　　204枚

第4章　マンネルヘイム・コレクションについて（附目録）　　　　173

　　中文書　　　　　　　　　　　　592枚
　　小文書　　　　　　　　　　　　1175枚
　　極小斷片　　　　　　　　　　　37封筒
　　最極小斷片（くずのようなもの）　1箱（葉卷を収める木箱）

と報告されている。ハーレン博士の著書 *Handbook of Orient Collections in Finland,* p. 119では，例えば
　　（20）1/8/-
　　（21）1big, 33:10㎝, end of a roll, half unwritten
　　（24）-/21/4+6 envelopes, very thin and soft yellow paper
といったように記されている。No.20は，大1枚，中8枚，小はなし。No.21は，大1枚でその大きさは33×10㎝。卷子本の末尾で，半分ほどは空白。No.24は，中21枚，小4枚，6つの封筒には非常に薄い柔らかい黄色の紙の極小斷片，という意味である。

　また，No.21を帶びる斷片は1枚であるが，No.20の場合は9枚あるし，No.24は25枚になる[9]。つまり表に20と書かれた白い二つ折りの紙の中には，半透明紙に貼り附けられた9枚の斷片が入っているということである。以下に述べる報告の中そして附録の目録では，それらが重ねられた順に新たな番號を加えて，一枚一枚を認識できるようにした。

　No.20を例示すれば，9枚の斷片は「20-1　20-2　20-3a　20-3b　20-4a　20-4b　20-5a　20-5b　20-5c」となる。「20-3a　20-3b」は，一枚の紙「20-3」に2斷片が貼られているのを「左上」から「a，b」としたものである。「20-4」には3枚貼られており，同じように「左上」から「a，b，c」とした。

　ハーレン博士の上掲著作はマンネルヘイム・コレクションのみを扱っているのではなく，フィンランドの所有する全寫本文書あるいは拓本類[10]を網羅しており，しかも言語別に分類されている。

　最後に，No. 0-19の漢語以外の文書についても簡單に觸れておこう。ハーレン博士の『マンネルヘイム目録』[11]によって，參考までにその内譯を示してみると，No.0はモンゴル文書1枚，No.1-9はサンスクリット文書10枚，No.10はサンスクリットとコータン語の2言語で書かれた文書1枚，No.11はコータン語文書1枚，No.12Bはソグド文字あるいはウイグル文字で書かれた極小斷片文書の36枚，No.13A，B，C，

D, F, Gは7枚のソグド文書, No.13Eは中世ペルシャ語で書かれた1枚, No.14-17は19枚のウイグル文書。No.18-19はイスラーム・アホンが僞造したと考えられる4文書である。

これら非漢語文書はコレクションの全體整理が終わる以前の比較的早くから研究され、その成果を踏まえて現在も研究が續けられている。例えばウイグル文書は、ラムシュテット (G.J. Ramstedt) によって, "Four Uigurian documents", in: C.G. Mannerheim, *Across Asia*, II (Helsinki 1940) に發表され、その後, 山田信夫によって改めてとりあげられ補正されている[12]。

また、J.N. Reuter の "Some Buddhist Fragments from Chinese Turkestan in Sanskrit and 'Khotanese'" (Aikakauskirja [*Journal de la Société Finno-Ougrienne*] 30-37 [Helsinki 1913-18], pp. 1-37, 9 pls.) で扱われたサンスクリット文書の『法華經』についても、近年, Klaus Wille と辛島靜志による論文[13]が發表されている。

2 マンネルヘイム・コレクションの特徴－時代・内容

漢語斷片のほとんどは寫本であり、マンネルヘイムがトルファン地域で手にいれたものとするのは妥當である。それは、大きくても葉書大でほとんどが小斷片という蒐集品の形狀からも確信できる。敦煌の藏經洞に保存されていた敦煌文書とは異なり、彼が手に入れた文書は廢寺や廢屋をはじめとする地下から發見されたものと考えられるからである。また以下に紹介する識語つきの『仁王經』は、高昌國時代のものであり、大谷探檢隊やドイツ學術調査隊將來にそれと同種の寫本がある點も、上の推測を確實にするものである[14]。さらに、上で言及した契約文書の中の1枚[15]はマンネルヘイムがChiktymで手に入れたものであるが、それはベルリン・コレクションの1枚 (T II Ciqtim5 U 5243) と同じ書き手の遺言/家產分割文書であることを、森安孝夫は指摘している[16]。これも、このコレクションがトルファン地域からの出土品であることの確證となろう。

コレクションには版本は一枚もない[17]。從って、寫本から版本に移

第4章 マンネルヘイム・コレクションについて（附目録） 175

行する以前，つまり10世紀前半までの寫本と考えられる。下限とされる寫本としては，No.38の『佛說阿彌陀經』注の斷片が含まれる。これは貝葉形の寫本である。また古い寫本とされる北朝の書體をもつNo.148-2『佛說滅十方冥經』［圖1］は，5世紀頃のものであろう。No.149-2『小品般若波羅蜜經』［圖2］はそれよりは降る時期のものであろうが，やはり，北朝の書體をもつ。

　紀年の見える文書はNo.22とNo.63の高昌國王麴乾固治世下の延昌31年の識語をもつ『仁王護國般若波羅蜜經』卷下の兩寫本である。此については下で改めて取り上げる。またNo.79-2［圖3］は，唐の高宗・永徽元年（650）の識語をもつ『佛說灌頂經』の寫本である。No.151には武周・聖曆2年（699）の年號が見える。所謂則天文字も確認できる。

圖1　No.148-2『佛說滅十方冥經』

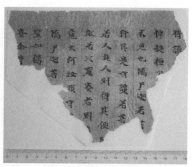
圖2　No.149-2『小品般若波羅蜜多經』

圖3　No.79-2『佛說灌頂經』

マンネルヘイムは上に記したように三カ所での蒐集（購入）を記録しているが，漢語斷片が寫本ばかりであることは，それらの文書が「寫本」の時代で終わった建造物，つまり版本の流通する10世紀後半までに廢寺となったり，廢墟になった建造物から得られたものであることを示している。また，寺關係の俗文書，あるいは寺院組織を維持するための戒律（一部，墨書で塗りつぶしたり，書き込んだりしたもの）關係の斷片等が見えること，あるいは『涅槃經』の寫本にいくつものバージョンがあることも，以上の推測を補強するかも知れない。

3　種々の斷片

(1) 未傳佛典

コレクションの中の佛典斷片には未傳の佛典もある。ここでは，敦煌では確認されているがトルファンでは未確認の『觀佛相好經』の斷片と『般若心經』注を紹介し，續いて『佛說阿彌陀經』注，さらに『大乘起信論』注の四斷片を取り上げる。

　　　i　No.134-3『觀佛相好經』［圖4］
19.4×11.7cmの寫本斷片である。9行＋尾題で，寫本の上部が殘っている。天は2.1cmで，罫線幅は1.5cm，1行17-19字。端正な楷書體の文字である。いまこの佛典は歷代の大藏經には收められていないが，『開元釋敎錄』卷16や『貞元新定釋敎目錄』卷26に「觀佛相好經一卷。觀佛三昧海經に出づ」と見えるように，『觀佛三昧海經』の觀相品と本行品の中の佛陀の各種の相好を拔き出し編集されたもので，中國で作られた疑經である。佛敎信者にこの經を唱えさせて觀佛三昧に向かわせるもので，『觀佛三昧海經』卷9（T15, 687b）のあたりの語句と重なる。『觀佛三昧海經』は東晉時代に佛陀跋陀羅（359-429）によって翻譯された。從って，『觀佛相好經』は5世紀半ば以降の作品と言えよう。作者は不詳。黃霞によりスタイン，ペリオ，北京，ロシア藏の敦煌寫本の整理が行われて校錄が發表されている[18]。トルファンからはこれまでこの佛典は發見されていないが，この斷片を見る限り，敦煌テキストと同じも

第4章　マンネルヘイム・コレクションについて（附目録）　　177

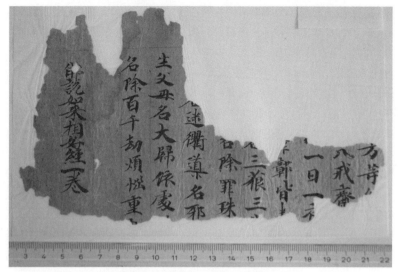

図4　No.134-3『觀佛相好經』

のがトルファンにも廣まっていたことが確認できる。

　ⅱ　No. 88-2, 88-3a, 88-3b, 28-1, 28-2　『般若心經』注
　以下の五斷片寫本は一連のものである。經文の字に比べて注の字は幾分小さい。未傳のものではあるが，ペリオ2903も同じ作品である。但し，ペリオのそれは，注は小字雙行であり，書寫形式は異なっている。ペリオの寫本は首部が闕けているが長いものである。マンネルヘイムの方は小斷片であるが，ペリオと重なる部分はなく，闕けた部分を幾分補うことができる。
　注は，最初に序があり，その後，經題「般若波羅蜜多心經」から最後の「莎婆呵」まで經文の語句ごとに詳しく注がつけられている。五斷片はNo.88にNo.28が續く形となるが，それぞれの記號の下での順序は小斷片のために明らかにすることができない。
　この注の撰者（編者）は分からない。多くの僧侶の注を竝記しており，「覺曰」「道曰」「泰曰」「開曰」とあるのがそれであり，ペリオにはさらに「辯曰」「明師曰」「明曰」が見える。そこで，この注釋書には『挾注六家般若波羅蜜多心經』の假タイトルがつけられている[19]。これらの

僧侶がどのような學僧であるかも明らかでない。ただヒントは2點ある。1つは，ペリオ3131の「江南禪師智融註」の『般若心經』注の一部が，「道曰」と重なる點である[20]。智融は江南の禪師で，義和寺僧という。雲一の上足とされる僧[21]の中に智融の名は存在するが，彼が義和寺に住持したかどうかは不明である[22]。

ヒントの2點目は，「觀自在菩薩」の注の「觀有，不住於有。觀空，不著於空。聞名，不惑於名。見相，不沒於相。是以不破於有，一切皆無，不壞於無，種種皆有。心不能動，境不能遷。動不亂眞，實可謂無礙慧智也」である。これは「大唐三藏」の言葉とされて可度箋『大佛頂如來密因修證了義諸菩薩萬行首楞嚴經』卷6[23]に引かれている。『翻譯名義集』卷1には「唐奘三藏云。觀有，不住有。觀空，不住空。聞名，不惑於名。見相，不沒於相。心不能動，境不能隨。動隨不亂其眞，可謂無礙智慧也」(T54, 1062a) と見えるから，大唐三藏とは玄奘(602-664)を指す。

以上の2點から，この注は玄奘以後の唐の學僧の作品と言えよう。下記に移錄する。「□」内の文字は筆者が補ったもの，「[」は文字が續くことを示す。

No.88-2　　10.3×28.3cm　15行　罫線幅1.8〜1.9cm［圖5］

　　　故於八部［
　　　法之悟裁為［
　　　昏迷一凡［
　　　□之所窮若不□［
　　　□略以聞見為□［
　　　得之英彦。［
　　　羅蜜多心經［
　　　□者真法［
　　　真法者離諸虛［
　　　般若智慧。波羅［
　　　到彼岸。此聖［
　　　彼岸。世間為此岸。［
　　　是有即有生死若［
　　　□即是此岸見［

第4章　マンネルヘイム・コレクションについて（附目録）　　　179

圖5　No.88-2『般若心經』注

有即是世間。若見五 [

No.88-3a　7.6×7.1cm　3行　罫線幅1.9cm　天3.4cm
　　也。生死 [
　　是生死□ [
　　開曰，般若 [

No.88-3b　7.1×7.5cm　4行　罫線幅1.8～1.9cm　天3.4cm
　　有二種 [
　　□□ [
　　泰曰，□ [
　　慧力能 [

No.28-1　16.2×34.7cm　18行　淡黄色紙。罫線幅1.5-1.8cm。天界
3.2-3.5cm。[圖6]
　　　　]皆 [
　　　　]一微塵中无窮 [
　　　　]了義不依法 [
　　觀自在菩薩 [
　　假名陳設，虛通物理 [　　　　　　　　　]觀
　　有，不住於有。觀空，不著於空。聞名，不惑於名。見

圖6　No.28-1『般若心經』注

相，不沒於相。是以不破於有，一切皆无。不壞於
无，種種皆有。心不能動，境不能遷。動〔
不乱真，實所謂無礙慧智也。〔
覺曰，此即初地菩薩能作〔
窮真俗煩惑永亡，故名自〔
道曰，此心為自在菩薩〔
觀自心而返照，心生則万法〔
則一切都寂，超登彼岸〔
泰曰，觀者，三世諸佛患作此〔
觀也。能觀既久則見自在菩薩〔
蘊所縛，故言自在也。〔
空寂無縁之智慈故〔

No.28-2　8.0×11.6cm　2紙　5行　罫線幅1.9-2.1cm。天界3.1-
3.4cm
　　衆〔
　　識傳妙〔
　　者條錄妙〔
　　談文〔

第4章　マンネルヘイム・コレクションについて（附目録）　　　181

得經□［

　iii　No.38　22×10cm　貝葉型の未傳佛典注。半葉6行［圖7，圖8］

　裏の上部に「阿彌陀二十六」と記す。『佛説阿彌陀經』（T12, 346cの部分）の注釋。殘文から見ると，經文の1句ごとに「言……者」の形で注釋している。「△」をつけて注の切れ目を明らかにする。「言迦留陀夷者，唐言黒囧」から，この注は唐代の作品であることが分かるし，貝葉型であることは唐の後半期，9世紀以降のものであることを示そう[24]。脱落した文字の書き込み，句讀點の附加，轉倒符號，簡略文字・音通文字の使用から日常的に用いられたテキストであったと推測される。「増夫」の右横に脱落文字「？」の書き込みがある。

　遺された斷片の注は，佛陀の下に集まった舍利弗以下の大阿羅漢のう

圖7　No.38　貝葉型未傳佛典注　　　圖8　No.38　貝葉型未傳佛典注

ち，迦留陀夷，摩訶劫賓那，薄俱羅の部分である。唐の慧淨述『阿彌陀經義述』に「迦留陀夷，此云黒色。劫賓那，此云房宿。薄俱羅，此云善容」(T37.308b23-24) と見える。慈恩寺基撰『阿彌陀經疏』には摩訶劫賓那について，「摩訶劫賓那者，此云房宿。相傳云，以其初入道門在僧房宿。佛知道根將熟，即自化爲老比丘，與之共宿，因爲說法而悟聖道，故名房宿。亦名房星，因禱房星而生，故以爲字」(T37.317b17-20)，薄拘羅については，「薄拘羅者，此云善容，謂好容儀。過去曾持一不殺戒，今得五不死報。一，釜煮不死。二，鏊搏不燋。三，墮水不溺。四，魚呑不爛。五，刀割不傷」(T37.317b21-24) と注をつけており，貝葉型のこの注と重なる。また，薄拘羅については，西魏・吉迦夜等譯『付法藏因緣傳』卷3に，「最後往至薄拘羅塔。王言，此塔有何功德。答曰，大王。佛記此人無諸衰病。乃於過去九十一劫，毘婆尸佛滅度之後，時薄拘羅依一寺住，見諸豪貴來供眾僧。尊者爾時醉酒而臥，心自念言，我既貧乏，當何以施。吾今正有一呵梨勒。眾僧若有病患之者，可以施之，用療其疾。即便鳴椎，白言施藥。時有比丘甚患頭痛。向知藥人，索呵梨勒。知藥者言，有人施藥，汝可取服。爾時比丘往彼取藥，服之以訖，病尋除愈。由是緣故九十一劫生人天中，未曾有病，最後生一婆羅門家。其母早終，父更娉妻。時薄拘羅年在童幼，見母作餅而從索之。後母妬弊，素懷憎惡。即便擲置餅爐之中，其火焰熾以鏊覆上。父從外來，遍求推覓，即於爐中而得其子。後於一時，母復煮肉，而是小兒更從往索。母益瞋恚，擲置釜中。湯甚沸熱而不燒爛。父復求覓，了不能得。而作是言，我子今者爲何所在。時薄拘羅釜中而應，父即出之，平全如故。母於後時，至一河上。彼薄拘羅牽衣隨後，母大瞋忿而作是言，此何鬼魅妖祥之物，雖復燒煮，不能令死。即便舉之，擲著河中。值一大魚，尋便呑食。以福緣故，猶復不死。有捕魚師，釣得此魚。持來詣市而衒賣之。索價既多，人無買者。從旦至暮，將欲臭爛。薄拘羅父，於市遊行，見此大魚。便作是念，今斯魚者，其肉甚多。將欲臭壞，索價無幾。我今宜可買而持歸。便與其錢，取魚還家。即以利刀，開破其腹。時薄拘羅在魚腹內，高聲唱言，願父安詳，勿令傷我。遂開魚腹抱而出之」(T50.308a21-b21) と詳しい話が記載されており，この注にはそれ以上の新しい情報はないようである。

　移錄すれば下記のようになる。なお「　」・( ) 内の文字は筆者が補ったもの，「/」は改行，「[」は文字が續くことを示す。轉倒符號のつい

第4章 マンネルヘイム・コレクションについて（附目録）　　　183

ているものは，それに従い文字の順序を改めた。

　　　　△言迦留陀夷者，唐言黒光。△言摩訶劫賓那者此云[
　　　　知此人半夜命終，仏化作老病比丘共宿，至二更，仏彈指[
　　　　獲聖果故云[　　　房宿　△言薄倶羅者此云[
　　　　餘戒雖破仍　　　持不煞戒，容貌端政（＝正），故曰善容。[
　　　　雜懷抱，母遂失棄。父索継母，令其養育，女人誦媚[
　　　　増，?夫面即詐愛，父行後，母作餅，兒從母嗦餅，母嗔[

　　阿　　冷有无兒无有損，第一，鏊髀不燋，母燃釜煑食[
　　彌　　暑著釜中裏於是更加柴薪，令火熾盛，良[
　　陀　　第二。釜煑不　　　死，母遂向河頭洗衣，兒乃[
　　廿六　水捻取膞擲著河中，第三，水復不溺死，又兒後被魚吞[
　　　　　賣，父遂見魚已，即買將歸至家中，用加刀破魚腹，見兒[

　iv　No.143A-E　　『大乗起信論』注　1行9字　雙行細字注
　　寫本は下部が殘り，1行9字，楷書體で書かれている。地界線も確認され地の部分は3.2cmである。「邪」を「耶」に作る。No.143A-Eは48斷片からなり，21斷片は斷絶しながらも143C-1c＋143D-5＋143D-1＋143D-7＋143C-1b＋143B-4［圖9］＋143C-1a＋143D-6＋143B-1［圖10］＋143D-2＋143C-2＋143E-6c＋143B-2［圖11］＋143D-4b＋143C-3＋143B-3［圖12］＋143D-4a＋143C-4＋143A-2［圖13］＋143D-4c＋143A-1a［圖14］のように繋がる。なお繋がりを決定できない斷片も多く殘り，はっきり別の佛典斷片[25]と同定できるものも含まれている。注はほぼ一句ごとになされ，挾注の形をとる。字體は唐の時代のもので，7-9世紀といえる。「顯示正義」の注は「示其理，正□□」。「是二種門，皆各總攝一切法」の注は「皆俱也。以此二種門[　]」。「唯是一心」の注は「无起中實不妄心也」。「以一切言説」の注は「説染淨也」。「遣言」の注は「解心内發染淨不起故云[　]」。「諸衆生等云何隨順而能得入」の注は「言此衆生作何等解[　]」。「答曰」の注は「除疑酬答」。「雖念亦無能念可念是名隨順」の注は「了達中實住縁，故名離念，亦无能念可念[　]」。比較的完全な形で殘っている注の部分を拾

圖9 No.143A-E『大乘起信論』注

圖10 No.143A-E『大乘起信論』注

圖11 No.143A-E『大乘起信論』注

圖12 No.143A-E『大乘起信論』注

185

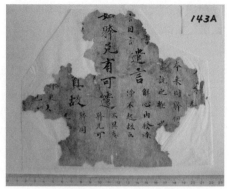

圖13　No.143A-E『大乘起信論』注

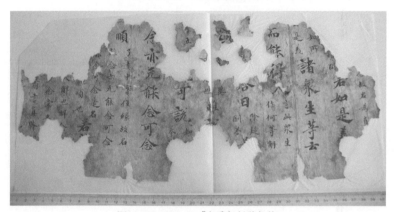

圖14　No.143A-E『大乘起信論』注

い出してみてみると，章句ごとにその字句に沿って丁寧な注をつけている。それは特に「一切の言説」に對して「染淨を説く也」とし，「答曰」に對して「疑を除き酬答するなり」と注しているところに顯著である。また「是二種門，皆各總攝一切法」の注には「皆とは倶なり」といった文字そのものの注も見える。

　馬鳴菩薩造『大乘起信論』は6世紀半ば梁の時代に，眞諦三藏によって漢譯されて以來（中國著作説もあるが），様々な教理の立場から多くの注釋が作られてきた。望月信亨は中國（朝鮮を含む）と日本に分けて歴代の注釋書を掲げ，1冊ごとにコメントを施している[26]。それによれ

ば,『大乘起信論』の現存する一番古い注釋は6世紀後半の曇延『大乘起信論義疏』であり,さらに古來『大乘起信論』の三疏と呼ばれる,淨影寺の慧遠(523-592)の同名の作品,新羅の元曉(617-686)のやはり同名の作品および華嚴の法藏(643-712)による『大乘起信論義記』がある。あるいは唐の宗密(780-841)の『大乘起信論疏』,そして20世紀初めに敦煌から發見された唯識學僧,曇曠(700-780)の『大乘起信論廣釋』や『大乘起信論略述』もある。しかしこの斷片は,これら現存する宋以前の注釋書とは關わるところがなく,また望月の解題に眼を通してみても,流傳しなかった諸注釋書でこの寫本の注釋の立場に近いものは見つけられない。移錄すれば下記のようになる。なお,□の中の文字は補ったもの。句讀點は整理上つけたもの。[ ]は注が置かれていたと想定できる場所を示す。「……」は雙行注。□(無文字)は注。

一切諸佛本所乘故,一切菩薩皆乘此法到如來地故。已說立義分[ ]。次說解釋分……。解釋分有三種……。云何為三[ ]。一者,顯示正義……,二者,對治耶執……,三者,分別發趣道相……。顯示正義者……依一心法□□,有二種門……。云何為二[ ]。一者,心真如門[ ],二者,心生滅門……。是二種門,皆各總攝一切法……。此義云何……。以是二門不相離故……无生滅故。心真如者即是一法界大總相法門體……者自性清淨心……門体者法……故。所謂心性不生不滅……,一切諸法唯依妄念而有差別……,若離妄念……則無一切境界之相……。是故一切法……從本已來[ ],離言說相[ ],離名字相……,離心緣相[ ],畢竟平等……,無有變異,不可破壞……。唯是一心故名真如[ ],以一切言說假名無實[ ],但隨妄念不可得故……。言真如者[ ],亦無有相……。謂言說之極……因言……遣言……,此真如體無有可遣……,以一切法悉皆真故……,亦無可立……,以一切法皆同如故[ ]。當知一切法不可說[ ],不可念故[ ],名為真如……。問曰……。若如是義者……,諸眾生等云何隨順而能得入……答曰。若知一切法……雖說[ ],無有能說可說,雖念,亦無能念可念,是名隨

第4章　マンネルヘイム・コレクションについて（附目録）　　　187

順了達中實住緣故名……能念可念是名　若離於念，名為得入……解也解念　　　。復次，
離念亦无能念可念　　　　隨順也。　　　　　　　　　　无念常　　　　　真如者，依言說分別有二種義……㘽言真軏　　　　。云何為二。一者，如
實空，以能究竟

（2）『佛說仁王護國般若波羅蜜經』寫本

　マンネルヘイム・コレクションには高昌國の王である麴乾固（?-601）の識語のある寫本が2枚ある。いずれもその識語は完全ではないので，王の名はわからない。しかし大谷，ベルリンにも同じ形の寫本がトルファンから將來されており，書かれた時期と王の名が確定した。マンネルヘイム・コレクションの實見を踏まえて，『佛說仁王護國般若波羅蜜經』（以下『仁王經』と簡稱）の寫本について述べてみる。

　大谷探檢隊のトルファン將來文書の一つに，やはり識語を伴った『仁王經』がある。いま所在は確認されないが，香川默識編『西域考古圖譜』下，「佛典附錄」1-2（國華社，1915）に寫眞が收められている。これは『仁王經』卷上の末尾に高昌王麴□□によって供養されたことを記す延昌33（593）年の7行の識語がついている。但し，寫本の下部は失われているために，高昌王の名は確定できなかった[27]。

　大谷勝眞（1885-1941）は，京城帝國大學に在職中の1927年から，在外研究員としてフランスおよびイギリスに2年間留學した。その間，ベルリンに行ってドイツ學術調查隊將來のトルファン文書の調查にもあたり，その中に，大谷文書と同じように識語を伴った『仁王經』寫本の存在を發見した。

　ベルリンの寫本は『仁王經』卷上の首部を缺いていたが，識語は完全で，そこから，高昌王麴□□は麴乾固であることが明らかになった[28]。因みに大谷がベルリンで見たであろう寫本は現在 Ch 271（T II 2067）の記號を帶びてベルリンに存在するものと思われるが，大きさは11.8×11.5cmと小さくなっている[29]。

　識語によれば，麴乾固は150部の『仁王經』を寫經したと見える。マンネルヘイム・コレクションには識語つきの2つの『仁王經』寫本斷片がある。2斷片とも大谷コレクションと同じように寫本下部を缺いている。大きさ等を記すと以下のようになる。

　No.22　45行　1行16-18字　9.1×89.3cm　『仁王經』卷下（T8,833b

圖15　No.22『仁王經』卷下＋奧書　　圖16　No.63『仁王經』卷下＋奧書

21-834a8）＋奧書（延昌31［591］）［圖15］
No.63　11.2×16.9cm　『仁王經』卷下（T8,834a8）＋奧書（延昌31［591］）［圖16］

　寫された時代、識語の文章そのものは變わらないが、No.22は識語を5行で收めているのに對して、No.63は7行となっている。大谷やベルリンはNo.63と同じく7行である。150部はおそらく一度に筆寫されたのではなく、日をずらしたものと思われ、No.22は延昌31年2月15日に、No.63は同じ年の12月15日の日附である。ベルリン斷片はNo.63と同じであり、大谷は延昌33年8月15日と幾分遲れる。また識語の置かれる位置であるが、卷上末と卷下末の兩方の例が見られる。

　マンネルヘイム・コレクションには、以上に述べた識語を帶びる2斷片の他に、字體と紙から高昌時代の同一寫本と判斷できる、16枚の『仁王經』寫本がある[30]。これらの中にはNo.22やNo.63と同じ寫本を構成していたものもあろう[31]。

　大谷將來品には、今は所在の確認できない上述の寫本斷片の他に、識語つき『仁王經』と識語の一部を殘す2斷片の存在することが、最近になって確認された[32]。前者は、『仁王經』卷下（T8,834a4-6）の寫本で、經文末尾に尾題が續き、その後に麴乾固の識語があったものと思われる。いま兩斷片を移寫すれば、以下のようになる。

　　　　　　　］菩提［等五百億十八梵六欲諸天三
　　　　界六道阿須］輪王。聞佛［說護佛因緣護國因
　　　　　　緣歡喜無］量為佛作［禮。受持般若波羅蜜。

第4章　マンネルヘイム・コレクションについて（附目録）　　　189

　　　　］麴乾固［

　　　］諷誦者證涅［槃之果。譿以斯慶，願時和歳豊，國疆民逸，寇横潛
　　　聲，灾疫輟竭,］
　　　身及内外□患［除，還年却老，福竿延遐，胤嗣安吉。又願七祖
　　　先靈考妣往識，濟]愛[欲之河，［果涅槃之岸，

　最後に，No.63の識語を大谷やベルリン寫本で補い校勘した本文に現
代語譯を附して示す。句讀點は筆者。「/」は改行を示す。「疢」「冥」
「憑」「當」等いくつかの文字は俗字あるいは異體字を正字に改めている。

［本文］
　延昌卅一年辛亥歳十二月十五日，白衣弟子高昌王麴乾固，稽首歸命
常住三寶，和南一切諸大菩薩。/盖聞覺道潛通，秉信可期，至理冥
會，精感必應。是以三灾擾世，仰憑獲安，九横干時，廻向而/蒙泰。
今國處邉荒，勢迫間攝，疫病旣流，有増无損。若不歸依三寶，投誠
般若者，則何以/當惡徵於將來，保元吉於茲日哉。是以謹尋斯趣，
敬寫仁王經一百五十部。冀受持者發无/上之因，諷誦者證涅槃之果。
譿以斯慶，願時和歳豊，國疆民逸，寇横潛聲，灾疫輟竭，身/及内
外疢患除，還年却老，福竿延遐，胤嗣安吉。又願七祖先靈考妣往識，
濟愛欲之河，/果涅槃之岸，普及一切六道四生，齊會道場，同證常
樂。

［現代語譯］
　延昌卅一年，辛亥の歳（591），十二月十五日に，わたくし，在家の
佛弟子である高昌王の麴乾固は，生滅不遷の佛・法・僧の三寶に稽
首して禮拜し，あらゆる諸々の大菩薩に敬禮いたします。わたくし
は次のように聞いております。大いなる悟りの道は人知れず通じる
ものであって，信仰心を固く守ることによって期待すべきであり，
最高の道理は沈默の中で得られるものであって，心によって必ず感
應するのであると。そこで刀兵災，疾疫災，飢饉災の三災が世界を

混亂させても，うち仰ぎ身を委ねたままで平安を得ることができ，九つの理不盡な死が時代の自然な流れに逆らって訪れても，功德によって泰平を得ることができます。今日，我が國は邊境の地に位置し，國勢は大國の間に壓迫され，疫病は蔓延し增えることはあっても減ることはありません。佛・法・僧の三寶に歸依し，般若の智慧に身を任せない者が，どうして將來に起こる不祥の兆しをおおいさり，大いなる幸福を現在に手に入れることができましょうか。そこでよくこの趣旨を考え，敬しんでここに『佛說仁王護國般若波羅蜜經』一百五十部を筆寫いたします。

ねがわくは，このお經をしっかりと保つ者がこの上ない悟りに達し，このお經を讀誦する者が涅槃を覺悟しますように。ねがわくは，この善きこと（筆寫すること）によって，天候かなって豐かに稔り，國境の民は安らぎ，外敵の橫行も聞かれず，災害はすっかり無くなって，わたくしの身と皇后と女官および諸侯以下の臣下たちの難儀は除かれ，若返って老いず，壽命ははるかに延びて，子孫は平和で幸福でありますように。さらにまた七代にわたる祖先の靈魂，亡き父母の御靈が愛欲の川を渡り，涅槃の彼岸にたどり着き，廣く一切の六道（地獄・餓鬼・畜生・阿修羅・人間・天上）にいる四生（胎生・卵生・濕生・化生）の生き物が，すべて佛陀の悟りを開いた道場に集い，ともに涅槃に入ることを希求いたします。

（3）道教關係

ベルリンのトルファン・コレクションにも道教關係の文書が何枚か存在するが，それらの多くは，高昌國が唐の版圖に入った640年以降から8世紀半ば頃の寫本である。マンネルヘイム・コレクションにも同時代と考えられるものが2枚ある。

No.30-3　21.5×21.7cm　12行　葛玄「老子道德經序訣」。1行17字。異同あり。「裝楷」2字ナシ［圖17］

この寫本はスタイン75と字體・書式ともに同じ。おそらく長安で寫字生によって書かれたものであろう。そこでは「老子道德經序訣　太極左仙公葛玄造」。また大谷文書8111[33]もその斷片であるが，これとは異なる形式である。

第 4 章　マンネルヘイム・コレクションについて（附目録）　　　191

圖17　No.30-3「老子道德經序訣」　　　圖18　No.65A-3「禮經祝三首」

圖19　ペリオ2468

No.65A-3　　9行　1行17字。唐の寫本。天 3.0cm　8.9×16.1cm
罫線幅 1.9cm　［圖18］

『太上消魔靈寶眞安志智慧本願大戒上品』の中の「禮經祝三首」
の1,2首[34]

ペリオ2468[35]　［圖19］とは異なるバージョン。またペリオ2400の寫
本もあるが，首尾は整っておらず，本寫本と重なる部分は缺いている。

禮經祝三首 真人口訣云，侍經仙童玉女聞此祝，
　　皆歡喜而 祐兆身也。是大經悉用此祝而禮拜矣。
　　若宜心禮 經者。亦心祝其文，乃上仙之祕祝也。第一首，
　　樂法以爲妻， 愛經如珠玉，持戒制六情， 念道
　　遣所欲，淡泊 正氣停，蕭然神靜嘿， 天魔並敬

護，世世受大囲。第二首，
鬱鬱家國囲盛，濟濟經道興，天人同其願，縹緲
入大乘，因心立福田，靡靡法輪昇，七祖生天
堂，我身白囲騰。

(4) 世俗文書

佛典寫本の斷片がほとんどを占め，それ以外の文書は上に紹介した道教文書等を含めて數えるほどしかない。その中の1枚としてNo.151-2dをとりあげる。この斷片は表 (r) と裏 (v) に別種の文書が書かれている。この文書は兩面に書かれているにもかかわらず，糊附けされて整理されているので，裏面は完全には讀み取り難い。表は官文書で，軍制關係文書である。裏はその反古紙を使って「點籍樣」が書かれた。點籍樣とは，戸籍から重要部分を拔書きしたもの。點籍樣の例として「唐神龍三年 (707) 高昌縣崇化鄉點籍樣」[36]が參考となろう。「年」，「聖」の文字は則天文字の「秊」，「㾗」が用いられている[37]。

移錄すれば，以下のようになる。□内の文字は筆者の推定。

No.151-2dr　　4行　　　　官文書（軍制關係文書）

1　　囮河縣　牒游擊將軍張□
2　　□河　？郎　　　　　　瑜
3　　□□　後軍督察并□
4　　　　□軍子惣囲

No.151-2dv　　6行　　　唐西州大足元年（701）點籍樣

　　　　　　　　　　　卅
　　一段　　　　　囲住園宅
囲主小女索是是　秊□□□　㾗曆二秊帳後括附　　　不課戸
　　　　　　　　　　　　　　　　　　　　　　　　受
　　　　　　　　　　冊　步
　　　　　　　　　　　　　　　　　　　居　住

第4章　マンネルヘイム・コレクションについて（附目録）　　193

1）　『トルファン出土佛典の研究——高昌殘影釋錄』（法藏館，2005）の序章。出版は今世紀に入ってからであるが，原稿は前世紀80年代のものである。
2）　本書「Ⅰ　第1章トルファン文書とその研究成果」参照。
3）　『言語生活』第三九六，三九七號表紙（5頁）。
4）　2008年に，マンネルヘイムの研究に長年取り組んできたフィンランド人學者ハリー・ハーレン博士Dr. Harry Halén（1937-）によって，スエーデン語と英語の2つの言語による改定版がヘルシンキから出版された。本稿ではこれを利用している。
5）　*Across Asia from West to East in 1906-1908*, Preface. p.6 参照。
6）　Harry Halén:Baron Mannerheim's hunt for ancient Central Asian manuscrips, in: *C.G.Mannnerheim in Central Asia 1906-1908*, Helsinki 1991, National Board of Antiquities, 47-52頁参照。
7）　これは後に山田信夫らによって研究された。1908年2月17日，蘭州からOtto Donnerへの手紙（注⑥引くHarry Halén，48頁）参照。
8）　Harry Halén, *Handbook of Orient Collections in Finland*, 1977, 参照
9）　袋の中味は調査の對象からはずれているので，筆者も目下それに從っている。
10）　たとえば，マンネルヘイムが西安で手に入れた「大秦景教中國流行碑」や僞碑「創建清眞寺碑記」の拓本が含まれている。
11）　LUETTELO 645 Coll.638, *C.G.E. Mannerheimin, Aasia-ratsastuksen aineistoa 1906-08*, 2008.
12）　山田信夫著；小田壽典ほか編『ウイグル文契約文書集成』第2巻18-19頁，136-137頁，151-152頁。
13）　Klaus Wille "The Sanskrit Saddharmapundarikasūtra fragment in the Mannerheim Collection (Helsinki)"（『創價大學國際佛教學高等研究所年報』4號, 2001, pp. 43-52）。辛島靜志 "Sanskrit Fragments of the Kāśyapaparivarta and the Pañcapāramitā-nirdeśa in the Mannerheim Collection"（『創價大學國際佛教學高等研究所年報』7號, 2004, pp.105-118, Plate 1-2）および "Two Sanskrit Fragments of the Pañcaviṃśatisābasrikā Prajñāpāramitā in the Mannerheim Collection"（『創價大學國際佛教學高等研究所年報』8號, 2005, pp. 81-104, Plate 1-4）。
14）　さらに最近では，ベルリン所藏のトルファン文書や大谷文書，ロシア藏との接續も判明し（小口雅史・片山章雄「在ヘルシンキ・マンネルヘイム斷片コレクションの調査と成果概要」（『西北出土文献研究』第11号, 37-50頁）），改めてマンネルヘイム・コレクションの出土地がトルファンの地であることを強く確信できるようになった。例えばドイツ收集品 Ch 545（Toyuk TⅢ 1079）との接續がある。「Toyuk」はトルファン盆地地域を示し，「Ⅲ」はグリュンヴェーデル（A. Grünwedel）隊長率いる第3回探檢隊，つまり，1905年12月から1907年4月の收集品であることを示す。この時ドイツ隊は，トムシュク（1906年1月）－キジル－クチャ－クムトラ（1906年2月）－キジル石窟寺院，キリシュ（1906年2月-5月）－コルラ/ショルチュク石窟寺院－トルファンのオアシス（1906年7）－ウルムチ

-ハミ-トユク（1907年1月）-ショルチュク（1907年2月/3月）-トルファン，ウルムチを經て歸路につく（1907年4月）。一方，マンネルヘイムは半年後の，1907年9月25日にTurfan，9月30日Qara Khoja, 10月1日Toyuk, 10月3日Pichan, 10月5日Chiktam（Harry Halén: *An Analytical Index to C. G. Mannerheim's Across Asia from West to East in 1906-1908*, Société Finno-Ougreienne 參照）と旅行し，同じ場所を通過している。その旅行記でも，トルファンに足を踏み入れた探檢の先人であるクレメンツ（D.A.Klementz）やグリュンヴェーデル（A.Grünwedel）等に言及している（pp.400. 注4）參照）。

15) 注12) 引く同書136-137頁。
16) 「ウイグル文書箚記（その三）」（『内陸アジア言語の研究』Ⅶ，1991,43-54頁）。
17) 木版墨刷りの框郭で，所定の格式を備えた「田賦徵收文書」とも言える1枚，No.37があるが，清代のものであろう。
18) 『藏外佛教文獻』第3輯，宗教文化出版社，1997. 404-445頁。
19) 『敦煌大辭典』上海辭書出版社，1998. 688頁。
20) 方廣錩編纂『般若心經譯注集成』上海古籍出版社，1994. 362-376頁，426-451頁參照。
21) 顔眞卿「撫州寶應寺律藏院戒壇記」。
22) 『至大金陵新志』卷11下によれば，義和寺は東晉時代に建てられ，會昌年間に廢寺となった。
23) 『卍續藏經』第89册，74表。
24) ベルリン・コレクションの中では，TⅡT記號の『四分律比丘戒本』斷片が貝葉型の佛典である。大きさは26.9×8.9cm。草書體寫本。r/v連續で，半葉6行。現在は所在不明。Chung Se Kimm: "Ein Chinesisches Fragment des Prātimoksa aus Turfan" in *Asia Major* Ⅱ（1925, S. 597-608）參照。
25) 例えば，143D-3aと143D-3bは『妙法蓮華經』卷5。
26) 『大乘起信論之研究』第二編「大乘起信論註釋書解題」（金尾文淵堂，1922）。
27) 『西域考古圖譜』の編者は麹□□を麹伯雅と讀んでいる。
28) 大谷勝眞「高昌麹氏王統考」24頁（『京城帝國大學創立十周年記念論文集 史學篇』（大阪屋號書店，1936 所收）。
29) 數年前，エルミタージュ美術館を訪れた際，20世紀のはじめにドイツ隊（プロシャ）が中央アジアから將來した壁畫小片の幾枚かが展示されており，その中の一壁畫には，例えば，「Standing Buddha Shayamuni/ State Gandahara Late 2nd century A.D./ Until 1945 Museum für Völkerkunde, Berlin」との解説が附されているのを見て驚いた。これは，終戰直後にベルリンに入ったソ連軍によって運ばれた所謂戰利品の一部であろう。
30) 16枚はNo.54A-7b, 54A-7a, 54A-8b, 54A-12, 54A-3, 54A-11a, 54A-10, 54A-16a, 54A-16d, 54A-16c, 54A-6,87-5, 54A-5,54A-9, 54A-1,125-1。
31) 例えば，No.54A-16a, 54A-16d, 54A-16c, 54A-6, 87-5, 54A-5,54A-9, 54A-1 は No.22に，No.125-1 は No.63に屬す。
32) 中國の旅順博物館に所藏されている。前者の整理番號は，LM20_1462_02_10で，

大きさは10.2×7.4cmであり，後者の整理番號は，LM20_1464_13_17で，大きさは5.7×6.2cmである（圖錄『旅順博物館藏　新疆出土漢文佛經選粹』201頁，2006，法藏館）。

33)　『佛教文化研究所紀要』44, 2006,「大谷文書の整理と研究」103-104頁。

34)　『雲笈七籤』卷三十八所收，臺灣・藝文印書館影印本『正統道藏』第10所收。但し題目は『太上洞玄靈寶智慧本願大戒上品經』。

35)　大淵忍爾『敦煌道經』圖錄編，1979，福武書店，80頁下段。

36)　『吐魯番出土文書』7冊，1986，文物出版社，468-484頁。池田温『中國古代籍帳研究』（東京大學出版會，1979）「20」「21」「22」參照。

37)　筆者調査後，小口雅史氏らによってもマンネルヘイム・コレクションの調査は行われ，筆者が讀みとれなかった文字を新たに提示されたものもある。小口雅史「マンネルヘイム斷片コレクション中の戸籍樣文書等について」（『文化史史料考證』2014, 219-231頁）參照。

マンネルヘイム・コレクション漢語斷片目録

凡　例

* 「No.」はDr. Harry Halénの整理した親番號（*Handbook of Orient Collections in Finland*, Curzon Press Ltd, 1977, pp. 118-120）の下に筆者が下部記號を附與して作成。
* 行數の（）内は，1字として整っていない行。
* □は不明文字。
* r/vは1斷片の表・裏を示す。
* ［　］内は筆者が補った文字。
* LM20は大谷探檢隊將來トルファン文書で現在，旅順博物館所藏（旅順博物館・龍谷大學共編『旅順博物館藏　トルファン出土漢文佛典斷片選影』法藏館，2006）。
* Chはベルリン・トルファン漢語文書の記號。
* Xは卍續藏經卷數。
* 「132A」から「132M」の『大般涅槃經』卷37斷片は多少の中斷はあるもののすべて1つに接續するものである。整理上，適當なところで區切って接續を明記した。

No.	Taisho No.	文書名	行數	縦×横 (cm)(cm)	注記
12B-1ar		唐西州籍	4	5.8×5.0	□歲　黃女年貳拾陸歲丁
12B-1br		唐西州籍	4	10.0×8.8	丁　□年貳拾壹歲　上柱國子父□　陸年籍娘年貳拾玖歲　丁女歲
12B-4		不　詳			18枚の小斷片中で4枚漢語（未詳）。一枚は漢語の表（未詳）のみ，一枚は彩色畫（表のみ）
13Ar	262	『妙法蓮華經』卷5 (T9, 38c15-20)	6+(1)	11.7×11.2	2紙
13B-1r	262	『妙法蓮華經』卷5 (T9, 39a14-17)	4	8.0×8.0	13B-2r+13B-1r
13B-2r	262	『妙法蓮華經』卷5 (T9, 39a15)	(1)+1+(1)	3.5×2.5	13B-2r+13B-1r
13Cr	262	『妙法蓮華經』卷4 (T9, 36c26-37a1)	3	9×11.5	地界線，地4.0cm
13Er	441	『佛名經』　卷26 (T14, 286c6-9)	5	18.5×12.5	
13Fr	664	『合部金光明經』卷7(T16, 394b4-15)	12	23×19	

13Gr		不　　詳	1+(1)	5.5×8	地界線，地3.1cm
16B-1r	157	『悲華經』巻3 (T3, 182c24-25)	2+(1)	4.5×4.9	34-2rと一連か
16B-2r		不　　詳	1	3.2×2.3	漢語佛典
16Dr	374	『大般涅槃經』巻4 (T12, 385b25-27)	3	5.4×7.0	行間にウイグル文字
20-1	262	『妙法蓮華經』巻6 (T9, 47a2-6)	(1)+5+(1)	7.6×9.7	罫線幅1.6cm。20-1+20-3b+20-4b+20-5a+中斷+20-3a+20-4a+中斷+20-5b+中斷+20-5c+20-2
20-2	262	『妙法蓮華經』巻6 (T9, 47c5-21)	13	8.8×23.1	罫線幅1.6cm。20-1+20-3b+20-4b+20-5a+中斷+20-3a+20-4a+中斷+20-5b+中斷+20-5c+20-2
20-3a	262	『妙法蓮華經』巻6 (T9, 47a26-b5)	(1)+5	8.8×9.2	罫線幅1.6cm。20-1+20-3b+20-4b+20-5a+中斷+20-3a+20-4a+中斷+20-5b+中斷+20-5c+20-2
20-3b	262	『妙法蓮華經』巻6 (T9, 47a7-12)	(1)+5	8.6×10.0	罫線幅1.6cm。20-1+20-3b+20-4b+20-5a+中斷+20-3a+20-4a+中斷+20-5b+中斷+20-5c+20-2
20-4a	262	『妙法蓮華經』巻6 (T9, 47b7-15)	(1)+5	8.6×8.8	罫線幅1.6cm。20-1+20-3b+20-4b+20-5a+中斷+20-3a+20-4a+中斷+20-5b+中斷+20-5c+20-2
20-4b	262	『妙法蓮華經』巻6 (T9, 47a13-18)	(1)+5+(1)	8.7×9.2	罫線幅1.6cm。20-1+20-3b+20-4b+20-5a+中斷+20-3a+20-4a+中斷+20-5b+中斷+20-5c+20-2
20-5a	262	『妙法蓮華經』巻6 (T9, 47a19-23)	5+(1)	8.6×10.0	罫線幅1.6cm。20-1+20-3b+20-4b+20-5a+中斷+20-3a+20-4a+中斷+20-5b+中斷+20-5c+20-2
20-5b	262	『妙法蓮華經』巻6 (T9, 47b17-25)	5	8.8×8.7	罫線幅1.6cm。20-1+20-3b+20-4b+20-5a+中斷+20-3a+20-4a+中斷

					+20-5b+中斷+20-5c+20-2
20-5c	262	『妙法蓮華經』卷6(T9, 47b27-c4)	5	8.7×8.6	罫線幅1.6cm。20-1+20-3b+20-4b+20-5a+中斷+20-3a+20-4a+中斷+20-5b+中斷+20-5c+20-2
21	664	『合部金光明經』卷3(T16, 377a28-b5)	7	33.0×10.0	卷子本の末尾。半分は白紙
22	245	『佛說仁王護國般若波羅蜜經』卷下(T8, 833b21-834a8)＋奧書（延昌31[591]）	45	9.1×89.3	
23-1	440	『佛說佛名經』卷8(T14, 156c24-157a16)	21	40.0×12.0	2紙，23-2a+23-1
23-2a	440	『佛說佛名經』卷8(T14, 156c19-24)	6	11.8×9.7	23-2a+23-1
23-2b	262	『妙法蓮華經』卷5(T9, 37c19-21)	(1)+1+(1)	6.1×3.7	23-2b+132L-3+143D-3a+143D-3b
23-2c	2733	『金剛般若經宣演』卷下(T85, 24b19-22)	3	4.7×4.8	罫線幅1.4cm。142B-14+23-2c
24-1	375	『大般涅槃經』卷27(T12, 526b2-5)	(1)+3	8.3×5.4	罫線幅1.6cm
24-2a	375	『大般涅槃經』卷27(T12, 526b10-13)	(1)+3	8.9×4.9	罫線幅1.6cm
24-2b		不詳	(2)	2.7×1.2	
24-2c	375	『大般涅槃經』卷27(T12, 526b7-8)	(1)+2	8.5×4.3	罫線幅1.6cm
24-2d		不詳	(1)	2.1×1.0	
24-2e		不詳	(1)	1.2×1.2	
24-3a	375	『大般涅槃經』卷27(T12, 527b1-2)	2	7.6×3.7	罫線幅1.6cm
24-3b	375	『大般涅槃經』卷27(T12, 527a26-28)	3	6.4×4.1	罫線幅1.6cm
24-3c	375	『大般涅槃經』卷27(T12, 527a17-19)	3	6.4×5.2	罫線幅1.6cm。「能漂波」を「能漂」に作る。また「漂」は「㵱」に作る
24-3d	375	『大般涅槃經』卷27(T12, 527b2-5)	3	6.8×4.6	罫線幅1.6cm
24-4a	278	『大方廣佛華嚴經』	3+(1)	8.7×6.8	罫線幅1.7cm

		卷6(T9, 434b13-16)			
24-4b	278	『大方廣佛華嚴經』巻6(T9, 434a15-17)	3+(1)	8.4×7.1	罫線幅1.7cm
24-4c	375	『大般涅槃經』巻27(T12, 526c8)	(1)+1+(1)	5.9×3.8	罫線幅1.6cm
24-5a	375	『大般涅槃經』巻27(T12, 526c18-20)	3	7.8×4.7	罫線幅1.6cm
24-5b	375	『大般涅槃經』巻27(T12, 526c29-527a1)	3	8.2×3.2	罫線幅1.6cm
24-5c	375	『大般涅槃經』巻27(T12, 526c21-28)	(1)+7	8.2×11.7	罫線幅1.6cm
24-5d	375	『大般涅槃經』巻27(T12, 526c15-17)	3	6.9×5.4	罫線幅1.6cm
24-6a	375	『大般涅槃經』巻27(T12, 526b27-28)	(1)+2+(1)	6.4×5.3	罫線幅1.6cm
24-6b	375	『大般涅槃經』巻27(T12, 526c1-3)	3	7.7×5.7	罫線幅1.6cm
24-6c	375	『大般涅槃經』巻27(T12, 526c4-6)	3	8.1×5.1	罫線幅1.6cm
24-6d	375	『大般涅槃經』巻27(T12, 526b14-17)	3+(1)	7.0×5.5	罫線幅1.6cm
24-7a	375	『大般涅槃經』巻27(T12, 526b18-21)	3+(1)	7.5×5.3	罫線幅1.6cm
24-7b	375	『大般涅槃經』巻27(T12, 526b22-25)	(1)+3	8.8×5.3	罫線幅1.6cm
24-7c	375	『大般涅槃經』巻27(T12, 527a2-8)	7+(1)	8.3×12.5	罫線幅1.6cm
24-7d	375	『大般涅槃經』巻27(T12, 527a13-16)	(1)+2	8.6×4.0	罫線幅1.6cm。「得」は「サンズイ」に作る
24-7e	375	『大般涅槃經』巻27(T12, 527a9-12)	4	7.8×6.8	罫線幅1.6cm
24-8		不　詳	(1)	2.4×1.3	
25A-1a	278	『大方廣佛華嚴經』巻37(T9, 634a16-19)	3+(1)	3.3×5.7	罫線幅1.7cm。以下の寫本(25A.25B)は『大方廣佛華嚴經』不分巻品。25A-1a+25A-1g
25A-1b	278	『大方廣佛華嚴經』巻37(T9, 634a12-14)	3	4.0×6.1	罫線幅1.7cm
25A-1c		不　詳	(2)	2.6×2.8	
25A-1d		不　詳	1	0.9×1.7	
25A-1e		不　詳	(1)	1.0×2.1	

25A-1f		不　　詳	(1)	1.3×1.4	
25A-1g	278	『大方廣佛華嚴經』巻37（T9, 634a16-29）	14+(1)	10.8×24.7	罫線幅1.7cm。25A-1a+25A-1g
25A-1h		不　　詳	(1)		
25A-2	278	『大方廣佛華嚴經』巻36（T9, 633b9-18）	10	8.7×17.2	罫線幅1.7cm
25A-3	278	『大方廣佛華嚴經』巻37（T9, 635b23-635c9）	(1)+16	7.5×27.5	罫線幅1.7cm。25A-11+25A-3
25A-4a		不　　詳	(1)	0.6×1.1	
25A-4b	278	『大方廣佛華嚴經』巻36（T9, 633b1-10）	(1)+10+(1)	11.6×19.7	罫線幅1.5～2.0cm，地2.0cm
25A-5	278	『大方廣佛華嚴經』巻37（T9, 634b2-11）	10	11.4×16.9	罫線幅1.5～1.8cm，地1.9cm
25A-6	278	『大方廣佛華嚴經』巻37（T9, 634a7-15）	9	7.2×15.4	罫線幅1.6～1.8cm，地1.2cm。25B-10+25B-2+25A-6
25A-7	278	『大方廣佛華嚴經』巻37（T9, 633c22-26）	6+(1)	10.6×11.3	罫線幅1.3～1.8cm，地1.8cm。25B-10+25B-2+25A-6
25A-8a		不　　詳	(1)	0.9×2.0	
25A-8b		不　　詳	(1)	0.9×2.0	
25A-8c		不　　詳	(1)	1.2×2.0	
25A-8d	278	『大方廣佛華嚴經』特定できず	1+(1)	2.7×3.4	
25A-8e	278	『大方廣佛華嚴經』特定できず	2	1.2×3.5	
25A-8f	278	『大方廣佛華嚴經』巻37（T9, 634b12-c2）	19	10.9×33.3	罫線幅1.6～1.8cm，地1.0cm。25B-27d+25B-27b+25B-27a+25B-27c+25A-8f
25A-9	278	『大方廣佛華嚴經』巻36・37（T9, 633b26-c20）	(1)+18+(1)	11.9×33.1	罫線幅1.5～1.7cm，地3.3cm。25B-23a+25A-9
25A-10	278	『大方廣佛華嚴經』巻37（T9, 635a6-27）	22	13.2×38.5	罫線幅1.5～1.9cm，地1.6cm
25A-11	278	『大方廣佛華嚴經』巻37（T9, 635a28-b22）	(1)+23+(1)	12.9×41.1	罫線幅1.6～1.8cm，地1.3cm。25A-11+25A-3
25B-1	278	『大方廣佛華嚴經』巻37（T9, 634c14-16）	3	4.2×5.7	罫線幅1.65cm。25B-27e+25B-1

25B-2	278	『大方廣佛華嚴經』巻37(T9, 634a7-12)	6	4.5×10.1	罫線幅1.6〜1.8cm。25B-10+25B-2+25A-6
25B-3	278	『大方廣佛華嚴經』巻37 (T9, 634c11-13)	3	5.0×5.3	罫線幅1.7cm。25B-6+25B-8+25B-5+25B-3
25B-4a	278	『大方廣佛華嚴經』特定できず	(1)+1	4.6×2.5	
25B-4b	278	『大方廣佛華嚴經』巻37 (T9, 634c18-19)	(1)+1	4.6×3.0	
25B-5	278	『大方廣佛華嚴經』巻37(T9, 634c8-10)	3+(1)	8.5×6.7	罫線幅1.7cm。25B-6+25B-8+25B-5+25B-3
25B-6	278	『大方廣佛華嚴經』巻37(T9, 634c2-4)	(1)+2	8.9×4.7	罫線幅1.7cm, 地1.2cm。25B-6+25B-8+25B-5+25B-3
25B-7	278	『大方廣佛華嚴經』巻37 (T9, 635a11-12)	3+(1)	5.3×6.5	罫線幅1.8cm, 地1.6cm。25B-7+25B-11+25B-14
25B-8	278	『大方廣佛華嚴經』巻37(T9, 634c5-7)	3	7.7×5.4	罫線幅1.7cm, 地1.0cm。25B-6+25B-8+25B-5+25B-3
25B-9	278	『大方廣佛華嚴經』巻37(T9, 635a3-6)	4	3.4×7.7	罫線幅1.7cm
25B-10	278	『大方廣佛華嚴經』巻37(T9, 634a3-7)	5	7.8×7.4	罫線幅1.7〜1.9cm。25B-10+25B-2+25A-6
25B-11	278	『大方廣佛華嚴經』巻37 (T9, 635a13-15)	(1)+3+(1)	5.3×6.4	罫線幅1.6〜1.8cm。25B-7+25B-11+25B-14
25B-12	278	『大方廣佛華嚴經』特定できず	(1)+1+(1)	2.3×3.7	罫線幅1.7cm, 地1.0cm
25B-13	278	『大方廣佛華嚴經』特定できず	(1)+1+(1)	3.1×4.2	罫線幅1.8cm
25B-14	278	『大方廣佛華嚴經』巻37 (T9, 635a16-17)	2+(1)	5.4×3.4	罫線幅1.7cm。25B-7+25B-11+25B-14
25B-15	278	『大方廣佛華嚴經』巻37(T9, 634c27)	1+(1)	4.4×2.5	罫線幅1.7cm
25B-16		不　詳	3	2.9×5.3	
25B-17	278	『大方廣佛華嚴經』巻 37 (T9, 634c29-635a2)	5	4.3×4.7	
25B-18	278	『大方廣佛華嚴經』特定できず	1+(1)	5.2×3.4	

25B-19	278	『大方廣佛華嚴經』巻37（T9, 634c16-20）	5	5.1×8.4	罫線幅1.7〜1.8cm
25B-20a		不　詳	1	5.1×2.1	
25B-20b		不　詳	(1)	1.6×1.3	
25B-20c		不　詳	(1)	1.4×1.2	
25B-21a	278	『大方廣佛華嚴經』特定できず	(1)	1.9×0.9	
25B-21b	278	『大方廣佛華嚴經』巻37（T9, 634b8-10）	(1)+2+(1)	4.5×5.6	罫線幅1.7cm。25B-21c+25B-21b
25B-21c	278	『大方廣佛華嚴經』巻37（T9, 634b6-7）	1+(1)	2.9×2.5	罫線幅1.7cm。25B-21c+25B-21b
25B-21d	278	『大方廣佛華嚴經』特定できず	1+(1)	2.9×2.7	
25B-21e	278	『大方廣佛華嚴經』特定できず	(1)+1	2.1×1.6	
25B-22	278	『大方廣佛華嚴經』巻37（T9, 634c23-29）	7+(1)	6.4×12.6	罫線幅1.6〜1.7cm, 地1.6cm
25B-23a	278	『大方廣佛華嚴經』巻36（T9, 633b18-25）	7+(1)	8.5×11.1	罫線幅1.6〜1.7cm。25B-23a+25A-9
25B-23b		不　詳	(1)	2.2×1.5	
25B-23c		不　詳	(1)	1.1×1.3	
25B-24a	278	『大方廣佛華嚴經』特定できず	3+(1)	3.3×5.3	罫線幅1.6〜1.7cm
25B-24b	278	『大方廣佛華嚴經』特定できず	(1)+1+(1)	3.0×3.5	
25B-24c	278	『大方廣佛華嚴經』特定できず	2	1.7×2.3	
25B-24d	278	『大方廣佛華嚴經』特定できず	(1)+2+(1)	3.2×5.5	罫線幅1.6〜1.7cm
25B-25a	278	『大方廣佛華嚴經』巻37（T9, 635a4-8）	5+(1)	5.2×9.7	罫線幅1.6〜1.8cm
25B-25b	278	『大方廣佛華嚴經』特定できず	(1)+1	2.1×2.6	
25B-25c	278	『大方廣佛華嚴經』特定できず	(2)	1.6×1.8	
25B-25d	278	『大方廣佛華嚴經』特定できず	1+(1)	2.1×2.5	
25B-26a		文字なし		2.5×1.8	
25B-26b	278	『大方廣佛華嚴經』特定できず	1	3.0×2.0	

25B-26c		不詳	(1)	1.4×1.2	
25B-26d	278	『大方廣佛華嚴經』特定できず	(2)	2.9×2.3	
25B-26e		不詳	(1)	2.9×2.2	天1.8cm
25B-26f		不詳	(1)	1.0×1.5	
25B-26g		不詳	(1)	1.6×1.1	
25B-26h		不詳	(1)	1.4×1.0	
25B-26i		不詳	(1)	1.3×1.1	
25B-27a	278	『大方廣佛華嚴經』巻37 (T9, 634b16-21)	6+(1)	4.9×10.7	罫線幅1.7cm。25B-27d+25B-27b+25B-27a+25B-27c+25A-8f
25B-27b	278	『大方廣佛華嚴經』巻37 (T9, 634b15-18)	3	2.9×4.9	罫線幅1.6cm。25B-27d+25B-27b+25B-27a+25B-27c+25A-8f
25B-27c	278	『大方廣佛華嚴經』巻37 (T9, 634b22-24)	4	3.3×6.7	罫線幅1.6cm。25B-27d+25B-27b+25B-27a+25B-27c+25A-8f
25B-27d	278	『大方廣佛華嚴經』巻37 (T9, 634b12-14)	4	2.5×5.6	罫線幅1.7cm。25B-27d+25B-27b+25B-27a+25B-27c+25A-8f
25B-27e	278	『大方廣佛華嚴經』巻37 (T9, 634c11-14)	3+(1)	4.8×5.2	罫線幅1.6cm。25B-27e+25B-1
25B-27f	278	『大方廣佛華嚴經』特定できず	1+(1)	2.9×3.0	
25B-27g		不詳	(2)	2.3×1.5	
25B-27h		不詳	(1)	1.1×0.8	
25B-27i		不詳	(1)	1.7×1.2	
25B-27j		不詳	(1)	3.7×1.7	
25B-27k		不詳	(2)	2.0×2.3	
25B-封筒		不詳（未分類）			
26	236	『金剛般若波羅蜜經』(T8, 756a7-24)	(1)+16+(1)	27.4×30.7	2紙，罫線幅1.7～2.0cm。29ar+29crとは別寫本
27-1a		不詳	(1)	2.2×2.8	
27-1b		不詳	1	2.2×2.1	
27-1c	1425	『摩訶僧祇律』巻2 (T22, 240c7)	1	3.7×2.6	地界1.8cm。27-5a+27-4+27-1c+LM20_1496_01_08
27-1d	1425	『摩訶僧祇律』巻2 (T22, 241c12-14)	2	6.9×3.3	罫線幅1.6cm。27-3+27-2+27-1d。「象」「獵」「師」は隸書體。無染色で比較的薄い紙
27-2	1425	『摩訶僧祇律』巻2	8+(1)	18.3×15.2	27-3+27-2+27-1d

		(T22, 241b28-c12)			
27-3	1425	『摩訶僧祇律』巻2 (T22, 241b1-29)	22	21.7×33.0	罫線幅1.5〜1.6cm, 地界1.8cm。27-3+27-2+27-1d
27-4	1425	『摩訶僧祇律』巻2 (T22, 240c3-16)	(1)+11+(1)	17.2×19.2	罫線幅1.5〜1.6cm。27-5a+27-4+27-1c+LM20_1496_01_08
27-5a	1425	『摩訶僧祇律』巻2 (T22, 240b28-c6)	5+(1)	17.8×9.6	罫線幅1.4cm, 地界1.5cm。27-5a+27-4+27-1c+LM20_1496_01_08
27-5b		不詳	(1)	2.3×1.2	
27-5c		不詳	(1)	1.5×1.2	
28-1		『般若心經』注	18	16.2×34.7	未傳佛典注。罫線幅1.5〜1.8cm, 天3.2〜3.5cm。28-2, 88-2, 88-3a, 88-3bは一連
28-2		『般若心經』注	5	8.0×11.6	未傳佛典注。罫線幅1.9〜2.1cm, 天3.1〜3.4cm。28-1, 88-2, 88-3a, 88-3bは一連
28-3a		不詳	(1)	1.5×1.3	
28-3b		不詳	(1)	1.3×1.1	
29ar	236	『金剛般若波羅蜜經』(T8, 755c24-756a15)	(1)+23	21.3×38.4	2紙, 罫線幅1.5〜1.6cm, 地3.6cm。無染色紙。29ar+29cr。「26」とは別寫本
29av		ウイグル文書		20.0×38.0	10世紀の下手なウイグル文字で書かれた數語
29br		文字なし		1.7×1.1	
29bv		ウイグル文書		1.7×1.1	10世紀の下手なウイグル文字で書かれた數語
29cr	236	『金剛般若波羅蜜經』(T8, 756a10)	1	1.8×1.6	29ar+29cr。「26」とは別寫本
29cv		ウイグル文書		1.8×1.6	10世紀の下手なウイグル文字で書かれた數語
30-1a	262	『妙法蓮華經』巻5 (T9, 42c9-16)	7+(1)	13.5×14.2	罫線幅1.7〜1.9cm。30-1a+135-3
30-1b	262	『妙法蓮華經』巻6 (T9, 49b17-c3)	15(中5行欠)	19.7×27.3	罫線幅1.7〜1.9cm, 地3.5cm
30-2	374	『大般涅槃經』巻24 (T12, 505a17-20)	4+(1)	9.6×8.0	罫線幅1.5〜1.7cm, 天3.2cm
30-3		老子道德經序訣	12	21.3×20.6	罫線幅1.5〜1.8cm, 天2.3〜2.5cm。葛玄「老

					子道德經序訣」。文字の異同あり。「裝楷」2字ナシ。この寫本はスタイン75と字體・書式ともに同じ。おそらく長安で寫字生によって書かれたものであろう。そこでは「老子道德經序訣。太極左仙公葛玄造」。また大谷文書8111もその斷片であるが（『佛教文化研究所紀要』44, 2006,「大谷文書の整理と研究」103-104頁），これとは異なる形式である
30-4	202	『賢愚經』卷7 (T4, 400c4-14)	(1)+11	26.4×20.8	2紙，罫線幅1.7cm，天3.3cm，地3.5cm
31-1		未傳佛典注釋	14	27.3×19.2	罫線幅1.4〜1.6cm，天1.5cm, 地 1.8cm。1585『成唯識論』卷五（護法等菩薩造，唐三藏法師玄奘奉詔譯，金庭長壽寺沙門通潤集解）の注釋に近い。唯識注釋。唯識注釋（基撰『大乘法苑義林章』卷三）。1614『大乘百法明門論』(T31, 855c) の注釋？「31-4」と一連斷片
31-2a		不　　詳	(2)	2.6×1.8	
31-2b		不　　詳	(1)	2.0×1.0	
31-2c	1823	『俱舍論頌疏論本』卷15 (T41, 903c10-25)	9+(1)	26.2×15.0	罫線幅1.4cm, 地1.4cm
31-2d		不　　詳	(1)	1.9×1.4	
31-2e		不　　詳	(1)	1.3×1.3	
31-3		不　　詳	(1)+1	3.4×2.5	罫線幅1.2cm
31-4		不　　詳	(1)+5+(1)	17.2×8.2	罫線幅 1.4〜1.5cm。1614『大乘百法明門論』(T31, 855c) の注釋？「31-1」と一連斷片
32-1		不　詳（外典）	18	7.7×27.4	
32-2		不　詳（外典）	9	8.1×22.3	

32-3		不　詳（外典）	(1)+7+(1)	5.8×8.0	
32-4		不　詳（外典）	7	7.1×14.2	
32-5		不　詳（外典）	(1)+9+(1)	8.0×11.1	
32-6		不　詳（外典）	5+(1)	6.3×11.4	
32-7		不　詳（外典）	(1)+14	7.8×12.2	
33-1ar	2883	『法王經』（T85, 1389b11-12）	(1)+1+(1)	4.3×4.1	裏は初期チベット文書
33-1av		初期チベット文書		4.3×4.1	表は漢語文書
33-1br		不　詳		3.8×3.1	文字なし。裏は初期チベット文書
33-1bv		初期チベット文書		3.8×3.1	表は文字なし
33-2ar	2883	『法王經』（T85, 1389b15）	1+(1)	4.0×2.8	裏は初期チベット文書
33-2av		初期チベット文書		4.0×2.8	表は漢語文書
33-2br	2883	『法王經』（T85, 1389b16-17）	1+(1)	3.9×3.7	裏は初期チベット文書
33-2bv		初期チベット文書		3.9×3.7	表は漢語文書
33-3ar		不　詳		1.8×2.6	文字なし。裏は初期チベット文書
33-3av		初期チベット文書		1.8×2.6	表は文字なし
33-3br		不　詳		2.4×3.2	文字なし。裏は初期チベット文書
33-3bv		初期チベット文書		2.4×3.2	表は文字なし
33-3cr	2883	『法王經』（T85, 1389b4）	(1)+1+(1)	3.9×3.8	裏は初期チベット文書
33-3cv		初期チベット文書		3.9×3.8	表は漢語文書
34-1ar		不　詳	(1)	2.1×1.1	
34-1av		不　詳	(1)	2.1×1.1	
34-1br		不　詳	(1)	1.5×1.6	
34-1bv		不　詳	(2)	1.5×1.6	
34-2r	157	『悲華經』巻3（T3, 183a1-4）	(1)+4	5.3×9.7	罫線幅2.1cm
34-2v		ブラフミー文書	4	5.3×9.7	
34-3r	663	『金光明經』巻3（T16, 351b2-5）	(1)+3	9.6×6.9	罫線幅1.7cm，天3.1cm
34-3v		ウイグル文書	1	9.6×6.9	
35	262	『妙法蓮華經』巻7（T9, 59a7-13）	5	7.1×8.8	罫線幅1.7～1.8cm，地0.9cm。5世紀中期?
36-1		佛典あるいはジャータカ		4.2×5.4	絹紙のカンパス1小断片。赤繪具の部分のみ残る。6世紀
36-2		不　詳	10	13.0×22.0	罫線幅1.8～1.9cm，天

					3.7cm
37		清代租税領收書（三聯單［憑據］）の一部		14.7×11.4	木版墨刷りの框郭。斜めの官印。罫線幅1.7～1.9cm、地1.9cm
38		未傳『佛説阿彌陀經』注釋	6(半葉)	22.6×10.1	folio26。貝葉型、表裏、折本形式。裏の上部に「阿彌陀二十六」と記す。『佛説阿彌陀經』(T12, 346c)の部分の注釋
39a		不　　詳	(1)	0.6×1.8	
39b		不　　詳	(1)	1.1×1.4	
39c		不　　詳	(1)	1.2×1.5	
39d		不　　詳	(1)	2.2×1.1	
39e	262	『妙法蓮華經』巻5 (T9, 38b6-c10)	25+(1)	6.7×44.1	2紙、罫線幅1.5～1.7cm
40-1	1764	『大般涅槃經義記』巻8 (T37, 818b16-20)	3	4.8×4.9	2紙、罫線幅1.7cm
40-2	1764	『大般涅槃經義記』巻8(T37, 818c9)	1	4.7×2.9	罫線幅1.8cm
41r		未詳　佛典注釋	(1)+14	9.7×22.7	2紙、罫線幅1.4～1.5cm、天1.2～1.4cm。章タイトル（？喩品）附き草書體の佛典注釋(法華經關係？)。朱點あり
41v		未詳　教義解説辭典	7	9.7×22.7	2紙
42-1r	202	『賢愚經』巻12(T4, 436b4-17)	(1)+7	11.0×10.1	罫線幅1.3cm
42-1v	202	『賢愚經』巻12(T4, 436a14-29)	7+(1)	10.7×9.9	罫線幅1.3cm
42-2r	270	『大法鼓經』巻下 (T9, 295c21-296a5)	(1)+4	4.9×8.3	罫線幅1.7～1.8cm
42-2v	270	『大法鼓經』巻下 (T9, 296a10-24)	4	4.9×8.3	罫線幅1.7～1.8cm
42-3r	374	『大般涅槃經』巻40 (T12, 600c24-28)	5	12.8×9.8	罫線幅1.7cm、地3.6cm
42-3v		なぐり書の繪？		12.8×9.8	
42-4r	1430	『四分僧戒本』 (T22, 1025c14-16)	(1)+2+(1)	10.6×5.7	罫線幅1.9cm。2行目と3行目の間に1行の書き込み
42-4v	1427	『摩訶僧祇比丘尼戒本』(T22, 562b4-6)	3+(1)	10.6×5.7	
43		印沙佛		20.5×12.5	三尊形の印沙佛

44-1		不　詳	2	7.7×5.9	罫線幅1.9cm，天3.5cm
44-2		不　詳	1	3.9×2.4	
44-3a		未傳佛典	7	4.2×10.3	罫線幅1.8～1.9cm
44-3b		不　詳	(1)	2.1×1.1	
44-4	397	『大方等大集經』卷2(T13, 13b10-13)	5+(1)	12.8×9.7	罫線幅1.8cm，天2.4cm
45-1	262	『妙法蓮華經』卷1(T9, 7a3-15)	11	9.9×20.1	2紙，罫線幅1.8～2.0cm
45-2	262	『妙法蓮華經』卷4(T9, 30b12-c5)	(1)+16	8.4×28.2	罫線幅1.4～1.7cm，地3.2～3.3cm
45-3	262	『妙法蓮華經』卷4(T9, 29c13-30a7)	18	7.8×31.5	2紙，罫線幅1.7～2.0cm，地3.0～3.2cm
45-4	374	『大般涅槃經』卷23(T12, 502a24-b4)	9+(1)	17.8×15.8	罫線幅1.6cm，地3.2cm
45-5	262	『妙法蓮華經』卷4(T9, 30a8-b9)	24	8.3×42.6	2紙，地3.1cm
46-1	223	『摩訶般若波羅蜜經』卷25(T8, 400c25-401a9)	11	26.7×19.0	罫線幅1.8cm，天3.6cm，地3.3cm
46-2	663	『金光明經』卷3(T16, 351b7-13)	6	18.8×10.6	罫線幅1.6～1.8cm，天3.3cm
47-1		不　詳	1	6.6×6.1	「第七」の2字
47-2	262	『妙法蓮華經』卷4(T9, 35a2-7)	(1)+6	13.0×10.8	2紙，罫線幅1.7cm，地3.1cm
47-3	235	『金剛般若波羅蜜經』(T8, 751c1-7)	(1)+7	11.3×12.3	罫線幅1.7cm，地3.1cm
47-4	223	『摩訶般若波羅蜜經』卷6(T8, 256c6-18)	12+(1)	12.1×24.7	罫線幅1.6～1.7cm，地3.1～3.2cm
48a		不　詳	(1)	1.2×0.8	
48b		不　詳	1	1.6×1.3	
48c		不　詳	(1)	1.8×1.9	
48d		不　詳	(1)	1.5×1.0	
48e	1581	『菩薩地持經』卷5(T30, 918a21-29)	9+(1)	25.6×15.2	罫線幅1.7cm。「二者終時」を「二者命終時」に作る
49-1	223	『摩訶般若波羅蜜經』卷18(T8, 352a12-14)	3	5.0×7.3	
49-2	223	『摩訶般若波羅蜜經』卷18(T8, 351c25-352a8)	13+(1)	9.3×25.8	罫線幅1.8～2.0cm，天2.4cm
49-3	223	『摩訶般若波羅蜜	(1)+8+(1)	9.6×17.6	罫線幅1.8～2.0cm

		經』巻18(T8, 352a4-11)			
50-1	262	『妙法蓮華經』巻2 (T9, 11c18-29)	6+(1)	7.5×14.1	罫線幅1.6〜1.7cm，地2.5〜2.6cm
50-2	1331	『佛說灌頂七萬二千神王護比丘呪經』巻4（T21, 508a28-508b3）	5	6.8×9.6	罫線幅1.8cm，地3.0cm
50-3		不　詳	8+(1)	12.2×16.2	罫線幅1.9cm，地3.3cm
51-1	374	『大般涅槃經』巻24 (T12, 504c6-15)	9	21.0×16.9	天 2.7cm。「象聲」を「馬聲」，「哭聲」を「笑聲」に作る。51-1+51-2+51-3+51-4c
51-2	374	『大般涅槃經』巻24 (T12, 504c9-19)	(1)+10	16.6×19.9	2紙，地3.4cm。51-1+51-2+51-3+51-4c
51-3	374	『大般涅槃經』巻24 (T12, 504c20-25)	(1)+6	22.5×12.2	天3.0cm。51-1+51-2+51-3+51-4c
51-4a		不　詳	1	1.8×2.1	
51-4b		不　詳	1	3.0×1.7	
51-4c	374	『大般涅槃經』巻24 (T12, 504c26-505a2)	6	10.4×10.6	51-1+51-2+51-3+51-4c
52-1	442	『十方千五百佛名經』(T14, 313b27-c1)	3	9.8×5.4	罫線幅2.0cm
52-2	442	『十方千五百佛名經』(T14, 313b26-c1)	4+(1)	8.7×9.7	罫線幅1.9〜2.0cm
52-3		不　詳	(1)+1+(1)	2.1×2.6	罫線幅1.6cm
52-4	442	『十方千五百佛名經』(T14, 313b21-22)	(1)+2	13.2×5.1	罫線幅1.9〜2.0cm。異同アリ
52-5	442	『十方千五百佛名經』(T14, 313c1-6)	6	19.0×11.1	罫線幅2.0cm
52-6		不　詳	(1)+1	4.2×3.0	
52-7a	1435	『十　誦　律』巻22 (T23, 163a27-28)	2	7.1×5.8	罫線幅1.8cm，地2.1cm
52-7b		不　詳	2	6.9×2.7	罫線幅1.8cm，天3.1cm
53-1		不　詳	2	2.9×3.2	
53-2	262	『妙法蓮華經』巻5 (T9, 38a28-c1)	3	6.1×4.8	罫線幅1.6cm
53-3a	1331	『佛說灌頂七萬二千神王護比丘呪經』巻	(1)+1	7.4×3.1	罫線幅1.7cm。72-2+111-2+64-3+71C-4+53

			12（T21, 533b8-9）			-3a+90-9
53-3b			不　　詳	(1)+1	7.2×7.5	
53-4	262		『妙法蓮華經』巻5（T9, 38b2-5）	4+(1)	6.3×6.7	罫線幅1.6〜1.7cm
54A-1	245		『佛說仁王護國般若波羅蜜經』巻下（T8, 833b18-20）	(1)+3	6.7×6.9	
54A-2	262		『妙法蓮華經』巻4（T9, 29c5-7）	(1)+3	7.2×8.0	天3.5cm？
54A-3	245		『佛說仁王護國般若波羅蜜經』巻下（T8, 833a3-6）	3+(1)	7.3×9.1	天4.6cm？
54A-4	1331		『佛說灌頂七萬二千神王護比丘呪經』巻12（T21, 532b18-20）	3	8.4×5.4	罫線幅1.9cm。119C-1a+54A-4+119C-4
54A-5	245		『佛說仁王護國般若波羅蜜經』巻下（T8, 833b9-13）	4	6.8×6.4	天2.5cm
54A-6	245		『佛說仁王護國般若波羅蜜經』巻下（T8, 833b2-4）	(1)+3+(1)	6.7×7.1	天2.6cm
54A-7a	245		『佛說仁王護國般若波羅蜜經』巻下（T8, 832c19-22）	(1)+3	6.1×6.1	
54A-7b	245		『佛說仁王護國般若波羅蜜經』巻下（T8, 832c16-17）	2	3.9×5.0	
54A-8a			不　　詳	(1)	1.4×2.3	
54A-8b	245		『佛說仁王護國般若波羅蜜經』巻下（T8, 832c24-27）	4	9.3×6.9	天4.5cm。54A-8b+54A-12
54A-9	245		『佛說仁王護國般若波羅蜜經』巻下（T8, 833b13-16）	3+(1)	8.9×7.6	天4.2cm
54A-10	245		『佛說仁王護國般若波羅蜜經』巻下（T8, 833a13-15）	4	9.0×7.8	天2.6cm。54A-10+54A-16b+54A-16a+54A-16d+54A-16c。
54A-11a	245		『佛說仁王護國般若波羅蜜經』巻下（T8, 833a8-10）	3+(1)	9.0×6.8	
54A-11b			不　　詳	(1)	1.8×1.1	
54A-11c			不　　詳	(1)	1.7×1.3	

54A-11d		不詳	(1)	1.1×0.8	
54A-11e		不詳	(1)	1.4×0.8	
54A-11f		不詳	(2)	1.6×1.1	
54A-12	245	『佛說仁王護國般若波羅蜜經』卷下(T8, 832c28-833a1)	3+(1)	9.8×6.6	2紙，天4.3cm。54A-8b +54A-12
54A-13a	1043	『請觀世音菩薩消伏毒害陀羅尼呪經』(T20, 37a9-10)	3+(1)	7.4×6.5	地3.3cm
54A-13b	374	『大般涅槃經』卷9 (T12, 421c12-13)	2	4.3×3.2	
54A-13c	1043	『請觀世音菩薩消伏毒害陀羅尼呪經』(T20, 36c5-7)	3+(1)	6.2×6.1	地2.0cm
54A-14a	374	『大般涅槃經』卷31 (T12, 550b17-18)	2	7.8×3.7	54A-14a+54A-14f
54A-14b	374	『大般涅槃經』卷31 (T12, 550b29-c1)	2+(1)	11.7×4.6	
54A-14c	374	『大般涅槃經』卷31 (T12, 550b7-8)	(1)+2	11.7×5.1	54A-14e+54A-14c
54A-14d	374	『大般涅槃經』卷31 (T12, 550c16)	(1)+1	4.8×2.9	
54A-14e	374	『大般涅槃經』卷31 (T12, 550b5-6)	2	4.3×3.1	54A-14e+54A-14c
54A-14f	374	『大般涅槃經』卷31 (T12, 550b17-18)	2+(1)	6.7×5.0	54A-14a+54A-14f
54A-15a	1043	『請觀世音菩薩消伏毒害陀羅尼呪經』(T20, 37a16-18)	3+(1)	6.5×6.3	
54A-15b	1043	『請觀世音菩薩消伏毒害陀羅尼呪經』(T20, 36c13-14)	2+(1)	6.1×4.7	
54A-15c	1043	『請觀世音菩薩消伏毒害陀羅尼呪經』(T20, 37a2-4)	3+(1)	6.4×6.3	
54A-15d	1043	『請觀世音菩薩消伏毒害陀羅尼呪經』(T20, 37a16-18)	(1)+2	6.4×4.8	
54A-15e	1043	『請觀世音菩薩消伏毒害陀羅尼呪經』(T20, 36c18-21)	3	6.6×6.1	
54A-15f	1043	『請觀世音菩薩消伏毒害陀羅尼呪經』	(1)+3	6.6×6.2	

		(T20, 36b29-c1)			
54A-16a	245	『佛說仁王護國般若波羅蜜經』卷下(T8, 833a19-22)	(1)+3	8.3×6.5	54A-10+54A-16b+54A-16a+54A-16d+54A-16c。
54A-16b	245	『佛說仁王護國般若波羅蜜經』卷下(T8, 833a15-18)	(1)+3	9.2×6.8	54A-10+54A-16b+54A-16a+54A-16d+54A-16c。
54A-16c	245	『佛說仁王護國般若波羅蜜經』卷下(T8, 833a27-29)	(1)+3+(1)	6.2×6.7	54A-10+54A-16b+54A-16a+54A-16d+54A-16c。
54A-16d	245	『佛說仁王般若波羅蜜經』卷下(T8, 833a23-26)	4	6.5×6.7	54A-10+54A-16b+54A-16a+54A-16d+54A-16c。
54B-1	245	『佛說仁王護國般若波羅蜜經』卷下(T8, 832c11-12)	2	4.1×3.3	
54B-2	245	『佛說仁王護國般若波羅蜜經』卷下(T8, 832c14-15)	(1)+2	4.7×2.9	
54B-3	374	『大般涅槃經』卷5(T12, 398b26-27)	(1)+2+(1)	7.9×5.8	罫線幅2.1cm
54B-4	374	『大般涅槃經』卷24(T12, 504b23-24)	(1)+2+(1)	6.4×6.0	罫線幅1.9cm
54B-5	223	『摩訶般若波羅蜜經』卷18(T8, 351c26-352a2)	6	6.6×11.6	
54B-6	202	『賢愚經』卷9(T4, 414c10-16)	7	7.6×12.2	「所在王」を「所王」に作る
54B-7	223	『摩訶般若波羅蜜經』卷1(T8, 292c27-293a5)	(1)+7	12.3×14.0	81-2+81-6a+54B-7
55-1		不詳	(1)+4	6.8×8.9	罫線幅1.8cm
55-2	1339	『大方等陀羅尼經』卷1(T21, 641b23-26)	3+(1)	11.3×6.4	
56-1a		不詳	(1)	1.9×0.9	
56-1b	374	『大般涅槃經』卷4(T12, 386a28-b1)	3	5.4×6.2	罫線幅1.8cm
56-1c		文字なし		3.4×3.5	
56-2a		不詳	1+(1)	2.9×2.8	
56-2b		不詳	1+(1)	2.9×2.5	罫線幅1.6cm
56-2c		不詳	1	3.0×2.0	
56-3	374	『大般涅槃經』卷31	6	8.9×12.1	罫線幅1.8〜1.9cm。56-

		(T12, 550c7-12)			3+56-4
56-4	374	『大般涅槃經』巻31 (T12, 550c8-10)	(1)+3	6.0×6.2	罫線幅1.9cm。56-3+56-4
56-5a		不詳	(1)+2+(1)	3.7×4.4	罫線幅1.8cm
56-5b		不詳	(1)	1.5×2.3	
56-6		不詳	(1)+1+(1)	2.9×3.7	
56-7a		不詳	(1)	2.5×1.3	
56-7b		不詳	(1)	1.8×1.9	
56-封筒		不詳（未分類）			文字のない紙の入った1封筒
57-1a		不詳	(1)	1.6×1.7	
57-1b	374	『大般涅槃經』巻18 (T12, 472a12-22)	10	14.7×19.4	
57-2	222	『光讚經』巻7 (T8, 198c9-19)	(1)+11	18.9×21.3	天3.2cm
57-封筒		不詳			
58A-1a	223	『摩訶般若波羅蜜經』巻7 (T8, 274c11-14)	(1)+2+(1)	12.2×6.3	罫線幅2.0cm，地2.1cm
58A-1b	223	『摩訶般若波羅蜜經』巻7 (T8, 274b4-6)	3+(1)	13.0×6.9	罫線幅2.0cm，地2.9cm
58A-1c	223	『摩訶般若波羅蜜經』巻7 (T8, 274a24-27)	3+(1)	14.0×7.1	罫線幅2.0～2.2cm，地3.2cm
58A-1d	223	『摩訶般若波羅蜜經』巻7 (T8, 274a20-22)	3+(1)	13.5×7.1	罫線幅2.0cm，地2.7cm
58A-2	374	『大般涅槃經』巻11 (T12, 431a4-6)	(1)+2	12.7×5.5	罫線幅1.9～2.1cm，地3.6cm
58A-3	360	『佛説無量壽經』巻下 (T12, 274b16-28)	11+(1)	6.5×23.6	罫線幅1.8～2.1cm。58A-3+73C-2
58A-4	360	『佛説無量壽經』巻下 (T12, 274c26-275a9)	12	6.3×25.1	罫線幅1.9～2.0cm
58A-5	360	『佛説無量壽經』巻下 (T12, 274c14-21)	(1)+7	8.2×17.6	罫線幅2.0～2.1cm，地3.7～3.9cm。58A5-5+LM20_1456_03_16
58A-6a	223	『摩訶般若波羅蜜經』巻7 (T8, 274c11-14)	3+(1)	11.3×6.4	罫線幅2.0cm，地1.1cm
58A-6b	223	『摩訶般若波羅蜜經』巻7 (T8, 274c16	3	11.7×6.4	罫線幅2.0～2.1cm，地1.5cm

		-18)			
58A-7a	223	『摩訶般若波羅蜜經』巻7（T8, 274a29-274b2）	3+(1)	13.7×6.7	罫線幅1.9〜2.1cm，地3.6cm
58A-7b	223	『摩訶般若波羅蜜經』巻7（T8, 274a16-18）	3	13.4×6.9	罫線幅1.9〜2.0cm，地3.0cm
58B-1a		不　　詳	(1)	1.4×1.3	
58B-1b		不　　詳	2	3.1×2.6	
58B-1c	374	『大般涅槃經』巻3（T12, 382b29-c4）	4	8.4×8.6	罫線幅1.7cm，地2.7cm
58B-1d		不　　詳	1+(1)	3.3×2.5	
58B-1e	374	『大般涅槃經』巻3（T12, 382b22-23）	(1)+2	9.2×4.5	罫線幅1.7cm
58B-1f		不　　詳	3	7.8×7.4	罫線幅1.7〜2.0cm，地3.8cm
58B-1g	374	『大般涅槃經』巻30（T12, 546c9-10）	(1)+2+(1)	7.0×5.3	罫線幅1.8cm，天3.1cm。58B-1g+93-2
58B-1h	223	『摩訶般若波羅蜜經』巻7（T8, 275a6-8）	3	3.9×1.5	罫線幅1.8cm，地4.1cm。58B-1j+58B-1h
58B-1i		不　　詳	1	3.9×1.3	
58B-1j	223	『摩訶般若波羅蜜經』巻7（T8, 275a2-5）	4	10.8×6.9	罫線幅1.8〜1.9cm，地4.0cm。58B-1j+58B-1h
58B-2		不　　詳	4	6.0×7.3	罫線幅1.8〜1.9cm，地4.1cm
58B-3	223	『摩訶般若波羅蜜經』巻7（T8, 274c8-10）	(1)+3+(1)	10.8×7.3	罫線幅1.9〜2.1cm，地4.1cm。58B-3+58B-6b
58B-4	278	『大方廣佛華嚴經』巻52（T9, 728c22-24）	3+(1)	7.3×8.2	罫線幅2.0〜2.2cm，地3.7〜3.8cm
58B-5	262	『妙法蓮華經』巻4（T9, 36a26-29）	4+(1)	8.8×7.6	罫線幅1.8cm，地3.6cm
58B-6a		不　　詳	(1)	0.7×0.8	
58B-6b	223	『摩訶般若波羅蜜經』巻7（T8, 274c11-14）	4	10.8×7.9	罫線幅1.8〜2.0cm，地4.2cm。58B-3+58B-6b。
58B-6c		文字なし		0.5×0.9	
58C-1	374	『大般涅槃經』巻16（T12, 461c24-27）	4	7.2×9.9	罫線幅1.9〜2.1cm，天3.8cm。58C-1+58C-6
58C-2		不　　詳	3	6.3×6.4	罫線幅2.0cm，地4.2cm

58C-3	374	『大般涅槃經』卷16 (T12, 461c11-13)	2+(1)	7.4×5.0	罫線幅2.0cm
58C-4	374	『大般涅槃經』卷9 (T12, 417c20-22)	(1)+2+(1)	5.0×5.4	罫線幅1.8〜1.9cm，地1.5cm
58C-5	374	『大般涅槃經』卷16 (T12, 461c11-15)	4	8.1×9.0	罫線幅1.9cm，天3.6cm
58C-6	374	『大般涅槃經』卷16 (T12, 461c26-29)	4	8.9×8.4	罫線幅2.0cm。58C-1+58C-6
58C-7	374	『大般涅槃經』卷29 (T12, 538b26-c1)	6+(1)	7.8×13.8	罫線幅1.9〜2.2cm
58C-8	374	『大般涅槃經』卷16 (T12, 462a10-23)	14+(1)	17.7×28.9	2紙，罫線幅2.0〜2.1cm，天3.8cm。91-3+93-1+58C-8+83B-2+91-7+74B-1+119D-9f
59-1	374	『大般涅槃經』卷4 (T12, 386a28-29)	(1)+2+(1)	5.7×5.1	罫線幅1.8cm
59-2		不　詳	3	3.2×5.6	
59-3		不　詳	3+(1)	7.7×6.9	罫線幅1.8cm，天3.5cm
59-4		不　詳	(1)+3	8.6×6.7	地3.2〜3.5cm
59-5		不　詳	5	7.9×10.4	罫線幅1.8〜2.0cm。唯識注釋關係佛典「者乃是玄奘法」
59-6a		不　詳	(1)	1.6×1.4	
59-6b		不　詳	(1)	2.0×0.9	
59-6c		不　詳	(1)	0.9×1.1	
59-6d		不　詳	(1)	5.7×3.4	
59-6e		文字なし		4.2×0.9	罫線のみ
59-6f		不　詳	(1)	1.5×1.5	
59-6g		文字なし		4.2×7.7	罫線のみ
59-6h	374	『大般涅槃經』卷3 (T12, 382c3-4)	(1)+2	5.1×4.1	罫線幅1.7cm
60-1	374	『大般涅槃經』卷22 (T12, 497a1)	1	3.3×2.3	60-2b+60-2a+60-3+60-1
60-2a	374	『大般涅槃經』卷22 (T12, 496c22-26)	(1)+5+(1)	14.6×12.7	地3.6cm。60-2b+60-2a+60-3+60-1
60-2b	374	『大般涅槃經』卷22 (T12, 496c21)	1+(1)	4.3×3.3	60-2b+60-2a+60-3+60-1
60-3	374	『大般涅槃經』卷22 (T12, 496c24-497a1)	7	21.6×13.6	罫線幅1.9〜2.2cm，地3.8cm。60-2b+60-2a+60-3+60-1
61A-1r	223	『摩訶般若波羅蜜經』卷24(T8, 400a4-7)	(1)+4	6.9×6.5	罫線幅1.6cm

61A-1v		僧肇注『維摩經』	5+(1)	6.9×6.5	1775『注維摩』(T38, 371c14-372a19)の部分に對應
61A-2ar		不　詳	(1)	1.5×0.9	
61A-2av		僧肇注『維摩經』	1	1.5×0.9	1775『注維摩』の對應部分特定できず
61A-2br	223	『摩訶般若波羅蜜經』卷24(T8, 398c13-16)	(1)+4	9.4×6.8	罫線幅1.6cm
61A-2bv		僧肇注『維摩經』	5+(1)	9.4×6.8	1775『注維摩』卷4 (T38, 360c9-361a2)の部分に對應
61A-3r	223	『摩訶般若波羅蜜經』卷24(T8, 398c21-28)	(1)+7+(1)	9.0×12.3	罫線幅1.6cm
61A-3v		僧肇注『維摩經』	(1)+10	9.0×12.3	1775『注維摩』卷4 (T38, 361b11-362b17)の部分に對應
61A-4r	223	『摩訶般若波羅蜜經』卷24(T8, 398c28-399a7)	7	8.2×11.7	罫線幅1.4～1.7cm。61A-4r+61B-10fv+61B-10gr
61A-4v		僧肇注『維摩經』	10+(1)	8.2×11.7	罫線幅1.4～1.7cm。1775『注維摩』卷4 (T38, 362b23-c14)の部分に對應, 異同あり。61A-4v+61B-10fr+61B-10gv
61A-5ar	223	『摩訶般若波羅蜜經』卷24(T8, 400a9-26)	16	9.1×25.4	罫線幅1.5～1.7cm。61A-5ar+61B-1r
61A-5av		僧肇注『維摩經』	(1)+23	9.1×25.4	1775『注維摩』卷5 (T38, 372b25-373a28)の部分に對應, 異同あり
61A-5br		不　詳	1	2.0×1.3	
61A-5bv		不　詳	(2)	2.0×1.3	
61A-6r	223	『摩訶般若波羅蜜經』卷24(T8, 399b11-28)	(1)+16	7.8×26.7	罫線幅1.6cm
61A-6v		僧肇注『維摩經』	(1)+24	7.8×26.7	罫線幅1.6cm。1775『注維摩』卷4(T38, 365c20-368b13)の部分に對應, 異同あり
61B-1r	223	『摩訶般若波羅蜜	(1)+6	8.7×9.9	罫線幅1.5～1.7cm。

		經』卷24(T8, 400a27-b3)			61A-5ar+61B-1r
61B-1v		僧肇注『維摩經』	(1)+8+(1)	8.7×9.9	「佛」を「ム」に作る。1775『注維摩』巻5(T38, 373c13-374a25)の部分に對應
61B-2r	223	『摩訶般若波羅蜜經』卷24(T8, 399c1-5)	(1)+4+(1)	8.8×8.1	罫線幅1.6〜1.7cm
61B-2v		僧肇注『維摩經』	(1)+7	8.8×8.1	1775『注維摩』巻4(T38, 368b16-c25)の部分に對應
61B-3r		不　詳	(1)+3+(1)	8.2×6.1	
61B-3v		不　詳	4	8.2×6.1	草書體
61B-4r		僧肇注『維摩經』	4+(1)	7.7×4.7	1775『注維摩』巻4(T38, 361a29-b8)の部分に對應
61B-4v	223	『摩訶般若波羅蜜經』卷24(T8, 398c19-20)	(1)+2+(1)	7.7×4.7	
61B-5ar		僧肇注『維摩經』	2+(1)	3.7×2.9	1775『注維摩』巻4(T38, 361b18)の部分に對應
61B-5av	223	『摩訶般若波羅蜜經』卷24(T8, 398c22-23)	1+(1)	3.7×2.9	
61B-5br		僧肇注『維摩經』	2	3.9×2.6	1775『注維摩』巻5(T38, 372c19-21)の部分に對應
61B-5bv	223	『摩訶般若波羅蜜經』卷24(T8, 393a8)	1+(1)	3.9×2.6	
61B-5cr		僧肇注『維摩經』	(1)+1+(1)	3.5×2.2	1775『注維摩』巻4(T38, 366b18)の部分に對應
61B-5cv		不　詳	(1)+1	3.5×2.2	
61B-6r		僧肇注『維摩經』	(1)+1+(1)	5.9×2.6	1775『注維摩』巻4(T38, 364c15-18)に對應
61B-6v	223	『摩訶般若波羅蜜經』卷24(T8, 399b1)	1	5.9×2.6	
61B-7r		不　詳	2	1.7×3.5	罫線幅1.6cm
61B-7v		不　詳	2+(1)	1.7×3.5	
61B-8ar		僧肇注『維摩經』	2	2.5×2.5	1775『注維摩』巻4

					（T38, 363a18-22）に對應
61B-8av	223	『摩訶般若波羅蜜經』卷24（T8, 400a1-2）	1+(1)	2.5×2.5	
61B-8br		不　　詳	(1)	0.9×1.9	
61B-8bv		不　　詳	(1)	0.9×1.9	
61B-8cr		不　　詳	2	2.3×2.7	
61B-8cv		僧肇注『維摩經』	(1)+2+(1)	2.3×2.7	1775『注維摩』卷4の對應部分特定できず
61B-8dr		不　　詳	(1)+2+(1)	2.9×4.2	罫線幅1.5cm
61B-8dv		僧肇注『維摩經』	(1)+3+(1)	2.9×4.2	1775『注維摩』卷4の對應部分特定できず
61B-9ar		僧肇注『維摩經』	(1)+1	7.5×2.6	地 2.9cm。1775『注維摩』卷4（T38, 371a9-19）の部分に對應
61B-9av	223	『摩訶般若波羅蜜經』卷24（T8, 399c29）	1	7.5×2.6	
61B-9br		僧肇注『維摩經』	4+(1)	8.7×5.3	1775『注維摩』卷4（T38, 365a14-b13）の部分に對應
61B-9bv	223	『摩訶般若波羅蜜經』卷24（T8, 399b6-8）	3	8.7×5.3	
61B-9cr		僧肇注『維摩經』	4+(1)	8.6×5.4	
61B-9cv	223	『摩訶般若波羅蜜經』卷24（T8, 398c7-10）	3	8.6×5.4	
61B-10ar		僧肇注『維摩經』	4+(1)	3.7×4.9	1775『注維摩』卷4（T38, 373a17-25）の部分に對應
61B-10av	223	『摩訶般若波羅蜜經』卷24（T8, 400a21-23）	3	3.7×4.9	
61B-10br		僧肇注『維摩經』	2+(1)	3.1×2.7	1775『注維摩』卷4對應部分特定できず
61B-10bv	223	『摩訶般若波羅蜜經』卷24特定できず	1+(1)	3.1×2.7	
61B-10cr		僧肇注『維摩經』	(1)+4	2.8×4.8	1775『注維摩』卷4（T38, 374a2）前後に對應
61B-10cv	223	『摩訶般若波羅蜜經』	2+(1)	2.8×4.8	

		經』巻24(T8, 400a27-29)			
61B-10dr		僧肇注『維摩經』	4	2.9×4.7	1775『注維摩』巻4 對應特定できず
61B-10dv	223	『摩訶般若波羅蜜經』巻24特定できず	3	2.9×4.7	
61B-10er		僧肇注『維摩經』	5	3.6×5.4	1775『注維摩』巻4 (T38, 368b14-28)の部分に對應
61B-10ev	223	『摩訶般若波羅蜜經』巻24(T8, 399c1-3)	3+(1)	3.6×5.4	
61B-10fr		僧肇注『維摩經』	4+(1)	3.5×5.5	1775『注維摩』巻4(T38, 363a3-23)の部分に對應。61A-4r+61B-10fr+61B-10gr
61B-10fv	223	『摩訶般若波羅蜜經』巻24(T8, 399a8-10)	3+(1)	3.5×5.5	61A-4v+61B-10fv+61B-10gv
61B-10gr		僧肇注『維摩經』	4	5.2×5.0	1775『注維摩』巻4(T38, 363a9-17)の部分に對應。61A-4r+61B-10fr+61B-10gr
61B-10gv	223	『摩訶般若波羅蜜經』巻24(T8, 399a11-13)	3+(1)	5.2×5.0	61A-4v+61B-10fv+61B-10gv
61B-11ar		不　詳	1+(1)	2.7×1.5	極小斷片
61B-11av		不　詳	(2)	2.7×1.5	極小斷片
61B-11br		不　詳	(2)	1.1×2.8	極小斷片
61B-11bv		不　詳	(2)	1.1×2.8	極小斷片
61B-11cr		不　詳	1	1.5×1.5	極小斷片
61B-11cv		不　詳	(2)	1.5×1.5	極小斷片
61B-11dr		不　詳	(1)+1	1.2×1.7	極小斷片
61B-11dv		不　詳	1	1.2×1.7	極小斷片
61B-11er		不　詳	(2)	2.2×1.3	極小斷片
61B-11ev		不　詳	(2)	2.2×1.3	極小斷片
61B-11fr		不　詳	(1)	2.5×1.7	極小斷片
61B-11fv		不　詳	(1)+1	2.5×1.7	極小斷片
61B-11gr		不　詳	1+(1)	3.2×1.6	極小斷片
61B-11gv		不　詳	(2)	3.2×1.6	極小斷片
61B-11hr		不　詳	1	1.6×1.4	極小斷片
61B-11hv		不　詳	(1)	1.6×1.4	極小斷片
61B-11ir		不　詳	(2)	0.9×1.5	極小斷片

61B-11iv	不　詳	(1)	0.9×1.5	極小斷片
61B-11jr	不　詳	1	1.9×1.0	極小斷片
61B-11jv	不　詳	(1)	1.9×1.0	極小斷片
61B-11kr	不　詳	2	1.1×1.2	極小斷片
61B-11kv	不　詳	(1)	1.1×1.2	極小斷片
61B-11lr	不　詳	(2)	1.5×1.6	極小斷片
61B-11lv	不　詳	1	1.5×1.6	極小斷片
61B-11mr	不　詳	(1)	1.2×0.9	極小斷片
61B-11mv	不　詳	(1)	1.2×0.9	極小斷片
61B-11nr	不　詳	(1)	1.2×1.3	極小斷片
61B-11nv	不　詳	(1)	1.2×1.3	極小斷片
61B-11or	不　詳	(1)	1.0×0.8	極小斷片
61B-11ov	不　詳	(1)	1.0×0.8	極小斷片
61B-11pr	不　詳	(1)	0.8×1.0	極小斷片
61B-11pv	不　詳	(1)	0.8×1.0	極小斷片
61B-11qr	不　詳	(1)	1.0×1.2	極小斷片
61B-11qv	不　詳	(1)	1.0×1.2	極小斷片
61B-11rr	不　詳	(1)+1	1.5×1.3	極小斷片
61B-11rv	不　詳	(2)	1.5×1.3	極小斷片
61B-11sr	不　詳	(2)	1.6×1.8	極小斷片
61B-11sv	不　詳	(2)	1.6×1.8	極小斷片
61B-11tr	不　詳	(2)	2.2×1.0	極小斷片
61B-11tv	不　詳	(2)	2.2×1.0	極小斷片
61B-11ur	不　詳	(1)	1.6×1.0	極小斷片
61B-11uv	不　詳	(1)	1.6×1.0	極小斷片
61B-11vr	不　詳	(1)	1.4×1.0	極小斷片
61B-11vv	不　詳	(1)	1.4×1.0	極小斷片
61B-12ar	不　詳	(2)	3.5×1.4	極小斷片
61B-12av	不　詳	(2)	3.5×1.4	極小斷片
61B-12br	不　詳	1	3.6×1.5	極小斷片
61B-12bv	不　詳	1+(1)	3.6×1.5	極小斷片
61B-12cr	不　詳	(2)	2.0×1.9	極小斷片
61B-12cv	不　詳	(1)+1+(1)	2.0×1.9	極小斷片
61B-12dr	不　詳	1	3.4×1.2	極小斷片
61B-12dv	不　詳	(2)	3.4×1.2	極小斷片
61B-12er	不　詳	1+(1)	3.4×3.8	極小斷片
61B-12ev	不　詳	3	3.4×3.8	極小斷片
61B-12fr	不　詳	1	2.8×1.4	極小斷片
61B-12fv	不　詳	1	2.8×1.4	極小斷片
61B-12gr	不　詳	(2)	3.2×2.5	極小斷片
61B-12gv	不　詳	(1)+1+(1)	3.2×2.5	極小斷片

61B-12hr		不　詳	1	3.2×1.6	極小斷片	
61B-12hv		不　詳	1	3.2×1.6	極小斷片	
61B-12ir		不　詳	1+(1)	3.2×1.7	極小斷片	
61B-12iv		不　詳	(1)+1	3.2×1.7	極小斷片	
61B-12jr		不　詳	(1)+1+(1)	2.6×1.9	極小斷片	
61B-12jv		不　詳	1	2.6×1.9	極小斷片	
61B-12kr		不　詳	(2)	4.5×1.8	極小斷片	
61B-12kv		不　詳	1+(1)	4.5×1.8	極小斷片	
61B-12lr		不　詳	(1)+1	3.9×1.6	極小斷片	
61B-12lv		不　詳	(1)	3.9×1.6	極小斷片	
61B-13ar		不　詳	1+(1)	1.8×2.0	極小斷片	
61B-13av		不　詳	(2)	1.8×2.0	極小斷片	
61B-13br		不　詳	(1)+1+(1)	1.7×1.5	極小斷片	
61B-13bv		不　詳	(2)	1.7×1.5	極小斷片	
61B-13cr		不　詳	1	1.9×2.2	極小斷片	
61B-13cv		不　詳	(1)+1+(1)	1.9×2.2	極小斷片	
61B-13dr		不　詳	(2)	2.2×1.4	極小斷片	
61B-13dv		不　詳	1	2.2×1.4	極小斷片	
61B-13er		不　詳	2	2.4×2.0	極小斷片	
61B-13ev		不　詳	(2)	2.4×2.0	極小斷片	
61B-13fr		不　詳	(1)+1	1.3×1.7	極小斷片	
61B-13fv		不　詳	(2)	1.3×1.7	極小斷片	
61B-13gr		不　詳	(1)	1.9×1.2	極小斷片	
61B-13gv		不　詳	(1)	1.9×1.2	極小斷片	
61B-13hr		不　詳	1	1.4×1.4	極小斷片	
61B-13hv		不　詳	(1)	1.4×1.4	極小斷片	
61B-13ir		不　詳	1+(1)	1.4×1.6	極小斷片	
61B-13iv		不　詳	(1)	1.4×1.6	極小斷片	
61B-13jr		不　詳	(1)	1.5×0.8	極小斷片	
61B-13jv		不　詳	(1)	1.5×0.8	極小斷片	
61B-13kr		不　詳	(1)	2.0×1.0	極小斷片	
61B-13kv		不　詳	(1)	2.0×1.0	極小斷片	
61B-13lr		不　詳	(1)	1.0×1.2	極小斷片	
61B-13lv		不　詳	(1)	1.0×1.2	極小斷片	
61B-13mr		不　詳	(1)	1.2×1.4	極小斷片	
61B-13mv		不　詳	(1)	1.2×1.4	極小斷片	
61B-13nr		不　詳	(1)	1.9×0.9	極小斷片	
61B-13nv		不　詳	(1)	1.9×0.9	極小斷片	
61B-13or		不　詳	(1)	0.7×1.2	極小斷片	
61B-13ov		不　詳	(1)	0.7×1.2	極小斷片	
62-1	397	『大方等大集經』卷	(1)+1+(1)	5.7×4.6		

		4 (T13, 845b21-22)			
62-2	374	『大般涅槃經』卷18 (T12, 470c28-29)	2	4.0×3.2	古い。73B-2+62-2
62-3a		不　詳	(1)	1.3×1.4	
62-3b		不　詳	(1)	2.2×2.3	
62-3c		不　詳	(1)	1.3×1.4	
62-3d		不　詳	1	1.7×1.5	
62-4a		不　詳	(1)+1	4.0×3.4	
62-4b		不　詳	(1)+3	4.8×7.5	
62-4c		不　詳	(1)+1	3.6×2.5	
62-5		不　詳	1	3.0×2.3	
62-6		不　詳	2+(1)	4.6×2.5	
62-7	397	『大方等大集經』卷30 (T13, 205c27-206a1)	(1)+4	10.7×7.3	罫線幅1.5～1.7cm
62-8a		不　詳	(1)+4	10.7×8.6	罫線幅1.6～1.8cm
62-8b		不　詳	3+(1)	9.9×5.5	罫線幅1.6cm
62-8c		不　詳	(1)+1	3.9×3.4	
63	245	『佛説仁王護國般若波羅蜜經』卷下(T8, 834a8)+奥書(延昌31［591］)	1+尾題+奥書	13.7×20.6	
64-1		不　詳	4	5.2×5.6	
64-2	1543	『阿毘曇八犍度論』卷15 (T26, 844a6-9)	(1)+3+(1)	6.4×5.4	罫線幅1.4～1.5cm
64-3	1331	『佛説灌頂七萬二千神王護比丘呪經』卷12 (T21, 533b4-7)	3+(1)	4.0×6.7	罫線幅1.6～1.7cm。72-2+111-2+64-3+71C-4+53-3a+90-9
64-4	441	『佛説佛名經』卷6 (T14, 212c21-22)	2+(1)	6.4×4.6	罫線幅1.6～1.7cm
64-5	2837	『楞伽師資記』(T85, 1285c25-1286a5)	6	3.2×8.1	罫線幅1.2～1.4cm
64-6		不　詳	1	3.9×2.0	
64-7	262	『妙法蓮華經』卷3 (T9, 23c9-13あるいは24a17-21)	4	20.1×7.4	罫線幅1.9cm，天4.0cm
65A-1	685	『佛説盂蘭盆經』(T16, 779b26-c12)	9+(1)	9.2×26.6	2紙，罫線幅1.7～1.8cm，天2.9cm。65B-3+65A-1+65A-2
65A-2	685	『佛説盂蘭盆經』(T16, 779b13-19)	5	8.5×8.5	天2.8cm。65B-3+65A-1+65A-2
65A-3		「禮經祝三首」の1, 2首(『雲笈七籤』卷	9	8.8×16.2	罫線幅1.7～1.8cm，天2.7cm。『太上消魔靈寶

		38所收)			眞安志智慧本願大戒上品』の中の「禮經祝三首」の1, 2首(『雲笈七籤』卷三十八所收, 臺灣・藝文印書館影印本『正統道藏』第10所收。但し題目は『太上洞玄靈寶智慧本願大戒上品經』)。ペリオ2468(大淵忍爾『敦煌道經』圖錄編, 1979, 福武書店, 80頁下段)とは異なるバージョン。またペリオ2400の寫本もあるが, 首尾は整っておらず, 本寫本と重なる部分は缺いている
65B-1	262	『妙法蓮華經』卷5 (T9, 40b18-21)	4+(1)	6.3×8.8	天2.3cm。65B-1+65B-5+114B-2
65B-2	1331	『佛說灌頂七萬二千神王護比丘呪經』卷12 (T21, 533a17-19)	2+(1)	7.8×4.6	罫線幅1.9cm, 天1.1cm
65B-3	685	『佛說盂蘭盆經』 (T16, 779b17-26)	9+(1)	9.1×17.8	2紙, 罫線幅1.7〜1.9cm, 天2.7cm。「福」を「富」に作る。65B-3+65A-1+65A-2
65B-4	1331	『佛說灌頂七萬二千神王護比丘呪經』卷12 (T21, 532b14-16)	2+(1)	11.2×5.6	罫線幅1.7cm, 天2.9cm
65B-5	262	『妙法蓮華經』卷5 (T9, 40b18-19)	2	5.9×3.5	65B-1+65B-5+114B-2
65B 封筒		不　　詳			
66-1	451	『藥師琉璃光七佛本願功德經』特定できず	3+(1)	10.7×6.2	罫線幅1.6〜1.7cm
66-2a	440	『佛說佛名經』卷6 (T14, 156c17)	(1)+1	4.3×2.6	66-2c+66-2a
66-2b		不　　詳	(1)	0.6×0.5	
66-2c	440	『佛說佛名經』卷6 (T14, 156c16)	1	3.9×1.6	66-2c+66-2a
66-3	235	『金剛般若波羅蜜經』(T8, 752a5-6)	2	4.1×4.2	

66-4	262	『妙法蓮華經』卷2 (T9, 11b27-c7)	9	10.2×16.2	2紙，罫線幅1.7～1.8cm，地2.3cm
67-1	1764	『大般涅槃經義記』卷6(T37, 757c6-25)	12+(1)	7.9×23.4	罫線幅1.9cm
67-2	1764	『大般涅槃經義記』卷6(T37, 757c26-758a23)	(1)+15	9.4×28.9	罫線幅1.8～1.9cm
67封筒		不　詳			
68A-1	360	『佛說無量壽經』卷下(T12, 275b24-29)	5	11.9×10.5	罫線幅2.0cm，天0.5cm
68A-2	223	『摩訶般若波羅蜜經』卷7(T8, 274c19-22)	4+(1)	5.9×7.8	罫線幅1.8～2.0cm，地4.1cm
68A-3		不　詳	(1)+2	6.8×5.9	罫線幅2.0cm，地3.8cm
68A-4	223	『摩訶般若波羅蜜經』卷7(T8, 274c15-17)	3+(1)	10.6×7.0	罫線幅1.8～1.9cm，地4.1cm
68A-5		不　詳	5	7.1×13.0	罫線幅1.9～2.0cm，地4.0cm
68A-6	374	『大般涅槃經』卷3(T12, 382b27-c2)	(1)+3+(1)	16.5×7.1	罫線幅1.7～1.9cm，天3.4cm
68B-1a		不　詳	(1)+1	2.9×3.1	罫線幅2.0cm
68B-1b		不　詳	(1)+1	4.1×3.5	罫線幅2.1cm，天1.2cm
68B-2		不　詳	(1)+2	5.2×4.8	罫線幅1.8cm
68B-3	374	『大般涅槃經』卷14(T12, 451a8-9)	2	4.6×3.6	罫線幅1.8cm
68B-4a	223	『摩訶般若波羅蜜經』卷7(T8, 274c19-21)	2	5.4×4.7	罫線幅1.9cm
68B-4b	223	『摩訶般若波羅蜜經』特定できず	2+(1)	5.1×4.4	罫線幅2.0cm
68B-5		不　詳	(1)+2+(1)	6.3×6.1	罫線幅2.0cm，地3.9cm
69-1r		外典（佛教關係）	2+(1)	11.9×5.5	「四月序聖像」の語句。69-2rが續く
69-1v		不　詳	(1)		大きな字のなぶり書き
69-2r		外典（佛教關係）	(1)+2	13.4×4.8	「六月下旬住在聖院主七月一日」の語句。69-1rに連續
69-2v		不　詳	(1)		大きな字のなぶり書き
70-1	374	『大般涅槃經』卷26(T12, 518a16-19)	4+(1)	7.5×7.5	罫線幅1.7～1.8cm
70-2	220	『大般若波羅蜜多經』卷66(T5, 374a25	3	6.4×4.8	

		-27)			
70-3	262	『妙法蓮華經』卷6 (T9, 47c29-48a4)	(1)+5+(1)	19.3×10.1	罫線幅1.7〜1.9cm，地3.2cm。70-3+71B-1+中斷+82A-5+74B-4+71A-3
70-4	374	『大般涅槃經』卷1 (T12, 366b24-c8)	13	22.1×13.2	
71A-1	262	『妙法蓮華經』卷1 (T9, 6a17-27)	6	13.4×14.6	罫線幅1.8〜2.0cm，地3.4cm
71A-2	262	『妙法蓮華經』卷1 (T9, 10a20-b11)	12	9.4×22.8	罫線幅1.8cm
71A-3	262	『妙法蓮華經』卷6 (T9, 48a20-b3)	(1)+7+(1)	22.6×14.4	2紙，罫線幅1.7〜1.9cm，天2.8cm。70-3+71B-1+中斷+82A-5+74B-4+71A-3
71B-1	262	『妙法蓮華經』卷6 (T9, 48a4-14)	9	14.4×16.4	2紙，罫線幅1.8cm，地3.1cm。70-3+71B-1+中斷+82A-5+74B-4+71A-3
71B-2a	262	『妙法蓮華經』卷1 (T9, 9c22-10a6)	(1)+5	9.3×8.9	2紙，罫線幅1.6〜1.7cm，天2.5cm
71B-2b		不　詳	1	2.9×2.2	
71B-3	262	『妙法蓮華經』卷2 (T9, 10c18-27)	5	14.4×10.5	2紙，罫線幅1.9cm
71C-1	262	『妙法蓮華經』卷1 (T9, 9c17-23)	(1)+4+(1)	9.3×8.6	罫線幅1.6〜1.7cm，天2.6cm。71C-3+71C-1
71C-2	262	『妙法蓮華經』卷1 (T9, 10b11-17)	4	8.9×7.6	71C-2+73B-1
71C-3	262	『妙法蓮華經』卷1 (T9, 9c1-15)	7	11.0×11.5	罫線幅1.6〜1.8cm，天2.2cm。71C-3+71C-1
71C-4	1331	『佛說灌頂七萬二千神王護比丘呪經』卷12 (T21, 533b4-7)	3+(1)	3.9×7.1	罫線幅1.7〜2.0cm。72-2+111-2+64-3+71C-4+53-3a+90-9
71C-5	1331	『佛說灌頂七萬二千神王護比丘呪經』卷12 (T21, 533b14-17)	(1)+3+(1)	17.7×8.1	罫線幅1.9〜2.0cm，天3.3cm。71C-5+72-1
71D-1	665	『金光明最勝王經』卷5 (T16, 424c13-28)	16+(1)	6.6×28.6	罫線幅1.7〜1.9cm，天2.8cm
71D-2	262	『妙法蓮華經』卷3 (T9, 26c17-26)	5	16.6×8.7	罫線幅1.8〜1.9cm，地3.2cm
71D-3	262	『妙法蓮華經』卷5	(1)+8	17.1×18.1	罫線幅1.8〜1.9cm，地

		(T9, 44a20-28)			3.8cm
71D-4	423	『僧伽吒經』卷4 (T13, 973a5-17)	7	14.5×13.5	罫線幅1.8〜1.9cm, 天2.7cm
72-1	1331	『佛説灌頂七萬二千神王護比丘呪經』卷12 (T21, 533b18-19)	2+(1)	7.3×4.0	罫線幅1.9cm, 天1.2cm。「長得歡樂」を「長得歡喜」に作る。71C-5+72-1
72-2	1331	『佛説灌頂七萬二千神王護比丘呪經』卷12 (T21, 533a27-b1)	3+(1)	8.2×6.4	罫線幅1.5〜2.0cm, 天2.6cm。72-2+111-2+64-3+71C-4+53-3a+90-9
72-3a		不　詳	2	4.1×3.6	地0.9cm
72-3b		不　詳	(1)	2.2×1.2	
72-3c		不　詳	1	2.2×2.0	
72-3d		不　詳	1	1.5×1.3	
72-3e		不　詳	1	2.1×1.9	
72-4		未傳佛典	8+(1)	9.1×18.2	罫線幅1.8〜1.9cm
73A-1	663	『金光明經』卷1 (T16, 337c12-24)	11	13.1×20.0	罫線幅1.8〜1.9cm, 天3.5cm。773A-1+119D-3
73A-2	663	『金光明經』卷1 (T16, 338a10-17)	(1)+6	10.5×11.6	罫線幅1.7〜1.9cm, 地1.9cm
73A-3		不　詳	(1)+9+(1)	5.5×23.0	天3.3cm。上部のみ殘る
73A-4	663	『金光明經』卷1 (T16, 337c27-338a5)	6+(1)	15.6×17.3	罫線幅1.8〜1.9cm, 地1.2cm。現狀の接續は誤り。右の(1)+2+(1)行は逆さに接續されているが, それは下部に接續する。
73B-1	262	『妙法蓮華經』卷1 (T9, 10b18-20)	2	8.7×4.8	71C-2+73B-1
73B-2	374	『大般涅槃經』卷18 (T12, 470c24-29)	5	11.4×8.7	古い。罫線幅1.8cm。73B-2+62-2
73B-3	223	『摩訶般若波羅蜜經』卷21 (T8, 370a25-29)	5+(1)	11.1×9.0	2紙, 罫線幅1.8cm
73B-4a	475	『維摩詰所説經』卷上 (T14, 543b12-17)	(1)+6	11.1×14.2	罫線幅1.9〜2.0cm, 天1.2cm。73B-4a+73B-4b
73B-4b	475	『維摩詰所説經』卷上 (T14, 543b11)	1	4.0×2.9	73B-4a+73B-4b
73C-1	374	『大般涅槃經』卷24 (T12, 505b8-11)	4	9.5×7.3	罫線幅1.6〜1.7cm, 天3.1cm

73C-2	360	『佛説無量壽經』卷下(T12, 274b16-23)	6	8.3×12.9	罫線幅1.9～2.1cm, 地3.8cm。58A-3+73C-2
73C-3a	374	『大般涅槃經』卷5(T12, 390c18-19)	2	4.6×4.2	天3.3cm
73C-3b	374	『大般涅槃經』卷5(T12, 390c15-16)	(1)+2	5.4×5.3	罫線幅1.9cm, 天3.1cm。「為」を「秘」に作る
73C-4	262	『妙法蓮華經』卷6(T9, 46c24-28)	4	8.1×7.4	罫線幅1.6～1.8cm, 天1.2cm
73C-5	235	『金剛般若波羅蜜經』(T8, 748c28-749a1)	(1)+2+(1)	12.6×6.7	罫線幅1.7cm, 天2.5cm。81-5+73C-5
73C-6a		不詳	1	2.1×1.8	
73C-6b		不詳	(1)+1	5.6×2.8	
73C-6c		不詳	1	4.5×2.5	天3.1cm
73C-6d		不詳	1+(1)	4.6×3.9	
73C-封筒		不詳			
74A-1	262	『妙法蓮華經』卷7(T9, 62a26-29)	4	9.7×12.3	罫線幅1.6～1.8cm
74A-2	262	『妙法蓮華經』卷1(T9, 2c10-22)	(1)+11	12.3×21.5	罫線幅1.6～1.8cm, 地3.0cm。74A-2+117A-3a+117B-4
74A-3	2878	『救疾經』(T85, 1361c21-28)	(1)+8+(1)	11.3×19.3	罫線幅1.8～2.0cm, 地3.5～3.7cm
74B-1	374	『大般涅槃經』卷16(T12, 462a11-13)	3	3.7×7.2	罫線幅2.0～2.1cm。91-3+93-1+58C-8+83B-2+91-7+74B-1+119D-9f
74B-2		不詳	(1)+1	2.8×3.8	
74B-3		不詳	2	2.8×3.2	
74B-4	262	『妙法蓮華經』卷6(T9, 48a19-21)	(1)+1+(1)	5.6×3.2	天3.0cm。70-3+71B-1+中斷+82A-5+74B-4+71A-3
74B-5	220	『大般若波羅蜜多經』卷211(T6, 53c6-11)	4	8.0×9.8	2紙, 罫線幅1.6～1.7cm
74B-6	262	『妙法蓮華經』卷2(T9, 17a6-9)	4	8.3×7.0	74B-6+135-4
75-1		經濟關係文書	1	14.1×7.2	寺院關係文書
75-2a		不詳	1	2.7×2.5	
75-2b		不詳	(1)	2.6×1.2	
75-2c		不詳	1	2.5×2.7	
75-3a		經濟關係文書	(1)	1.4×2.2	寺院關係文書
75-3b		經濟關係文書	2	14.2×10.1	寺院關係文書
75-4		經濟關係文書	3	14.8×12.7	寺院關係文書

75-5a		不　詳	(1)	2.5×2.0	
75-5b		不　詳	(1)	5.2×2.7	
75-5c		經濟關係文書	4	14.9×12.4	寺院關係文書
76-1a		不　詳	(1)	1.7×1.6	
76-1b		不　詳	(1)	2.1×1.7	
76-2		不　詳	(1)+2	5.0×6.8	
76-3a		不　詳	(1)	1.5×1.2	
76-3b		不　詳	(1)+1	3.8×2.0	
76-3c		不　詳	2	2.8×4.7	
76-3d		不　詳	1	2.0×2.5	
76-3e		不　詳	1	2.3×1.3	
76-4	262	『妙法蓮華經』卷7 (T9, 56a20-22)	2+(1)	8.6×4.9	罫線幅1.8cm。149-1b+76-4
76-5a		不　詳	(1)+1+(1)	5.5×6.0	
76-5b		不　詳	1	3.1×2.5	
76-5c		不　詳	(1)	5.6×3.1	地4.0cm
77-1		不　詳	3	5.0×5.9	罫線幅2.0cm
77-2	374	『大般涅槃經』卷16 (T12, 461c21-24)	4	3.6×7.2	罫線幅2.0cm。77-2+91-4
77-3		不　詳	1	5.4×6.8	
77-4	262	『妙法蓮華經』卷1 (T9, 6c12-15)	4	6.9×7.5	地3.9cm
77-5	374	『大般涅槃經』卷8 (T12, 412a18-19)	2	8.6×5.3	罫線幅2.0cm，地3.4cm
77-6	262	『妙法蓮華經』卷2 (T9, 11c21-28)	(1)+4+(1)	12.9×8.8	
78-1		禮懺文？	(1)+9+(1)	9.8×20.4	天2.8cm。墨で塗りつぶし訂正の入った懺法テキスト
78-2		禮懺文？	2	10.0×3.6	天2.8cm。墨で塗りつぶし訂正の入った懺法テキスト
78-3		禮懺文？	2	6.6×2.5	墨で塗りつぶし訂正の入った懺法テキスト
78-4		禮懺文？	4+(1)	9.3×8.9	天2.6cm。墨で塗りつぶし訂正の入った懺法テキスト
78-5a		禮懺文？	4+(1)	8.5×5.1	墨で塗りつぶし訂正の入った懺法テキスト
78-5b		禮懺文？	1	2.7×1.3	墨で塗りつぶし訂正の入った懺法テキスト
78-6		禮懺文？	2	7.3×3.7	天2.0cm。墨で塗りつぶ

					し訂正の入った懺法テキスト
78-7		禮懺文？	2	6.7×3.8	墨で塗りつぶし訂正の入った懺法テキスト
79-1	211	『法句譬喩經』巻3 (T4, 593c6-10)	5+(1)	14.7×11.6	地2.8cm。79-6+79-3+79-1
79-2	1331	『佛說灌頂七萬二千神王護比丘呪經』巻11 (T21, 532a24-b4)+尾題+奥書	8+尾題+奥書	9.6×21.4	2紙，罫線幅1.6〜1.7cm。奥書（永徽元年［650］/李□□）
79-3	211	『法句譬喩經』巻3 (T4, 593b28-c5)	(1)+6	14.8×11.7	2紙，罫線幅1.7〜1.8cm，地2.9cm。79-6+79-3+79-1
79-4	211	『法句譬喩經』巻3 (T4, 593c15-18)	3+(1)	14.3×6.2	罫線幅1.8〜1.9cm，地2.8cm。79-7+79-5+79-4
79-5	211	『法句譬喩經』巻3 (T4, 593c12-14)	3	8.8×5.9	罫線幅1.8cm。79-7+79-5+79-4
79-6	211	『法句譬喩經』巻3 (T4, 593b27)	1	4.8×1.5	79-6+79-3+79-1
79-7	211	『法句譬喩經』巻3 (T4, 593c15)	1+(1)	6.1×3.1	地2.5cm。79-7+79-5+79-4
79-8		不詳	2	2.4×2.8	
79-封筒		不詳			
80-1	222	『光讚經』巻1(T8, 148c1-3)	(1)+2	4.9×4.7	2紙。80-1+117A-2+117A-1+114B-4
80-2		不詳	(1)+1	2.9×2.6	
80-3		不詳	1	1.7×1.2	
80-4a		不詳	1	2.3×3.0	天1.4cm
80-4b		不詳	1+(1)	3.4×2.4	
80-5a		不詳	2	3.2×3.1	
80-5b		不詳	2	3.4×3.3	
80-6	220	『大般若波羅蜜多經』巻248(T6, 252a4-5)	(1)+2	8.3×4.4	地2.8cm。80-10+80-6
80-7	262	『妙法蓮華經』巻7 (T9, 59a12-13)	2+(1)	8.7×4.9	80-7+中斷+80-8+162+86-3a+86-3b
80-8	262	『妙法蓮華經』巻7 (T9, 59a16-19)	(1)+3	9.5×6.3	80-7+中斷+80-8+162+86-3a+86-3b
80-9a		不詳	(2)	3.3×3.2	
80-9b		不詳	1+(1)	3.0×2.3	
80-9c		不詳	(1)	2.0×0.9	
80-9d		不詳	1+(1)	2.5×1.8	

80-9e		不　　詳	(1)	1.7×1.6	
80-10	220	『大般若波羅蜜多經』巻248（T6, 251c24-252a3）	(1)+9	8.9×14.9	罫線幅1.6cm，地3.4cm。80-10+80-6
80-11	220	『大般若波羅蜜多經』巻258（T6, 306b20-c4）	13+(1)	22.5×8.4	罫線幅1.5〜1.6cm，地3.4cm
81-1		不　　詳	2	5.1×4.2	地2.6cm
81-2	223	『摩訶般若波羅蜜經』巻10（T8, 292c16-17）	2	4.9×4.3	81-2+81-6a+54B-7
81-3		不　　詳	2	3.1×3.3	
81-4	1043	『請觀世音菩薩消伏毒害陀羅尼呪經』（T20, 36a23-25）	2+(1)	6.1×6.4	2紙，地3.0cm
81-5	235	『金剛般若波羅蜜經』（T8, 748c23-749a1）	7	8.2×13.2	地2.7cm。「付囑」を「付屬」に作る。81-5+73C-5
81-6a	223	『摩訶般若波羅蜜經』巻10（T8, 292c18-26）	7+(1)	12.4×13.9	2紙，81-2+81-6a+54B-7
81-6b		不　　詳	(1)+1+(1)	2.9×3.0	
81-6c	223	『摩訶般若波羅蜜經』巻10（T8, 292c11-13）	2	8.8×5.2	
81-7a	1043	『請觀世音菩薩消伏毒害陀羅尼呪經』（T20, 37b12）	1	6.8×2.7	
81-7b		不　　詳	(1)+1	4.3×2.6	
81-7c	1043	『請觀世音菩薩消伏毒害陀羅尼呪經』（T20, 36b27）	1+(1)	3.3×3.6	
81-7d		不　　詳	(1)+1+(1)	4.0×3.6	罫線幅1.7cm，天1.3cm
81-7e		不　　詳	2	3.7×3.2	
81-7f		不　　詳	2	3.9×3.1	
81-8a		不　　詳	1+(1)	3.3×3.2	
81-8b		不　　詳	1	6.5×2.5	
81-8c		不　　詳	(2)	3.0×3.0	
81-8d		不　　詳	(2)	3.4×2.0	
81-8e		不　　詳	1	2.0×2.1	
82A-1a		俗　文　書	2	6.0×4.1	佛教關係。「□八日西京清禪/□師□」
82A-1b		俗　文　書	1	3.0×2.7	佛教關係。「□清者」

82A-2		不　詳	1	2.4×1.6	
82A-3		不　詳	1+(1)	2.0×3.2	罫線幅1.7cm
82A-4		佛典目錄	2+(1)	2.5×5.6	
82A-5	262	『妙法蓮華經』巻6 (T9, 48a16-18)	1+(1)	4.4×3.1	70-3+71B-1+中斷+82A-5+74B-4+71A-3
82A-6	310	『大寶積經』巻59 (T11, 345c13-15)	(1)+2	12.9×7.8	罫線幅1.6cm, 地3.7cm
82A-7	374	『大般涅槃經』巻22 (T12, 496c24-497a5)	11	8.5×22.2	罫線幅1.9cm, 地3.3cm
82B-1	235	『金剛般若波羅蜜經』(T8, 750a22-26)	(1)+4	14.0×8.1	罫線幅1.6～1.9cm, 天3.2cm
82B-2	374	『大般涅槃經』巻26 (T12, 518a14-19)	5	11.4×8.7	罫線幅1.6～1.7cm。114B-3+82B-2
82B-3	143	『玉耶經』(T2, 866a24-28)	5	19.4×8.8	罫線幅1.7～1.8cm, 天3.3cm。82B-3+120A-3a
82C-1	156	『大方便佛報恩經』巻3(T3, 136c8-10)	(1)+2	11.1×4.6	罫線幅1.6cm, 天2.6cm。82C-1+132K-1a
82C-2	2878	『救疾經』(T85, 1361c7-9)	(1)+3+(1)	15.0×7.3	2紙, 罫線幅1.6～1.9cm, 地3.8cm
82C-3	236	『金剛般若波羅蜜經』(T8, 756c29-757a2)	3+(1)	14.5×6.9	2紙, 罫線幅1.7cm, 地3.6cm
83A-1	262	『妙法蓮華經』巻6 (T9, 53c19-23)	(1)+5	19.1×9.1	罫線幅1.6～1.8cm, 天3.4cm。83A-3b+83A-2+83A-1
83A-2	262	『妙法蓮華經』巻6 (T9, 53c14-19)	(1)+5	17.5×9.9	罫線幅1.7cm, 天3.5cm。83A-3b+83A-2+83A-1
83A-3a		不　詳	1	2.0×1.7	
83A-3b	262	『妙法蓮華經』巻6 (T9, 53c4-13)	9	26.2×15.3	罫線幅1.6cm, 天3.5cm, 地2.8cm。83A-3b+83A-2+83A-1
83B-1a	2883	『法王經』(T85, 1389b22-24)	3	6.7×6.6	罫線幅1.8cm, 地3.0cm
83B-1b	2883	『法王經』(T85, 1389b27-29)	3+(1)	6.4×6.9	地3.0cm
83B-2	374	『大般涅槃經』巻16 (T12, 462a17-19)	(1)+3	9.9×6.6	罫線幅2.0cm。91-3+93-1+58C-8+83B-2+91-7+74B-1+119D-9f
83B-3	222	『光讚經』巻1(T8, 148b19-22)	4	6.1×6.3	罫線幅1.8cm, 天2.0cm。114A-3+99-3e+117A-5+83B-3

83B-4		不　詳	(1)+1	4.4×6.2	地3.2cm
83B-5a		不　詳	2	3.9×4.1	罫線幅2.0cm
83B-5b		不　詳	(1)+1	4.0×3.4	
83B-6		不　詳	(1)+1+(1)	4.1×3.5	罫線幅1.6cm
84-1		不　詳	(1)+2	7.8×5.1	罫線幅1.8cm
84-2a		不　詳	(1)	2.9×2.3	
84-2b		不　詳	(1)	2.2×2.1	
84-2c		不　詳	(1)	3.0×1.7	
84-3	945	『大佛頂如來密因修證了義諸菩薩萬行首楞嚴經』卷4(T19, 120a14-21)	8	20.8×15.0	罫線幅1.8～2.0cm，地3.6cm
85-1	1331	『佛說灌頂七萬二千神王護比丘呪經』卷12(T21, 535a20-23)	(1)+4	10.4×7.3	罫線幅1.6～1.7cm，天1.9cm。86-4+85-1
85-2	262	『妙法蓮華經』卷5(T9, 35a14-17)	(1)+5	8.2×11.1	罫線幅1.8～2.0cm
85-3	220	『大般若波羅蜜多經』卷377(T6, 947c26-29)	4	13.7×6.5	罫線幅1.6～1.7cm
85-4	1509	『大智度論』卷12(T25, 145b22-c3)	10	16.4×18.9	2紙，罫線幅1.8～1.9cm，地3.5cm。85-4+128-3
86-1	236	『金剛般若波羅蜜經』(T8, 756c20-22)	4	12.8×7.6	罫線幅1.6cm，地3.5cm
86-2	220	『大般若波羅蜜多經』卷66(T5, 373c10-13)	3+(1)	6.7×6.1	86-2+119B-1
86-3a	262	『妙法蓮華經』卷7(T9, 59a29-59b2)	(1)+3	5.8×6.2	罫線幅1.8cm。80-7+中斷+80-8+162+86-3a+86-3b
86-3b	262	『妙法蓮華經』卷7(T9, 59b7-9)	(1)+3	6.2×6.3	罫線幅1.8cm。80-7+中斷+80-8+162+86-3a+86-3b
86-3c	262	『妙法蓮華經』卷1(T9, 3c1-4)	3	5.5×5.3	罫線幅1.8cm
86-4	1331	『佛說灌頂七萬二千神王護比丘呪經』卷12(T21, 535a17-22)	6	12.4×11.0	罫線幅1.5～1.7cm。86-4+85-1
87-1	1043	『請觀世音菩薩消伏毒害陀羅尼呪經』(T20, 37b4-6)	(1)+2	5.6×5.4	
87-2	220	『大般若波羅蜜經』卷66(T5, 374c	8	8.5×9.7	87-2+中斷+87-3+87-4b+119D-7

		26-375a1)			
87-3	220	『大般若波羅蜜多經』卷66(T5, 375a5-10)	6+(1)	11.6×10.5	罫線幅1.6cm。87-2+中斷+87-3+87-4b+119D-7
87-4a		不　詳	(1)	1.1×0.7	
87-4b		『大般若波羅蜜多經』卷66(T5, 375a8-15)	(1)+4	11.8×12.5	罫線幅1.6～1.7cm。87-2+中斷+87-3+87-4b+119D-7
87-5	246	『佛說仁王護國般若波羅蜜經』卷下(T8, 833b6-8)	(1)+3	9.2×14.6	天4.3cm？
88-1		不　詳	1	2.3×2.4	
88-2		『般若心經』注	15	10.3×28.3	未傳佛典注。28-1, 28-2, 88-3a, 88-3bは一連
88-3a		『般若心經』注	3	7.6×7.1	未傳佛典注。罫線幅1.9cm。28-1, 28-2, 88-3bは一連
88-3b		『般若心經』注	4	7.1×7.5	未傳佛典注。28-1, 28-2, 88-2, 88-3a, 88-3bは一連
88-3c		不　詳	1	6.7×4.8	
89-1		不　詳	1+(1)	3.5×3.0	
89-2	223	『摩訶般若波羅蜜經』卷18(T8, 352a13-15)	3	8.0×4.7	罫線幅1.7cm
89-3	374	『大般涅槃經』卷18(T12, 474a3-6)	(1)+4	7.3×8.0	89-5+89-3
89-4	374	『大般涅槃經』卷9(T12, 421c27-29)	3+(1)	8.1×5.9	
89-5	374	『大般涅槃經』卷18(T12, 473c28-474a2)	3+(1)	10.6×6.8	89-5+89-3
89-6		不　詳	4	12.3×7.6	罫線幅1.4～1.7cm、地2.3cm。『倶舍頌疏記』X53, No.0841 P448bに一致する語句あり
90-1	262	『妙法蓮華經』卷3(T9, 20a29-b1)	1	6.3×2.3	90-1+122A-1c
90-2		不　詳	1+(1)	4.8×2.3	
90-3	1331	『佛說灌頂七萬二千神王護比丘呪經』卷12(T21, 532b29-c1)	2+(1)	7.9×4.7	罫線幅2.1cm
90-4a		不　詳	(1)+1	3.4×3.7	

90-4b		不詳	(1)+1	4.9×2.6	
90-5		不詳	(1)+2	4.8×7.3	天3.4cm
90-6	1331	『佛説灌頂七萬二千神王護比丘呪經』卷12（T21, 533b29-c1）	2	7.3×4.0	罫線幅1.7cm
90-7	665	『金光明最勝王經』卷5（T16, 423c6）	(1)+1+(1)	8.8×3.5	
90-8	475	『維摩詰所説經』（T14, 543b19-21）	3	9.2×6.3	罫線幅1.9～2.0cm
90-9	1331	『佛説灌頂七萬二千神王護比丘呪經』卷12（T21, 533b10-12）	3	7.7×7.0	罫線幅1.7cm。72-2+111-2+64-3+71C-4+53-3a+90-9
91-1		不詳	1+(1)	3.3×2.9	
91-2		不詳	1	5.9×8.8	罫線幅1.8～1.9cm，地4.0cm。尾題「……春經」
91-3	374	『大般涅槃經』卷16（T12, 462a6-9）	4	6.3×8.1	罫線幅1.9～2.0cm。91-3+93-1+58C-8+83B-2+91-7+74B-1+119D-9f
91-4	374	『大般涅槃經』卷16（T12, 461c23-24）	3	7.4×5.9	罫線幅1.8～1.9cm。77-2+91-4
91-5	374	『大般涅槃經』卷30（T12, 546b16-19）	(1)+4	8.1×9.1	罫線幅1.8cm，天3.5cm。121-1+91-5
91-6	1331	『佛説灌頂七萬二千神王護比丘呪經』卷11（T21, 531c12-14）	2	7.8×5.8	
91-7	374	『大般涅槃經』卷16（T12, 462a11-13）	3+(1)	6.8×7.0	罫線幅1.9～2.0cm。91-3+93-1+58C-8+83B-2+91-7+74B-1+119D-9f
92	360	『佛説無量壽經』卷下（T12, 272b23-c1）	7	20.2×14.5	天2.8cm。92＋LM20_1461_33_19
93-1	374	『大般涅槃經』卷16（T12, 462a9）	(1)+1+(1)	4.5×4.1	罫線幅2.0cm。91-3+93-1+58C-8+83B-2+91-7+74B-1+119D-9f
93-2	374	『大般涅槃經』卷30（T12, 546c8-10）	3+(1)	7.4×5.9	罫線幅1.8～1.9cm。58B-1g+93-2
93-3a		不詳	5+(1)	11.3×10.8	罫線幅1.8～2.0cm，天3.5cm
93-3b		不詳	(1)	1.1×1.3	
93-3c		不詳	5	8.4×11.8	罫線幅1.8cm，天3.6～3.7cm
93-4a		不詳	1+(1)	2.8×1.8	
93-4b		不詳	1+(1)	2.7×2.0	

93-4c		不　詳	1	2.4×2.7	
93-4d		不　詳	(2)	4.0×1.9	
93-4e		不　詳	(1)+2	5.1×4.6	
93-4f		不　詳	2	3.6×3.5	
93-4g		不　詳	1	2.2×1.3	
93-4h		不　詳	1	3.0×2.1	
94-1		佛典目錄	4	1.5×7.3	「94-2」と同類
94-2		佛典目錄	10	5.6×17.0	「94-1」と同類
94-3	664	『合部金光明經』卷7(T16, 396c12-14)	3+(1)	9.8×9.3	罫線幅2.0cm、天3.8cm
94-4	374	『大般涅槃經』卷6(T12, 401b2-5)	(1)+3	8.6×7.7	罫線幅1.9〜2.1cm、地3.6cm
94-5		不　詳	3	4.4×7.2	天3.2cm
94-6	1808	『四分律刪補隨機羯磨』卷下(T40, 504a20-22)	6+(1)	7.0×8.6	罫線幅2.0cm、地3.2cm。
95-1a		不　詳	(1)+1	2.2×2.1	
95-1b		不　詳	1	2.9×2.1	
95-1c		不　詳	1	2.4×1.6	
95-1d		不　詳	1	2.6×1.8	
95-1e		不　詳	1	2.8×2.0	
95-1f		不　詳	(1)+1+(1)	2.1×3.2	
95-1g		不　詳	1+(1)	3.1×2.8	
95-1h		不　詳	1+(1)	1.9×2.4	
95-1i		不　詳	1	2.8×2.4	
95-1j		不　詳	1	1.7×2.0	
95-2a		不　詳	1	3.9×1.7	
95-2b		不　詳	(1)+1	3.9×2.5	
95-2c		不　詳	1	2.6×2.3	
95-2d		不　詳	2	3.1×2.6	
95-2e		不　詳	1	1.6×2.1	
95-3a		不　詳	1+(1)	4.2×1.9	
95-3b		不　詳	(1)+1+(1)	2.6×4.2	
95-3c		不　詳	(1)	1.6×1.0	
95-3d		不　詳	1	1.2×1.1	
95-3e		不　詳	(2)	1.4×0.9	
95-3f		不　詳	1	0.8×1.2	
95-3g		不　詳	1+(1)	2.4×2.6	
95-3h		不　詳	1	0.9×1.1	
95-3i		不　詳	1+(1)	2.6×2.0	
95-3j		不　詳	(1)+1	3.1×4.2	

95-4a		不　詳	1	4.7×5.8	天3.7cm
95-4b		不　詳	(1)	4.6×1.8	
95-4c		不　詳	(1)	3.7×3.3	
95-4d		不　詳	1	1.8×1.6	
95-4e		不　詳	1	1.9×1.9	
95-4f		不　詳	(1)	1.3×2.2	
95-4g		不　詳	1	1.9×1.6	
95-4h		不　詳	1+(1)	1.3×1.7	
95-4i		不　詳	1+(1)	2.0×2.1	
95-4j		不　詳	(1)	3.8×2.4	
96-1a		不　詳	1	1.4×1.9	
96-1b		不　詳	(1)+1+(1)	2.2×3.7	
96-1c		不　詳	(2)	1.7×1.9	
96-1d		不　詳	(1)+1	1.9×2.1	
96-1e		不　詳	1+(1)	3.5×2.9	
96-1f		不　詳	1+(1)	3.3×2.3	
96-1g		不　詳	(1)	1.9×1.0	
96-1h		不　詳	1	1.9×1.7	
96-1i		不　詳	1	0.9×1.0	
96-1j		不　詳	(1)	1.6×1.3	
96-2a		不　詳	(1)	1.6×1.2	
96-2b		不　詳	(1)	1.6×1.6	
96-2c		不　詳	(2)	1.2×1.5	
96-2d		不　詳	(1)	1.8×0.9	
96-2e		不　詳	1+(1)	1.9×2.5	
96-2f		不　詳	(1)	2.7×1.4	
96-2g		不　詳	1+(1)	2.4×2.2	
96-2h		不　詳	1	1.5×1.7	
96-2i		不　詳	(1)	1.3×1.0	
96-2j		不　詳	1	2.2×1.4	
96-2k		不　詳	(1)	1.6×0.9	
96-2l		不　詳	(1)+1	1.2×2.1	
96-3a		不　詳	1	1.8×2.4	
96-3b		不　詳	(1)	1.8×1.6	
96-3c		不　詳	(1)	1.3×1.1	
96-3d		不　詳	(1)	1.5×1.6	
96-3e		不　詳	1	2.7×1.5	
96-3f		不　詳	(1)	1.4×0.7	
96-3g		不　詳	(1)	1.5×0.8	
96-3h		不　詳	(1)	1.4×0.8	
96-3i		不　詳	1	2.4×1.8	

マンネルヘイム・コレクション漢語斷片目録　　　237

96-3j		不　詳	(1)	1.6×1.0	
96-3k		不　詳	(2)	2.5×2.1	
96-3l		不　詳	(1)	1.6×2.5	
96-3m		不　詳	1	1.9×1.4	
97-1a		不　詳	(1)	1.5×0.9	
97-1b		不　詳	(1)	0.8×0.5	
97-1c		不　詳	(1)	1.2×1.0	
97-1d		不　詳	1	2.1×2.6	
97-1e		不　詳	(1)	0.9×2.1	
97-1f		不　詳	1	1.5×1.1	
97-1g		不　詳	(1)	1.8×0.9	
97-1h		不　詳	(1)	1.6×1.2	
97-1i		不　詳	(1)	1.2×1.1	
97-1j		不　詳	(1)	1.0×1.3	
97-1k		不　詳	(1)	1.4×1.7	
97-1l		不　詳	(1)	0.9×1.3	
97-1m		不　詳	(1)	1.6×0.7	
97-1n		不　詳	1	1.7×2.2	
97-1o		不　詳	(1)	0.6×0.9	
97-1p		不　詳	(1)	1.3×1.1	
97-2a		不　詳	2	2.6×2.7	
97-2b		不　詳	(1)+1	2.0×2.3	
97-2c		不　詳	1+(1)	2.7×2.4	
97-2d		不　詳	1+(1)	2.4×3.5	
97-2e		不　詳	(1)+1	2.6×2.0	
97-2f		不　詳	1+(1)	2.4×2.9	
97-2g		不　詳	1+(1)	2.5×1.5	
97-2h		不　詳	(2)	2.0×1.2	
97-2i		不　詳	1	4.0×1.7	
97-2j		不　詳	1	3.0×2.8	
97-3a		不　詳	(1)	1.4×1.1	
97-3b		不　詳	1	2.7×2.2	
97-3c		不　詳	1	1.4×1.8	
97-3d		不　詳	(2)	2.7×2.4	
97-3e		不　詳	1	1.5×1.8	
97-3f		不　詳	(1)	1.3×1.0	
97-3g		不　詳	(1)	1.1×1.0	
97-3h		不　詳	(1)	1.4×0.9	
97-3i		不　詳	1	1.6×1.8	
97-3j		不　詳	(1)	1.0×1.0	
97-3k		不　詳	(1)	1.8×1.2	

97-3l	不　詳	(1)	1.4×2.1	
97-3m	不　詳	(1)	1.1×1.1	
97-3n	不　詳	(2)	1.1×1.2	
97-3o	不　詳	(1)	0.8×0.9	
97-3p	不　詳	(1)	1.1×0.6	
97-3q	不　詳	(1)	1.1×0.7	
97-3r	不　詳	(1)	1.1×1.8	
97-3s	不　詳	(1)	1.4×0.8	
97-3t	不　詳	(1)	1.5×0.9	
97-3u	不　詳	(1)	0.9×1.1	
97-3v	不　詳	1	1.5×1.5	
97-3w	不　詳	(2)	2.2×1.5	
97-3x	不　詳	(1)+1	2.6×2.6	
98-1	不　詳	(1)	0.9×0.6	
98-2a	不　詳	1	2.9×2.1	
98-2b	不　詳	1	3.2×2.2	
98-2c	不　詳	2	2.6×2.9	
98-2d	不　詳	2	4.8×3.5	
98-3a	不　詳	(1)	3.7×1.7	
98-3b	不　詳	1+(1)	2.7×2.7	
98-3c	不　詳	(1)	1.8×1.8	
98-3d	不　詳	1+(1)	1.7×2.8	
98-3e	不　詳	(1)+1	2.0×2.5	
98-3f	不　詳	(2)	2.5×2.0	
98-4a	不　詳	1	3.5×2.4	
98-4b	不　詳	(1)+1+(1)	2.8×3.3	
98-4c	不　詳	(1)	0.8×1.2	
98-4d	不　詳	1	2.6×1.6	
98-4e	不　詳	1	3.3×2.6	
98-5a	不　詳	(1)+1	5.1×2.4	
98-5b	不　詳	1	2.4×2.2	
98-5c	不　詳	1	2.9×1.3	
98-5d	不　詳	(2)	2.3×2.1	
98-5e	不　詳	(2)	2.6×1.5	
98-5f	不　詳	(1)	1.8×1.2	
98-5g	不　詳	1	1.9×2.2	
98-6a	不　詳	1	4.7×3.9	天2.8cm
98-6b	不　詳	(1)+1+(1)	3.6×3.8	天1.5cm
98-6c	不　詳	1	3.1×1.4	
98-6d	不　詳	1+(1)	3.2×2.7	天1.7cm
98-6e	不　詳	1+(1)	4.4×1.9	地1.6cm

98-6f		不　詳	1+(1)	2.5×2.3	
98-6g		不　詳	2+(1)	3.8×3.3	
98-6h		不　詳	1+(1)	3.9×2.2	
98-6i		不　詳	1+(1)	2.2×2.0	
98-6j		不　詳	2	3.7×3.4	
98-6k		不　詳	(1)+1	3.7×2.7	
99-1a		不　詳	1	2.7×2.6	
99-1b		不　詳	(1)+1	3.5×3.0	
99-1c		不　詳	1	3.2×1.8	
99-1d		不　詳	(1)+1	2.4×2.1	
99-1e		不　詳	(1)+2	2.8×3.4	
99-1f		不　詳	(1)	1.5×0.5	
99-1g		不　詳	(1)	2.2×1.5	
99-2a		不　詳	(1)	2.4×1.2	
99-2b		不　詳	1+(1)	2.7×3.9	
99-2c		不　詳	(1)	2.0×1.2	
99-2d		不　詳	(2)	2.6×1.8	
99-2e		不　詳	1	1.6×1.5	
99-2f		不　詳	(1)	1.5×1.5	
99-2g		不　詳	(1)	1.4×2.0	
99-2h		不　詳	(1)	1.5×0.8	
99-3a		不　詳	(1)+1	2.4×2.6	
99-3b		不　詳	(1)+2+(1)	1.9×3.2	
99-3c		不　詳	(1)+1	2.6×2.9	
99-3d		不　詳	1+(1)	2.6×2.7	
99-3e		『光讃經』巻1(T8, 148b10-12)	(1)+3	5.2×5.5	114A-3+99-3e+117A-5+83B-3
99-3f		不　詳	1	1.4×1.4	
99-3g		不　詳	2	3.5×3.2	
99-3h		不　詳	1	1.8×2.0	
99-3i		不　詳	(2)	3.1×2.0	
99-4-1		不　詳	1	2.4×2.1	
99-4-2		不　詳	(1)	2.4×1.5	
99-4-3		不　詳	(1)+1	2.7×2.1	
99-4-4		不　詳	1	2.0×2.0	
99-4-5		不　詳	(1)	2.0×1.3	
99-4-6		不　詳	(2)	1.8×1.8	
99-4-7		不　詳	(1)	2.1×0.8	
99-4-8		不　詳	(1)	2.2×2.1	
99-4-9		不　詳	(1)+1+(1)	3.4×5.0	
99-4-10		不　詳	1	2.9×1.5	

99-4-11	不　詳	(1)	2.3×1.5	
99-4-12	不　詳	(1)	2.6×2.2	
99-4-13	不　詳	1	1.5×1.3	
99-4-14	不　詳	(2)	1.4×1.7	
99-4-15	不　詳	(2)	1.8×1.1	
99-4-16	不　詳	1+(1)	2.0×2.2	
99-4-17	不　詳	1	2.0×1.0	
99-4-18	不　詳	(1)	1.5×1.0	
99-4-19	不　詳	(1)	1.1×1.5	
99-4-20	不　詳	1	1.5×1.8	
99-4-21	不　詳	1	1.8×1.6	
99-4-22	不　詳	(2)	1.6×1.9	
99-4-23	不　詳	1	2.9×1.9	
99-4-24	不　詳	1	2.1×2.2	
99-4-25	不　詳	1	2.7×1.3	
99-4-26	不　詳	(2)	2.2×1.5	
99-4-27	不　詳	(2)	3.2×2.6	
99-4-28	不　詳	(1)	2.0×1.5	
99-4-29	不　詳	1	1.6×1.6	
99-4-30	不　詳	1	2.2×1.9	
99-4-31	不　詳	1	1.9×2.1	
100-1-1	不　詳	1	1.9×1.7	
100-1-2	不　詳	(1)	1.0×2.1	
100-1-3	不　詳	(2)	3.2×2.0	
100-1-4	不　詳	(2)	2.2×1.5	
100-1-5	不　詳	(1)	1.4×1.6	
100-1-6	不　詳	(2)	2.0×1.9	
100-1-7	不　詳	(1)	2.5×2.7	
100-1-8	不　詳	(1)+1	5.2×2.1	
100-1-9	不　詳	(1)	1.3×0.8	
100-1-10	不　詳	1	2.6×2.1	
100-1-11	不　詳	1	3.4×1.7	
100-1-12	不　詳	(2)	2.0×2.2	
100-1-13	不　詳	1+(1)	1.8×2.4	
100-1-14	不　詳	1	2.0×1.8	
100-1-15	不　詳	1	2.7×2.0	
100-1-16	不　詳	1	2.4×2.0	
100-1-17	不　詳	1	3.8×2.1	
100-1-18	不　詳	(1)	2.7×4.1	
100-1-19	不　詳	1	2.0×1.8	
100-1-20	不　詳	(1)	1.2×1.5	

100-1-21		不　詳	(1)	4.0×1.6	
100-2-1		不　詳	(1)	2.0×2.3	
100-2-2		不　詳	(1)	2.3×2.6	
100-2-3		不　詳	(2)	3.5×1.5	
100-2-4		不　詳	(1)	0.7×1.3	
100-2-5		不　詳	1	1.8×1.3	
100-2-6		不　詳	(1)	1.8×1.1	
100-2-7		不　詳	(1)	1.8×1.5	
100-2-8		不　詳	(1)	1.1×1.3	
100-2-9		不　詳	(1)+1	1.8×1.1	
100-2-10		不　詳	1	1.8×1.3	
100-2-11		不　詳	1	1.5×1.5	
100-2-12		不　詳	(1)	2.2×2.1	
100-2-13		不　詳	(2)	1.8×2.8	
100-2-14		不　詳	1	3.4×1.5	
100-2-15		不　詳	1	1.2×1.3	
100-2-16		不　詳	1	1.2×1.8	
100-2-17		不　詳	1	2.2×1.2	
100-2-18		不　詳	1	1.8×0.9	
100-2-19		不　詳	(1)	2.0×1.1	
100-2-20		不　詳	(1)+1+(1)	4.3×3.6	
100-2-21		不　詳	(1)	1.8×0.8	
100-2-22		不　詳	(1)	0.6×1.6	
100-2-23		不　詳	(1)	1.8×1.9	
100-2-24		不　詳	1	1.8×2.2	
100-2-25		不　詳	(1)	1.6×1.2	
100-2-26		不　詳	(1)	1.0×1.4	
100-2-27		不　詳	(2)	2.2×2.0	
100-2-28		不　詳	(2)	1.5×2.7	
101-1		不　詳	(1)	1.3×0.5	
101-2-1		不　詳	1+(1)	1.9×1.7	
101-2-2		不　詳	(2)	3.8×3.9	
101-2-3		不　詳	1	2.3×2.5	
101-2-4		不　詳	1	2.5×1.9	
101-2-5		不　詳	(1)+1	2.6×2.4	
101-2-6		不　詳	(2)	2.3×1.6	
101-2-7		不　詳	(1)	2.1×1.7	
101-2-8		不　詳	(2)	1.9×1.7	
101-2-9		不　詳	(1)	2.1×1.4	
101-2-10		不　詳	(1)	2.0×1.4	
101-2-11		不　詳	(1)	2.4×0.7	

101-2-12	不　詳	1	1.4×1.9	
101-2-13	不　詳	(2)	2.2×2.4	
101-2-14	不　詳	1+(1)	2.5×2.3	
101-2-15	不　詳	(2)	1.8×1.6	
101-2-16	不　詳	(2)	1.3×1.4	
101-2-17	不　詳	1	2.5×2.4	
101-2-18	不　詳	1	1.5×1.0	
101-2-19	不　詳	1	1.6×1.2	
101-2-20	不　詳	(1)+1	3.3×2.8	
101-2-21	不　詳	(2)	1.8×1.6	
101-2-22	不　詳	(2)	2.0×1.4	
101-2-23	不　詳	1	2.1×2.0	
101-2-24	不　詳	1	1.7×1.9	
101-2-25	不　詳	(1)	1.4×1.6	
101-2-26	不　詳	(2)	1.5×2.3	
101-2-27	不　詳	(2)	2.2×1.5	
101-2-28	不　詳	1	1.3×1.2	
101-2-29	不　詳	(1)	1.2×1.6	
101-2-30	不　詳	(1)	1.1×1.4	
101-2-31	不　詳	(1)	1.5×0.9	
101-2-32	不　詳	(1)	1.9×1.2	
101-2-33	不　詳	(1)	1.3×1.4	
101-2-34	不　詳	(2)	2.4×1.8	
101-2-35	不　詳	(2)	4.1×1.8	
101-2-36	不　詳	(2)	1.4×1.6	
101-2-37	不　詳	(1)+1	3.1×2.4	
101-2-38	不　詳	(1)	0.6×1.1	
101-2-39	不　詳	(2)	1.8×1.7	
101-2-40	不　詳	(1)	0.8×1.0	
101-2-41	不　詳	1	2.6×2.8	
101-2-42	不　詳	1	4.1×1.8	
101-3-1	不　詳	(1)	2.5×1.5	
101-3-2	不　詳	1	3.3×1.8	
101-3-3	不　詳	(2)	4.1×2.3	
101-3-4	不　詳	(1)	2.0×1.3	
101-3-5	不　詳	(1)	2.2×2.3	
101-3-6	不　詳	1+(1)	3.4×2.8	
101-3-7	不　詳	(1)	2.3×1.6	
101-3-8	不　詳	(1)	1.2×1.5	
101-3-9	不　詳	(2)	1.9×1.5	
101-3-10	不　詳	1	2.4×0.9	

マンネルヘイム・コレクション漢語斷片目錄　　　243

101-3-11		不　詳	1+(1)	2.0×2.1	
101-3-12		不　詳	(2)	2.5×2.0	
101-3-13		不　詳	(1)	1.6×1.2	
101-3-14		不　詳	(1)	1.8×1.9	
101-3-15		不　詳	(1)	2.4×1.4	
101-3-16		不　詳	(1)	2.1×1.5	
101-3-17		不　詳	(1)	1.5×1.5	
101-3-18		不　詳	(1)	1.0×1.4	
101-3-19		不　詳	1	2.1×1.8	
101-3-20		不　詳	(1)	2.0×1.7	
101-3-21		不　詳	(2)	1.9×2.2	
101-3-22		不　詳	(1)	1.9×1.8	
101-3-23		不　詳	(1)	2.7×2.3	
101-3-24		不　詳	(1)	3.6×1.4	
101-3-25		不　詳	(1)	1.5×1.1	
101-3-26		不　詳	1	0.9×1.0	
101-3-27		不　詳	(1)	1.4×1.3	
101-3-28		不　詳	(1)	2.8×1.4	
101-3-29		不　詳	(1)	1.4×1.6	
101-3-30		不　詳	(1)	1.5×1.2	
101-3-31		不　詳	1	2.4×1.7	
101-3-32		不　詳	(2)	1.5×2.5	
101-3-33		不　詳	(1)	0.9×1.1	
101-3-34		不　詳	(1)	0.8×1.3	
101-3-35		不　詳	1	2.9×1.9	
101-3-36		不　詳	(2)	3.1×1.5	
102-1-1		不　詳	1+(1)	2.8×2.4	
102-1-2		不　詳	1	1.4×1.5	
102-1-3		不　詳	1	1.4×1.3	
102-1-4		不　詳	(1)	2.4×1.1	
102-1-5		不　詳	1+(1)	1.7×3.3	
102-1-6		不　詳	(1)	0.7×1.5	
102-1-7		不　詳	(2)	2.0×1.7	
102-1-8		不　詳	(1)	1.9×1.0	
102-1-9		不　詳	1	1.1×1.1	
102-1-10		不　詳	(1)	1.2×1.0	
102-1-11		不　詳	(2)	1.8×1.2	
102-1-12		不　詳	(1)	1.3×1.1	
102-1-13		不　詳	(1)	1.3×1.8	
102-1-14		不　詳	(1)	1.8×1.8	
102-1-15		不　詳	(1)+1+(1)	2.1×2.5	

102-1-16	不　詳	(1)	1.4×0.7	
102-1-17	不　詳	(1)	1.3×1.0	
102-1-18	不　詳	(1)	0.7×1.4	
102-1-19	不　詳	(1)	1.2×1.0	
102-1-20	不　詳	(2)	1.5×1.2	
102-1-21	不　詳	(1)	1.1×1.2	
102-1-22	不　詳	(1)	1.1×0.9	
102-1-23	不　詳	(1)	1.6×0.9	
102-1-24	不　詳	(1)	1.2×1.2	
102-1-25	不　詳	1+(1)	2.0×3.5	罫線幅1.7cm
102-1-26	不　詳	1	2.3×2.4	
102-1-27	不　詳	(1)	2.7×1.7	
102-1-28	不　詳	(1)	1.4×1.0	
102-1-29	不　詳	(1)	1.6×1.1	
102-1-30	不　詳	(1)	1.7×1.5	
102-1-31	不　詳	(1)	0.9×1.0	
102-1-32	不　詳	1+(1)	2.9×2.0	
102-1-33	不　詳	(1)	0.9×1.0	
102-1-34	不　詳	(1)	1.1×0.9	
102-1-35	不　詳	(1)	0.7×0.6	
102-1-36	不　詳	(1)	1.1×1.0	
102-1-37	不　詳	(1)	1.5×1.4	
102-1-38	不　詳	(1)	1.3×1.2	
102-1-39	不　詳	(2)	2.7×1.5	
102-1-40	不　詳	(1)	1.2×1.2	
102-1-41	不　詳	(1)	1.0×0.8	
102-1-42	不　詳	(2)	1.9×1.7	
102-1-43	不　詳	(2)	1.8×1.5	
102-1-44	不　詳	1	0.9×1.9	
102-1-45	不　詳	(1)	1.1×0.6	
102-1-46	不　詳	(2)	1.5×2.6	
102-1-47	不　詳	(1)	0.7×0.9	
102-1-48	不　詳	(2)	2.3×2.6	
102-1-49	不　詳	(1)	1.6×1.9	
102-1-50	不　詳	1	2.1×1.7	
102-1-51	不　詳	(2)	2.4×1.7	
102-1-52	不　詳	(1)	1.3×0.6	
102-1-53	不　詳	(1)	2.6×1.0	
102-1-54	不　詳	(1)	1.2×1.5	
102-1-55	不　詳	(1)	0.9×0.9	
102-1-56	不　詳	(2)	1.5×1.8	

102-1-57		不　詳	(1)	1.3×1.1	
102-1-58		不　詳	1	1.6×2.0	
102-2-1		不　詳	(2)	2.0×1.7	
102-2-2		不　詳	1	2.0×2.4	
102-2-3		不　詳	1	1.4×1.5	
102-2-4		不　詳	(2)	1.9×1.9	
102-2-5		不　詳	(1)	1.1×1.2	
102-2-6	262	『妙法蓮華經』巻1 (T9, 5a18-20)	2	2.9×3.8	
102-2-7		不　詳	1	1.6×1.6	
102-2-8		不　詳	(1)+1	2.3×2.6	
102-2-9		不　詳	(1)	1.9×1.5	
102-2-10		不　詳	(1)	1.3×1.5	
102-2-11		不　詳	(2)	1.5×1.4	
102-2-12		不　詳	(1)+1	2.7×2.0	
102-2-13		不　詳	(2)	1.6×2.9	
102-2-14		不　詳	(1)	1.5×2.0	
102-2-15		不　詳	1+(1)	3.3×2.4	
102-2-16		不　詳	1	1.6×1.6	
102-2-17		不　詳	(1)	1.2×2.0	
102-2-18		不　詳	1	3.5×2.1	
102-2-19		不　詳	(2)	2.9×2.1	
102-2-20		不　詳	(2)	2.0×1.2	
102-2-21		不　詳	1	1.6×1.4	
102-2-22		不　詳	1+(1)	3.0×2.2	
102-2-23		不　詳	(2)	2.9×2.7	
102-2-24		不　詳	(1)	1.0×1.5	
102-2-25		不　詳	1	2.6×2.1	
102-2-26		不　詳	1+(1)	1.8×2.2	
102-2-27		不　詳	(2)	2.9×1.2	
102-2-28		不　詳	(1)	2.0×1.1	
102-2-29		不　詳	(2)	1.3×1.8	
102-2-30		不　詳	1	1.8×1.5	
102-2-31		不　詳	1	2.4×2.3	
102-2-32		不　詳	2	2.4×2.2	
102-2-33		不　詳	(1)	1.6×1.5	
102-2-34		不　詳	(2)	1.8×1.4	
102-2-35		不　詳	(1)	2.2×0.9	
102-2-36		不　詳	(2)	1.9×1.7	
102-2-37		不　詳	(2)	1.1×2.2	
103-1		不　詳	1	3.7×1.9	

103-2		不　詳	(1)+1	3.0×4.2	
103-3		不　詳	2	4.1×3.2	
103-4		不　詳	1	7.5×3.1	
103-5		不　詳	(1)	1.6×2.2	
103-6		不　詳	1	3.6×1.1	
103-7		不　詳	(1)+2+(1)	5.9×5.3	
103-8		不　詳	2	1.3×3.2	
103-9		不　詳	1	1.9×2.1	
103-10		不　詳	(1)+1	2.3×2.5	
103-11		不　詳	(1)+1	3.3×3.6	
103-12		不　詳	(1)	4.3×3.2	
103-13		不　詳	(1)	3.1×2.5	
103-14		不　詳	1	2.8×2.3	
103-15		不　詳	1	2.6×2.5	
103-16		不　詳	1+(1)	3.2×4.8	
103-17		不　詳	1	2.4×1.4	
103-18		不　詳	1+(1)	2.2×3.1	
103-19		不　詳	1	3.1×2.8	
103-20		不　詳	1	1.3×1.3	
104-1		不　詳	(1)	1.9×1.3	
104-2		不　詳	(1)	1.1×0.8	
104-3		不　詳	1	2.0×2.3	
104-4		不　詳	(2)	5.6×2.8	天1.8cm
104-5		不　詳	(1)	2.9×2.8	
104-6		不　詳	(1)	3.8×2.0	
104-7		不　詳	(1)	3.3×1.3	
104-8		不　詳	(1)	1.9×2.1	
104-9		不　詳	1	2.7×2.7	
104-10		不　詳	2	2.8×3.5	
104-11		不　詳	1	4.0×2.0	
104-12		不　詳	1+(1)	3.2×3.2	
104-13		不　詳	1	2.4×3.0	
104-14		不　詳	(1)	1.6×1.6	
104-15		不　詳	1	2.3×1.4	
104-16		不　詳	(2)	2.5×1.3	
104-17		不　詳	1	2.4×1.6	
104-18		不　詳	(1)+1	3.2×2.5	
104-19		不　詳	2+(1)	2.0×3.1	
104-20		不　詳	(1)+1	2.0×2.8	
104-21		不　詳	(2)	2.9×1.6	
104-22		不　詳	(2)	1.8×2.3	

マンネルヘイム・コレクション漢語斷片目錄　　　247

104-23		不　詳	(2)	3.3×1.9	
104-24		不　詳	(1)	2.1×1.0	
104-25		不　詳	(1)	1.9×1.6	
104-26		不　詳	(1)	1.5×1.4	
104-27		不　詳	1	1.6×2.5	
104-28		不　詳	1	1.4×1.6	
104-29		不　詳	(1)	2.8×1.5	
104-30		不　詳	(2)	3.2×2.6	
104-31		不　詳	(2)	1.6×1.8	
104-32		不　詳	2	1.8×2.7	
104-33		不　詳	1	3.4×2.1	
104-34		不　詳	2+(1)	4.4×4.4	
104-35		不　詳	1	3.1×1.7	
104-36		不　詳	(1)	1.4×1.3	
104-37		不　詳	(2)	2.2×2.4	
104-38		不　詳	2	2.7×3.6	
105-1		不　詳	1	2.4×2.2	
105-2		不　詳	2	2.4×4.4	
105-3		不　詳	(1)	2.0×2.2	
105-4		不　詳	(2)	1.8×1.7	
105-5		不　詳	1	1.0×2.1	
105-6		不　詳	1	1.7×1.6	
105-7		不　詳	2	2.9×4.0	
105-8		不　詳	1	2.8×2.0	
105-9		不　詳	1	1.6×2.0	
105-10		不　詳	(1)+2	2.4×4.0	
105-11		不　詳	(1)	2.5×2.3	
105-12		不　詳	(1)	1.1×0.9	
105-13		不　詳	(1)	1.2×1.2	
105-14		不　詳	(1)	2.2×1.4	
105-15		不　詳	1	2.3×2.3	
105-16		不　詳	(1)	2.0×2.0	
105-17		不　詳	(1)	3.2×1.8	
105-18		不　詳	1+(1)	3.6×4.9	
105-19		不　詳	(2)	1.8×1.9	
105-20		不　詳	1	2.9×1.8	
105-21		不　詳	(2)	1.9×2.7	
105-22		不　詳	(1)+1	2.5×1.9	
105-23		不　詳	(1)	1.8×1.1	
105-24		不　詳	(1)	2.0×1.6	
105-25		不　詳	(1)+1	2.1×2.0	

105-26	不 詳	(2)	1.9×1.3	
105-27	不 詳	1	2.8×1.4	
105-28	不 詳	1	1.8×2.1	
105-29	不 詳	(1)	2.8×2.5	
105-30	不 詳	(1)	1.4×0.7	
105-31	不 詳	1+(1)	1.6×2.7	
105-32	不 詳	1	3.3×1.8	
105-33	不 詳	(2)	1.9×1.4	
105-34	不 詳	1	2.2×1.4	
105-35	不 詳	1+(1)	2.9×3.0	
105-36	不 詳	1+(1)	2.1×2.1	
105-37	不 詳	(1)+1	3.1×3.4	
105-38	不 詳	(1)	2.2×1.6	
105-39	不 詳	(2)	2.4×1.8	
105-40	不 詳	(1)	2.4×1.8	
105-41	不 詳	1	2.1×1.5	
105-42	不 詳	1+(1)	2.8×3.3	
105-43	不 詳	(2)	2.6×2.5	
105-44	不 詳	(1)	1.0×0.9	
105-45	不 詳	(2)	5.3×3.7	
105-46	不 詳	(1)	2.7×1.5	
105-47	不 詳	(1)	3.0×1.5	
105-48	不 詳	(1)	1.6×1.5	
105-49	不 詳	(1)	1.5×1.7	
105-50	不 詳	1	2.1×1.6	
105-51	不 詳	(1)	2.2×2.1	
105-52	不 詳	(2)	1.5×1.0	
105-53	不 詳	(1)	1.5×1.0	
105-54	不 詳	(1)	1.8×1.1	
106-1	不 詳	1	2.2×1.9	
106-2	不 詳	1	2.7×2.8	
106-3	不 詳	1	2.6×3.1	
106-4	不 詳	1	4.9×2.8	
106-5	不 詳	1	3.2×1.5	
106-6	不 詳	1+(1)	3.8×3.0	
106-7	不 詳	(1)	4.9×1.9	
106-8	不 詳	3	1.3×3.8	
106-9	不 詳	1+(1)	3.0×2.6	
106-10	不 詳	(1)+1	3.5×3.0	
106-11	不 詳	(2)	3.7×2.1	
106-12	不 詳	1	1.6×1.2	

106-13		不　詳	(1)+1+(1)	4.1×3.4	
106-14		不　詳	(1)+1	2.6×2.1	
106-15		不　詳	(1)+1	4.8×3.0	
106-16		不　詳	1	1.7×1.6	
106-17		不　詳	1	2.0×1.6	
106-18		不　詳	2+(1)	5.7×4.3	罫線幅1.9cm，地1.6cm。
106-19		不　詳	1+(1)	3.1×3.7	
106-20		不　詳	1	2.7×2.6	
106-21		不　詳	(1)	2.4×2.8	
106-22		不　詳	(1)+1+(1)	2.3×3.7	
106-23		不　詳	2	3.1×3.7	
107-1	262	『妙法蓮華經』巻5（T9, 40b29-c2）	2	3.8×4.2	107-1+130-1b+130-3a+130-2+130-3b+130-4a+130-4e+130-4c+130-4d
107-2		不　詳	2	4.3×1.6	
107-3		不　詳	1	3.3×2.4	罫線幅1.7cm
107-4		不　詳	1	4.1×2.8	地1.4cm
107-5		不　詳	2	3.0×6.0	地1.6cm
107-6	1331	『佛說灌頂七萬二千神王護比丘呪經』巻12（T21, 533c3-4）	1+(1)	5.0×3.5	
107-7		不　詳	(2)	4.8×3.3	
107-8		不　詳	2	2.2×4.1	罫線幅1.8cm
107-9	262	『妙法蓮華經』巻3（T9, 21a12）	1	5.0×2.0	
107-10		不　詳	1	2.1×1.6	
107-11		不　詳	1	2.8×2.5	
107-12		不　詳	1	2.7×2.8	罫線幅1.8cm
107-13		不　詳	(1)+1	3.6×2.9	
107-14		不　詳	1	4.4×2.1	
107-15		不　詳	(1)+1	2.4×2.2	
107-16a		不　詳	1+(1)	3.2×2.3	
107-16b		不　詳	1	2.3×2.8	
107-16c		不　詳	1+(1)	2.1×2.8	
107-16d		不　詳	1+(1)	2.2×2.3	
107-17a		不　詳	1	6.6×1.5	
107-17b		不　詳	1	6.2×1.5	
107-封筒		不　詳			
108	1804	『四分律刪繁補闕行事鈔』巻中（T40, 85a8-b6）	19	14.7×28.8	罫線幅1.3～1.8cm

109-1		不　　詳	(1)+1	6.0×3.7	罫線幅1.8cm
109-2	262	『妙法蓮華經』卷1(T9, 5a25)	(1)+1	6.7×2.7	
109-3		不　　詳	(1)+4	6.8×7.7	罫線幅1.7cm, 天3.4cm
109-4	262	『妙法蓮華經』卷3(T9, 19c4-6)	2	11.8×4.7	
109-5	235	『金剛般若波羅蜜經』(T8, 752b29-c1)	(1)+1	13.0×16.6	
110-1	235	『金剛般若波羅蜜經』(T8, 751b25-c12)	16	11.8×29.8	2紙, 天3.1cm
110-2	235	『金剛般若波羅蜜經』(T8, 751c11-752a2)	14	10.7×23.8	天3.0cm。數行抜ける
111-1	262	『妙法蓮華經』卷1(T9, 10a9-15)	4+(1)	9.7×9.5	地3.7cm
111-2	1331	『佛說灌頂七萬二千神王護比丘呪經』卷12(T21, 533a29-b4)	4+(1)	16.8×8.7	罫線幅1.8～1.9cm, 天3.6cm。72-2+111-2+64-3+71C-4+53-3a+90-9
111-3	345	『慧上菩薩問大善權經』卷下(T12, 163b11-19)	9	13.8×16.2	113-1（上）+111-3（下）
111-4	262	『妙法蓮華經』卷5(T9, 44b1-6)	(1)+5	21.7×10.3	罫線幅1.8～1.9cm
112-1a	262	『妙法蓮華經』卷4(T9, 33a12-19)	8	16.8×13.2	罫線幅1.6～1.8cm, 地2.7cm。112-1b+112-1a
112-1b	262	『妙法蓮華經』卷4(T9, 33a9-11)	2	4.1×3.3	112-1b+112-1a
112-2a	664	『合部金光明經』卷4(T16, 380b9-10)	2	7.9×3.9	112-2b+112-2a
112-2b	664	『合部金光明經』卷4(T16, 380b1-9)	2	15.8×14.6	罫線幅1.7cm。112-2b+112-2a
113-1	345	『慧上菩薩問大善權經』卷下(T12, 163b14-21)	8	13.1×14.1	天3.0cm。113-1（上）+111-3（下）
113-2	664	『合部金光明經』卷6(T16, 386a8-16)	8	12.4×15.6	罫線幅1.7cm。114A-2+113-2
113-3	262	『妙法蓮華經』卷5(T9, 41b15-c3)	(1)+11	17.3×20.7	2紙, 罫線幅1.5～1.7cm, 地2.5cm。120A-1+中斷+113-3+137-2
114A-1	967	『佛頂尊勝陀羅尼經』(T19, 351a4-11)	7	13.4×13.2	地3.0cm。115A-1+114A-1+115A-3

マンネルヘイム・コレクション漢語斷片目録　　　251

114A-2	664	『合部金光明經』卷3(T16, 374a7-17)	10	17.0×18.1	天3.2cm。114A-2+113-2
114A-3	222	『光讚經』卷1(T8, 148b2-10)	9	23.2×16.8	罫線幅1.8cm，地3.4cm。114A-3+99-3e+117A-5+83B-3
114B-1	262	『妙法蓮華經』卷5(T9, 40b23-25)	4	8.0×6.3	
114B-2	262	『妙法蓮華經』卷5(T9, 40b19-21)	3	6.5×6.2	65B-1+65B-5+114B-2
114B-3	374	『大般涅槃經』卷26(T12, 518a13-14)	2	6.8×3.7	114B-3+82B-2
114B-4	222	『光讚經』卷1(T8, 148c13-16)	4	12.0×8.5	地3.3cm。80-1+117A-2+117A-1+114B-4
114B-5	220	『大般若波羅蜜多經』卷74(T5, 416a21-26)	7	11.4×10.1	天2.5cm
114B-6	245	首題+『佛說仁王護國般若波羅蜜經』卷上(T8, 825a7-10)	5	17.2×10.6	罫線幅1.7cm，天2.9cm
115A-1	967	『佛頂尊勝陀羅尼經』(T19, 351a2-8)	(1)+7	13.6×13.5	115A-1+114A-1+115A-3
115A-2	967	『佛頂尊勝陀羅尼經』(T19, 351a17-24)	(1)+7	17.8×13.5	天3.3cm
115A-3	967	『佛頂尊勝陀羅尼經』(T19, 351a9-13)	(1)+7	24.5×11.4	地2.9cm。115A-1+114A-1+115A-3
115B-1		不　詳	2	3.8×2.7	天2.0cm
115B-2		不　詳	2+(1)	4.6×5.2	
115B-3	245	『佛說仁王護國般若波羅蜜經』卷上(T8, 826c18-20)	(1)+3	6.4×6.8	
115B-4		不　詳	(1)+1	3.4×2.6	
115B-5a	220	『大般若波羅蜜多經』卷124(T5, 680a29)	1	2.2×1.9	115B-5b+115B-5a
115B-5b	220	『大般若波羅蜜多經』卷124(T5, 680a26-28)	3+(1)	8.4×5.5	地2.8cm？ 115B-5b+115B-5a
115B-6	1523	『大寶積經論』卷3(T26, 219a4-8)	4	11.4×7.6	
115C-1	374	『大般涅槃經』卷24(T12, 504b27-29)	(1)+3+(1)	7.8×9.1	罫線幅1.9cm，地3.9cm。115C-4+115C-1
115C-2a		不　詳	2+(1)	2.8×6.1	罫線幅2.0cm

115C-2b		不　　詳	(1)	1.2×0.8	
115C-2c		不　　詳	(1)	1.4×0.9	
115C-3	967	『佛頂尊勝陀羅尼經』(T19, 349c27-350a5)	7	12.0×13.0	罫線幅1.6～1.8cm
115C-4	374	『大般涅槃經』巻24 (T12, 504b24-c1)	7+(1)	15.6×13.9	115C-4+115C-1
116-1	262	『妙法蓮華經』巻4 (T9, 29b22-24)	3	6.6×4.5	罫線幅1.8cm
116-2a		不　　詳	1	2.9×1.9	
116-2b		不　　詳	1+(1)	4.1×4.0	
116-3	374	『大般涅槃經』巻14 (T12, 445c1-5)	5	20.5×8.6	罫線幅1.7cm、天3.5cm
116-4	374	『大般涅槃經』巻13 (T12, 441b17-29)	10	14.4×17.6	天3.6cm
117A-1	222	『光讚經』巻1 (T8, 148c11-17)	7	12.8×12.6	80-1+117A-2+117A-1+114B-4
117A-2	222	『光讚經』巻1 (T8, 148c4-11)	8	13.2×15.0	80-1+117A-2+117A-1+114B-4
117A-3a	262	『妙法蓮華經』巻1 (T9, 2c11-22)	9	12.0×15.8	罫線幅1.7～1.8cm。74A-2+117A-3a+117B-4
117A-3b		不　　詳	(1)	2.5×1.4	
117A-4a	664	『合部金光明經』巻3 (T16, 377a5-15)	10	17.1×19.2	罫線幅1.6～1.7cm、天2.4cm
117A-4b		不　　詳	1	3.2×2.3	
117A-4c		不　　詳	(2)	2.0×1.9	
117A-4d		不　　詳	(1)	1.6×1.9	
117A-5	222	『光讚經』巻1 (T8, 148b11-19)	8+(1)	25.0×14.9	罫線幅1.8cm、天2.3cm、地3.5cm。114A-3+99-3e+117A-5+83B-3
117B-1a		不　　詳	1+(1)	2.1×1.5	
117B-1b		不　　詳	2	2.2×2.8	
117B-1c		不　　詳	1	2.5×1.8	
117B-1d	262	『妙法蓮華經』巻3 (T9, 25c13-14)	2	4.0×4.1	117B-1d+119C-3a+Ch 545(TⅢ 1079)+117B-5
117B-2a	262	『妙法蓮華經』巻3 (T9, 24b15-16)	(1)+2	4.5×4.2	117B-2a+118-2
117B-2b		不　　詳	2	6.3×4.8	地3.4cm
117B-2c		不　　詳	(1)	4.3×2.6	
117B-3	262	『妙法蓮華經』巻1 (T9, 4b11-3a9)	4+(1)	14.5×8.3	罫線幅1.7～1.8cm、地1.8cm
117B-4	262	『妙法蓮華經』巻1	(1)+9	13.3×16.6	罫線幅1.7cm、天3.0cm。

		(T9, 2c11-3a9)			74A-2+117A-3a+117B-4
117B-5	262	『妙法蓮華經』巻3 (T9, 25c18-26)	8	10.5×13.2	罫線幅1.5〜2.0cm、地3.0cm？117B-1d+119C-3a+Ch 545（TⅢ 1079）+117B-5
117B-封筒		不　詳			
118-1	262	『妙法蓮華經』巻3 (T9, 24a19-b3)	10	16.3×18.6	罫線幅1.6〜1.9cm、天4.5cm
118-2	262	『妙法蓮華經』巻3 (T9, 24b13-25)	10	24.2×16.8	罫線幅1.6〜1.7cm、地4.8cm。117B-2a+118-2
119A-a	262	『妙法蓮華經』巻7 (T9, 58a17-b6)	11	12.9×20.4	罫線幅1.7〜1.9cm、地0.8cm
119A-b	262	『妙法蓮華經』巻7 (T9, 58b23-24)	(1)+1	8.3×3.4	罫線幅1.7〜1.9cm
119B-1	220	『大般若波羅蜜多經』巻66（T5, 373c8-12）	(1)+4+(1)	12.7×8.6	天3.3cm。86-2+119B-1
119B-2	1331	『佛說灌頂七萬二千神王護比丘呪經』巻11（T21, 531c23-27）	5	10.5×9.3	罫線幅1.8〜1.9cm、天2.7cm
119B-3	374	『大般涅槃經』巻28 (T12, 533b18-22)	(1)+5	12.5×9.4	2紙、罫線幅1.8cm
119B-4	374	『大般涅槃經』巻28 (T12, 533a20-24)	5+(1)	12.7×9.6	2紙、罫線幅1.7〜1.9cm
119C-1a	1331	『佛說灌頂七萬二千神王護比丘呪經』巻12（T21, 532b11-18）	8+(1)	13.7×14.8	罫線幅1.7〜1.8cm、天2.7cm。119C-1a+54A-4+119C-4
119C-1b		不　詳	(2)	2.4×3.5	
119C-1c		不　詳	1	1.9×1.5	
119C-1d		不　詳	(1)	1.5×1.1	
119C-2a	366	『佛說阿彌陀經』巻1（T12, 346c3-10）	7	11.0×11.7	罫線幅1.6〜1.8cm、天1.5cm
119C-2b		不　詳	1+(1)	2.7×2.2	
119C-2c		不　詳	(1)	1.8×1.3	
119C-3a	262	『妙法蓮華經』巻3 (T9, 25c15-24)	9	10.6×15.0	2紙、罫線幅1.7cm。117B-1d+119C-3a+Ch 545（TⅢ 1079）+117B-5
119C-3b		不　詳	1	1.7×2.0	
119C-4	1331	『佛說灌頂七萬二千神王護比丘呪經』巻12（T21, 532b20-23）	4+(1)	12.1×8.1	罫線幅1.8cm、天1.0cm。119C-1a+54A-4+119C-4
119D-1	1331	『佛說灌頂七萬二千	1	5.8×2.9	

		神王護比丘呪經』卷12（T21, 532b24）			
119D-2a		不　詳	1	2.9×2.1	
119D-2b		不　詳	(1)	1.6×1.1	
119D-3	663	『金光明經』卷1（T16, 337c18-19）	(1)+2+(1)	7.3×5.4	罫線幅1.8～1.9cm，地1.0cm。73A-1+119D-3
119D-4	2883	『法王經』（T85, 1389c5-7）	(1)+3	6.7×5.9	罫線幅1.8cm，地3.0cm。119D-4+120B-4
119D-5	375	南本『大般涅槃經』卷26（T12, 778a6-9）	3	7.8×5.0	罫線幅1.8cm
119D-6	375	南本『大般涅槃經』卷26（T12, 778 b 20-22）	(1)+3	7.3×6.5	
119D-7	220	『大般若波羅蜜多經』卷66（T5, 375a7-11）	5+(1)	8.6×9.0	天3.2cm。87-2+中斷+87-3+87-4b+119D-7
119D-8a		不　詳	2	2.6×3.3	
119D-8b		不　詳	(1)+1+(1)	2.7×3.4	
119D-8c		不　詳	1+(1)	4.6×2.5	
119D-8d		不　詳	(1)+1+(1)	3.9×2.4	
119D-8e		不　詳	(1)	3.1×1.2	
119D-8f		不　詳	1	2.6×2.0	
119D-8g		不　詳	1	1.8×1.5	
119D-9a		不　詳	1+(1)	3.3×3.7	
119D-9b	2733	『金剛般若經宣演』卷下（T85, 23c27-24a1）	3	3.2×4.3	罫線幅1.6cm，天0.9cm
119D-9c	2733	『金剛般若經宣演』卷下（T85, 23c12-13）	(1)+1+(1)	4.1×3.4	天1.4cm。119D-9c+142B-6
119D-9d		不　詳	1+(1)	3.2×3.4	罫線幅1.5cm
119D-9e	2733	『金剛般若經宣演』卷下（T85, 24b8）	(1)+1+(1)	4.5×3.1	
119D-9f	374	『大般涅槃經』卷16（T12, 462a16）	(1)+1+(1)	3.7×4.0	罫線幅2.0cm，91-3+93-1+58C-8+83B-2+91-7+74B-1+119D-9f
119D-封筒		不　詳			
120A-1	262	『妙法蓮華經』卷5（T9, 41a22-b4）	10+(1)	13.8×19.4	罫線幅1.8～1.9cm。120A-1+中斷+113-3+137-2
120A-2a	374	『大般涅槃經』卷38（T12, 587a27-b5）	8	12.0×15.3	罫線幅1.7～1.8cm，天3.5cm。120A-4+152-7+中斷+120A-2a

マンネルヘイム・コレクション漢語斷片目録　　　　255

120A-2b		不　　詳	(1)	2.0×2.2	
120A-2c		不　　詳	(1)	2.7×0.8	
120A-3a	143	『玉耶經』(T2, 866 a28-b7)	(1)+6+(1)	22.3×14.8	罫線幅1.7～1.9cm，天3.4cm。82B-3+120A-3a
120A-3b		不　　詳	1	2.7×1.5	
120A-3c		不　　詳	(1)	2.4×1.1	
120A-3d		不　　詳		1.2×1.4	罫線のみ
120A-3e		不　　詳	(1)	1.7×1.0	
120A-3f		不　　詳	1	1.7×1.7	
120A-4	374	『大般涅槃經』卷38 (T12, 587a8-25)	17+(1)	23.9×32.8	罫線幅1.7～1.9cm，天3.7cm。120A-4+152-7+中斷+120A-2a
120B-1a		不　　詳	(2)	2.6×2.0	
120B-1b		不　　詳	1	1.7×1.8	
120B-2	374	『大般涅槃經』卷37 (T12, 582a21-26)	(1)+5+(1)	9.3×10.4	地1.4cm
120B-3	374	『大般涅槃經』卷24 (T12, 505a23-26)	4	7.6×6.8	罫線幅1.6～1.7cm，天3.2cm
120B-4	2883	『法王經』(T85, 1389c1-4)	3+(1)	6.6×6.4	罫線幅1.7cm，地3.0cm。119D-4+120B-4
120B-5	375	南本『大般涅槃經』卷22(T12, 749a16-21)	(1)+5	10.1×10.5	罫線幅1.7～1.8cm，天3.1cm
121-1	374	『大般涅槃經』卷30 (T12, 546b15-19)	5	7.3×10.3	罫線幅1.8～1.9cm。121-1+91-5
121-2	360	『佛說無量壽經』卷下(T12, 275b17-20)	4+(1)	13.6×8.7	罫線幅1.9～2.0cm
121-3	374	『大般涅槃經』卷25 (T12, 515c1-18)	17+(1)	13.0×28.7	
121-4a		不　　詳	(1)	1.7×1.3	
121-4b	220	『大般若波羅蜜多經』卷445(T7, 2477b22-c3)	(1)+11	25.6×20.4	罫線幅1.7～1.8cm，天2.8cm，地3.0cm
122A-1a	262	不　　詳	1	2.0×1.6	
122A-1b		不　　詳	2	4.7×5.3	
122A-1c		『妙法蓮華經』卷3 (T9, 20b1-15)	11	21.4×22.2	罫線幅1.9cm，天3.3cm。90-1+122A-1c
122A-2a	201	『大莊嚴論經』卷1 (T4, 257a22-b4)	12	21.8×26.7	罫線幅1.7～1.8cm，天3.1cm，地3.4cm。122A-2a+122A-2c
122A-2b		不　　詳	1	3.3×1.4	
122A-2c	201	『大莊嚴論經』卷1	2	4.7×4.7	罫線幅1.8cm，地3.2cm。

		(T4, 257b2-3)			122A-2a+122A-2c
122A-2d		不　　詳	(1)	1.0×0.6	
122B-1	665	『金光明最勝王經』卷7 (T16, 437b17-20)	4	5.5×5.8	
122B-2a		不　　詳	2	3.6×3.5	
122B-2b		不　　詳	1	2.6×3.8	
122B-2c		不　　詳	(1)	1.2×1.2	
122B-2d		不　　詳	3	6.5×6.7	
122B-3	262	『妙法蓮華經』卷6 (T9, 54c2-6)	5	14.9×10.3	罫線幅1.7～1.8cm
123-1	262	『妙法蓮華經』卷7 (T9, 55c21-26)	5	17.7×9.0	罫線幅1.6～1.7cm, 天2.5cm。123-1+123-2
123-2	262	『妙法蓮華經』卷7 (T9, 55c27-56a13)	14	18.5×25.0	2紙, 罫線幅1.5～1.9cm, 天2.4cm。123-1+123-2
124a		不　　詳	(2)	2.9×1.3	
124b	2897	『天地八陽神呪經』(T85, 1423a23-b4)	9	8.9×14.8	罫線幅1.7cm
125-1	245	『佛說仁王護國般若波羅蜜經』卷下(T8, 833c26-834a2)	(1)+7	8.3×14.3	天3.3cm
125-2	587	『勝思惟梵天所問經』卷3(T15, 77c11-23)	10	17.3×16.8	罫線幅1.7～1.9cm, 天2.1cm。c18-23は異同アリ
126-1	374	『大般涅槃經』卷17 (T12, 466b7-10)	(1)+3	9.6×9.6	罫線幅1.9cm, 地4.2cm
126-2	262	『妙法蓮華經』卷3 (T9, 21c22-26)	4	25.0×8.9	罫線幅1.8～2.0cm, 天1.4cm, 地3.6cm
126-3	262	『妙法蓮華經』卷2 (T9, 12a26-b5)	7+(1)	14.4×13.6	罫線幅1.7～1.8cm, 天3.2cm
127A-1	278	『大方廣佛華嚴經』卷25 (T9, 556b26-c4)	(1)+7	15.2×13.1	罫線幅1.7cm, 天3.2cm
127A-2	663	『金光明經』卷3 (T16, 352a4-16)	10	15.0×17.9	罫線幅1.7～1.9cm, 天2.0cm
127A-3	397	『大方等大集經』卷29(T13, 204c15-25)	(1)+11	19.0×19.2	罫線幅1.6～1.9cm
127B-1	262	『妙法蓮華經』卷6 (T9, 54a8-9)	2+(1)	4.9×5.1	
127B-2		不　　詳	2	4.2×4.0	罫線幅1.6cm
127B-3		不　　詳	2	4.8×3.5	罫線幅1.7cm
127B-4		不　　詳	(1)	2.2×1.1	
127B-5	1509	『大智度論』卷84	(1)+4	7.9×8.6	罫線幅1.8cm 地3.1cm

マンネルヘイム・コレクション漢語断片目録　　　257

		(T25, 650a3-6)			
127B-6a	665	『金光明最勝王經』巻8（T16, 438c13-15）	(1)+3	4.9×6.3	127B-6c+127B-6a
127B-6b		不　詳	(1)	0.9×0.6	
127B-6c	665	『金光明最勝王經』巻8（T16, 438c5-12）	5	7.1×8.1	罫線幅1.7cm。127B-6c+127B-6a
127B-封筒		不　詳			
128-1		不　詳	1+(1)	2.2×2.2	
128-2		不　詳	2	3.7×4.1	佛典注（注は細字雙行）
128-3	1509	『大智度論』巻12（T25, 145b21-23）	2	8.8×4.2	罫線幅1.9cm, 地2.5cm。85-4+128-3
128-4a		不　詳	(1)	1.1×1.5	
128-4b		不　詳	1	3.2×2.0	
128-4c		不　詳	(2)	3.5×1.9	
128-4d	374	『大般涅槃經』巻20（T12, 481a20-21）	2	4.6×2.8	
128-5	374	『大般涅槃經』巻26（T12, 518a22-27）	5	17.0×7.9	罫線幅1.7～1.8cm
129A-a		不　詳	(1)	3.7×2.2	
129A-b		不　詳	2+(1)	6.9×4.4	
129A-c		文字なし		23.0×10.7	
129A-d		不　詳	6	23.5×11.4	
129A-e		不　詳	1+(1)	3.4×4.2	
129A-f		不　詳	(1)	4.5×3.5	
129B-1	227	『小品般若波羅蜜經』巻6（T8, 565c1-9）	9+(1)	14.4×20.1	罫線幅2.1～2.2cm, 地3.8cm
129B-2	227	『小品般若波羅蜜經』巻6（T8, 565c16-26）	10	15.1×22.5	罫線幅2.0～2.4cm, 地3.9cm。129E-1+129B-2
129C-1a		不　詳	1	4.8×1.5	
129C-1b	250	『摩訶般若波羅蜜大明呪經』（T8, 847c10-18）	6	9.8×15.4	129C-1b+129C-2
129C-1c		不　詳	1	4.7×5.7	
129C-1d		不　詳	1	5.2×4.2	
129C-2	250	『摩訶般若波羅蜜大明呪經』（T8, 847c17-25）	10	16.0×20.8	129C-1b+129C-2
129D-1	967	『佛頂尊勝陀羅尼經』（T19, 352a18-22）	(1)+2+(1)	14.4×5.8	天2.9cm129D-2+129D-1+129D-3

129D-2	967	『佛頂尊勝陀羅尼經』(T19, 352a16-18)	3+(1)	14.2×6.5	天2.7cm。129D-2+129D-1+129D-3。「希有明驗」を「驗希有妙法」に作る
129D-3	967	『佛頂尊勝陀羅尼經』(T19, 352a23-24)	(1)+2+(1)	14.3×5.4	天2.8cm。129C-1b+129C-2+129D-3
129D-4a	227	『小品般若波羅蜜經』卷6(T8, 565b28-29)	(1)+1+(1)	6.6×3.6	罫線幅1.9cm。129D-4a（上）+129D-4b（下）
129D-4b	227	『小品般若波羅蜜經』卷6(T8, 565b-29)	2+(1)	8.4×5.9	罫線幅2.0cm, 地3.7cm。129D-4a（上）+129D-4b（下）
129D-5a	278	『大方廣佛華嚴經』卷6(T9, 434a23-27)	(1)+3	8.6×6.4	罫線幅2.2cm, 天2.4cm
129D-5b	278	『大方廣佛華嚴經』卷6(T9, 434b5-7)	(1)+3	7.9×7.3	罫線幅1.8cm, 天2.0cm
129E-1	227	『小品般若波羅蜜經』卷6(T8, 565c15-16)	2	11.4×4.7	地4.0cm。129E-1+129B-2
129E-2		不　詳	(1)+2	4.1×5.1	
129E-3a		不　詳	(1)	1.8×2.1	
129E-3b		不　詳	1	1.9×1.5	
129E-4		不　詳	(1)+2	5.6×4.5	罫線幅1.8cm
129E-5		不　詳	(1)+3	6.7×7.0	地3.4cm
129E-6a		不　詳	1	3.3×1.1	
129E-6b		不　詳	1	11.7×2.9	俗文書「晉州蘇思文等」
129E-7	202	『賢愚因緣經』卷9(T4, 415a2-7)	5	8.6×8.8	129E-7+129E-9
129E-8a	374	『大般涅槃經』卷19(T12, 476b21-23)	3+(1)	4.0×5.7	
129E-8b	374	『大般涅槃經』卷19(T12, 476b20-23)	3+(1)	4.5×6.0	129E-8b（上）+129E-8a（下）
129E-8c		不　詳	(1)	4.5×2.7	
129E-9	202	『賢愚因緣經』卷9(T4, 415a8-12)	5	8.1×8.2	129E-7+129E-9
130-1a		不　詳	2	2.5×3.6	罫線幅1.7cm
130-1b	262	『妙法蓮華經』卷5(T9, 40c1-3)	(1)+1+(1)	3.2×4.1	107-1+130-1b+130-3a+130-2+130-3b+130-4a+130-4e+130-4c+130-4d
130-2	262	『妙法蓮華經』卷5(T9, 40c3-13)	6	12.7×10.6	2紙, 地2.2cm。107-1+130-1b+130-3a+130-2

					+130-3b+130-4a+130-4e+130-4c+130-4d
130-3a	262	『妙法蓮華經』卷5 (T9, 40c1-3)	2+(1)	7.9×5.7	107-1+130-1b+130-3a+130-2+130-3b+130-4a+130-4e+130-4c+130-4d
130-3b	262	『妙法蓮華經』卷5 (T9, 40c13-15)	1+(1)	3.9×3.2	107-1+130-1b+130-3a+130-2+130-3b+130-4a+130-4e+130-4c+130-4d
130-3c		不　詳	1+(1)	3.2×2.5	
130-4a	262	『妙法蓮華經』卷5 (T9, 40c13-27)	8	15.6×14.2	107-1+130-1b+130-3a+130-2+130-3b+130-4a+130-4e+130-4c+130-4d
130-4b		不　詳	(2)	2.1×1.1	
130-4c	262	『妙法蓮華經』卷5 (T9, 40c25)	1	4.4×2.1	107-1+130-1b+130-3a+130-2+130-3b+130-4a+130-4e+130-4c+130-4d
130-4d	262	『妙法蓮華經』卷5 (T9, 40c27)	1	2.3×1.7	107-1+130-1b+130-3a+130-2+130-3b+130-4a+130-4e+130-4c+130-4d
130-4e	262	『妙法蓮華經』卷5 (T9, 40c20)	1	1.5×1.6	107-1+130-1b+130-3a+130-2+130-3b+130-4a+130-4e+130-4c+130-4d
130-4f		不　詳	(2)	1.8×2.7	
131A-1	1435	『十誦律』　卷28 (T23, 202b12-17)	9+(1)	6.9×14.8	罫線幅1.6〜1.8cm，地3.1cm
131A-2a		不　詳	(1)+7	5.0×17.0	地3.2cm
131A-2b		不　詳	(1)+4	6.7×10.1	天3.3cm
131A-3	262	『妙法蓮華經』卷7 (T9, 57b10-16)	6+(1)	26.0×14.4	罫線幅1.7〜1.8cm，天3.4cm，地2.3cm
131B-a	746	『餓鬼報應經』 (T17, 561a22-b7)	(1)+14	10.4×25.1	
131B-b	375	南本『大般涅槃經』 卷34 (T17, 833a25-28)	(1)+2	8.3×5.4	
131B-c	375	南本『大般涅槃經』 卷34 (T17, 833a17-19)	3	8.4×5.1	

131B-d		不　詳	(1)	2.2×1.0	
131B-e		不　詳	(1)	0.8×1.4	
131C-1	1422b	『五分戒本』(T22, 205b5-18)	(1)+8+(1)	11.2×17.4	2紙，罫線幅1.7～1.8cm，天3.7cm
131C-2a	156	『大方便佛報恩經』卷3 (T3, 136c29-137a6)	6	11.9×11.1	罫線幅1.7cm，天2.8cm。131D-4+131C-2a+131C-2c
131C-2b	156	『大方便佛報恩經』卷3(T3, 136c14-17)	4+(1)	11.4×8.7	罫線幅1.7cm，天2.9cm
131C-2c	156	『大方便佛報恩經』卷3(T3, 137a5)	1	4.6×2.7	131D-4+131C-2a+131C-2c
131C-2d		不　詳	(1)	1.5×1.0	
131C-2e		不　詳	(2)	4.0×2.1	
131C-2f		不　詳	1	2.4×2.5	
131D-1a	262	『妙法蓮華經』卷5 (T9, 41c7-9)	(1)+2	3.4×3.9	131E-5a + 131E-5b + 131D-1a+131D-1b
131D-1b	262	『妙法蓮華經』卷5 (T9, 41c8-9)	(1)+2	5.7×4.3	131E-5a + 131E-5b + 131D-1a+131D-1b
131D-2	663	『金光明經』卷1 (T16, 336b10-14)	首題+4	7.6×9.8	罫線幅1.5～1.7cm，天3.1cm
131D-3	156	『大方便佛報恩經』卷3(T3, 136b25-28)	4+(1)	9.7×8.0	天2.3cm
131D-4	156	『大方便佛報恩經』卷3(T3, 136c24-28)	4+(1)	11.5×8.1	罫線幅1.7cm，天2.9cm。131D-4+131C-2a+131C-2c
131D-5a	262	『妙法蓮華經』卷5 (T9, 44a11-16)	(1)+6	12.5×11.1	罫線幅1.8cm。131D-5a+131D-5b
131D-5b	262	『妙法蓮華經』卷5 (T9, 44a14)	1	2.1×2.3	131D-5a+131D-5b
131E-1a		不　詳	2	3.1×2.9	
131E-1b		不　詳	(1)+1	2.8×2.9	
131E-2a		不　詳	(1)	1.8×1.3	
131E-2b		不　詳	(1)	1.4×1.1	
131E-2c		不　詳	(2)	3.0×2.5	
131E-3		不　詳	1+(1)	6.0×3.1	「字接引外凡」
131E-4a	220	『大般若波羅蜜多經』卷397(T6, 1057b21-22)	(1)+1+(1)	5.8×3.7	131E-6b + 131E-6c + 131E-4a+131E-4b
131E-4b	220	『大般若波羅蜜多經』卷397(T6, 1057b21)	1+(1)	5.6×3.5	131E-6b + 131E-6c + 131E-4a+131E-4b
131E-5a	262	『妙法蓮華經』卷5 (T9, 41c3-5)	(1)+3	6.9×6.1	131E-5a + 131E-5b + 131D-1a+131D-1b

131E-5b	262	『妙法蓮華經』巻5 (T9, 41c6-7)	2	5.1×3.7	131E-5a+131E-5b+ 131D-1a+131D-1b
131E-6a		不　　詳	1	1.5×1.3	
131E-6b	220	『大般若波羅蜜多經』巻397(T6, 1057b19-21)	3	7.0×5.2	罫線幅1.7cm，天3.0cm
131E-6c	220	『大般若波羅蜜多經』巻397(T6, 1057b19-21)	1+(1)	2.8×3.8	
131E-7		不　　詳	3+(1)	8.0×7.7	俗文書。「邑主秋」「占少多施」
131E-8	156	『大方便佛報恩經』巻3(T3, 136c19-22)	4+(1)	11.4×8.2	罫線幅1.6〜1.7cm，天2.8cm
131E-9a	442	『十方千五百佛名經』(T14, 313c26-27)	2	7.0×3.4	天3.1cm
131E-9b		不　　詳	1+(1)	4.3×2.9	
131E-9c		不　　詳	1+(1)	5.6×4.0	天3.0cm
132A-1a	374	『大般涅槃經』巻37 (T12, 583a19-20)	(1)+2+(1)	10.4×6.2	罫線幅1.9cm，天4.2cm。 132A-1a+中斷+132C-2c+132A-1e+132M-2d+132D-2a+132J-1f
132A-1b	374	『大般涅槃經』巻37 (T12, 584a5-8)	(1)+3	10.5×6.4	罫線幅1.9cm，天4.3cm。「是愛」を「是受」に作る。132C-1c+中斷+132J-1e+132D-1d+132A-1f+中斷+132A-1d+132A-1c+132B-2a+132J-1d+132A-2b+132A-1b+132A-2e+132I-2e+中斷+132A-2c+132I-2b+中斷+132A-2d+132I-1b
132A-1c	374	『大般涅槃經』巻37 (T12, 583c20-23)	3+(1)	10.5×6.4	罫線幅1.7〜1.9cm，天4.0cm。接續は「132A-1b」の項参照
132A-1d	374	『大般涅槃經』巻37 (T12, 583c17-19)	(1)+3	7.8×5.5	罫線幅1.7〜1.9cm，天3.7cm。接續は「132A-1b」の項参照
132A-1e	374	『大般涅槃經』巻37 (T12, 583a25-27)	3	10.1×5.8	罫線幅1.9cm，天4.2cm。132A-1a+中斷+132C-2c+132A-1e+132M-2d+132D-2a+132J-1f
132A-1f	374	『大般涅槃經』巻37	(1)+2+(1)	10.4×6.8	罫線幅1.9cm，天4.0cm。

		(T12, 583c13-15)			接續は「132A-1b」の項參照
132A-2a	374	『大般涅槃經』卷37 (T12, 584b16-18)	4	6.9×6.6	罫線幅1.8～1.9cm，天3.4cm。132B-2c+132I-1f+中斷+132A-2f+132I-1e+中斷+132A-2a+132I-2a+中斷+132B-2h+132I-2c+中斷+132B-1c+132M-3b+中斷+132I-1d+中斷+132B-1a+132K-2d+132I-1a+中斷+132B-1b+132M-3a+132I-1c+132B-1d+132K-2b+132I-2f
132A-2b	374	『大般涅槃經』卷37 (T12, 584a1-4)	4	7.7×6.5	罫線幅1.8～1.9cm，天3.9cm。接續は「132A-1b」の項參照
132A-2c	374	『大般涅槃經』卷37 (T12, 584a17-19)	(1)+3	7.4×6.3	天4.0cm。接續は「132A-1b」の項參照
132A-2d	374	『大般涅槃經』卷37 (T12, 584a24-26)	(1)+3+(1)	7.5×6.7	罫線幅1.8cm，天3.9cm。「觸」は異體字。接續は「132A-1b」の項參照
132A-2e	374	『大般涅槃經』卷37 (T12, 584a8-12)	4	7.4×6.3	罫線幅1.7cm，天3.9cm。接續は「132A-1b」の項參照
132A-2f	374	『大般涅槃經』卷37 (T12, 584b9-12)	3+(1)	7.3×6.2	罫線幅1.7～1.9cm，天3.9cm。接續は「132A-2a」項參照
132B-1a	374	『大般涅槃經』卷37 (T12, 584c10-12)	(1)+3	6.3×6.8	罫線幅1.9cm，天3.2cm。接續は「132A-2a」項參照
132B-1b	374	『大般涅槃經』卷37 (T12, 584c17-20)	4	7.4×6.8	罫線幅1.7～1.9cm，天4.0cm。接續は「132A-2a」項參照
132B-1c	374	『大般涅槃經』卷37 (T12, 584c2-5)	4	6.7×7.0	罫線幅1.8cm，天3.4cm。接續は「132A-2a」項參照
132B-1d	374	『大般涅槃經』卷37 (T12, 584c25-27)	3	7.2×7.1	罫線幅1.8cm，天3.5cm。接續は「132A-2a」項參照
132B-1e	374	『大般涅槃經』卷37 (T12, 585a29-b2)	3	7.1×5.8	罫線幅2.1cm，天3.6cm。132B-2e+132K-2e+132H-2d+中斷+132L-1+132B-1f++132L-5+中

					斷+132H-2f+中斷+132B-2g+132K-2a+中斷+132H-1a+中斷+132B-1e+132K-2f+132H-1b+中斷+132K-2c+132B-2f+132H-1e+中斷+132C-2i+132H-2e+132H-1f+中斷+132C-2b+132H-1c
132B-1f	374	『大般涅槃經』卷37 (T12, 585a12-14)	3	7.4×5.9	罫線幅1.9cm、天3.7cm。接續は「132B-1e」の項參照
132B-2a	374	『大般涅槃經』卷37 (T12, 583c24-26)	2+(1)	7.7×5.4	罫線幅2.2cm、天3.7cm。接續は「132A-1b」の項參照
132B-2b	374	『大般涅槃經』卷37 特定できず	(1)+1+(1)	7.0×4.6	天3.6cm
132B-2c	374	『大般涅槃經』卷37 (T12, 584b2-4)	3+(1)	7.4×6.7	天3.7cm。接續は「132A-2a」項參照
132B-2d	374	『大般涅槃經』卷37 特定できず	1+(1)	6.4×4.0	天4.0cm
132B-2e	374	『大般涅槃經』卷37 (T12, 585a3-7)	3+(1)	7.1×6.4	罫線幅1.8cm、天3.7cm。接續は「132B-1e」の項參照
132B-2f	374	『大般涅槃經』卷37 (T12, 585b9-10)	3	7.2×6.1	罫線幅2.0cm、天3.8cm。接續は「132B-1e」の項參照
132B-2g	374	『大般涅槃經』卷37 (T12, 585a20-22)	3	7.2×5.8	天3.5cm。接續は「132B-1e」の項參照
132B-2h	374	『大般涅槃經』卷37 (T12, 584b24-26)	(1)+3	6.7×6.5	罫線幅2.0cm、天3.5cm。接續は「132A-2a」の項參照
132C-1a	374	『大般涅槃經』卷37 (T12, 583b12-14)	3	8.0×5.2	罫線幅1.8cm、天3.8cm。132I-2d+132C-1a+132J-1b+132D-2b
132C-1b	374	『大般涅槃經』卷37 (T12, 583a4-5)	2	6.6×3.7	罫線幅1.7cm。132G-1a+132G-1c+中斷+132G-1e+132F-1c+132D-2f+132G-2b+中斷+132D-1a+132C-1f+132F-1d+中斷+132D-1e+中斷+132F-1a+132C-1g+132C-1d+132F-1b+132C-1h+132C-1e+

						132G-2a+132D-1f+132C-1b+132J-1g+132C-2h+132J-1h+132C-2d
132C-1c	374	『大般涅槃經』巻37 (T12, 583c4-5)	2	7.4×5.2		罫線幅1.7cm。接續は「132A-1b」の項參照
132C-1d	374	『大般涅槃經』巻37 (T12, 582c22)	(1)+1	5.8×3.0		天2.1cm。接續は「132C-1b」の項參照
132C-1e	374	『大般涅槃經』巻37 (T12, 582c28)	(1)+1	5.9×3.8		罫線幅1.8cm、天2.1cm。接續は「132C-1b」の項參照
132C-1f	374	『大般涅槃經』巻37 (T12, 582c10)	1+(1)	5.6×3.5		罫線幅1.7cm、天1.6cm。接續は「132C-1b」の項參照
132C-1g	374	『大般涅槃經』巻37 (T12, 582c20-21)	1+(1)	6.3×2.5		接續は「132C-1b」の項參照
132C-1h	374	『大般涅槃經』巻37 (T12, 582c26-27)	1+(1)	4.6×2.5		天1.0cm。接續は「132C-1b」の項參照
132C-1i	374	『大般涅槃經』巻37 (T12, 581c16-18)	3	7.8×5.4		天4.2cm。132E-2b+中斷+132F-2a+132J-2e+132F-2d+132D-2c+132J-2a+132C-1i+132J-2b+132C-1j+132J-2f+132D-1c+132J-2c+132C-1k+132J-2d+132D-2i+132D-2e+132D-2g+132D-1b+132D-2h+中斷+132G-1d+132G-1b+132G-2e+132G-2c+132G-2d+132H-2a+132G-1f+132H-2b+132H-2c
132C-1j	374	『大般涅槃經』巻37 (T12, 581c21-23)	3	9.9×4.6		天4.2cm。接續は「132C-1i」の項參照
132C-1k	374	『大般涅槃經』巻37 (T12, 582a2-4)	3	9.9×4.7		罫線幅1.7cm、天4.2cm。接續は「132C-1i」の項參照
132C-2a	374	『大般涅槃經』巻37 (T12, 585c12-14)	2+(1)	6.8×5.4		天3.8cm
132C-2b	374	『大般涅槃經』巻37 (T12, 585b24-26)	(1)+2	7.0×5.5		天3.8cm。接續は「132B-1e」の項參照
132C-2c	374	『大般涅槃經』巻37 (T12, 583a22-24)	(1)+2+(1)	8.1×5.3		罫線幅1.7cm、天4.1cm。132A-1a+中斷+132C-2c+132A-1e+132M-2d

					+132D-2a+132J-1f
132C-2d	374	『大般涅槃經』巻37 (T12, 583a16-17)	(1)+2+(1)	4.4×5.0	天2.9cm。接續は 「132C-1b」の項參照
132C-2e	374	『大般涅槃經』巻37 (T12, 585c22-23)	2	7.0×4.2	天4.1cm
132C-2f	374	『大般涅槃經』巻37 (T12, 585c3-5)	3+(1)	7.1×5.9	天4.1cm。「觸」は異體 字。132C-2f+132L-2
132C-2g	374	『大般涅槃經』巻37 (T12, 583b6-7)	(1)+2+(1)	8.0×5.2	罫線幅1.7cm、天4.2cm
132C-2h	374	『大般涅槃經』巻37 (T12, 583a9-11)	(1)+2	6.2×5.0	罫線幅1.7cm、天2.4cm。 接續は「132C-1b」の 項參照
132C-2i	374	『大般涅槃經』巻37 (T12, 585b16-18)	3	7.0×5.0	接續は「132B-1e」の 項參照
132D-1a	374	『大般涅槃經』巻37 (T12, 582c9-10)	(1)+2	5.8×4.7	接續は「132C-1b」の 項參照
132D-1b	374	『大般涅槃經』巻37 (T12, 582a15-17)	3	8.3×5.1	天4.2cm。接續は 「132C-1i」の項參照
132D-1c	374	『大般涅槃經』巻37 (T12, 581c26-28)	3	10.1×4.5	罫線幅1.8cm、天4.3cm。 接續は「132C-1i」の項 參照
132D-1d	374	『大般涅槃經』巻37 (T12, 583c10-12)	3	8.3×5.3	罫線幅1.7cm、天3.9cm。 接續は「132A-1b」の 項參照
132D-1e	374	『大般涅槃經』巻37 (T12, 582c14-15)	2	5.0×2.5	接續は「132C-1b」の 項參照
132D-1f	374	『大般涅槃經』巻37 (T12, 583a3)	(1)+1	5.1×2.6	接續は「132C-1b」の 項參照
132D-1g	374	『大般涅槃經』巻37 特定できず	(1)+1	6.2×3.1	
132D-2a	374	『大般涅槃經』巻37 (T12, 583a29-b1)	2	7.4×3.3	天4.1cm。132A-1a+中 斷+132C-2c+132A-1e +132M-2d+132D-2a+ 132J-1f
132D-2b	374	『大般涅槃經』巻37 (T12, 583b18-21)	3+(1)	8.0×5.1	罫線幅1.8cm。132I-2d +132C-1a+132J-1b+ 132D-2b
132D-2c	374	『大般涅槃經』巻37 (T12, 581c12-13)	(1)+2	7.9×4.4	天2.3cm。接續は 「132C-1i」の項參照
132D-2d	374	『大般涅槃經』巻37 (T12, 583b27-28)	2	5.5×2.1	天2.1cm。132D-2d+ 132J-1a
132D-2e	374	『大般涅槃經』巻37 (T12, 582a10-12)	3	6.8×4.7	罫線幅1.7cm、天2.7cm。 接續は「132C-1i」の項

						参照
132D-2f	374	『大般涅槃經』巻37 (T12, 582c3-4)	2+(1)	8.2×5.2		罫線幅1.9cm，天4.3cm。接續は「132C-1b」の項参照
132D-2g	374	『大般涅槃經』巻37 (T12, 582a13-14)	2+(1)	9.9×4.8		罫線幅2.0cm，天4.1cm。接續は「132C-1i」の項参照
132D-2h	374	『大般涅槃經』巻37 (T12, 582a18-20)	3	10.0×5.3		天4.1cm。接續は「132C-1i」の項参照
132D-2i	374	『大般涅槃經』巻37 (T12, 582a8-9)	(1)+2+(1)	10.1×5.2		天4.1cm。接續は「132C-1i」の項参照
132E-1a	374	『大般涅槃經』巻37 (T12, 581b3-5)	3	9.9×5.5		罫線幅1.7cm，天4.2cm
132E-1b	374	『大般涅槃經』巻37 (T12, 581a28-b1)	3	10.1×5.7		天4.3cm
132E-1c	374	『大般涅槃經』巻37 (T12, 581b7-10)	3+(1)	9.9×6.1		罫線幅1.7cm，天4.2cm
132E-1d	374	『大般涅槃經』巻37 (T12, 581a24-26)	3	9.3×5.5		罫線幅1.8cm，天3.8cm
132E-2a	374	『大般涅槃經』巻37 (T12, 581b20-23)	4	9.8×7.0		罫線幅1.8cm，天4.3cm。132E-2a+132F-2b
132E-2b	374	『大般涅槃經』巻37 (T12, 581c2-3)	2+(1)	9.9×4.6		罫線幅1.7cm，天4.3cm。接續は「132C-1i」の項参照
132E-2c	374	『大般涅槃經』巻37 (T12, 581a13-14)	2	7.8×4.3		
132E-2d	374	『大般涅槃經』巻37 (T12, 581a5-7)	3	7.5×6.3		罫線幅1.8cm
132E-2e	374	『大般涅槃經』巻37 (T12, 581a16-17)	2+(1)	7.7×4.2		罫線幅1.6cm，天2.5cm
132E-2f	374	『大般涅槃經』巻37 (T12, 581a9-10)	2+(1)	7.6×4.0		
132F-1a	374	『大般涅槃經』巻37 (T12, 582c17-19)	3+(1)	9.9×5.4		罫線幅1.6～1.8cm，天4.0cm。接續は「132C-1b」の項参照
132F-1b	374	『大般涅槃經』巻37 (T12, 582c23-25)	3+(1)	9.9×5.7		2紙，天4.2cm。接續は「132C-1b」の項参照
132F-1c	374	『大般涅槃經』巻37 (T12, 582b29-c2)	3	10.0×5.7		罫線幅1.9cm，天4.2cm。接續は「132C-1b」の項参照
132F-1d	374	『大般涅槃經』巻37 (T12, 582c11-13)	3	10.2×5.3		罫線幅1.8～2.0cm，天4.2cm。接續は「132C-1b」の項参照

132F-2a	374	『大般涅槃經』巻37 (T12, 581c5-6)	(1)+1+(1)	8.7×4.1	罫線幅1.8cm，天3.8cm。接續は「132C-1i」の項參照
132F-2b	374	『大般涅槃經』巻37 (T12, 581b24-27)	4+(1)	10.0×7.7	罫線幅1.7cm，天4.1cm。132E-2a+132F-2b
132F-2c	374	『大般涅槃經』巻37 (T12, 581a20-22)	3	7.7×5.2	罫線幅1.8cm，天2.2cm
132F-2d	374	『大般涅槃經』巻37 (T12, 581c9-11)	(1)+1+(1)	9.2×3.7	罫線幅1.9cm，天5.0cm。接續は「132C-1i」の項參照
132G-1a	374	『大般涅槃經』巻37 (T12, 582b20-22)	(1)+2	7.8×4.4	罫線幅1.6cm，天4.0cm。接續は「132C-1b」の項參照
132G-1b	374	『大般涅槃經』巻37 (T12, 582a24-25)	(1)+2	9.9×5.0	天4.1cm。接續は「132C-1i」の項參照
132G-1c	374	『大般涅槃經』巻37 (T12, 582b23-25)	3+(1)	10.1×5.5	天4.0cm。接續は「132C-1b」の項參照
132G-1d	374	『大般涅槃經』巻37 (T12, 582a22-23)	(1)+1+(1)	8.0×3.7	天4.0cm。接續は「132C-1i」の項參照
132G-1e	374	『大般涅槃經』巻37 (T12, 582b27-28)	2	8.0×3.9	天4.0cm。接續は「132C-1b」の項參照
132G-1f	374	『大般涅槃經』巻37 (T12, 582b9-11)	3	8.1×5.0	罫線幅1.9cm，天4.2cm。接續は「132C-1i」の項參照
132G-2a	374	『大般涅槃經』巻37 (T12, 582c29 - 583a2)	3	8.0×5.5	罫線幅1.7cm。接續は「132C-1b」の項參照
132G-2b	374	『大般涅槃經』巻37 (T12, 582c5-7)	(1)+2+(1)	10.2×5.7	天4.1cm。接續は「132C-1b」の項參照
132G-2c	374	『大般涅槃經』巻37 (T12, 582a29-b2)	2+(1)	7.2×4.8	天1.3cm。接續は「132C-1i」の項參照
132G-2d	374	『大般涅槃經』巻37 (T12, 582b3-5)	2	8.1×4.8	天4.2cm。接續は「132C-1i」の項參照
132G-2e	374	『大般涅槃經』巻37 (T12, 582a26-28)	3	8.1×4.4	天4.1cm。接續は「132C-1i」の項參照
132G-2f	374	『大般涅槃經』巻37 (T12, 586a1-2)	(1)+1	4.7×3.3	
132H-1a	374	『大般涅槃經』巻37 (T12, 585a24-26)	2+(1)	9.5×4.6	天3.7cm。接續は「132B-1e」の項參照
132H-1b	374	『大般涅槃經』巻37 (T12, 585b3-5)	2+(1)	9.5×5.0	接續は「132B-1e」の項參照
132H-1c	374	『大般涅槃經』巻37 (T12, 585b27-29)	(1)+1+(1)	8.7×4.4	接續は「132B-1e」の項參照

132H-1d	374	『大般涅槃經』卷37 (T12, 585c7-8)	1+(1)	8.3×3.3	天4.0cm
132H-1e	374	『大般涅槃經』卷37 (T12, 585b11-13)	2+(1)	9.5×5.7	罫線幅1.7cm、天4.0cm。接續は「132B-1e」の項參照
132H-1f	374	『大般涅槃經』卷37 (T12, 585b19-20)	2+(1)	9.2×5.9	罫線幅1.7cm、天4.0cm。接續は「132B-1e」の項參照
132H-2a	374	『大般涅槃經』卷37 (T12, 582b6-8)	(1)+2	9.9×5.0	罫線幅1.8cm、天4.0cm。接續は「132C-1i」の項參照
132H-2b	374	『大般涅槃經』卷37 (T12, 582b12-14)	3	10.1×5.2	罫線幅1.7cm、天4.2cm。接續は「132C-1i」の項參照
132H-2c	374	『大般涅槃經』卷37 (T12, 582b15-17)	(1)+3	6.2×5.5	罫線幅1.8cm、天2.3cm。接續は「132C-1i」の項參照
132H-2d	374	『大般涅槃經』卷37 (T12, 585a8-9)	2	9.5×4.9	天4.0cm。「觸」は異體字。接續は「132B-1e」の項參照
132H-2e	374	『大般涅槃經』卷37 (T12, 585b18-19)	(1)+2	10.0×5.1	罫線幅1.9cm、天4.1cm。接續は「132B-1e」の項參照
132H-2f	374	『大般涅槃經』卷37 (T12, 585a16-17)	(1)+2	9.8×5.0	天4.1cm。接續は「132B-1e」の項參照
132I-1a	374	『大般涅槃經』卷37 (T12, 584c13-14)	2+(1)	10.3×4.8	罫線幅1.7cm、天4.0cm。接續は「132A-2a」項參照
132I-1b	374	『大般涅槃經』卷37 (T12, 584a27-28)	2+(1)	10.2×4.7	罫線幅1.8cm、天3.8cm。接續は「132A-1b」の項參照
132I-1c	374	『大般涅槃經』卷37 (T12, 584c21-22)	(1)+2	10.3×4.7	天4.0cm。接續は「132A-2a」項參照
132I-1d	374	『大般涅槃經』卷37 (T12, 584c7-8)	(1)+2	9.8×4.5	天4.0cm。接續は「132A-2a」項參照
132I-1e	374	『大般涅槃經』卷37 (T12, 584b13-14)	(1)+1+(1)	10.1×5.7	天4.0cm。接續は「132A-2a」項參照
132I-1f	374	『大般涅槃經』卷37 (T12, 584b5-6)	(1)+1+(1)	10.2×5.0	天4.1cm。接續は「132A-2a」項參照
132I-2a	374	『大般涅槃經』卷37 (T12, 584b20-21)	(1)+2	9.8×5.6	天3.9cm。接續は「132A-2a」項參照
132I-2b	374	『大般涅槃經』卷37 (T12, 584a20-22)	3	9.9×5.5	罫線幅1.7cm、天3.7cm。接續は「132A-1b」の項參照

132I-2c	374	『大般涅槃經』巻37 (T12, 584b27-28)	2	10.0×4.1	接續は「132A-2a」項參照
132I-2d	374	『大般涅槃經』巻37 (T12, 583b9-11)	2+(1)	10.2×5.8	天4.2cm。132I-2d+ 132C-1a+132J-1b+ 132D-2b
132I-2e	374	『大般涅槃經』巻37 (T12, 584a12-15)	3	10.4×6.2	罫線幅1.8cm、天4.2cm。接續は「132A-1b」の項參照
132I-2f	374	『大般涅槃經』巻37 (T12, 584c28-29)	2+(1)	9.8×4.8	罫線幅1.7cm、天4.1cm。接續は「132A-2a」項參照
132J-1a	374	『大般涅槃經』巻37 (T12, 583b29-c2)	(1)+3	6.7×5.8	罫線幅1.6cm。132D-2d+132J-1a
132J-1b	374	『大般涅槃經』巻37 (T12, 583b15-17)	3	7.5×5.3	罫線幅1.8cm、天1.5cm。132I-2d+132C-1a+132J-1b+132D-2b
132J-1c	374	『大般涅槃經』巻37 (T12, 583b23-25)	(1)+2+(1)	7.3×5.6	罫線幅1.8cm、天1.3cm
132J-1d	374	『大般涅槃經』巻37 (T12, 583c27-29)	(1)+3	10.5×6.2	罫線幅1.7cm、天4.3cm。接續は「132A-1b」の項參照
132J-1e	374	『大般涅槃經』巻37 (T12, 583c7-9)	(1)+3	6.4×5.5	罫線幅1.8cm。接續は「132A-1b」の項參照
132J-1f	374	『大般涅槃經』巻37 (T12, 583b2-4)	3	8.5×5.3	罫線幅1.7cm、天2.4cm。132A-1a+中斷+132C-2c+132A-1e+132M-2d+132D-2a+132J-1f
132J-1g	374	『大般涅槃經』巻37 (T12, 583a6-8)	3+(1)	6.3×6.0	罫線幅1.8cm。接續は「132C-1b」の項參照
132J-1h	374	『大般涅槃經』巻37 (T12, 583a12-15)	3+(1)	6.5×6.0	罫線幅1.9cm。接續は「132C-1b」の項參照
132J-2a	374	『大般涅槃經』巻37 (T12, 581c14-15)	2	8.4×3.7	罫線幅1.8cm、天4.3cm。接續は「132C-1i」の項參照
132J-2b	374	『大般涅槃經』巻37 (T12, 581c19-20)	2	8.3×3.8	接續は「132C-1i」の項參照
132J-2c	374	『大般涅槃經』巻37 (T12, 581c29-582a1)	2+(1)	6.5×4.1	罫線幅1.8cm、天2.6cm。接續は「132C-1i」の項參照
132J-2d	374	『大般涅槃經』巻37 (T12, 582a5-7)	(1)+1+(1)	6.8×3.9	罫線幅1.7cm、天2.9cm。接續は「132C-1i」の項參照
132J-2e	374	『大般涅槃經』巻37	(1)+2	7.9×4.4	罫線幅1.8cm、天2.2cm。

		(T12, 581c7-8)			接續は「132C-1i」の項參照
132J-2f	374	『大般涅槃經』卷37 (T12, 581c24-25)	2+(1)	6.8×4.8	接續は「132C-1i」の項參照
132J-2g	374	『大般涅槃經』卷37 (T12, 581b12-14)	3	8.3×5.8	天2.5cm
132J-2h	374	『大般涅槃經』卷37 (T12, 581b16-18)	3	10.2×6.2	罫線幅1.8cm，天4.3cm
132K-1a	156	『大方便佛報恩經』卷3(T3, 136c11-12)	2+(1)	10.6×4.4	天3.0cm。82C-1+132K-1a
132K-1b	156	『大方便佛報恩經』卷3(T3, 136c1-6)	5	10.6×8.7	罫線幅1.8cm，天3.0cm
132K-2a	374	『大般涅槃經』卷37 (T12, 585a21-22)	2+(1)	8.3×4.4	接續は「132B-1e」の項參照
132K-2b	374	『大般涅槃經』卷37 (T12, 584c26-28)	(1)+2	7.8×4.7	接續は「132A-2a」の項參照
132K-2c	374	『大般涅槃經』卷37 (T12, 585b8-10)	3	8.2×5.2	接續は「132B-1e」の項參照
132K-2d	374	『大般涅槃經』卷37 (T12, 584c11-12)	2+(1)	7.7×4.2	接續は「132A-2a」の項參照
132K-2e	374	『大般涅槃經』卷37 (T12, 585a5-6)	2+(1)	8.0×4.8	接續は「132B-1e」の項參照
132K-2f	374	『大般涅槃經』卷37 (T12, 585a29-b2)	3	8.6×5.3	接續は「132B-1e」の項參照
132L-1	374	『大般涅槃經』卷37 (T12, 585a12)	1+(1)	3.6×3.0	接續は「132B-1e」の項參照
132L-2	374	『大般涅槃經』卷37 (T12, 585c4-5)	(1)+2+(1)	8.1×5.0	「觸」は異體字。132C-2f+132L-2
132L-3	262	『妙法蓮華經』卷5 (T9, 37c20-21)	2	6.1×4.0	23-2b+132L-3+143D-3a+143D-3b
132L-4a	262	『妙法蓮華經』卷1 (T9, 2a11-12)	2	5.6×4.0	
132L-4b		不　　詳	(1)+1+(1)	3.1×4.1	古寫本。
132L-5	374	『大般涅槃經』卷37 (T12, 585a13-14)	2	8.4×5.0	接續は「132B-1e」の項參照
132L-6a	374	『大般涅槃經』卷31 (T12, 550c19-21)	2+(1)	11.9×5.7	
132L-6b	374	『大般涅槃經』卷31 (T12, 550b28)	1+(1)	7.8×3.7	
132L-6c	374	『大般涅槃經』卷31 (T12, 550c13-16)	4	9.6×8.1	罫線幅2.0cm，天2.4cm
132M-1a		不　　詳	(1)	5.0×1.4	
132M-1b		不　　詳	(1)	0.9×0.8	

132M-1c		不　詳	(1)	1.9×1.1	
132M-1d		不　詳	(1)	1.4×1.3	
132M-1e	374	『大般涅槃經』卷22 (T12, 497a9-12)	4+(1)	5.7×8.4	
132M-2a	374	『大般涅槃經』卷37 特定できず	2	3.6×3.2	
132M-2b	374	『大般涅槃經』卷37 特定できず	1+(1)	2.8×2.3	
132M-2c	374	『大般涅槃經』卷37 特定できず	(1)+1	3.9×2.7	
132M-2d	374	『大般涅槃經』卷37 (T12, 583a28)	1+(1)	5.9×2.6	天2.3cm。132A-1a+中斷+132C-2c+132A-1e+132M-2d+132D-2a+132J-1f
132M-2e	374	『大般涅槃經』卷37 特定できず	1	2.9×2.8	
132M-2f	374	『大般涅槃經』卷37 特定できず	2	2.3×2.4	
132M-2g	374	『大般涅槃經』卷37 特定できず	1+(1)	3.7×2.3	
132M-3a	374	『大般涅槃經』卷37 (T12, 584c19-20)	2	7.5×4.4	接續は「132A-2a」項參照
132M-3b	374	『大般涅槃經』卷37 (T12, 584c4-5)	(1)+2	7.7×4.2	接續は「132A-2a」項參照
132M-3c		不　詳	(1)	1.3×1.4	
132M-3d	374	『大般涅槃經』卷37 特定できず	2	4.2×2.9	
132M-3e		不　詳	(1)	4.2×1.9	
133-1		不　詳 (唯識關係注釋)	(1)+1+(1)	2.6×3.2	「133-1」から「133-8d」はすべて同一佛典寫本。
133-2		不　詳 (唯識關係注釋)	3+(1)	13.5×5.7	罫線幅1.5cm。「133-1」から「133-8d」はすべて同一佛典寫本。
133-3		不　詳 (唯識關係注釋)	(1)+4	9.4×7.4	罫線幅1.5～1.6cm。「133-1」から「133-8d」はすべて同一佛典寫本。
133-4		不　詳 (唯識關係注釋)	3	9.8×8.2	罫線幅1.5cm。「133-1」から「133-8d」はすべて同一佛典寫本
133-5		不　詳 (唯識關係注釋)	(1)+5+(1)	10.1×10.3	罫線幅1.5～1.6cm。「133-1」から「133-

					8d」はすべて同一佛典寫本
133-6		不　詳 (唯識關係注釋)	(1)+4	12.9×6.8	罫線幅1.6cm。「133-1」から「133-8d」はすべて同一佛典寫本
133-7a		不　詳 (唯識關係注釋)	5	11.2×7.6	罫線幅1.5cm。「133-1」から「133-8d」はすべて同一佛典寫本
133-7b		不　詳 (唯識關係注釋)	5	11.2×7.6	罫線幅1.5cm。「133-1」から「133-8d」はすべて同一佛典寫本。
133-8a		不　詳 (唯識關係注釋)	(1)+1+(1)	2.9×2.6	罫線幅1.5cm。「133-1」から「133-8d」はすべて同一佛典寫本
133-8b		不　詳 (唯識關係注釋)	(1)+3+(1)	12.1×6.7	罫線幅1.5cm。「133-1」から「133-8d」はすべて同一佛典寫本
133-8c		不　詳 (唯識關係注釋)	6	12.5×9.7	罫線幅1.5cm。「133-1」から「133-8d」はすべて同一佛典寫本
133-8d		不　詳 (唯識關係注釋)	1	2.9×2.5	「133-1」から「133-8d」はすべて同一佛典寫本
134-1		不　詳	(1)+1+(1)	4.2×4.2	
134-2		不　詳	(1)+1	2.2×2.4	
134-3		『佛説如來相好經』	9+尾題	11.7×19.4	罫線幅1.6〜1.7cm，天2.1cm。『佛説觀佛三昧海經』卷9，本行品(T15, 687b)のあたりの語句と重なる。『開元釋教録』卷16(T55, 654a)に「觀佛相好經一卷出觀佛三昧海經」と見える。參考：『藏外佛教文獻』第3輯, 404-445頁
135-1		不　詳	4	5.0×7.7	罫線幅1.8cm, 天2.8cm
135-2	1331	『佛説灌頂七萬二千神王護比丘呪經』卷12 (T21, 534b18-22)	(1)+5	14.1×9.2	罫線幅1.7cm, 天2.6cm
135-3	262	『妙法蓮華經』卷5 (T9, 42c3-11)	7+(1)	15.7×13.2	2紙，罫線幅1.6cm，天3.2cm。30-1a+135-3
135-4	262	『妙法蓮華經』卷2 (T9, 17a9-17)	(1)+7+(1)	15.1×13.3	罫線幅1.6〜1.7cm，天2.8cm。74B-6+135-4

136-1	657	『佛説華手經』卷3 (T16, 147b13-14)	2+(1)	4.8×3.9	罫線幅1.7cm
136-2	374	『大般涅槃經』卷2 (T12, 374a2-7)	(1)+4	11.3×8.3	
136-3	262	『妙法蓮華經』卷7 (T9, 58b15-20)	(1)+6	10.3×14.4	罫線幅1.8cm, 天2.3cm
137-1	262	『妙法蓮華經』卷4 (T9, 32c8-15)	(1)+7	10.2×14.5	罫線幅1.8cm
137-2	262	『妙法蓮華經』卷5 (T9, 41b17-29)	8	17.7×14.2	2紙, 罫線幅1.6〜1.7cm。120A-1+中斷+113-3+137-2
138-1	449	「藥師如來本願功德經序」(T14, 401a13-17)	(1)+3+(1)	7.7×7.3	罫線幅1.8cm, 地3.5cm
138-2	1331	『佛説灌頂七萬二千神王護比丘呪經』卷12 (T21, 534a19-23)	5+(1)	12.3×8.9	罫線幅1.8cm, 天3.0cm
138-3	374	『大般涅槃經』卷39 (T12, 592c27-593a3)	6	17.4×10.8	罫線幅1.8cm, 地2.8cm
139-1	223	『摩訶般若波羅蜜經』卷26(T8, 409a6-7)	2	6.8×7.3	罫線幅2.0cm, 天3.7cm
139-2	156	『大方便佛報恩經』卷4(T3, 147c16-29)	4	10.5×7.5	罫線幅1.9cm, 天1.5cm
139-3	397	『大方等大集經』卷14(T13, 100a13-19)	4	9.4×10.9	罫線幅1.9〜2.0cm, 地2.9cm
139-4	220	『大般若波羅蜜多經』卷473(T7, 394b29-c2)	(1)+3+(1)	14.6×7.7	2紙, 罫線幅1.7〜2.2cm, 天3.9cm
140A-1	1433	『羯磨』(T22, 1061a24-b6)	10	10.5×18.7	轉倒符號あり。140A-1+140A-2
140A-2	1433	『羯磨』(T22, 1061a14-23)	(1)+7	9.7×13.8	140A-1+140A-2
140B	374	『大般涅槃經』卷25 (T12, 511a20-b1)	11	14.7×21.1	2紙, 罫線幅1.8〜2.0cm, 地4.0cm
141r	553	『佛説奈女祇域因緣經』(T14, 897c9-17)	(1)+6	12.3×12.9	
141v	2882	『呪魅經』(T85, 1384b)	1+尾題	12.3×12.9	
142A-1a	2733	『金剛般若經宣演』	(1)+2+(1)	5.4×4.2	「蜜者無人」を「蜜故

		巻下（T85, 24a19-21）			者無人」に作る。142A-1a+142B-7a
142A-1b	262	『妙法蓮華經』巻1（T9, 5a3-9）	(1)+4+(1)	3.8×8.4	罫線幅1.9cm
142A-2	220	『大般若波羅蜜多經』巻354（T6, 822a28-b5）	7	16.3×10.8	2紙, 罫線幅1.7cm, 天2.6cm
142A-3a	2733	『金剛般若經宣演』巻下（T85, 24c1-17）	11	8.5×17.9	罫線幅1.4〜1.6cm
142A-3b	2733	『金剛般若經宣演』巻下（T85, 24c2）	1	2.0×1.5	142A-3aの2行目の上部に接續
142B-1a	2733	『金剛般若經宣演』巻下（T85, 24a6-9）	3+(1)	3.9×5.8	142B-1a+142B-11
142B-1b		不詳	1+(1)	2.5×2.5	
142B-2a		不詳	(1)	1.1×1.4	
142B-2b	2733	『金剛般若經宣演』巻下（T85, 23c21-25）	3	3.9×4.9	
142B-3a		不詳	1+(1)	3.1×2.1	
142B-3b		不詳	2	2.8×3.0	
142B-4a	2733	『金剛般若經宣演』巻下（T85, 24a16-17）	(1)+2+(1)	3.9×4.1	罫線幅1.5〜1.6cm, 天1.8cm
142B-4b		不詳	1	2.6×1.6	
142B-5a		不詳	1+(1)	2.2×2.9	
142B-5b	2733	『金剛般若經宣演』巻下（T85, 24b11）	1	3.7×1.6	
142B-6	2733	『金剛般若經宣演』巻下（T85, 23c13-18）	4	3.8×7.0	119D-9c+142B-6
142B-7a	2733	『金剛般若經宣演』巻下（T85, 24a22-26）	(1)+2	4.1×3.8	142A-1a+142B-7a
142B-7b		不詳	(1)	1.2×0.9	
142B-8	2733	『金剛般若經宣演』巻下特定できず	2+(1)	4.6×3.7	
142B-9	2733	『金剛般若經宣演』巻下特定できず	2	2.8×3.5	
142B-10	2733	『金剛般若經宣演』巻下（T85, 24b3）	1+(1)	2.4×2.8	
142B-11	2733	『金剛般若經宣演』巻下（T85, 24a8-9）	(1)+1+(1)	3.8×3.4	罫線幅1.5cm。142B-1a+142B-11
142B-12	2733	『金剛般若經宣演』	2	2.5×3.4	

マンネルヘイム・コレクション漢語斷片目録　　　275

		巻下（T85, 23c7-8）			
142B-13a		不　詳	(1)	0.5×1.0	
142B-13b		不　詳	1	1.8×1.0	
142B-13c	2733	『金剛般若經宣演』巻下（T85, 48a7）	1+(1)	2.7×2.9	
142B-13d		不　詳	1	3.5×4.1	
142B-14	2733	『金剛般若經宣演』巻下（T85, 24b15-19）	(1)+2	4.7×3.9	23-2c+142B-14
142B-15	2733	『金剛般若經宣演』巻下（T85, 24b28-c1）	(1)+2	4.1×4.4	
142B-16	374	『大般涅槃經』巻1（T12, 366b5-8）	(1)+2	6.6×4.7	天2.8cm
142B-17		不　詳	(1)+3	4.7×5.9	唯識關係注釋
142B-18a		不　詳	(1)+2	3.8×4.0	罫線幅1.5cm, 天0.8cm
142B-18b		不　詳	(1)+2	3.8×4.1	罫線幅1.9cm, 天0.8cm
142B-19		不　詳	2	3.8×3.9	罫線幅1.8cm, 天0.8cm
142B-封筒		不　詳			
143A-1a		『大乘起信論』注	11+(1)	17.3×38.4	2紙, 地3.1cm。佛典本文は大字, 注は雙行。Taisho1666『大乘起信論』（T32, 576a1-22）の部分の注
143A-1b		不　詳	(1)	3.1×2.8	
143A-1c		不　詳	(1)	2.1×3.3	
143A-1d		不　詳	(1)	2.1×1.7	
143A-1e		不　詳	(1)	1.4×0.8	
143A-1f		不　詳	(1)	1.0×1.4	
143A-1g		不　詳	(1)	1.8×1.4	
143A-2		『大乘起信論』注	(1)+2	17.0×19.8	地3.0cm。佛典本文は大字, 注は雙行。Taisho1666『大乘起信論』（T32, 576a1-22）の部分の注
143B-1		『大乘起信論』注	(1)+2+(1)	16.9×11.8	地3.3cm。佛典本文は大字, 注は雙行。Taisho1666『大乘起信論』（T32, 576a1-22）の部分の注
143B-2		『大乘起信論』注	(1)+3	17.2×12.3	地3.1cm。佛典本文は大字, 注は雙行。Taisho1666『大乘起信

					論』(T32, 576a1 - 22)の部分の注
143B-3		『大乘起信論』注	(1)+3+(1)	17.0×12.7	地3.0cm。佛典本文は大字, 注は雙行。Taisho1666『大乘起信論』(T32, 576a1 - 22)の部分の注。143B-3+143C-4
143B-4		『大乘起信論』注	(1)+3	16.8×11.4	地3.3cm。佛典本文は大字, 注は雙行。Taisho1666『大乘起信論』(T32, 576a1 - 22)の部分の注
143C-1a		『大乘起信論』注	1	4.7×3.8	佛典本文は大字, 注は雙行。Taisho1666『大乘起信論』(T32, 576a1-22)の部分の注
143C-1b		『大乘起信論』注	2	4.4×6.2	佛典本文は大字, 注は雙行。Taisho1666『大乘起信論』(T32, 576a1-22)の部分の注
143C-1c		『大乘起信論』注	2	4.8×6.3	佛典本文は大字, 注は雙行。Taisho1666『大乘起信論』(T32, 576a1-22)の部分の注
143C-2		『大乘起信論』注	(1)+2+(1)	13.6×9.8	地3.2cm。佛典本文は大字, 注は雙行。Taisho1666『大乘起信論』(T32, 576a1 - 22)の部分の注
143C-3		『大乘起信論』注	3	13.8×9.2	地3.1cm。佛典本文は大字, 注は雙行
143C-4		『大乘起信論』注	3+(1)	14.7×10.3	地3.1cm。佛典本文は大字, 注は雙行 Taisho1666『大乘起信論』(T32, 576a1 - 22)の部分の注 143B-3+143C-4
143D-1		『大乘起信論』注	1	6.6×3.1	佛典本文は大字, 注は雙行。Taisho1666『大乘起信論』(T32, 576a1-22)の部分の注
143D-2		『大乘起信論』注	2	5.1×4.0	佛典本文は大字, 注は雙行。Taisho1666『大

					乘起信論』（T32, 576a1-22）の部分の注
143D-3a	262	『妙法蓮華經』巻5 (T9, 37c21-23)	2	6.9×3.9	23-2b+132L-3+143D-3a+143D-3b
143D-3b	262	『妙法蓮華經』巻5 (T9, 37c23-24)	(1)+1+(1)	5.4×4.7	23-2b+132L-3+143D-3a+143D-3b
143D-4a		『大乘起信論』注	1+(1)	3.7×3.7	2紙，佛典本文は大字，注は雙行。Taisho1666『大乘起信論』（T32, 576a1-22）の部分の注
143D-4b		『大乘起信論』注	1	5.0×3.7	佛典本文は大字，注は雙行。Taisho1666『大乘起信論』（T32, 576a1-22）の部分の注
143D-4c		『大乘起信論』注	1+(1)	4.9×4.0	佛典本文は大字，注は雙行。Taisho1666『大乘起信論』（T32, 576a1-22）の部分の注
143D-5		『大乘起信論』注	3+(1)	7.1×11.2	地3.3cm。佛典本文は大字，注は雙行。Taisho1666『大乘起信論』（T32, 576a1-22）の部分の注
143D-6		『大乘起信論』注	3	8.1×9.7	地3.3cm。佛典本文は大字，注は雙行。Taisho1666『大乘起信論』（T32, 576a1-22）の部分の注
143D-7		『大乘起信論』注	(1)+4+(1)	7.5×13.8	佛典本文は大字，注は雙行。Taisho1666『大乘起信論』（T32, 576a1-22）の部分の注
143E-1		不　　詳	1+(1)	4.6×4.2	
143E-2a		不　　詳	(1)	1.2×1.0	
143E-2b		不　　詳	(1)	2.1×1.7	
143E-2c		不　　詳	(1)	1.8×1.2	
143E-2d		不　　詳	(1)	2.4×1.2	
143E-2e		不　　詳	(1)	2.7×1.6	
143E-2f		不　　詳	(1)	3.7×2.7	
143E-3a		不　　詳	(1)	1.4×0.8	
143E-3b		不　　詳	1	2.2×1.4	
143E-3c		不　　詳	(1)	1.9×1.7	
143E-3d		不　　詳	(1)	1.5×1.3	

143E-4		不　　詳	1	5.0×2.8	
143E-5a		不　　詳	1+(1)	2.1×2.8	
143E-5b		不　　詳	2	3.7×3.4	
143E-6a		不　　詳	(1)	0.9×2.1	
143E-6b		不　　詳	2	3.8×2.8	
143E-6c		『大乘起信論』注	(1)	3.5×2.4	佛典本文は大字，注は雙行。 Taisho1666『大乘起信論』（T32, 576a1-22）の部分の注
143E-7a		不　　詳	(1)	1.8×1.0	
143E-7b		不　　詳	(1)	2.1×1.7	
143E-7c		不　　詳	(1)	1.5×1.0	
143E-7d		不　　詳	(1)	3.2×1.2	
143E-7e		不　　詳	(1)	1.4×1.1	
144-1	590	『佛說四天王經』（T15, 118b5-6）	2+(1)	13.3×4.8	罫線幅2.4cm。144-1+144-2a
144-2a	590	『佛說四天王經』（T15, 118b7-8）	2+(1)	15.4×7.3	罫線幅2.4cm。144-1+144-2a
144-2b		不　　詳	(1)	3.3×1.2	
145-1ar		不　　詳	1	4.6×2.4	
145-1av		不　　詳	(1)+1	4.6×2.4	
145-1br		不　　詳	(1)+1	5.1×2.4	
145-1bv		不　　詳	(1)+1	5.1×2.4	
145-1cr		印　沙　佛		4.9×3.8	獨尊形
145-1cv		不　　詳	(1)+1	4.9×3.8	
145-1dr		不　　詳	(1)	2.4×1.6	
145-1dv		印　沙　佛		2.4×1.6	獨尊形
145-2ar		不　　詳	1	4.8×1.8	
145-2av		不　　詳	(2)	4.8×1.8	
145-2br		不　　詳	1	4.3×1.9	
145-2bv		不　　詳	(2)	4.3×1.9	
145-3ar		不　　詳	1	4.8×2.4	
145-3av		不　　詳	1	4.8×2.4	
145-3br		不　　詳	1	4.1×2.0	
145-3bv		不　　詳	(2)	4.1×2.0	
145-3cr		不　　詳	(1)+1	4.2×1.9	
145-3cv		不　　詳	(2)	4.2×1.9	
145-3dr		不　　詳	1	4.5×1.9	
145-3dv		不　　詳	(2)	4.5×1.9	
145-3er		不　　詳	1	4.9×2.1	
145-3ev		不　　詳	(1)+1	4.9×2.1	
145-3fr		不　　詳	1	4.9×2.3	

145-3fv		不　詳	(1)+1	4.9×2.3	
145-4ar		不　詳	2+(1)	9.1×4.9	
145-4av		不　詳	(1)+2	9.1×4.9	
145-4br		不　詳	3	7.7×5.2	
145-4bv		不　詳	2+(1)	7.7×5.2	
146-1	220	『大般若波羅蜜多經』卷483（T7, 453c 1-5）	3	9.5×7.2	146-1+146-2
146-2	220	『大般若波羅蜜多經』卷483（T7, 453c 5-19）	9	16.0×19.2	146-1+146-2
147-1ar		不　詳	(1)	2.9×1.0	
147-1av		文字なし		2.9×1.0	
147-1br		不　詳	(1)	2.4×1.0	
147-1bv		文字なし		2.4×1.0	
147-1cr	236a	『金剛般若波羅蜜經』（T8, 755b-c）特定できず	2	8.0×5.2	罫線幅1.6cm，地3.8cm
147-1cv		文字なし		8.0×5.2	
147-1dr	236a	『金剛般若波羅蜜經』（T8, 755b-c）特定できず	1	4.8×3.6	地3.4cm
147-1dv		文字なし		4.8×3.6	
147-1er	236a	『金剛般若波羅蜜經』（T8, 755b-c）特定できず	(1)+2	6.0×4.8	罫線幅1.7cm，地3.7cm
147-1ev		文字なし		6.0×4.8	
147-1fr	236a	『金剛般若波羅蜜經』（T8, 755c2-4）	3+(1)	8.1×5.3	罫線幅1.7cm，地3.7cm
147-1fv		ウイグル文書	2	8.1×5.3	
147-2ar	236a	『金剛般若波羅蜜經』（T8, 755c8-10）	3	7.9×5.2	罫線幅1.8cm，地3.8cm
147-2av		文字なし		7.9×5.2	
147-2br	236a	『金剛般若波羅蜜經』（T8, 755c13-15）	3+(1)	8.3×6.1	罫線幅1.7cm，地3.8cm
147-2bv		ウイグル文書	1	8.3×6.1	
147-2cr	236a	『金剛般若波羅蜜經』（T8, 755b21-23）	2+(1)	6.2×4.9	罫線幅1.7cm，地3.6cm。
147-2cv		文字なし		6.2×4.9	
147-2dr	236a	『金剛般若波羅蜜經』（T8, 755b15-17）	2+(1)	5.9×5.3	罫線幅1.7cm，地3.7cm。
147-2dv		文字なし		5.9×5.3	

148-1	268	『佛説廣博嚴淨不退轉輪經』卷5（T9, 277a24-b1）	7	9.0×12.5	罫線幅1.7cm。宋涼州沙門智嚴譯。倒置符號あり
148-2	435	『佛説滅十方冥經』（T14, 106b15-24）	10	9.9×15.6	罫線幅1.5〜1.7cm，地1.2cm。古寫經
149-1a		文字なし		2.6×3.5	
149-1b	262	『妙法蓮華經』卷7（T9, 56a13-29）	9	9.6×19.7	罫線幅1.8〜2.1cm，地3.9cm 149-1b+76-4
149-2	227	『小品般若波羅蜜經』卷4（T8, 552c4-12）	10	13.4×18.0	罫線幅1.7〜1.8cm，天1.8cm。「人 若」を「若 人」に作る。古寫經
150-1	374	『大般涅槃經』卷8（T12, 413b20-22）	2+(1)	6.0×4.7	罫線幅1.7cm，天3.1cm
150-2a	374	『大般涅槃經』卷8（T12, 413b14-17）	(1)+3	6.0×6.1	天3.2cm
150-2b	374	『大般涅槃經』卷8（T12, 413b8-11）	(1)+2+(1)	6.3×6.1	天3.2cm
150-3	262	『妙法蓮華經』卷5（T9, 38c13-18）	5	21.3×10.1	2紙，罫線幅2.0cm，天2.5cm
151-1ar		文字なし		2.4×2.2	
151-1av		不　詳	(1)+1	2.4×2.2	
151-1br		不　詳	1	2.3×1.8	
151-1bv		文字なし		2.3×1.8	
151-1cr		不　詳	(1)+1+(1)	4.4×3.4	
151-1cv		不　詳	2	4.4×3.4	
151-1dr		不　詳	(1)	1.7×1.4	
151-1dv		不　詳	1	1.7×1.4	
151-1er		不　詳	1	4.7×4.4	
151-1ev		文字なし		4.7×4.4	
151-1fr		不　詳	(2)	2.7×2.5	
151-1fv		不　詳	1+(1)	2.7×2.5	
151-1gr		不　詳	(2)	2.7×3.1	
151-1gv		不　詳	2	2.7×3.1	
151-1hr		不　詳	(1)	2.2×2.0	
151-1hv		不　詳	?	2.2×2.0	
151-1ir	374	『大般涅槃經』卷12（T12, 439a15-16）	(1)+2	4.0×4.5	
151-1iv		不　詳	?	4.0×4.5	
151-1jr		不　詳	(1)	1.5×1.6	
151-1jv		不　詳	?	1.5×1.6	
151-1kr		俗　文　書	1+(1)	8.3×4.7	經濟文書。「□人私酒一升計」

151-1kv		不　詳	1+(1)	8.3×4.7	
151-2ar		不　詳	(1)	5.2×2.8	
151-2av		不　詳	?	5.2×2.8	
151-2br		不　詳	(1)	4.0×2.8	
151-2bv		不　詳	?	4.0×2.8	
151-2cr		不　詳	(1)	2.6×1.1	
151-2cv		不　詳	(1)	2.6×1.1	
151-2dr		官　文　書	4	23.0×15.8	軍制關係文書
151-2dv		唐西州大足元年（七百一）？點籍樣	6	23.0×15.8	
151-2er		文字なし		9.7×5.7	
151-2ev		唐西州大足元年（七百一）？點籍樣	2	9.7×5.7	
152-1a		不　詳	(2)	2.0×2.5	「尋/十」
152-1b		不　詳	(1)+1	2.8×2.2	「今四方」
152-2		不　詳	1	4.2×2.0	律關係。「大姉忍僧」
152-3		不　詳	1	5.1×2.7	「魯論」
152-4		不　詳	(1)+2	3.3×3.7	
152-5	1459	『根本説一切有部毘奈耶頌』卷上（T24, 625c27-626a4）	3+(1)	5.6×5.2	
152-6		俗　文　書	3	7.6×5.5	「百千里………/戎之馬追」
152-7	374	『大般涅槃經』卷38（T12, 587a18-22）	4+(1)	8.9×8.2	罫線幅1.2cm，地3.1cm。120A-4+152-7+中斷+120A-2a
152-8a		不　詳	(1)+1	2.7×2.1	
152-8b		不　詳	2+(1)	6.6×4.2	罫線幅2.7cm
152-9a	1749	『觀無量壽經義疏』（T37, 180a19-21）	2+(1)	4.6×3.4	
152-9b	1749	『觀無量壽經義疏』（T37, 179c26-28）	(1)+2	6.4×3.6	
152-10a		不　詳	1+(1)	2.7×2.5	
152-10b		不　詳	2	3.8×3.5	
152-10c		不　詳	(1)+2	5.2×5.6	
152-10d		不　詳	3	3.5×4.4	
152-11a		不　詳	(1)	1.7×1.1	
152-11b		不　詳	(2)	3.2×1.9	
152-11c		不　詳	1	4.3×2.1	
152-11d		不　詳	(1)	1.9×1.2	
152-11e		不　詳	1+(1)	2.7×2.6	
152-11f		不　詳	?	2.7×2.8	

Ⅱ　トルファン漢語文書の目録と論集

153-1		佛典表紙（題簽）	1	2.8×3.3	「經卷」
153-2		佛典表紙（題簽）	1	13.5×3.6	「佛頂尊勝陀羅尼經」
153-3		佛典表紙（題簽）		14.2×6.3	文字なし
153-4		佛典表紙（題簽）	1	9.0×13.1	「？金光明經卷第四」
153-5		佛典表紙（題簽）	1	12.2×8.9	「蓮華經卷第六」
153-6		佛典表紙（題簽）	1	9.6×5.2	「沙門慧遠撰」
153-7		佛典表紙（題簽）		10.2×8.4	文字なし
153-8		佛典表紙（題簽）	1	12.2×20.4	「師瑠璃經（＝藥師琉璃光七佛本願功德經）」
154-1		不詳	1+(1)	4.1×3.6	天3.0cm。上部界線
154-2	374	『大般涅槃經』卷37（T12, 581b16-18)	3	8.1×5.7	罫線幅1.7cm，天3.5cm。132J-2hとは異なる寫本
154-3	262	『妙法蓮華經』卷1（T9, 10a28-b5)	4	6.9×7.9	罫線幅1.7cm，天3.2cm
154-4	1806	『四分律比丘含注戒本』卷上 (T40, 429b21-25)	4+(1)	9.9×7.6	罫線幅1.8cm。157-1+154-4
154-5	1532	『勝思惟梵天所問經論』卷3 (T26, 346b10-11)	譯者名+2	9.9×6.1	
155-1a		『佛説佛名經』特定できず	(1)+1	4.9×4.3	罫線幅2.2cm，天2.1cm
155-1b		『佛説佛名經』特定できず	(1)	2.4×1.7	
155-2		『佛説佛名經』特定できず	1+(1)	4.0×2.7	
155-3		不詳	2	6.2×6.1	
155-4		『佛説佛名經』特定できず	4+(1)	7.5×11.5	2紙，罫線幅2.2cm
155-5		『佛説佛名經』特定できず	6+(1)	8.0×14.6	2紙，罫線幅2.3～2.4cm，天3.0cm
156-1	440もしくは441	『佛説佛名經』卷1 (T14, 119b11-15) もしくは『佛名經』卷3(T14, 196b10-14)	5+(1)	9.0×12.7	罫線幅1.9～2.1cm，地2.6cm
156-2a		文字なし		3.3×3.2	
156-2b	441	『佛説佛名經』卷9 (T14, 222c16-18) もしくは卷24 (T14, 282a1-3)	2	8.2×15.0	罫線幅2.3～2.4cm
157-1	1806	『四分律比丘含注戒本』卷上(T40,	(1)+2+(1)	8.7×5.3	天3.0cm。157-1+154-4

				429b22-24)	
157-2a		不　詳	1	3.6×0.9	
157-2b		不　詳	1	1.7×2.5	
157-2c		不　詳	(2)	2.9×2.1	
157-2d		不　詳	1	4.3×1.7	
157-2e		不　詳	(1)+1	2.5×2.1	
157-3		『佛說佛名經』の1バージョン	2+(1)	13.5×4.9	地2.2cm
157-4a	441	『佛說佛名經』卷2（T14, 194b25-28）もしくは卷17（T14, 255b13-16）	(1)+3+(1)	10.9×8.2	2紙，地1.7cm。「罪」1字補う。157-4a+157-4b
157-4b	441	『佛說佛名經』卷2（T14, 194b26）もしくは卷17（T14, 255b14）	1+(1)	6.0×3.3	157-4a+157-4b
157-5	441	『佛說佛名經』卷2（T14, 194b12-13）もしくは卷17（T14, 255a29-b1）	2+(1)	9.9×4.6	157-6+157-5
157-6	441	『佛說佛名經』卷2（T14, 194b10-12）もしくは卷17（T14, 255a27-29）	(1)+4+(1)	13.6×10.1	罫線幅1.9〜2.1cm，地2.5cm。「興善」を「興善之本」に作る。157-6+157-5
157-7	441	『佛說佛名經』卷2（T14, 194b17-20）もしくは卷17（T14, 255b5-8）	4+(1)	15.4×9.7	罫線幅2.1cm，地2.5cm
158a	374	『大般涅槃經』卷1（T12, 366c28-367a10）	(1)+11+(1)	11.3×21.0	2紙，一部焼けている
158b		不　詳	(1)	0.6×0.6	
159	235	『金剛般若波羅蜜經』（T8, 750b4-19）	16	8.3×26.7	罫線幅1.7〜2.0cm，地2.6cm
160-1a		繪畫		6.8×13.3	
160-1b		文字なし		1.4×1.5	
160-1c		不　詳		3.7×2.8	絹紙
160-1d		文字なし		1.3×1.3	
160-1e		文字なし		0.7×0.9	
160-2a		繪畫		6.9×6.8	
160-2b		繪畫		7.7×4.9	
160-2c		不　詳		4.3×6.5	絹紙
160-2d		不　詳	1	2.3×3.1	「意」の1字のみ

161	2732	『梁朝傅大士頌金剛經』(T85, 6a24-8c20)	(1)+182	26.0×325.0	卷子本, 7紙, 1紙30行, 天2.7cm, 地2.0cm。轉倒符號。9世紀。異同あり (例えば「彌勒頌曰」の見だし句ナシ)。
162	262	『妙法蓮華經』卷7 (T9, 59a20-c10)	43	10.0×75.0	卷子本, 2紙43行。燒けたあとを殘す。80-7+中斷+80-8+162+86-3a+86-3b
163a		不　　詳	3+(1)	13.2×4.1	罫線幅1.3cm
163b		不　　詳	(1)+2	13.2×3.5	罫線幅1.4cm
163c		不　　詳	2	13.1×3.5	罫線幅1.4cm
163d		不　　詳	(1)+3	13.4×5.2	罫線幅1.6cm
163e		不　　詳	(1)	0.9×0.8	
163f		不　　詳	2	12.3×3.7	
163g		不　　詳	2	11.6×4.0	
163h		不　　詳	(2)	2.0×1.8	
163i		不　　詳	2+(1)	13.0×3.3	罫線幅1.5cm
163j		不　　詳	(1)+2	12.9×3.3	罫線幅1.6cm
163k		不　　詳	(1)+2+(1)	12.6×3.5	罫線幅1.5cm
163l		不　　詳	2+(1)	13.2×4.3	罫線幅1.5cm
163m		不　　詳	(1)+2+(1)	13.1×4.1	罫線幅1.4cm
163n		不　　詳	3	13.0×4.1	罫線幅1.5cm
163o		不　　詳	2+(1)	13.1×3.7	
163p		不　　詳	(1)+3	12.1×3.5	
164	262	『妙法蓮華經』卷7 (T9, 38c10-39c16)	76	6.5×142.4	卷子本, 4紙。末尾に3行空で奧書2行「寫法花經一卷／□界衆生　末□」
165-1		不　　詳	84	10.0×125	3紙 (1紙28行), 罫線幅1.5～1.7cm。「問」と「答」の形式。唯識關係の注釋か？轉倒符號
165-2		不　　詳	(1)+20+(1)	8.0×33.8	2紙, 罫線幅1.5～1.7cm。唯識關係の注釋か？
165-3		不　　詳	(1)+16+(1)	8.0×26.5	1紙, 罫線幅1.5～1.7cm。唯識關係の注釋か？
165-封筒		不詳 (未分類)			封筒入りの極小斷片
166	366	『佛說阿彌陀經』卷1(T12, 346c9-347b1)	(1)+37	14.1×64.0	卷子本, 2紙
166-封筒		不詳 (未分類)			封筒入りの極小斷片
167-封筒		不詳 (未分類)			封筒入りの極小斷片7封

					筒
168		タバコ函			M34タバコ函(縦・横・高 5.7×12.5×21.6)極小斷片・土等。以下の4つは文書が保管されていた函。M34タバコ函(縦・横・高 3.2×13.8×22.5)これは空。M34タバコ函(縦・横・高 5.7×13.8×22.5)これは空。M34タバコ函(縦・横・高 5.7×13.8×22.5)これは空。M34タバコ函(縦・横・高 5.5×12.8×21.2)これは空

第5章
金藏『大方便佛報恩經』は契丹藏か？

―――――――

はじめに

　『金藏』は現在2本の存在が知られている。1本は戰前に發見された趙城廣勝寺本，もう1本は新中國成立後にチベットのサキャ北寺で發見された大寶集寺本で，中統年間（1260-1264）に印造され，後者はモンゴル時代の憲宗6年（1256）に印造された。ともに中華大藏經の底本として用いられている。ただ中華大藏經では，もとのままの形で復元されているわけではない。例えば，金藏の版式の一つとしての天地の界線は省略されているし，扉繪と經文は切り離されて編集されているなど多少の加工が施されている。從って，中華大藏經から兩本のオリジナルな姿を期待することはできない。

　趙城廣勝寺本は現在，北京の國家圖書館に收められており，また日本國内の，例えば京大文學部や人文科學研究所には，流出した何卷かが所藏されているので[1]，その氣になればオリジナルに接することはできる。

　他方，大寶集寺本は，現在は北京の民族文化宮（中國民族圖書館）に移され保管されているようであるが[2]，廣勝寺本に比べ遺された卷數が少ない爲か，展覽に供されたりすることは少ないようで，その情報としては，1959年9月にサキャ北寺を現地調査した宿白の遺した31種，555卷の「佛經簡目」[3]以上のものはない。閱覽することは餘程のことが無い限り不可能に近いのではないかと思われる。ただ大寶集寺本「大方便佛報恩經」と「佛說菩薩本行經」との，扉繪とそれに續く經文の一部の

畫像は，中國國家圖書館・中國國家古籍保護中心編『第一批國家珍貴古籍名録圖録』第四冊（國家圖書館出版社，2008）[4]に載せられており，原色で見ることができる。

上記2本は共に金藏であるが，扉繪はそれぞれ異なり，趙城廣勝寺本では横長の釋迦説法圖［圖1］であるのに對し，大寶集寺本は方形の護法神王圖［圖2］となっている。そこで筆者が扉繪の例示資料として兩金藏のそれを見比べていた時，ふと氣になったのは扉繪の違いよりも，大寶集寺本「大方便佛報恩經卷二」の經文の方であった。金藏は北宋の開寶藏の覆刻本（かぶせほり。もとの版本の字様・版式など忠實に模して再製したもの。）であり，行14字であるはずだが，この大寶集寺本「大方便佛報恩經卷二」は基本的には行17字である。さらに文字そのものに目を移すと，「治」「淨」文字のサンズイ，「世」の字姿，あるいは「涅槃」を「涅盤」に作ることなどが，トルファン出土印刷佛典斷片を整理・分類する過程で判明した契丹藏の特色と重なるように思えたのである。

1　現存する金藏『大方便佛報恩經』

金藏大寶集寺本「大方便佛報恩經卷二」が契丹藏の復刻（原本を元に新たに版を起こしたもの。）かどうかは，「大方便佛報恩經卷二」の契丹藏が現存すれば，兩者を附き合わせて比べたら即座に決着のつくことである。

契丹藏の存在は早くから研究者によって明らかにされていた。しかし實物は出現せず，幻の大藏經とされてきたのであるが，近年，應縣佛宮寺木塔から12部の零本が發見された。「大方便佛報恩經卷二」はその中に含まれていないが，幸い卷一は首部を缺くものの存在する。そこでいくつかの文字を比べてみると，サンズイや「世」の形などで，やはり大寶集寺本「大方便佛報恩經卷二」は契丹藏の特色を備えていることが確認できる。

ところで先に，中華大藏經は，趙城廣勝寺本と大寶集寺本の金藏を底本としていると述べたが，いま『大方便佛報恩經』7卷（中華大藏經22冊）の底本の一覽を列べてみると下記のようになる。

第 5 章　金藏『大方便佛報恩經』は契丹藏か？　　　289

卷一　再雕版高麗藏　　　　　　行14字
卷二　金藏大寶集寺本　　　　　行16-18字
卷三　金藏廣勝寺本　　　　　　行16-18字
卷四　金藏廣勝寺本　　　　　　行16-18字
卷五　金藏大寶集寺本　　　　　行16-18字
卷六　金藏廣勝寺本　　　　　　行16-18字
卷七　金藏大寶集寺本　　　　　行16-18字

　廣勝寺本の整理に當たった蔣唯心の『金藏雕印始末攷　附經目』（南京支那内學院，1935）は，『大方便佛報恩經』について，「（覆）大方便佛報恩經等二部十卷　存七卷抄二卷」（23頁）と記す。金藏では，『大方便佛報恩經』7卷と『佛說菩薩本行經』3卷，併せて10卷が一帙で，帙號は「覆」であるが，そのうち本來の版本7卷と寫本2卷が殘っているということである。

　『佛說菩薩本行經』3卷は「廣勝寺本」が存在しているので，蔣唯心は4卷の廣勝寺本『大方便佛報恩經』の存在を確認したことになるのであるが，上の一覽表を見れば，現存『大方便佛報恩經』は，卷三，四，六が「廣勝寺本」であるから，彼の確認した時から1卷缺けたことになる。蔣唯心以後に散逸した1卷は，卷一，二，五，七のうちの何卷にあたるのかが問題になるが，いまミュンヘンのバイエルン國立圖書館には金藏廣勝寺本『大方便佛報恩經』卷二が藏されている[5]［圖1］。これがその1卷であるとすると，卷一，五，七の3卷は蔣唯心が調査した時點ですでに消失しており，その中の2卷は抄本（寫本）が殘されていたことになる。一方，「大寶集寺本」は宿白の報告通り卷二，五，七の3卷が存在し，それらは「廣勝寺本」を補う形で，上のように中華大藏經の底本として用いられることになった譯である。

2　金藏『大方便佛報恩經』卷二の版式からの檢討

　上で，『大方便佛報恩經』卷二は金藏の廣勝寺本［圖1］および大寶集寺本［圖2］［圖3］が共に存在することが明らかになり，それがいくつかの字形や行17字から考えて契丹藏に基づいている（復刻）ように見

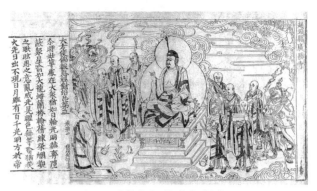

圖１　廣勝寺本（釋迦說法圖）

圖２　大寶集寺本（護法神王圖）

大方便佛報恩經對治品第三　卷第二
尒時世尊處在大衆猶如日輪光明赫弈隱
蔽衆星猶如大龍蟠蘭椿輪倩練翠爛褧
之眼眩恩之意亂威光晃曜色無等喻猶焚
火光日出不現日月雖有百千光明方於帝
釋譬如聚墨帝釋雖有身俾妙光方大梵
王所有光明猶如丸礫方於夜光摩尼寶珠
大梵天王雖有俾妙百千光明方於如來所
有光明亦如聚墨何以故如來圓光七尺乃
能遠照十方世界其中衆生遇斯光者盲者
得視傴者得申拘躄衆生即得手足邪迷衆
生得覩真言以要言之諸不稱意皆得如願
尒時會中有七十大菩薩摩訶薩即從座起
頭面礼佛遶百千帀却住一面異口同音說百
千偈讃歎如來其名曰不思議菩薩辯覺
音菩薩惟念安菩薩離垢稱菩薩無量音
菩薩大名聞菩薩明寶路菩薩堅師子菩薩
獨遊步菩薩捨所念菩薩及智積菩薩意
善住菩薩無極相菩薩慧光曜菩薩消強意
菩薩能擁護菩薩至誠英菩薩蓮華界菩
薩衆諸安菩薩聖慧業菩薩持功勲菩薩無
思議菩薩淨梵施菩薩寶事業菩薩處天
華菩薩善思惟菩薩無限法菩薩名聞意菩
薩已辯積菩薩自在門菩薩十種力菩薩有
十力菩薩無所越菩薩大聖慈菩薩遊寂然
菩薩在於彼菩薩無數天菩薩須弥光菩薩
極重藏菩薩因超越菩薩而獨步菩薩威神
勝菩薩大部界菩薩以山讃菩薩持三世菩

圖３　大寶集寺本「大方便佛報恩經」卷２卷首（中華大藏經から轉載）

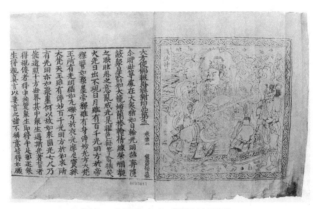

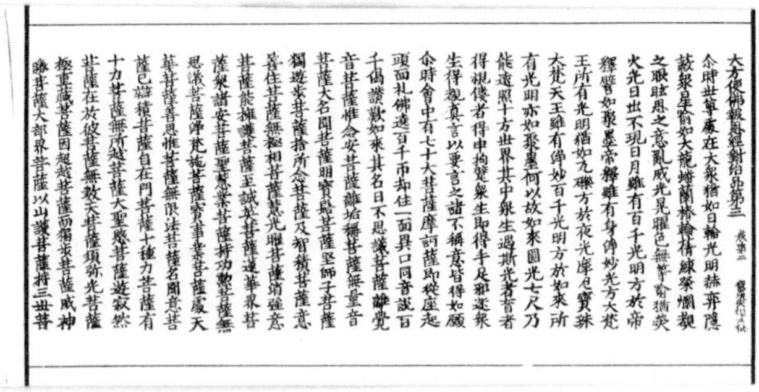

第5章　金藏『大方便佛報恩經』は契丹藏か？

圖4　丹藏『大方便佛報恩經』卷一末尾

えると述べたが，もう少し，版式の點から檢討してみることにする。

最初に述べておきたいことは，この「廣勝寺本」（ミュンヘン所藏）と「大寶集寺本」（オリジナル及び畫像は見られないので，中華大藏經の底本として採用されている畫像を用いる）2本の基づいた版木は同じであるという點である。大寶集寺本は第4紙の冒頭の文字

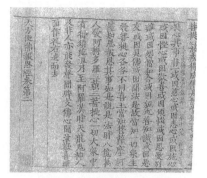

圖5　金藏廣勝寺本卷二末尾

「壓」が「厭」になって，上部の「、」が消えているが，それは上でふれたように，中華大藏經の底本として用いる際に，天地の界線を省いたり，經文と尾題前後の罫線を省略した加工の例に當たり，原本は「壓」の字であろう。文字，1紙の行數28行，1行の字數16-18字，2カ所の寶づくしも全く同じであることから，そのように言える。

いま，木塔發見の契丹藏『大方便佛報恩經』卷一末尾［圖4］と金藏廣勝寺本卷二の末尾［圖5］を並舉して，その特徵を述べる。

〈罫線〉契丹藏の版式の一つとして，經文が終わると2本の罫線があり，尾題が置かれ，その後にさらに1本の罫線がくる[6]。これは兩者とも備えている。

金藏の經文と尾題の間の2本の罫線間には「十八」がある。これは第18紙の意で，契丹藏にはそのような數字は見えない。

〈帙號〉同じく契丹藏の版式の一つとして，首題と尾題の下に帙號が

刻まれるが，木塔本尾題の下には「欲」が確認される。金藏の尾題には帙號は附されていない。尾題の下に見えるのは「寶佛龕」の印で，流出物を所有した人物の押印であろう。

〈柱刻〉金藏の柱刻は例えば「大方便佛報恩經卷第二　第十八張　覆字號」で，紙縫の冒頭に置かれている。契丹藏（應縣佛宮寺木塔藏卷一）では，柱刻はやはり冒頭であるが，「報恩經一　十九　」と刻まれている。帙號「欲字號」はここでは缺いている。備わっている場合もあるので，本來はあるものが部分的に省略されたと考えられる。この柱刻は金藏と同じく紙縫の冒頭に置かれているが，紙縫から1行目と2行目の間に置かれる契丹藏の存在も確認されている。

〈行數〉契丹藏は1紙27行で金藏は28行になっている。

このように金藏廣勝寺本『大方便佛報恩經』卷二と契丹藏『大方便佛報恩經』卷一は，版式の上では完全に一致しない部分もあるが，類似部分も多くあると言えよう。

3　金藏『大方便佛報恩經』卷二のテキストからの檢討

木塔の契丹藏が發見される以前から，契丹藏そのものの存在は確信されていた。それは房山石經の遼金刻經部分には契丹藏テキストが雕られていると，いくつかの文獻で傳えられていたことに因る。

房山石經は隋の時代に始まり，初期に刻まれた石經は山上の石室（石經山藏經洞）に藏され，遼金以降は麓の雲居寺境内の地下の石室に埋められていた。中華人民共和國樹立まもない1957年から1958年にかけ，埋藏されていた石經はすべて地上に取り出され，全拓本をとった後，再び地下に埋め戻された。その後，1986年から1993年にかけて石經の拓本の景印が出版された[7]。ちょうど同じ頃に木塔の契丹藏の圖版附き報告書も出版された[8]。この二つの成果を利用することによって，遼金元の版本大藏經の版式を始めとする研究[9]，またトルファン文書の印刷斷片の整理・研究[10]も進んだ。

以上の成果を用いて，いくつかのテキストと金藏『大方便佛報恩經』卷二のテキストを以下に比較檢討してみる。表記の順番は大正藏第三卷

第5章　金藏『大方便佛報恩經』は契丹藏か？　　　　　　　　293

の頁數（abcはそれぞれ上中下段を示す），續いて金藏，房山石經，再雕版
高麗藏のテキストである。なお參考の爲に「三本（宋・元・明）」の異同
を附した。

　　　　　大正藏　　　金藏　　　房山石經　　　再雕版高麗藏
1) 　130c（A）慧光曜菩薩→惠光曜菩薩→慧光曜菩薩
2) 　130c（A）聖慧業菩薩→聖惠業菩薩→聖慧業菩薩
3) 　131a（B）心不疲惓→心不疲惓→心不疲惓　　　　三本作「倦」
4) 　131a（A）寂靜煩惱心→寂淨煩惱心→寂靜煩惱心
5) 　131a（A）不願於多聞而不解義心次生信如心→不願於多聞而不解
　　　　　　　義心次多生信如心→不願於多聞而不解義心次生信如心
6) 　131b（A）如我不憙他人欺㚄→如我不憙他人欺淩→如我不喜他人
　　　　　　　欺㚄三本作「淩」
7) 　131b（D）如我不憙他人所㚄→如我不憙他人所淩→如我不喜他人
　　　　　　　所㚄　三本作「陵」
8) 　131c（B）是故菩薩常當勤修伎藝→是故菩薩常當勤修技藝→是故
　　　　　　　菩薩常當勤修技藝
9) 　131c（C）多諸功能→多聞工能→多諸工能
10) 　131c（B）珠環釵釧→珠環釵釧→珠環釵釧
11) 　131c（B）生業自利→生業息利→生業息利
12) 　131c（D）蒲桃漿→蒲桃漿→蒲萄漿　　　三本作「桃」
13) 　132a（C）湌唵灰土→喰唵灰土→食飮灰土　　三本作「湌」
14) 　132a（D）湌唵灰土→喰唵灰土→食飮灰土
15) 　132a（A）悶絕躄地→悶絕擗地→悶絕躃地
16) 　132a（B）良久踤地→良久躃地→良久躃地
17) 　132a（A）夫大導師者，導以正路，示涅槃徑→夫大導師者，導以
　　　　　　　正路，示涅槃徑→夫大導師者，導以正路，示涅槃徑
18) 　132b（A）悶絕躄地→悶絕擗地→悶絕躃地
19) 　132c（A）喚其夫人及其子息，僮僕，作使，一切皆集→喚其夫人
　　　　　　　及其子息，童僕，作使，一切皆集→喚其夫人及其子息，
　　　　　　　僮僕，作使，一切皆集
20) 　133a（B）或因死者皆發是言→或未死者皆發是言→或未死者皆發

是言
21) 133b（A）冒渉塗路→冒渉途路→冒渉塗路　　　三本作「途」
22) 133b（C）得無疲倦耶→得無倦疲耶→得無倦疲耶　　三本作「疲倦」
23) 133c（B）小須自思惟，當奉供養→小頃自思惟，當奉供養→小頃自思惟，當奉供養
24) 133c（A）宛轉躃地→宛轉躃地→宛轉躃地　　　三本作「宛」
25) 134a（B）即為宣說天下恩愛皆有別離。諸子言→即為宣說天下恩愛皆有別離。諸子答言→即為宣說天下恩愛皆有別離。諸子答言
26) 134b（B）時旃陀羅持牛舌刀就王身上，於眴速須遍體剜作數滿千瘡→時旃陀羅持牛舌刀就王身上，於眴速頃遍體剜作數滿千瘡→時旃陀羅持牛舌刀就王身上，於眴速頃遍體剜作數滿千瘡
27) 135b（B）是故菩薩名善大善→是故菩薩名為大善→是故菩薩名為大善
28) 135c（B）菩薩發心畢竟不畢竟，乃至得阿耨多羅三藐三菩提，終不退失，不畢竟者，有退有失→菩薩發心畢竟不畢竟，畢竟者乃至得阿耨多羅三藐三菩提，終不退失，不畢竟者，有退有失→菩薩發心畢竟不畢竟，畢竟者乃至得阿耨多羅三藐三菩提，終不退失，不畢竟者，有退有失　　三本「畢竟者」三字ナシ
29) 136b（B）喜王，當知菩薩摩訶薩知思報恩→喜王，當知菩薩摩訶薩知恩報恩→喜王，當知菩薩摩訶薩知恩報恩
30) 136b（B）八億萬人發阿耨多羅三藐三菩提心→万八千人發阿耨多羅三藐三菩提心→万八千人發阿耨多羅三藐三菩提心

　まず，ここで比較したテキストについて簡単に述べれば，高麗藏（？1011-1082，1236-1251年）と金藏（？1149-1173年）は開寶藏の覆刻である。高麗では，その覆刻が二度行われ，初雕版高麗藏と再雕版高麗藏に，區別して呼ばれている。後者は，蒙古軍侵略で高宗19年（1232）に板木が燒失したために，高宗23年（1236）から38年（1251）に開版したもので

第5章　金藏『大方便佛報恩經』は契丹藏か？

ある。その際，守其らは皇帝の命令を受けて初雕本を開寶藏，契丹藏や古寫本で校勘するが，その記錄が守其等奉勅撰『新雕大藏校正別錄』である。ただ，ここで扱っている卷二を初め，全7卷の『大方便佛報恩經』に關する校勘記は殘されていない。

また房山石經の遼金部分は，上で述べたように，契丹藏テキストを用いていると言われている。遼の天慶8年（1118）沙門志才「涿州涿鹿山雲居寺續祕藏石經塔記」（『全遼文』卷11）の中では，通理大師の刻經事業にふれ，「故上人の通理大師有り，緇林の秀出にして，名實俱に高く，敎風一扇すれば，草，八宏を偃く。其の餘の德業，具に寶峰本寺遺行碑中に載す。師，茲の山に遊ぶに因りて，其の寺に寓宿し，石經未だ圓ならざるを嘅き，續造の念有り。無緣の慈を興こし，爲に友に請わず。大安九年正月一日に至り，遂に茲寺に於いて戒壇を開放す。仕庶道俗，山に入り戒を受く。數を以て海會の衆を知り巨く，孰か敢えて之を評せん。師の化緣，實に亦た之に次ぐ。暮春を盡すに方り，始めて終罷を得。獲る所の錢施，乃ち萬餘鏹なり。門人の右街僧錄通慧圓照大師善定に附し，校勘し石に刻む。石類の印板，背面俱に用い，經を鐫ること兩紙なり。大安十年〈注記：1093〉に至り，錢已に費し盡し，功且らく權に止む。碑四千八百片，經四十四帙なり。題名目錄は，具に列すること左の如し」[11]と記す。そこに見える「背面俱に用い，經を鐫ること兩紙なり」は，契丹藏テキストそのものが石に刻まれたと解され，從來の長大な石版が小型化した原因と考えられている[12]。

さて，金藏と2テキストを比較して30の異同をあげた。なお例えば「130b 拘甓眾生卽得手足→拘甓眾生卽得手足→拘甓眾生卽得手足」や「131a 如我有錢穀→如我有錢穀→如我有錢穀」，あるいは「131c 金銀瑠璃→金銀琉璃→金銀琉璃」のような，新字・舊字，異體字，俗字等の異同は基本的には取り上げていない。30を整理すると，以下のような4種の異同のパターンに區分できる。上記の一覽では（　）に示した。

A（金藏＝再雕版高麗藏≠房山石經）：12
B（金藏≠房山石經＝再雕版高麗藏）：13
C（金藏≠房山石經≠再雕版高麗藏）：3
D（金藏＝房山石經≠再雕版高麗藏）：2

上で，金藏『大方便佛報恩經』卷二はその字體および版式から契丹藏の復刻ではないかと推測したが，それと關わる2つのテキストとの異同を調べた上記の結果からもそのことが言えるのであろうか。

上の4分類はまた，3分類にできる。則ち，A（金藏＝再雕版高麗藏≠房山石經）とB（金藏≠房山石經＝再雕版高麗藏）はともに金藏と房山石經テキストの不一致を示すものである。それが25例となり，さらにC（金藏≠房山石經≠再雕版高麗藏）の3例を加えると30例の中で28例の多きに達することになる。この數字は金藏『大方便佛報恩經』卷二が契丹藏の復刻であり，房山石經が契丹藏テキストを雕ったものとされるのであれば，餘りにも多すぎるのではないかと思われる。さすれば，版式や字形から金藏『大方便佛報恩經』卷二が契丹藏の復刻と考えることに無理があるのであろうか。

金藏と房山石經の不一致28例を再吟味してみると，例えば「塗」と「途」のような「融通」として3）8）19）21），「音通」として1）2）4）6）7），前後の文書に引かれる單なる誤刻（一字拔・一字加・一畫拔）と思われるものとして5）10）11）15）17）18）23）24）25）26）27）28）29）が數え上げられる。またC（金藏≠房山石經≠再雕版高麗藏）の3例のうち，9）の「多諸功能→多聞工能→多諸工能」は，「功」と「工」が「融通」で，「聞」は誤刻と考えられ，13）の「湌唵灰土→喰唵灰土→食飲灰土」も同様，「湌」と「喰」は「融通」で，「食」は誤刻と考えられ，また22）の「得無疲倦耶→得無倦疲耶→得無惓疲耶」では，「倦」と「惓」は「融通」で，「疲倦」と「倦疲」は轉倒と考えられる。結局，兩者の完全な食い違いは20）28）30）の3點のみとなる。

この不一致の數を少ないと考えれば，金藏『大方便佛報恩經』卷二は契丹藏の復刻と考えられるし，多いと考えれば，金藏は契丹藏の復刻とは言えない。

ところで上に引いた志才の石經塔記の中では，通理大師が雲居寺に戒壇を設けて庶民に授戒し，それに因って獲た布施を石經制作に當てたことを記し，それに續けて，「門人の右街僧錄通慧圓照大師善定に附し，校勘し石に刻む。石類の印板，背面俱に用い，經を鐫ること兩紙なり」と述べている。

この文章は，既存の契丹藏を一字一句そのまま石に刻んだのではなく，

「校勘」されたテキストが刻まれたことを傳えている。校勘はどのように行われたかは具體的には分からないが，少なくとも，事業開始までにすでに明らかになっていた契丹藏の誤刻のいくつかは改めてから雕られたと考えても誤りなかろう。契丹藏の經典をそのままの大きさで刻む，卽ち石經の小型化は通理大師以後，金の時代まで續くことになるが，その際にもテキストは引き繼いで校勘されたと思われる。この推測が間違っていなければ，上記の金藏と房山石經の不一致の3例はすべて解消されよう。改めてその3例を列擧してみる。

20) 133a（B）或因死者皆發是言→或未死者皆發是言→或未死者皆發是言
28) 135c（B）菩薩發心畢竟不畢竟，乃至得阿耨多羅三藐三菩提，終不退失。不畢竟者，有退有失→菩薩發心畢竟不畢竟，畢竟者乃至得阿耨多羅三藐三菩提，終不退失。不畢竟者，有退有失→菩薩發心畢竟不畢竟，畢竟者乃至得阿耨多羅三藐三菩提，終不退失。不畢竟者，有退有失
30) 136b（B）八億萬人發阿耨多羅三藐三菩提心→万八千人發阿耨多羅三藐三菩提心→万八千人發阿耨多羅三藐三菩提心

「不一致の3例はすべて解消されよう」と判斷する理由は，3例とも房山石經と再雕版高麗藏のテキストには異同がないことによる[13]。つまり，上述したように，再雕版高麗藏は開寶藏の覆刻である初雕版を開寶藏，契丹藏や古寫本で校勘しており，そこに契丹藏（＝房山石經）が反映されていると思われるからである。

以上のテキストの分析から，筆者は金藏『大方便佛報恩經』卷二は契丹藏の復刻と考える。

おわりに

筆者は，その版式から見て金藏『大方便佛報恩經』卷二を契丹藏の復刻ではないかと考え，そのテキストと該當の房山石經および再雕本高麗

藏を比較檢討して，それからも契丹藏の復刻であると結論づけた。金藏『大方便佛報恩經』7巻の卷二のみを檢討の對象にしたのは，金藏の廣勝寺本と大寶集寺本の『大方便佛報恩經』卷二の兩テキストをなんらかの形で見ることが可能であったことによる。今後，機會があれば，廣勝寺本と大寶集寺本のいずれかが存在する卷三，四，五，六，七についても，同じようにテキストの比較作業を重ねて上の結論の確認が必要であろう[14]。

應縣木塔から，長らく幻の大藏經とされていた契丹藏の零本が發見され，遼金の房山石經の拓本景印本の出版，あるいは印刷大藏經を多く收めているトルファン文書斷片の研究成果の公開などから，宋から元への版本大藏經を版式・テキストによって3系統に分けることが進んだ。それによれば，金藏と契丹藏は異なる系統に屬する。ただ，從來から金藏の章疏部分[15]は契丹藏に依っていることが指摘されおり，最近の研究では，例えば，竺沙雅章氏が「西域出土の印刷佛典」の中で，旅順博物館藏の金藏『增壹阿含經』卷四十（LM20_1487_16_08）が契丹藏の影響を受けていることを推測している[16]。また同氏は，『釋摩訶衍論』40卷の再雕本高麗藏が，行14字ではなく行17字で，卷一の尾題と卷四の首題の前後に3本の罫線のあることから，契丹藏を復刻したものと推測する[17]。さらにまた，徐時儀は「『金藏』本の『玄應音義』は『契丹藏』本に據って刻された」と指摘している[18]。以上に扱った金藏『大方便佛報恩經』卷二はこのような3系統間の複雜な關わりを想像させるもう一つの例となろう。これらの諸例は宋から元への版本大藏經研究の深化をもたらすものである。

1）　梶浦晉「日本における中國開版佛典の收藏狀況」（『ナオ・デ・ラ・チーナ』No 8, 86-88頁）。

2）　民族文化宮のインターネット（www.cpon.cn）「金藏：大方便佛報恩經與菩薩本行經」の中で大寶集寺本金藏にふれ，「大方便佛報恩經」卷五の扉繪と卷初の經文の畫像が見られる。しかし，發見されたすべての金藏が民族文化宮に保管されているのかどうかは定かでない。一說には發見されたチベットのサキャ北寺に戻されたとも言われている。

3）　宿白『藏傳佛教寺院考古』「趙城金藏，弘法藏和薩迦寺發現的漢文大藏經殘本」（文物出版社，1996，222-233頁）。初出は「趙城金藏和弘法藏」（『現代佛學』1964

年2期，13-22頁）。
4）「00898大方便佛報恩經七卷扉繪」(86-87頁)，「00899菩薩本行經三卷扉繪」(88-89頁)。
5）これについては Alfons Dufey: *Die ostasiatischen Altbestände der Bayerischen Staatsbibliothek*, München, Bayerische Staatsbibliothek 1991, S. 5 參照。現在はインターネットでその畫像が見られる（abrufbarhttp://ostasien.digitale-sammlungen.de/.)。ところで，この經典は1984年の段階ではアメリカの美術商の個人所有となっている（Soren Edgren：*Chinese Rare Books in American Collections,* China House Galley, New York City, 1984, 56-57頁參照。この書は1984年10月20日―1985年1月27日にニューヨークで行われた展覽會の圖版である）。バイエルン圖書館は1987年にこの卷子本の登録をしている（國立バイエルン圖書館オリエント・東アジア部門の調査官Renate Stephan女史による）。1985/1986に所有が移ったのであろう。なおSoren Edgrenの著作情報は，梶浦晋氏から得た。この場を借りて感謝申し上げる。
6）すべての契丹藏がこのようであるわけではない。この點に關しては拙著『中國古典社會における佛教の諸相』（知泉書館，2009）Ⅲ-2「返還文書研究2」右開き44-48頁參照。
7）中國佛教協會編『房山石經（遼金刻經)』（中國佛教圖書文物館　22冊)。
8）山西省文物局・中國歷史博物館主編『應縣木塔遼代祕藏』（文物出版社，1991）
9）代表的作品として，藤枝晃編『トルファン出土佛典の研究――高昌殘影釋錄』序章「トルファン出土寫本總說」（法藏館，2005)，竺沙雅章『宋元佛教文化史研究』（汲古書院，2000)。
10）主な作品を擧げれば，竺沙雅章「西域出土の印刷佛典」（龍谷大學佛教文化研究所・西域研究會『旅順博物館藏　トルファン出土漢文佛典研究論文集』所收，118-134頁，2006）や*Chinesische Blockdrucke aus der Berliner Turfansammlung* Beschrieben von Tsuneki Nishiwaki. Übersetzt von Magnus Kriegeskorte und Christian Wittern. Herausgegeben von Simone-Christiane Raschmann（Franz Steiner Verlag, Stuttgart, 2014)。
11）原文は「有故上人通理大師，緇林秀出，名實俱高，教風一扇，草偃八宏。其餘德業，具載寶峰本寺遺行碑中。師因遊茲山，寓宿其寺，嘅石經未圓，有續造之念。興無緣慈，爲不請友。至大安九年正月一日，遂於茲寺開放戒壇。仕庶道俗，入山受戒。巨以數知海會之衆，孰敢評之。師之化緣，實永次之。方盡暮春，始得終罷。所獲錢施，乃萬餘鏹。附門人右街僧錄通慧圓照大師善定，校勘刻石。石類印板，背面俱用，鎸經兩紙。至大安十年，錢已費盡，功且權止。碑四千八百片，經四十四帙。題名目錄，具列如左」。
12）ここで扱う『大方便佛報恩經』の題記には刻石年次はふれられていない。ただ金の天眷3年（1140）の沙門玄英・俗弟子史君慶等撰『金雲居寺鎸葬藏經總題寺號目錄』（『房山石經題記彙編』31-32頁）の中にすでにこの經名が見えることから1140年以前には雕られていたことになる。『房山石經遼金刻經』の卷首目錄では「遼，無刻石年代」と記して遼（916-1125）とし，木塔の報告書『應縣木塔遼代祕

藏』では金（1115-1234）としている。結局，通理大師が活躍した11世紀後半頃から12世紀前半の産物ということになる。なお，題記には刻石年次はないと言ったが，そこには「大方佛報恩經七卷，此三卷，共十卷，同帙。馬鞍山洞已有鐫了，京西三十里，小石經亦有是盧溝河東垠上（大方便佛報恩經七卷，此の三卷，共に十卷，同帙なり。馬鞍山洞，已に鐫み了る有り。京西三十里，小石經亦た是の盧溝河の東垠(きし)の上(ほとり)に有り）」と記す。契丹藏では『大方便佛報恩經』7卷とそれに續く『菩薩本行經』3卷を併せ「欲」號の1帙とし，この題記は『菩薩本行經』下卷末（264頁末）に刻まれている。この同帙の兩經典は，雲居寺の境内に刻まれ置かれた石經とは別に，それ以前に，すでに馬鞍山洞や盧溝河の東岸の畔にも刻まれていたことになる。契丹藏に基づいた房山石經と同じようなこれらの石經が發見されることも，契丹藏がほとんど殘っていない現狀では，ここで展開した金藏は契丹藏の復刻であるかどうかの判定に重要な資料となろう。發見の待たれるところである。

13) 中純夫「應縣木塔所出「契丹藏經」と房山石經遼金刻經」（氣賀澤保規編『中國佛教石經の研究』第五章，京都大學學術出版會，1996）は，契丹藏『大方便佛報恩經』卷一「孝養品」第二の部分と房山，再雕版高麗藏等のテキストを檢討している。そこでも，木塔本と房山石經に不一致があり，しかも房山石經と再雕本高麗藏に一致を見る場合のあることを指摘する（212頁）。
14) 卷一に關しては注記(13)に引いた中純夫の論考がある。契丹大藏經（木塔本）と房山石經の親近性は認められるものの，木塔本にはない文字を石經本が刻石している3例をどのように解釋したら，石經本が契丹藏を雕ったことと矛盾しないかについてであった。中は最終的に「木塔を契丹藏の零本ではなく契丹藏を底本とする單刻經と推定することで，この矛盾」の解消を試みた。しかし目下のところ木塔テキストについて，學會では，單刻本とする中の立場は受け入れられておらず，「契丹藏の零本」と考えられている。
15) 章疏部を收めた『宋藏遺珍』は廣勝寺本金藏が發見されて間もなく民國24年（1935）に上海から出版された。
16) 注記(10)竺砂論文122頁。
17) 注記(10)竺砂論文124-125頁。具體的に示せば，『釋摩訶衍論』の中華大藏經（第50册）の底本は再雕本高麗藏であるが，これは契丹藏を用いている。その證は卷四の首題の後に2本の罫線が殘っていることである（233頁上段。中華大藏經を編集するときに1罫線を消している）。また再雕本高麗藏37册1001頁上段，卷一の經文が終わり罫線，1行空格，尾題の前後に罫線。卷四の首題の前後に3本の罫線（1025頁上段）が見える。これは契丹藏を用いた證しである。
18) 『玄應《衆經音義》研究』84-85頁（中華書局，2005）。

第6章
行琳集『釋教最上乘祕密藏陀羅尼集』をめぐって

はじめに

　昨年（2014年）の秋に，『ベルリン・トルファン漢語印刷文書斷片目錄』[1]がドイツで出版され，この7, 8年，手がけてきたベルリン所藏のトルファン文書漢語印刷斷片整理の仕事に一區切りをつけることが出來た。ただ，この目錄には同定できない斷片がいくつかあり，それらを一つでも明らめるという宿題があるため，今後もしばらく斷片群とのにらめっこは續く。

　周知のごとく，前世紀のはじめに列國は中央アジア（現在の中國・新疆ウイグル自治區）に探檢隊を派遣して各種の文物を本國に持ち歸った。それらの收集品には發見された場所の名がつけられており，敦煌文書とトルファン文書が有名である。

　敦煌文書は，莫高窟の藏經洞から發見され大きな話題となった。大半は5世紀頃から11世紀初頭の寫本で，木版印刷品はほとんど含まれていない。ただ最近は，藏經洞發見のもの以外に，敦煌北窟からの新たな收集品も敦煌文書に含まれることになり，その中には金や元の木版佛典斷片の存在も確認されている[2]。

　一方トルファン文書は，同じ時期に發見された敦煌文書が洞窟に保管されていたのとは異なり，廢墟や廢寺あるいは墓地から發見・發掘された。そのため大きなものは少なく，ほとんどが數cmで，數行を殘す小斷片である。それらになぜ價値があるかと言えば，敦煌文書に比べて，收

集品の年代幅が廣いからである。つまり，中國中央ではほとんど消えた隸書に近い3世紀ごろのものから木版印刷の宋・金・元の時代，卽ち14世紀頃までの文書が含まれている。

　列國の收集した文書は，その後，將來國で整理・研究され，百年以上を經た現在では多くの成果や圖版が出版され，また一部であるが，その畫像はインターネット上に流れている。古代中國の哲人は「戶を出でずして，天下を知り，牖を窺わずして，天道を見る」とうそぶいたが，今や机上のパソコンを開けば世界中に散った中央アジア發見の文書を見ることのできる時代に入った。その昔，飛行機のない時代に，ヨーロッパ（パリ・ロンドン・ベルリン）に持ち歸られた敦煌文書やトルファン文書を見るため，片道一カ月以上もかけて出かけた先人の苦勞を考えると隔世の感がある。

　さて，漢語文書の整理・研究の第一人者として高名な藤枝晃は，1980年代にトルファン文書がどのように世界に保存されているかをまとめて記した[3]。その後，新たな研究や中國での新しい調査成果も出てきたので，それらを加え，多少修正を施したものを，本書I-第1章「トルファン文書とその研究成果」7-8頁に揭げた。以下はその略表である。

　　1　大谷コレクション
　　2　ベルリンコレクション
　　3　マンネルヘイムコレクション
　　4　スタインコレクション（第3次收集）
　　5　サンクトペテルブルグコレクション
　　6　中國の3つのコレクション
　　7　王樹枏舊藏品
　　8　梁玉書（素文）收集品
　　9　旅順博物館藏の大谷コレクション

　筆者は，この中で2のベルリンコレクションを扱ってきた。1994年3月末にベルリンで初めてトルファン文書に直接ふれてからすでに20年以上たち，2001年には佛書以外の目錄として*Chinesische Texte vermischten Inhalts aus der Berliner Turfansammlung*（Franz Steiner Verlag, Stuttgart）を出版した。上で述べた『ベルリン・トルファン漢語印刷文

第6章　行琳集『釋敎最上乘祕密藏陀羅尼集』をめぐって　　303

書斷片目錄』は，私の手がけた２冊目の目錄である。この目錄に記載した斷片の數は1282で，そのほとんどは佛典である。同定できないのは，現在流布している大正新修大藏經，高麗大藏經，あるいは中華大藏經に見出せないものということになる。

　以下は，ベルリン・トルファン文書の同定に携わって明らかになったことからの考察である。

１　房山石經と契丹大藏經（契丹藏）

　ここで取り上げるのは『契丹藏』（『遼藏』，『丹本』）に關わることである。契丹大藏經は一說に興宗・道宗の1032-1068年に南京大憫忠寺（現在の北京法源寺）で開版されたとされる[4]。

　實物が發見されたのは，その開版から千年近くも經った1974年であった。實物とされる契丹藏12（10）點の殘卷は，山西省應縣の佛宮寺木塔第四層の釋迦塑像の胎内から發見された[5]。この應縣木塔は遼の淸寧２年（1056）に建てられており，そこに安置された塑像に收められた經典は，遼末から金初（12世紀初）を遲れることはないと考えられている[6]。

　應縣木塔から契丹藏が發見されるまで，この大藏經の姿を知る上で最も重要な資料は，房山石經（千字文帙號のあるもの）の遼金刻經の部分であった。この部分は契丹藏を底本に刻まれたと考えられていたからである[7]。つまり契丹藏の一紙が石の表裏兩面にそのままの形で刻まれたのである。この小型石經は，１版27行もしくは28行，１行17字であるが，これは上述の近年發見された應縣木塔やトルファン文書中の契丹藏の版式と一致する。この事業は金の時代に入っても途絕えることはなく，一方，契丹藏も時代を越えて幾度も刷られているようである。これについては後でふれる。

　房山石經と契丹藏の關係は以上のようなものであるが，新たに發見された應縣木塔の契丹藏や後でも述べるベルリン・トルファン文書斷片に含まれる契丹藏小斷片と實際に比べてみても，上の推測は大筋では當たっていることが確認できる[8]。しかし，微妙な違いもある。その一例を示したのが史料１・２・３である。

史料 1
［圖 1］ ベルリン Ch 2533（o.F.）＋ Ch 2433（o.F.）
［圖 2］ 應縣「中阿含經」卷36（淸 一・二）
［圖 3］ 房山石經 21「中阿含經」卷36（淸 一・二）

史料 2
［圖 4］ ベルリン Ch 1110（TⅢ T 467）
［圖 5］ 應縣「中阿含經」卷36（淸 五）
［圖 6］ 房山石經 21「中阿含經」卷36（淸 五）

史料 3
［圖 7］ ベルリン Ch 835（TⅡ T 1648）
［圖 8］ 應縣「中阿含經」卷36（淸 八）
［圖 9］ 房山石經 21「中阿含經」卷36（淸 七・八）

　應縣木塔から發見された契丹藏はわずか12點であるが（12點すべてが契丹藏かどうかは研究者によって見解が異なる），その１つが「中阿含經」卷36である。

　史料１のベルリンと應縣では，行の並びが一致する。ところがそれらと房山石經は異なる。ベルリン・應縣の10行目は18字であり，房山石經の同じ行は17字なので，以下１字ずつずれている。

　次に史料２でも，ベルリンと應縣，及び房山石經の行の並びは一致する。ただ，字姿では，前者の２つと房山石經では異なる。例えば前者は銳角的である。また「蚊」の文字，前者の「虫」偏は上に「ノ」の一畫が加わっている。

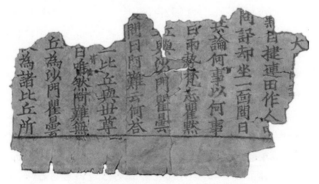

圖１　Ch 2533（o.F.）＋ Ch 2433（o.F.）

第6章　行琳集『釋教最上乘祕密藏陀羅尼集』をめぐって　　　305

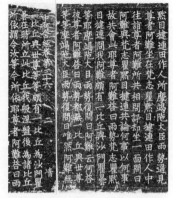

圖2　應縣「中阿含經」卷36（清一・二）　圖3　房山石經21「中阿含經」卷36（清一・二）

細かいことであるが，史料3の場合も上の史料1・2と同じく，ベルリンと應縣の行の竝びは一致するが，それらと房山石經とは異なる。ベルリン・應縣の4行目は1行16字で，房山石經は終始1行17字なので，1字ずつずれている。

以上述べた房山石經の『中阿含經』は，金の貞元元年（1153）から貞元3年（1155）に雕られている。また先にも述べたように，應縣木塔發見の契丹藏『中阿含經』は12世紀初めを遲れることはないので，兩者には短くても50年ほどの隔たりがある。房山での刻經の際には應縣とは異なる契丹藏テキストを用いたためにこのようなことが起こったのであろうか。

圖4　Ch 1110（TⅢ T 467）

前章，「金藏『大方便佛報恩經』は契丹藏か？」の中で通理大師の刻經事業にふれて述べたように，「背面俱に用い，經を鐫ること兩紙なり」（295頁）は契丹藏をそのままの形で石に雕刻した事を意味する。その際

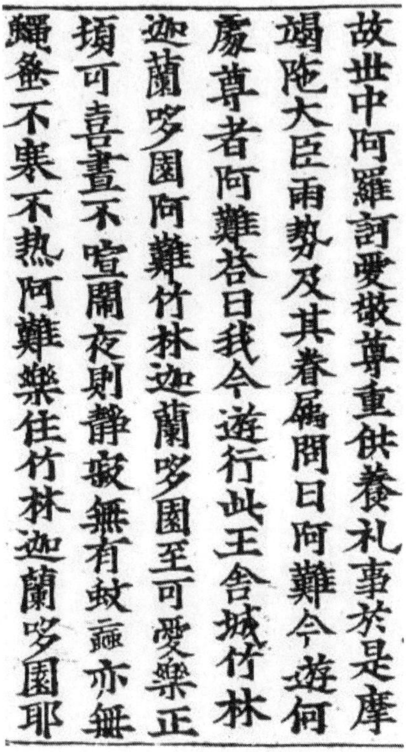

圖5　應縣「中阿含經」卷36（清 五）　　圖6　房山石經21「中阿含經」卷36（清 五）

には，契丹藏の行文字數の原則17字を，石經では石の破損で刻めないごく僅かの例外を除いて17字に統一している。

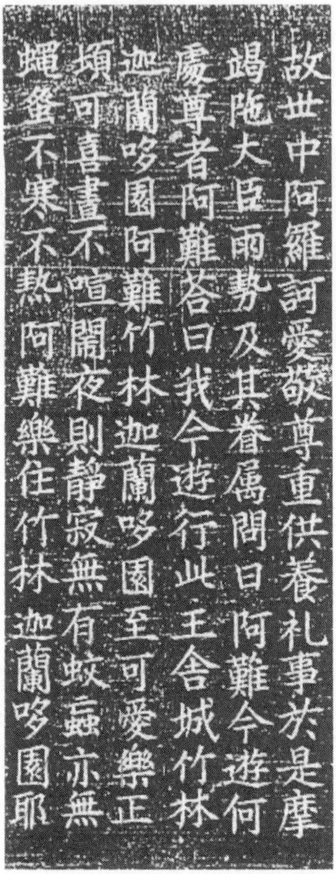

　また，少ない史料からの推測ではあるが，契丹版は遼の時代から金の時代にかけて複數の版が作られたと，私は考えている。その推測の根據を2點あげたい。第1點として，版式のもう一つのメルクマールとして擧げられる柱刻の位置が，ベルリン・トルファン斷片と應縣木塔では異なる。ベルリンは紙縫から1行目と2行目の間に柱刻がくるが，應縣木塔は紙縫の最初に置かれる。第2點は卷末の形である。以下の史料は，『中阿含經』ではなく『增壹阿含經』の2つのトルファン斷片である。

　［圖10］Ch 2384r　(o.F.)
　［圖11］Ch 5555r　(T M46)

前者では經文の末尾と尾題の間に縱の3本の罫線が入るが，後者には見られない。この兩點からも，契丹版には複數の版があると考えられる。

以前は，房山石經と應縣發見のわずかの契丹藏のみで契丹大藏經が論じられてきたが，トルファン文書の整理が加わることにより，小斷片とは言え，版本大藏經研究に多くの史料を提供することになった。なぜならトルファン印刷文書斷片の90から95パーセントは契丹版だからである。

次に具體的な例を見ていこう。

圖7　Ch 835（T Ⅱ T 1648）

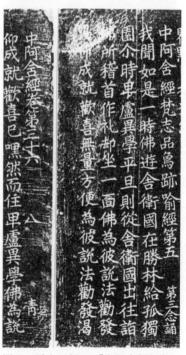

圖8　應縣「中阿含經」卷36（清　八）　　圖9　房山石經 21「中阿含經」卷36（清　七・八）

圖10　Ch 2384r (o.F.)

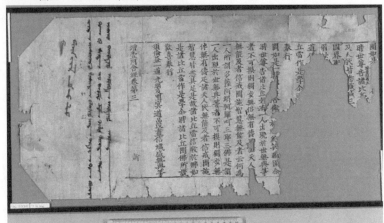

圖11　Ch 5555r (T M46)

2　トルファン文書斷片に見える行琳集『釋敎最上乘祕密藏陀羅尼集』

　房山石經が契丹藏を雕りつけたものであると確認できたことにより，契丹藏の實像にせまることが可能になった。それを容易にしたのは，1986年から1993年にかけて出版された石經の拓本の景印である[9]。上で房山石經として出した『中阿含經』卷36の拓本がそれである。この石經拓本集に，これから取り上げる行琳集『釋敎最上乘祕密藏陀羅尼集』30卷も載せられている。この房山石經は金の熙宗の皇統6年から7年（1146-1147）に雕られたものである。最初に，ベルリン・トルファン・

第6章　行琳集『釋教最上乘祕密藏陀羅尼集』をめぐって

コレクション版本カタログ作成の際にいくつか同定できないものがあると述べたが，最近になって同定できないものの中の5斷片は，この行琳集であることが分かった。それらと，それに對應する房山石經拓本を併せて列擧すれば以下のようになる。

　［圖12］Ch/U 7354　（TⅡ T 1658）　74頁上段7-13行
　［圖13］Ch/U 7343　（TⅡ T 330）　74頁上段15-18行
　［圖14］Ch/U 7217　（TⅡ T 1480）　189頁下段18-19行
　［圖15］Ch 1067　（TⅢ T 496）　185頁上段（4）-6行
　［圖16］Ch 1932　（TⅡ 1588）　185頁下段6-7行

この5例からも，上で述べたように房山石經は契丹藏を雕っていることが確認できる。

この他に，『釋教最上乘祕密藏陀羅尼集』の別の1斷片がロシア藏の中に存在する。

　［圖17］俄 17056　50頁下段20行-51頁上段1-（3）行[10]

である。『釋教最上乘祕密藏陀羅尼集』の斷片がドイツにもロシアにも保有されているのは，この經典が廣く流布していたためと考えられなくもないが，他のいくつかの收集例から，各國の收集が重なっていたことの證しとも考えるべきであろう。列強の探檢隊は廢墟や廢寺跡を自ら發掘して文書を獲た以外に，地元民が廢墟や廢寺跡から拾得して保有していたものを購入した例がある。ドイツ隊の探檢日記などを見ていると，

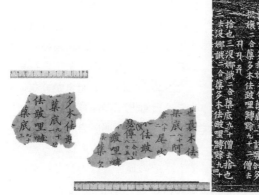

圖12　Ch/U 7354＋圖13　Ch/U 7343

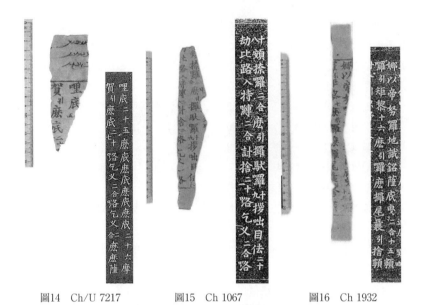

圖14 Ch/U 7217　　圖15 Ch 1067　　圖16 Ch 1932

圖17 俄 17056

しばしば現地民が賣りにきたことが記されている[11]）。

　先の話に戻ると，このような小斷片から契丹藏に複數のバージョンがあったかどうかを斷定するのは，やはり難しいことである。

　契丹藏に收められたこの經典は，後で詳しく述べるが，唐末の成立である。これが廣く中國全土に行き渡ったものかどうかも明らかでないが，少なくとも北宋の開寶藏には入っていない。開寶藏開版の時に蜀の地には無かったか，あるいはあったとしても，その地ではこの密教經典を大藏經に收める必然性がなかったためであろう。行琳が編集したこの密教

經典には，彼の書いた序文がついている。この序文は，唐後半の密教，あるいは行琳の住持した大安國寺，あるいは唐から遼への佛教を考える上で，貴重な資料と言える。節を改めて述べてみたい。

3　行琳「釋教最上乘祕密藏陀羅尼集序」

行琳の事跡は僧傳には見えない。自ら名乘る肩書きは「上都大安國寺傳密教超悟大師賜紫三藏沙門」である。「上都」は唐の首都の長安を指し，「大安國寺」は唐の名刹の一つであり，安國寺とも稱される。小野勝年によれば，この寺は大明宮の南，長樂坊の東に位置する[12]。『唐會要』卷48「寺。西京」の項に，

　安國寺，長樂坊に在り。景雲元年九月十一日，敕して龍潛の舊宅を捨てて寺と爲し，便ち本と安國に封ぜらるるを以て名と爲す[13]。

と見える。安國寺は睿宗が天子に返り咲いた景雲元年（710）に，自らが安國相王であった時の邸宅を布施して，その封地の名をとって設けられた寺であった。唐代を通じて皇室の庇護が厚かったことは想像に難くない。この時代の僧の傳記を載せた『宋高僧傳』には，例えば卷15の圓照傳に，

　開元年中に泊びて，勅して名德の僧を選び，其の譯務に參ぜしめ，照，始めて焉に預る。代宗の大曆十三年に至り，詔を承け兩街の臨壇大德一十四人，齊しく安國寺に至り，新舊兩疏の是非を定奪す。蓋し二宗俱に盛んにして，兩壯必ず爭うを以て，擒われて翻って漁人を利し，互いに擊たば定めし師足を傷つけん。既に頻りに言競いて，多く帝聰に達し，勅有りて二本の律疏を將って定め一家の者を行わ令む。……時（＝十一月二十七日）に內給事の李憲誠を遣わし，勾當京城諸寺觀功德使・鎭軍大將軍の劉崇訓に，宣勅す。宣勅に云わく，四分律の舊疏・新疏は宜しく臨壇大德の如淨等を令て安國寺律院に於いて一本を僉定し流行せしめよと。兩街の臨壇大德一十四人，俱に安國寺に集まり，中官の趙鳳詮を遣わし，尚食局に勅し，一千二百六十人の齋食幷びに果實，解齋粥一事を索めしめ，已に上し應副す。卽ち安國寺に於いて僧慧徹・如淨等十四人に供し，幷び

> に一供送し九十日齋食用に充て，茶二十五弗，藤紙筆墨，大德の如淨等の律疏を僉定する用に充て，兼ねて問う，諸大德，各おの好在を得るや否やと。……14)

と見える。この時，14人の當代一流の學僧をこの寺に集めて，『四分律疏』の改定事業が行われている。これは安國寺が長安寺院の中心の一つであったことを傳えている。また，卷15の眞乘傳には，

> 貞元十一年，功德使の梁大夫，德宗の亟しば安國寺に幸するを以て，乘を奏して移隷し，以て應對に備え，供奉大德に充つること數ばなり 15)。

と傳え，德宗（779-804在位）が度々，安國寺に行幸したことを記しているが，その理由の一つは盂蘭盆會に臨席するためだったようである 16)。それ以後の諸天子，憲宗・穆宗・敬宗・文宗もこの寺に臨行している 17)。

　上で，「唐代を通じて皇室の援護が厚かったことは想像に難くない」と述べたが，この寺は唐の末期，武宗の廢佛によって大きな破壞を被むった。武宗の後に卽位した宣宗は修復を試みたが，果たせず崩御し，咸通7年（866）になってようやく再建できたようである 18)。しかし，再建がどのようなものであったのか，また唐末期のこの寺院の活動はどうであったのかの詳細な記錄はほとんど殘っていない。從って，小野の上揭書，史料篇の「長安寺院興廢一覽」では，大安國寺の存續期間を710年から845年と記すことになった。言うまでもなく，710年は上述の睿宗が卽位に際して安國相王時代の邸宅を寺にした年であり，845年は會昌5年で，武宗が廢佛斷行を行った年である。ところが，この行琳の序が書かれたのは大唐乾寧5季（898）で，昭宗の治世下である。小野がこの寺院の存續を710年から845年としたのは，唐の朝廷と結びつきが強いことは卽ち宦官勢力との關係が深いことであるため，會昌廢佛の際には徹底的に破壞されたと考えたことによるのであろう 19)。

　1959年に安國寺の故址とおぼしき地下から，會昌廢佛の被害をさける爲に埋められたと考えられる大理石の密教像が發見されたことによって，小野の推測は一層强固になった。その發見の經緯は，程學華「唐貼金畫彩石刻造象」20)によってまず報告された。その後，水野敬三郎は程學華の報告に基づき，大安國寺遺蹟發見の十體の密教佛像を紹介し，特に

1980年にすでに陝西省博物館（現在の西安碑林博物館）に收められていたそれら佛像の中で實見した「寶生如來像」について詳しく報告して，これらの佛像が8世紀半ばころの製作であると述べている。そしてこれらの作品は，空海（774-835）による日本への密敎請來以前の中國密敎雕刻の狀況を示す貴重な存在である，とも言っている。

ところが，この「大安國寺」と密敎とを結びつける史料がない。そのために，水野は報告の最後の部分で，「最後につけ加えれば，先に述べた大安國寺に關する記錄からは，そこに密敎的な氣配は感じられない。諸像の出土地點を同寺遺址とする推定に誤りないとしても，これらの密敎雕刻が大安國寺の遺物であるか否かについてはなお愼重な檢討を必要とするように思われる」21)と一言つけ加えている。

この水野の疑念を晴らす史料が行琳の序文であり，房山石經の整理と研究の中で發見されたものである。行琳は，昭宗（888-904在位）から「傳密敎超悟大師賜紫三藏沙門」の賜號を受けている。彼は歷とした密敎僧である。序文の中で，

　　我が大唐開元季中，厥れ釋迦善無畏三藏・金剛智三藏・不空三藏の三大阿闍梨有りて，繼いで長安に至るに泊(およ)び，方に始めて巨(おお)いに密理を陳べ，備さに修儀を揔(きわ)め，祕敎，大いに支那に布き，壇像，遍く僧宇に摸され，師資傳習し，代よ閒無きなり。行琳，疎昧を揆(はか)らざるも，幸に宗師を早くし，澄襟に勉憚し，討探すること積歲，法身の止觀に住し，頓に佛乘に入り，明字を置きて以て融心し，性地に超昇し，寶所を躬(みずか)らにせんことを喜び，玄涯を踐まんことを欣ぶ。云々22)。

と述べる。自らを唐の密敎傳道僧である善無畏・金剛智・不空の末裔であり，密敎の教えはずっと彼まで途切れることなく續いてきたと言っている。

また『釋敎最上乘祕藏陀羅尼集』30卷を編集した動機については次のように述べている。

　　彼の顯敎を觀(み)るに，代よ英才有るも，我が密宗を省すれば，縉流，習い少し。益すに寇亂の後，明藏は星のごとく靡(こぼ)たるるを以て，漸く陵夷するを慮り，敢えて微志を申さんとし，乃ち諸ろの舊譯を詢(たず)ね，衆經を搜驗す。言多く質略にして，梵音に契わず，今則ち新文

を揩切し，印語を貴全し，惣持の墜ちざるを希い，密炬以て長輝せんことを誓う。然るに彼方・此方，字別なるも，而るに唐音・梵音，聲は同じなり。必ず華竺韻齊し，迴邇言類せ使むれば，學者の脩徑に通じ，聖旨の幽蹤に達せん。明門を盡さんことを意い，卷三十を成す23)。

顯敎（華嚴・天台・法相・三論などの諸宗）の分野では優秀な人材が輩出しているのに，密敎ではそれを缺き，「寇亂後」は，經典が消え行くのに感じ，密敎經典の陀羅尼の部分を集めて制作したと言う。「寇亂後」とは，具體的には何を指示するのか不明であるが，吐蕃を初めとする外患と黨爭や宦官の暗躍による内亂に直面していた唐の後半の狀況をひろく言うのであろう。その結果，僖宗（873-888在位）治下では，黃巢の亂（874-884）が起こり，朱全忠と李克用の助けを借りてその亂を一應鎭壓することに成功したが，それを契機に各地の節度使は獨立し，さらに宦官も一段とその勢力を強めることになった。このような狀況下で，實質的には唐の最後の天子であった昭宗（888-904在位）が卽位したが，行琳はこの昭宗から紫衣を賜っている。

ところで，僖宗や昭宗の父であった懿宗の時代のこととして『大宋僧史略』卷下「賜僧紫衣」の項に，「東觀奏記に曰く，大中（847-860）中，大安國寺の釋修會，詩を能し，嘗つて制に應じ，才思淸拔なり。一日，帝に聞して紫衣を乞う。帝曰く，汝に吝まざらんや。若の相に缺然有るを觀るが故に未だ賜わざるなりと。賜わりて寺に歸るに及び，暴かに疾ありて卒す」24)と紫衣に關する記事を載せている。

この記事を『佛祖統紀』はそのままの形で引用しているが，現行本『東觀奏記』25)は，少しく異なる記述である。卽ち卷下に，
　　僧の從晦，安國寺に住し，道行高潔にして，兼ねて詩を攻め，文章を以て制に應ず。上，每に劇韻を擇びて賦せ令むるも，亦た多く旨に稱う。晦，積年供奉し，紫方袍の賜を望み，以て法門を耀かさんとす。上，兩び召して殿に至り，上，之に謂いて曰く，朕は一對の紫裂裟を師に與うを惜まざるも，但だ師の頭耳稍く薄く，恐らくは勝えざる耳と。竟に之に賜わず，晦，悒悒として終わる26)。
と記す。寺は安國寺で，天子は宣宗であり，詩に堪能である點は共通であるが，紫衣を求めた僧侶の名前は異なり，一方は紫衣を賜り，一方は

得られず心塞がって亡くなっている。

　このような違いはあるものの，いずれも唐末の佛敎と世俗との關係を浮雕りにしていると思われる。つまり紫衣は元來，天子が德の高い僧に賜うものであるが，僧侶の側から求めているからである。紫衣を賜われば，その宗門，引いては佛敎界の存在を世間にアピールできる。一方，與える側の天子から見れば，王朝末期の財政逼迫している折りであり，見返りとして，佛敎側の財力は當然，期待されたであろう。

　この史料はまた，武宗の廢佛以後の宣宗（845-859在位）治下においても，安國寺が存續していたことを示しており，創建以來の皇室との關係が保たれていた事も確認できる。ただ，ここに登場する僧侶がどの宗派であるかは明らかでない。行琳の序文に見える肩書の「賜紫」と上引の史料を併せ考えると，30卷もの陀羅尼集を唐末に編集できるほどの資財を保持していた大安國寺であったからには，紫衣は行琳からの働きかけによって得られたと推測しても誤りはないであろう。

　以上のように，行琳の序文は唐の後半期の大安國寺の存在を示す貴重な資料であり，この寺の密敎佛像は會昌に破壞されたとは言え，なおその宗派の傳統は唐末まで續き，かなりの資財を保持していたことを傳えている。

4　行琳集『釋敎最上乘祕密藏陀羅尼集』の傳承

　さて，行琳の『釋敎最上乘祕密藏陀羅尼集』30卷はどのような形で傳承されたのであろうか。先にも述べたように，この經典は北宋の開寶藏には入っていない。その開版がはじまった10世紀半ばに蜀の地では手に入れることが出來なかったのであろうか。それともこの經典のニーズが低かったのであろうか。ただ華北で傳わり讀まれていたことは確かである。それはやがて契丹（遼）に入り，最終的には契丹大藏經に入藏されることになって，やがてそのテキストが金の皇統6年・7年（1146-1147）に房山石經に雕られたのである。

　いま，その華北での傳承を傳える例證を2つ示したい。五臺山金河寺沙門道殿集『顯密圓通成佛心要集』卷下に，「故先德云，三乘敎外，別

有持明是也」(T46, 1001a11-12) とある。これと同じ句は行琳の序文の中に,「故先哲云,三乘教外,別有持明」と見える。さらに,「又陀羅尼序云,若覺薀於心,卽凡夫三業成,功德聚」(T46, 1003a22-23) の「陀羅尼序」とは行琳『釋教最上乘祕密藏陀羅尼集』序を指す。また『顯密圓通成佛心要集』卷下には,「故先哲云,塵飄影爍,神翫天宮,土散水霑,識分惡趣」(T46, 1001b) と見え,これも行琳の序の「遂令塵飄影爍,神翫天宮,土散水沾,識分惡趣」と重なる。あるいは,『顯密圓通成佛心要集』心要集』卷下に「故昔人云,五無間之極罋,應念雲消。十惡業之巨慾,纔聞霧散」(T46, 1000a) と言うのは,行琳の序の「五無間之極罋,應念雲銷,十惡業之巨慾,纔聞霧散」を引いている。以上のように,行琳は「先德」とか「先哲」,あるいは「昔人」と呼ばれて彼の序文が引かれている。

また『顯密圓通成佛心要集』卷上に「原夫如來一代敎海,雖文言浩瀚,理趣淵冲,而顯之與密,統盡無遺。顯謂諸乘經律論是也,密謂諸部陀羅尼是也」(T46, 989c12) と見えるのは,恐らく行琳序の「顯之與密,統盡其源。顯謂五性三乘,倐諸經論,密謂惣持祕藏,陀羅尼門」を意識した表現であろう。

『顯密圓通成佛心要集』の撰者,道殿については,その生卒も,あるいは詳細な傳記も明らかではないが,遼の道宗(天佑皇帝。1055-1101在位)時代に活躍した密敎僧である。彼は,「五臺山金河寺」の僧と名乗っているが,この寺は山西省忻州の五臺山ではなく,河北省蔚縣の名刹で,行均はこの寺で『龍龕手鏡』を編んでおり(997年成立),遼王室とも關係の深い寺であった[27]。

2つ目の例證は,やはり道宗時代の高僧の一人で,密敎を華嚴と融合させ,遼代に密敎を再興させたと言われる學苑(1033-?)も,その著作に行琳の序から引用していることである。彼の代表的著作は一行『大日經義釋』の注釋『大毗盧遮那成佛神變加持經義釋演密鈔』(『大日經義釋演密鈔』)30卷であるが,その卷第一幷序の「故古人云,三乘之外,別有持明,最上乘者,謂於諸乘最爲上,故又或云,金剛乘無上乘一乘。故陀羅尼序云,金剛一乘,甚深微細,持明等如上,故云及最上等」(續藏經 第37册,22頁下段) に,「古人云云々」とされるのが行琳序の文章である。

第6章　行琳集『釋教最上乘祕密藏陀羅尼集』をめぐって　　　317

　以上の兩例に見られる，道殿集『顯密圓通成佛心要集』，學苑撰『大毗盧遮那成佛神變加持經義釋演密鈔』は遼の密教の代表的作品であり，佛教興隆に力のあった道宗の時代の作品である。契丹大藏經の開版は興宗の時代と考えられているから，行琳の撰述以來，すでに150年ほど經過している。その間，行琳のこの著作は，北中國で連綿と讀まれ續けてきたものと思われる。その理由としては，これが唐時代の密教經典の陀羅尼の部分を忠實に引いた總集であった點もあるが，第一には，遼の佛教がそれを受け繼ぎ，陀羅尼を中心とした密教の流行したことを擧げなければならない[28]。道殿集『顯密圓通成佛心要集』や學苑撰『大毗盧遮那成佛神變加持經義釋演密鈔』の作品成立と大藏經開版は時代は相前後するが，『釋教最上乘祕密藏陀羅尼集』が入藏されたことは遼の佛教における密教の位置の高さを示している。

　以上，ベルリン・トルファン文書に契丹藏の行琳集『釋教最上乘祕密藏陀羅尼集』斷片が存在することを述べ，この作品が密教經典の一つとして，契丹時代にどのように傳承されたかを，1,2の文獻から見た。

おわりに

　契丹佛教は華嚴と陀羅尼密教の二點にその特色があると言われている。その一方である陀羅尼經典の一つとして，唐末の行琳『釋教最上乘祕密藏陀羅尼集』がなぜ選ばれたのか。このことを最後に述べて小論を終えたいと思う。ただ斷るまでもなく筆者は佛教學，あるいは中國密教について不案内であり，表面的な分析に止まらざるを得ない。

　『釋教最上乘祕密藏陀羅尼集』卷八には，「出生無盡陀羅尼」以下14の陀羅尼が收められているが，その最初（52頁上段-53頁上段[29]）は，不空譯『出生無盡陀羅尼經』から引かれた陀羅尼（T19, 676b21-c20）部分である。陀羅尼の音に充てられた漢字には，兩者の間に多少の違いがあるものの忠實に引用されている。

　また，卷十七に見える『根本蓮華頂十字眞言』（139頁上段-下段）は菩提流志譯『不空羂索神變眞言經』卷十八・十地眞言品に收める一字眞言（陀羅尼）から十字眞言（陀羅尼）（T20, 319a6, 319b14, 319c10, 320a5,

320a25, 320b26, 320c26, 321c7, 321c28, 322a17）を引いていることが確認できる。これも先の例と同じように，「頭」と「納」，「暮」と「謨」，「米」と「謎」と音字はいくつか異なるが，忠實に引用されている。

さらに，卷十に見える『文殊師利童眞菩薩最勝大威德八字祕密心藏陀羅尼』（78頁下段-79頁上段）は，菩提流志譯『佛說文殊師利法寶藏陀羅尼經』から拔き出した陀羅尼（T20, 793c3-6）である。

行琳は序文で，「彼の顯教を覩るに，代よ英才有るも，我が密宗を省すれば，緇流，習い少し。益すに寇亂の後，明藏は星のごとく曬たるを以て，漸く陵夷するを慮り，敢えて微志を申さんとし，乃ち諸ろの舊譯を詢ね，衆經を搜驗す」と，自らが陀羅尼總集として『釋教最上乘祕密藏陀羅尼集』を編集した意圖と編集の姿勢を述べている。以上の數例からも彼が忠實に陀羅尼經典集に取り組んだことがうかがえよう。そうであるからこそ，密教陀羅尼の流行った契丹時代に傳承され，さらには入藏の榮譽に浴したものと思われる。

しかしながら時には，卷初に竝べられた陀羅尼タイトルは實際の卷中の陀羅尼タイトルを省略していることも見られ，また卷八を擧げて見てみれば，この卷に經典から拔かれている21の陀羅尼のいくつかには，例えば經典部分の「尸棄佛在空中，欲爲一切衆生除一切病故，欲除一切惡鬼障難故，而說陀羅尼」（62頁上段）が殘っている[30]。さらに，全30卷の各卷初に掲げた陀羅尼タイトルの總數は722になるが，卷22には2つの陀羅尼が缺けているようであるし，卷23には6つの陀羅尼が缺けている。ただ契丹藏の『釋教最上乘祕密藏陀羅尼集』はベルリンやロシア藏の僅かの斷片のみで全文が存在しておらず，房山石經テクストからの考察なので，この點は，行琳編纂時の問題と卽斷すべきでないかも知れない。あるいは，唐末の慌ただしい中で十分な時間がとれず，校正が行き屆かなかったことを示しているとも考えられよう。

1）*Chinesische Blockdrucke aus der Berliner Turfansammlung.* Beschrieben von Tsuneki Nishiwaki. Übersetzt von Magnus Kriegeskorte und Christian Wittern. Herausgegeben von Simone-Christiane Raschmann. Franz Steiner Verlag, Stuttgart, 2014.

2）彭金章，王建軍，敦煌研究院編『敦煌莫高窟北區石窟』卷3（文物出版社，北京，2004）參照。

第 6 章　行琳集『釋教最上乘祕密藏陀羅尼集』をめぐって　　　319

3)　『トルファン出土佛典の研究——高昌殘影釋錄』(法藏館, 2005) 序章「トルファン出土寫本總説」。
4)　全579帙として最終的に完成するのは, 道宗の咸雍四年 (1068)。志延撰「賜臺山清水院創造藏經記」(『金石萃編』卷153) 參照。
5)　同時に多くの契丹刻本の佛典・章疏類も發見され, 圖版と解説を付した『應縣木塔遼代祕藏』(1991, 文物出版社) が出版された。
6)　閻文儒・傅振倫・鄭恩淮「山西應縣佛宮寺釋迦塔發現的《契丹藏》和遼代刻經」(『文物』1982-6, 15頁) 參照。
7)　塚本善隆「房山雲居寺と石刻大藏經」(『塚本善隆著作集』五, 大東出版社, 1975, 91-610頁。初出は『東方學報』京都第五册副刊) 參照。および竺沙雅章「新出資料よりみた遼代の佛教」(『宋元佛教文化史研究』汲古書院, 2000, 第 1 部第 4 章, 84-86頁。初出は『禪學研究』第72號) 參照。
8)　中純夫「應縣木塔所出「契丹藏經」と房山石經遼金刻經」(氣賀澤保規編『中國佛教石經の研究』京都大學學術出版會, 1996, 193-239頁所收), また拙文「トルファン漢語文書と大藏經」(『禪研究所紀要』40號, 19-37頁) 參照。
9)　中國佛教協會編『房山石經 (遼金刻經)』(中國佛教圖書文物館) 22册。
10)　『俄藏敦煌文獻』第17册 (上海古籍出版社, 2001), 55頁上段。
11)　ル・コック著, 木下龍也譯『中央アジア祕寶發掘記』(中公文庫, 2002) 102, 116頁參照。
12)　『中國隋唐長安・寺院史料集成・解説篇・史料篇』(法藏館, 1989) 參照。
13)　原文は,「安國寺。在長樂坊。景雲元年九月十一日, 敕捨龍潛舊宅爲寺, 便以本封安國爲名」。
14)　原文は,「泊乎開元年中, 勅選名德僧, 參其譯務, 照始預焉。至代宗大曆十三年, 承詔兩街臨壇大德一十四人, 齊至安國寺, 定奪新舊兩疏之是非。蓋以二宗俱盛, 兩壯必爭, 被擒翻利於漁人, 互擊定傷於師足。既頻言競, 多達帝聰, 有勅令將二本律疏定行一家者。……時遣內給事李憲誠宣勅, 勾當京城諸寺觀功德使鎮軍大將軍劉崇訓。宣勅云, 四分律舊疏・新疏宜令臨壇大德如淨等於安國寺律院僉定一本流行。兩街臨壇大德一十四人俱集安國寺。遣中官趙鳳詮勅尚食局, 索一千二百六十人齋食幷果實・解齋粥一事, 已上應副。即於安國寺, 供僧慧徹・如淨等十四人, 幷一供送, 充九十日齋食用。茶二十五弗, 藤紙筆墨, 充大德如淨等僉定律疏用。兼問諸大德各得好在否。……」。
15)　原文は,「貞元十一年, 功德使梁大夫以德宗亟幸安國寺, 奏乘移隸, 以備應對, 充供奉大德數焉」。
16)　『佛祖統紀』卷41に「[貞元]十五年七月, 帝幸安國寺, 設盂蘭盆供。宰輔皆從」(T49, 380b) と見える。
17)　小野上掲書, 解説篇, 70頁上段參照。
18)　金申「西安安國寺遺址的密教石像考」(『敦煌研究』2003年, 第 4 期, 34-39頁) 參照。
19)　小野の作品は, 小野沒年の翌る年の1989年に出版されており, 上で述べたように房山石經の整理も濟み, 石經に關する資料集や拓本圖版がすでに出版されてい

た。そのために，史料篇に行琳の作品『釋教最上乘祕密藏陀羅尼集』とその「出典」として『房山雲居寺石經』（文物出版社，1978）が記されている。その分析に及ぶ前に鬼籍に入られたとするのが事實のようである。

20)　『文物』1961-7, 63頁。
21)　「西安大安國寺遺址出土の寶生如來像について」（『佛教藝術』150, 152-155頁，口繪 1 - 3)。
22)　原文は「洎我大唐開元季中，厥有釋迦善無畏三藏・金剛智三藏・不空三藏三大阿闍梨，繼至長安，方始巨陳密理，備振修儀，祕敎大布於支那，壇像遍摸於僧宇，師資傳習，代無聞焉。行琳不揆疎昧，幸早宗師，勉憚澄襟，討探積歲，住法身之止觀，頓入佛乘，置明字以融心，超昇性地，喜躬寶所，欣踐玄涯云々」。
23)　原文は「觀彼顯敎，代有英才，省我密宗，緇流少習。益以寇亂之後，明藏星隳，慮漸陵夷，敢申微志，乃詢諸舊譯，搜驗衆經。言多質略，不契梵音，今則揩切新文，貴全印語，希揔持之不墜，誓密炬以長輝。然彼方此方字別，而唐音梵音聲同。必使華竺韻齊，邐邐言類，通學者之脩徑，達聖旨之幽蹤，意盡明門，卷成三十」。
24)　原文は「東觀奏記曰，大中中，大安國寺釋修會能詩，嘗應制，才思清拔。一日聞帝乞紫衣。帝曰，不於汝吝耶。觀若相有缺然，故未賜也。及賜歸寺，暴疾而卒」。
25)　『東觀奏記』とは唐末の裴庭裕の作品。『新唐書』卷58，藝文志二に，「裴庭裕東觀奏記三卷。大順中，詔修宣・懿・僖實錄，以日曆・注記亡闕，因摭宣宗政事奏記於監修國史杜讓能。庭裕，字膺餘，昭宗時翰林學士・左散騎常侍，貶湖南，卒」と著錄されている。以下の引用は，唐宋史料筆記叢刊，田廷柱點校（中華書局，1994）を用いた。このテキストは繆荃孫の校勘本を底本とする。
26)　原文は「僧從晦住安國寺，道行高潔，兼攻詩，以文章應制。上每擇劇韻令賦，亦多稱旨。晦積年供奉，望紫方袍之賜，以耀法門。上兩召至殿，上謂之曰，朕不惜一對紫袈裟與師，但師頭耳稍薄，恐不勝耳。竟不之賜，晦悒悒而終」。
27)　『遼史』卷十，聖宗本紀四に「(統和十年，992年) 九月癸卯，幸五臺山金河寺飯僧」，また同書卷六十八，遊幸表に「(道宗) 咸雍九年（1073）幸金河寺」と見える。
28)　遼の密敎に關しては藤原崇人『契丹佛敎史の研究』第 5 章「契丹佛塔に見える密敎的樣相――朝陽北塔の發現文物より」（法藏館，2015, 146-175頁）參照。
29)　このテキスト頁は房山石經の『釋敎最上乘祕密藏陀羅尼集』（中國佛敎敎會・中國佛敎圖書文物館編『房山石經』遼金刻經28, 1-250頁，華夏出版社，2000）に依る。
30)　ここは，卷初のタイトル「尸棄佛陀羅尼」（52頁上段）となるべきであろう。

第7章
一枚のウイグル文印刷佛典扉繪

―――――

はじめに

　中央アジアにおける新たな文物發掘，あるいは20世紀初頭の列強による探檢將來物の整理・公開によって，近年，印刷本大藏經の扉繪に關する多くの史料が見られるようになった。そして日本には比較的馴染みの少なかった宋から元にかけての北中國の扉繪についても，いくつかの事實がわかってきた。

　以下に紹介するインド美術館藏トルファン文書斷片の中のMIK Ⅲ 4r, MIK Ⅲ 23r, MIK Ⅲ 6705[1)]のウイグル文印刷佛典扉繪も，その一例である。これらの斷片は，大きさに多少の違いはあるが，同一版であり，ウイグル文印刷佛典扉繪の歷史を解明する貴重な資料である。そればかりか，それらの起源やウイグル文の解明等，いくつかの問題を解く鍵を提供してくれるため，以下に紹介する研究者ばかりでなく，多くの學者によって取り上げられている。

　小論は，やや角度を變え，漢語の印刷本大藏經とその扉繪から，このウイグル文印刷佛典扉繪の問題に當たるものである。またそこからは，時代や言語の異なる大藏經も印刷メディアの上では共有部分のあることが證明される。

1 問題の所在（一）

　ウイグル研究者のツィーメは，「一枚のウイグル印刷物の供養者と識語」[2]を發表した。「一枚のウイグル印刷物」とは，U 4791（TM 36）[3]を指す。ウイグル文佛典には，漢語佛典と同じように，一般的には末尾に，その書寫や印刷の經緯などを記した識語がつけられる。識語には發願者の名前，日附，場所が書かれており，歷史研究の史料としても重要な意味を持つ。現在，識語を有するウイグル文印刷佛典の數は10點とされている。そしてそれらは全て13世紀から14世紀のモンゴル時代（1279-1367）におさまると考えられている[4]。

　ツィーメの取りあげたU 4791（TM 36）は，それら10點の一つであり，そこには，發願者の氏名，發願の理由，日時，印刷の場所，印刷した佛典等が書かれている。ツィーメによればこの識語には，ウイグル佛教徒のBuyančoγ Baxšiiが發願して，戊申の年に中都の弘法寺で，『大般若波羅蜜多經』・『華嚴經』・『妙法蓮華經』・『慈悲道場懺法』・『小乘經（Sošingke）？』・『金剛般若波羅蜜經』の6經を印刷したことが記されている。そしてこの功德によって，兩親は往生して佛果を得，自らは今生の幸福と來生での成佛を約束され，最愛の兄弟姉妹，妻，息子，娘，子孫と一族郞黨に至るまで今生における願いを成就し，さらに五道中にいる舊知の人々は悟りを得て極樂に生まれるようにと，願っている。

　ツィーメは，このウイグル語の識語と直接關係する扉繪の存在にも言及する。それは舊インド美術館藏のMIK Ⅲ 4r（TⅢ M 180）［圖1］，MIK Ⅲ 23r（今はMIK Ⅲ 7624r）［圖2］，MIK Ⅲ 6705rの同一ウイグル印刷佛典扉繪3斷片である。これらは同じ扉繪であるが，MIK Ⅲ 23rにはウイグル文字の書込があり，裏のMIK Ⅲ 23v［圖3］には漢語印刷佛典の5行が貼り合わされている。

　扉繪の大きさは，高さ28.5cm，幅32cm[5]で，釋迦說法圖である。佛陀の前に跪いて敎えを請うている僧侶は弟子の須菩提と言われている。須菩提の後ろに3人の人物が立った姿で描かれており，その上部の裝飾框の中に彼らの名前が書き込まれている。名前を讀めば，3人は識語の書

第7章　一枚のウイグル文印刷佛典扉繪　　　323

圖1　MIK Ⅲ 4r

圖2　MIK Ⅲ 23r

き手であるBuyančoγと彼の父母であり，この扉繪が上の識語と關係することは明らかである。從ってこの扉繪は，識語の中で供養のために印刷したとする佛典につけられたものと言える。

　ツィーメを初めとする研究者にとって，これらのウイグル文獻で問題となったのは，扉繪とウイグル文識語の關係云々ではなく，それがいつ，

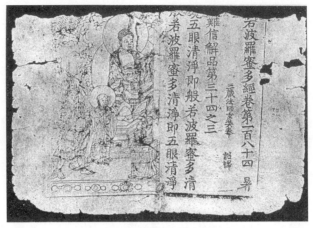

圖3　MIKⅢ 23v　佛陀說法圖

どこで印刷されたものかという點であった。

2　問題の所在（二）

　扉繪とウイグル文の識語が印刷されたのは，識語に見える「戊申」の年である。ツィーメは上述の「一枚のウイグル印刷物の供養者と識語」の中で，その候補として，1248年，1308年等があると述べ，以前は1248年と考えていたが[6]，今は1308年を取りたいと言う。その理由の一つは，ウイグル文佛典印刷物は13から14世紀の産物で，それも13世紀の終わりから14世紀の半ば過ぎ，つまり元の時代におさまるのに，1248年の想定では少し早すぎると考えたことによる。しかし1308年と考えると，印刷年代の問題は解決されるが，印刷された場所が新たな問題として浮上する。

　識語には，「中都の弘法寺」で印刷されたと記されている。1248年說を立てていた時，ツィーメは「中都」を金の時代の首都（現在の北京）と考えていたが，1308年に時代を遲らせると，元の武宗（カイシャン，在位1307-311）が1307年に大都と上都の中間地である興和路のオングチャドウ（Onggokhatu，河北省張北縣の北）に造營を始めた新「中都」と

第7章　一枚のウイグル文印刷佛典扉繪　　　　325

考える必要が出てくる。ところがオングチャドウ「中都」に關する史料はほとんどなく，そこに印刷を可能にする「弘法寺」の存在を確認することはできないと，ツィーメ自身認めざるを得なくなったのである。

このツィーメの論文が發表されてからしばらくして，黨寶海は，「吐魯番出土金藏考―兼論一組吐魯番出土佛經殘片的年代」[7]の中で，ツィーメが論文で扱った識語と扉繪を取りあげた。彼の論文はトルファン出土の金藏に主眼が置かれているが，金藏がいつトルファンにもたらされたかを考える1史料としてこのウイグル文の識語と扉繪に注目したのである。

彼は「戌申」の年をツィーメが最初に考えた1248年よりもさらに60年前の1188年の金の時代と想定した。その根據の一つとなったのは，MIK Ⅲ 23r 扉繪の裏（verso）の版本『大般若波羅蜜多經』5行の存在である。黨は，この版本斷片を蝴蝶裝金版と比定し，これと識語の中で印刷された6佛典の一つとされる『大般若波羅蜜多經』とを結びつけた。

MIK Ⅲ23の表と裏は，ツィーメの論文では，「On the backside MIK Ⅲ 23 another paper fragment is pasted, that containts a handwritten passage of the Chinese *Mahāprajñāpāramitāsūtra*」[8]と，別紙が貼り附いた狀態であることが明確に述べられている。ツィーメは兩紙の關係についてはふれていないが，黨は表の扉繪は裏の『大般若波羅蜜多經』のものであるとした。

3　黨寶海氏說について

黨は，MIK Ⅲ 23rの扉繪と「別紙」であるMIK Ⅲ 23vの版本『大般若波羅蜜多經』斷片を直ちに結びつけたが，これには問題がある。

トルファン文書は周知の如く，敦煌藏經洞に保存されていた敦煌文書と異なり，廢墟，廢寺をはじめとする土中から發掘，發見されたもので，大きな文書はほとんどなく，大半は小斷片である。これらの文書は長年の乾燥そして水分のため，ほとんど團子のような形で收集されていたようである。筆者は數年前，マンネルヘイムが主としてトルファン地域で收集した文書を調査したが，その際，修士課程の學生時代から獨力でこ

の文書を整理・研究したハリー・ハーレン博士 Dr.Harry Halén（1937-）に，その整理分類がいかに大變な作業であったか聞く機會を得た。それによれば，博士は図書補修のクヌート・エングブロム（Knut Engblom）の援助を受けた。まず第1段階は，團子狀に固まった文書を水に浸し，1枚ずつ剝がし，乾燥させ整理して行く作業のくり返しであった。こうした作業で2,000枚以上を整理する過程では，完全に1枚ずつに剝がせないものもいくつか殘ることになる。

　表と裏とされるものがそれぞれ別の斷片であることは，ベルリンのトルファン漢語文書を通覽していても度々出くわすことである。それらは，整理番號では同じ記號を帶びて表裏となっているものの，實は1枚の紙の表と裏ではなく，2枚なり3枚なり複數の紙が貼り付いた，別紙の組み合わせにすぎない。黨は扉繪と版本『大般若波羅蜜多經』の大きさには寸分の違いもないから，兩者は一體であると言い切った。しかしトルファン文書の性格から，それらは別のものである可能性がある。少なくともそのことを考慮すべきである。もちろん，ウイグル文佛典扉繪と漢語印刷本大藏經が重なって出てきていることは，それらが廢寺や廢屋で，ある期間には一緒に保持されていたと推測出來よう。しかし，下で詳しく述べるが，結論を先に言えば扉繪と版本斷片は直接結びつくものではなかった。

　ここではまず，版本『大般若波羅蜜多經』斷片について，黨が大寶集寺本の金藏であり蝴蝶裝であると比定した點について述べてみたい。

　周知のごとく，金大藏經は高麗初雕本と同じく，北宋の開寶藏の覆刻版と言われている。北宋・欽宗の靖康元年（1126）正月に首都の開封に金が入寇し，都下の顯聖寺聖壽禪院に置かれていた勅版大藏經の板木が金兵の手によって持ち去られた。その後しばらく行方不明であったが，ほぼ30年後に山西省潞州の崔法珍は，金藏の雕刻を志し，民間の布施によって資金を集めつつ，長年かかって實現した。開版の時期は，刊記によれば，1149から1173年で，場所は解州（山西省）の天寧寺であった。金の世宗の大定18年（1178）になって，崔法珍は印刷した一部大藏經を朝廷に進獻し，それらは大聖安寺に安置された。その後，廣く流通を願った崔法珍の意を實現するために，板木も中都（現在の北京）に運び込まれた。それらの經板は校正整備を經て大昊天寺に安置され，そこで印

刷されて金藏は世間に廣まることになった。經板はその後，大昊天寺から弘法寺に移され，印刷事業が續けられた。1234年に金は滅亡するが，中都の弘法寺の經板はモンゴルの時代もずっと傳存した。絶えず補修と校訂が加えられ，印經活動が續けられたのである。

　ところで，現在我々の利用している『中華大藏經』の底本は金藏であるが，詳しく言えば，1934年に山西省趙城縣で發見された廣勝寺本と1959年にチベットの薩迦寺北寺で發見された大寶集寺本である[9]。前者は1262年の，後者はそれより幾分早い1256年の，ともに金が滅んだ後のモンゴル時代に印刷されたものである。崔法珍が1178年に金藏を印刷してから，元の世祖，フビライ＝ハン（在位 1260-1294）の時代に外國に送る36部を印刷するまでの100餘年間では，43回にわたって印刷されたことが歷史記錄上に見える[10]。このように金版は金から元の200年近い間に幾たびも印刷されており，斷片のみのトルファン收集品から何時，どのような形で金藏がトルファン地域に入ったかを云々することは不可能に近いのが漢文大藏經研究の實情である。

　このような實情の下では，印刷時期，場所等が記されたウイグル文識語は魅力的史料ではあるが，上のように金版印刷が長く續いたことを考えれば，金代の板木である大寶集寺本と刷りが一致するからと言って，MIK Ⅲ 23vの版本『大般若波羅蜜多經』斷片を金の時代のものと斷定することはできない。つまり識語の「戊申」の年を，1248年や1308年を遡る金の大定28年（1188）とするには無理がある。また，いま我々が見ることのできる大寶集寺本は卷子本であって蝴蝶裝ではない。さらに，その扉繪は護法神王と從者を描く方形のものである。前者について黨は何も語らないが，後者については，個人の供養印刷佛典であるから扉繪は特別に雕られ印刷されたものと述べる[11]。果たしてそのように簡單に片づけられるのものであろうか。

　金版大寶集寺本の護法神王と從者を描く方形の扉繪は，契丹大藏經に原型を持つ。大藏經の扉繪は保守的である。つまり，新たなものを創作する力より，舊來のものを傳承していく力の方がより強く働く。官版か私家版かの違いもないようである。例えば，元初のウイグル人孟速速（孟速思，1206-1267）の供養經の扉繪は法華經の變相圖に基づいており，また金藏の扉繪にも用いられている[12]。

以上，黨がMIK Ⅲ 23vの版本『大般若波羅蜜多經』斷片を根據に，ウイグル佛典の識語に記される年代を金代の1188年にしたことについて，漢語大藏經研究の一般的立場から疑義を呈した。筆者はさらに，ベルリンのトルファン出土漢語佛典斷片を研究する中での新たな知見からも，黨の1188年說の非について述べ，またツィーメの1248年說や1308年說についてもふれたいと考えている。その前に，モンゴル歷史研究の立場からツィーメと黨の說に言及した中村の論文を，出版地の「中都」に關する問題も含め，節を改めて紹介したい。

4　中村健太郎氏の考え

　黨の論文が發表されてからややあって，中村は上引の論文を發表した。この論文は，元の成宗（在位1294-1307）の卽位記念の一環としてウイグル文佛典が出版されていたことを述べるものであるが，その中で出版の日時，出版佛典，出版場所が明示されている件の識語U 4791（TM 36）を取りあげ，ツィーメや黨の論文を檢討し，自らの見解を明らかにしている。
　中村はまず，識語に述べられた『大般若經』をはじめとする印刷佛典を黨は漢語とするのに對し，ツィーメや森安孝夫はウイグル文佛典であると考えていることを指摘する。供養のための佛典がウイグル文であるなら，扉繪と漢語印刷佛典『大般若經』を一體とする黨の主張は成り立たない。ただ，ツィーメがMIK Ⅲ 23vを紹介する時に，寫本『大般若經』としている點と中村自身がその斷片を實見していないことから，識語に見える印刷佛典が漢語かウイグル語かについての判斷は控えている。また筆者と同じく中村も，大寶集寺本の印刷と一致することを根據にこの金版『大般若經』を金時代のものとする黨の主張には異を稱える。くり返して述べることになるが，金版は金滅亡後の元代においても，中都（現在の北京）の弘法寺にその經板が保管され，補修され印刷され續けて，長い命を保ったからである。
　次に中村は，中都についてふれる。ツィーメが識語の戊申の年を1308年と考えることに伴って，「中都」を新都オングチャドウとすることに

は無理があると言う。現在の北京に元の大都が建設されても，隣接する舊城は中都と呼ばれていたからである。その根據として，ラシード『集史』の記述を示す。その記述は14世紀初めのものであるが，その時になっても舊中都は依然として「中都」と呼ばれていた。印刷された戊申の年を金の時代の1188年とする黨の場合は，「中都」は現在の北京であるから，この點では問題なかった。

　中村の結論は，この識語の出版年代と出版地を元の1308年，中都（現在の北京）とする。從って，既知の10箇のウイグル文印刷佛典識語の年代は13世紀後半から14世紀半ばにおさまることになる[13]。筆者にもそれが妥當であると思われる。この點について次節で述べてみたい。

5　筆者の考え

　ウイグル語と中央アジア史に暗い筆者には，ツィーメや中村の主張の論據を檢證する事はできないが，漢語の大藏經と扉繪の視點から，上記の問題を論じてみたい。

　上でふれたように，金版大藏經には現在，趙城廣勝寺本と大寶集寺本の２種が見られるが，それらは北宋『開寶藏』の覆刻本である。金版は，『開寶藏』に天地１本ずつの界線が加わってはいるが，他の版式や文字の姿は『開寶藏』と變わらない。ともに卷子本である。

　卷子本の金版大藏經斷片はトルファンからたくさん見つかっている。それらは，廣勝寺本や大寶集寺本と同時代の印刷であるとは斷定できないが，どこかで繋がるものである。ところで，黨の取り上げたMIK Ⅲ 23vに貼り付いた『大般若經』は蝴蝶裝本である。このような蝴蝶裝の金版斷片もまた，いくつかトルファンから出土している。蝴蝶裝本は，字體が似ているために，『開寶藏』の覆刻[14]とも，金藏の覆刻[15]とも言われているが，卷子本を蝴蝶裝本に改裝するには，單に經版の刷りの工夫だけでは片づかない困難があるように思われる[16]。そこで筆者は，これらの蝴蝶裝本を卷子本金藏とは別の存在であると考え，區別して金版系蝴蝶裝本と呼んでいる。

　筆者は先年，「ベルリン・トルファン・コレクションの漢譯佛典版本

330　　　　Ⅱ　トルファン漢語文書の目録と論集

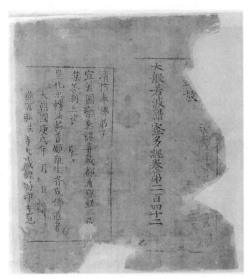

圖4　Дx 17433

斷片研究——ロシア・クロトコフ收集品との關わり」[17]の中で，この金版系蝴蝶裝本について論じた。それと重複する部分もあるが，アウトラインのみをここで再び述べておこう。

　クロトコフ（N.N.Krotkov 1869-1919）は，帝政ロシアの役人でウルムチ總領事や伊寧（Kuldja）領事を務めた。その傍らトルファン地域でウイグル文書・ソグド文書・漢語文書あるいは考古文物等を收集した。彼の收集文書の中にも金版系蝴蝶裝本の斷片が幾枚か含まれているが，その1枚，Дx 17433［圖4］[18]は印造記（識語）を伴っており，印刷の場所，年も記され，金版系蝴蝶裝本の出自を解く貴重な1史料となっている。

　Дx 17433斷片では，四周枠線の左線は失われ，三方の枠線のみが確認できる。枠内の冒頭に柱刻「大般若經　第二百四十二　十四張　閏字」，次に『大般若波羅蜜多經』卷242の末尾1行，續いて1行空格の後に，尾題が續く。千字文帙號の「閏字」は金藏のそれと一致する。その後に，やはり三方の線のみ確認できる枠線があり，その中に印造記が雕られている。原文と譯を以下に記す。

清信奉佛弟子
宣差圖欒參謀喜藏都通印經三藏，［所］
集善利，上資
皇化，永轉法輪，普願衆生，斉成佛道者
　　　大朝國庚戌年　月　日
　　　燕京弘法大藏經局印造記

在家信者である佛弟子の
宣差圖欒參謀の喜藏都通は經・律・論の三藏を印刷いたします。
この功徳によって得られる善妙な利益が，上は皇帝陛下の徳政と敎化を助け，永遠に佛の敎えが說かれ，全ての人々がともに佛の道を成就せんことを願います。
　　　大朝國庚戌の年某月某日
　　　燕京にある弘法寺の大藏經局の印造記

　筆者は，「大朝國庚戌年」を1250年と考えた。モンゴルが「大朝國」と呼稱されたのは，世祖フビライ＝ハンが1271年に國號を元に改める前のことであり，1206年のモンゴル建國から1271年までの閒の「庚戌年」は，グユク＝ハン（定宗）が亡くなりモンケ＝ハン（憲宗）が卽位する閒の1250年1度だけだからである。印刷された場所は「燕京弘法大藏經局」である。上節で述べたように，金滅亡後も金の都である中都の弘法寺に經板が保管され，印刷が續けられていたことが分かる。漢語佛典印刷を發願した「喜藏都通」については，目下，何の手がかりもない。
　筆者はこの印藏記の出現によって，金版系蝴蝶裝本は，藤枝氏が言うような『金藏』卷子本の覆刻（コピー）ではなく，別の存在であったと強く考えるようになった。つまり，1250年以降，弘法寺には卷子本と蝴蝶裝本の兩經版が置かれていたと考える[19]。
　MIK Ⅲ23vに貼り附いた『大般若經』の斷片も，蝴蝶裝本であることに注目し，クロトコフ收集品の印造記を含む蝴蝶裝本との繫がりを考えれば[20]，モンゴル時代の1250年以降の印造となって，「戊申」の年を黨のように金の1188年とすることは不可能である。またツィーメが最初に考えた1248年も難しい。

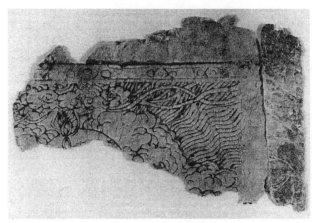

圖5　TK 265v

　以上は，MIK Ⅲ 23vの金版系蝴蝶裝本『大般若經』斷片からの考察である。次に，MIK Ⅲ 23rのウイグル語佛典扉繪について述べてみたい。黨はこれを金版系蝴蝶裝本『大般若經』の扉繪としたが，金版にはこのような圖柄の扉繪が見つからなかった。そこで私的注文であるためにこのような圖柄の說法圖になったと述べたが，實はこの扉繪の原形は存在する。

　ロシアのコズロフが20世紀初めに黑水城（カラホト）から將來した文書に，TK 265がある。メンシコフ（Лев Николаевич Меньшиков）をはじめとするロシア研究者の解題によれば，「斷片の大きさは，高さ9㎝，幅13.5㎝である。表は卷子本の表紙（包首）で，題簽「增壹阿含［經］……」が筆寫されている。また，表裝に用いた多くの小斷片紙がついている。裏は扉繪［圖5］で，右上部が遺っている。圖柄は雲と光芒と光輪。1132年（？）の宋版」[21]である。

　「解題」の言うように，裏の扉繪は右上部だけを遺すものであるが，MIK Ⅲ 23rの扉繪の右上部の圖柄と一致する。上欄の非常に簡略圖案化された蓮華紋や佛陀の項（あるいは首の背後）から立ち上がる紐狀の光明のようなもの[22]と光背は，このTK 265斷片だけからは分かりにくく，「解題」ではふれていないが，MIK Ⅲ23rで扉繪全體が提示されてみると，それと明らかになる。これによって，MIK Ⅲ 23rの扉繪の來源は漢語印刷本大藏經の扉繪であったということが確實に言える。漢語

扉繪は横長の釋迦説法圖であったが，それを左端で幾分削って利用している。ウイグル佛教徒のBuyančoγの求めに應じて6佛典を印刷する際，漢語印刷本大藏經の扉繪板木をもとに，供養者3人の姿と，裝飾框の彼らの名前が新たに刻まれたことになる。

つまり漢語印刷本大藏經の扉繪は，MIK Ⅲ 23rの扉繪以前に存在していたわけである。TK 265『増壹阿含經』表紙と扉繪の解題は，宋版，しかも1132年（？）とも言う。「？」がついているので，確信的なものではないのであろうが，この記述からみれば，江南，湖州思溪寺版と考えるのであろうか。但し，その根據は示されていない。

西夏（1038-1227）の遺跡，黑水城から發見された大藏經版本には，西夏刊本はもとより，契丹版，金版あるいは江南の諸版が見られる[23]。そのためこの扉繪がどの版本のものかを決定することは難しい。ただ，それを利用したウイグル佛典扉繪の印刷地が中都（現在の北京）の弘法寺であることから，扉繪の板木はそこに保存されていたものと考えるのが自然であろう。そうであるなら，北中國の契丹版や金版の扉繪であった可能性は高い。殘念ながら，現在管見の及ぶところ，それを確證する扉繪と經文一體の史料はない。

ただMIK Ⅲ 23rの扉繪には，中央に折り目がはっきり殘っている。これは，折本形式のウイグル佛典として流布していたことを示している。漢語佛典の折本が出現したのは，北中國では14世紀の元の時代である。ウイグル佛典の折本も同時期に生まれたと考えるなら，ここからも中村説の妥當性が言えよう。

おわりに

以上，ツィーメの取りあげたウイグル文佛典識語に見える印刷年代と印刷場所について，黨や中村の論文を引いて問題點を明らかにし，漢語大藏經研究の立場から卑見を述べた。その結論としては，件の識語は，漢語大藏經の版式や扉繪の研究からも，中村の考える1308年説が妥當だと思われる。

最後に，ウイグル文印刷佛典の扉繪が，西夏の遺跡，黑水城から出土

した漢語大藏經の扉繪を利用したものであることが明らかになったことから，時代や言語の異なる大藏經も印刷メディアの上では共有する部分のあることについて，述べておこう。

かつて小川貫弌は，折本のウイグル文『天地八陽神呪經』の釋迦說法圖の扉繪右下角に「陳寧刊」とあった刻工の名[24]が，元の平江府磧砂延聖禪寺版大藏經の扉繪の刻工と一致することを發見した。『磧砂藏』大藏經は南宋の寧宗の嘉定9年（1216）に始まるが，大火あるいは南宋の滅亡で一時刻藏事業は下火になり，元の至元末以降，14世紀の初めにかけてやっと完成した。追雕と補刻はその後も行われ明代まで續いている[25]。つまり，漢語大藏經の扉繪とウイグル文佛典の扉繪は13世紀末から14世紀初めにかけて並行して浙江の杭州で雕印されていたことを，小川は明らかにしたのである。また小川は，この時期に開板された西夏文大藏經にも，『磧砂藏』の刻工が加わっていることを明らかにした。

江南地方の杭州で扉繪や板木等の印刷遺產が保持され，漢語印刷も胡語印刷もそれを共有していたと同じように，華北の中都（現在の北京）でも，弘法寺を中心に遼から元の時代に印刷遺產が集中して，漢語と胡語の印刷に利用されていた。件のウイグル文佛典識語と扉繪は，これを物語る貴重な史料でもあった。

1）インド美術館は近年，アジア美術館（Museum für asiatische Kunst）の南アジア・東南アジア・中央アジア美術コレクション（Kunstsammlung Süd-, Südost- und Zentralasiens）の1部門になったが，トルファン文書等の分類記號は變わっていないので，舊來の呼稱に從った。
2）Peter Zieme: Donor and Colophon of an Uigur Blockprint in *Silk Road Art and Archaedogy* 4, 1995/96, pp. 409-423.
3）ベルリン・トルファン文書の畫像は，今インターネットから引き出せる。http://www.bbaw.de/Forschung/turfanforschung/de/DigitalesTurfanArchiv.
4）中村健太郎「ウイグル文「成宗テムル石位記念佛典」出版の歷史的背景——U 4688[T II S 63]・U 9192[T III M 182]の分析を通じて」〈『内陸アジア言語の研究』21, 67-68頁〉。
5）これは扉繪が完全に殘っているMIK III 4r（T III M180）の大きさである。
6）Peter Zieme: Bemerkungen zur Datierung Uigurischer Blockdruck in *Journal Asiatique* 269, pp. 385-399.
7）『敦煌吐魯番研究』4, 1999, 103-125頁。
8）ツィーメは寫本とするが，それは誤り。

第 7 章　一枚のウイグル文印刷佛典扉繪

9）闕けた部分は高麗再雕本等で補っている。
10）童瑋「《趙城金藏》與《中華大藏經》」中華書局出版，1989, 5頁參照。
11）黨寶海，前揭論文，112頁。
12）拙著『中國古典社會における佛教の諸相』第Ⅲ部 6「元初の一枚の印刷佛典扉繪と供養圖」（知泉書館，2009）參照。
13）中村は，これらの識語分析から，ウイグル文印刷佛典の出版はモンゴルの帝王卽位を記念するものであると考える。
14）小川貫弌「吐魯蕃出土の印刷佛典」（『印度學佛教學研究』4 號-1, 34頁）。
15）竺沙雅章「『金藏』本の裝丁について」（『汲古』52號，27-29頁）。
16）藤枝晃『トルファン出土佛典の研究――高昌殘影釋錄』（法藏館，2005），258-260頁參照。
17）『トルファン出土漢語文書研究』所收，同志社大學文學部文化史學科西脇研究室，2010, 101-106頁。
18）畫像は『俄藏敦煌文獻』⑰（上海古籍出版社，2001）所收。
19）漢語印刷本大藏經の中で，この「金版系蝴蝶裝本」をどのように位置づけるかには難しい問題が殘っている。いわゆる元の「弘法藏」とこの燕京の弘法寺で印造された「金版系蝴蝶裝本」との關係である。それについては，本書「Ⅰ　トルファン出土漢語大藏經の版本について・第 2 章　トルファン出土漢語大藏經・2 - 2）『金藏』とその系列」參照。
20）MIK Ⅲ 23vは半葉 5 行であるが，金版系蝴蝶裝本には半葉 6 行もある。壓倒的に後者が多く，はっきり半葉 5 行と言えるのは『大般若經』のみである。半葉 5 行と 6 行の違いは金版系蝴蝶裝本に複數種あることも豫想させる。
21）孟列夫著・王克孝譯『黑城出土漢文遺書敍錄』寧夏人民出版社，1994, 88-89頁，および『俄藏黑水城文獻』⑥，附錄「敍錄」32頁（上海古籍出版社，2000）。
22）紐狀のものは，『觀無量壽經』第十一觀の「肉髻の上に，一の寶瓶あり，もろもろの光明を盛りて，あまねく佛事を現す」に基づくと考え，「光明」とした。ただ，紐狀のものが 2 本絡みながら肉髻珠に向け收束していく表現は，現存する佛繪にいくつか作例は見られるが，この扉繪のように 1 本にまとまるものは見つかっていない。以上の點については森井友之氏の敎示を受けた。この場を借りて感謝申し上げる。
23）竺沙雅章「黑水城出土の遼刊本について」『汲古』43號，20-27頁參照。
24）この寫眞は黃文弼・土居淑子譯「トルファン考古記」（『黃文弼著作集』第 2 卷，恒文社，1994）97-98頁，圖版96（2）に收められている。
25）大藏會編『大藏經――成立と變遷』百華苑，1964, 63-68頁，李際寧『佛經版本』江蘇古籍出版社，2002, 119-134頁參照。

III
雑　纂

第1章
舎　利
──火葬の風景──

1　法門寺の佛舎利供養

　1989年5月，陝西省寶鷄市（西安から西へ120キロ）にある法門寺の地下宮殿が公開された。そして，そこから發掘された佛舎利とその容器，あるいは布，青磁，眞珠，ガラスをはじめとする數百點にのぼる唐代一級の遺物が展示された。これらは佛塔改修中に偶然見つかったもので，唐末から一千年以上の永きにわたり忘れられた存在であった。しかし實はこの法門寺の佛骨こそは，唐代に行われた法會の中で，最も民衆の心をひきつけたものであった。
　法門寺の歷史は，北魏時代の阿育王寺までさかのぼるようであるが，脚光を浴びるのは唐の高祖によって寺號を賜ってからである。當時，法門寺に安置されていた佛骨は次々と神異靈驗を表わした。舎利開帳は三十年に一度であったが，開帳の年は五穀豐穰天下太平となるという風聞は京師の人々にまで廣まって，天子をはじめ貴族から庶民までが熱狂した。そこで舎利は宮中の内道場に迎えられ，三日間供養された後，京師の諸寺を順に巡って公開された。人々は靈驗にあずかろうと，家財を使い果たして布施し，また指を燃やし頭に火をつけるなど肉體を差し出す供養にまで及ぶ始末であった。

2 韓愈の上表文

　憲宗の時，法務次官であった韓愈（768-824）は，この混亂ぶりを見て「佛骨を論ずる表」をさし出し，以下のように述べている。

　　いま聞くところによりますと，陛下は僧侶たちにお命じになって，鳳翔から佛舎利を迎えさせ，高殿に出てごらんになって，輿にのせたまま大内裏に入れられました。その後さらに寺寺に順に迎えて供養させられたとのことでございます。わたくしは極めて愚かなものですが，きっとこうだと存じております。陛下は佛に迷わされてこのような崇拜供養で幸福を祈願されたのではなく，ただ豐年で民草が樂しんでいるので，彼らの心に添う形で，みやこの士や庶民のために，めずらしい見せ物や遊び道具をお設けになったのです。これほど聖德あり聰明であられる陛下がこのようなことを信じられるはずがございましょうか。

　　けれども民草は愚かで迷いやすく覺りがたいものでございます。假にも陛下がこのようにふるまわれるのを見ますと，ほんしんから佛に供養されていると思い込み，皆こう申しましょう。「天子さまは，偉大な聖人であるのに，それでも一心になってうやまい信じておられる。われら民草などはなにほどのものであろうか。いっそう命を惜しんだりしてはならぬぞ」。

　　そして，頭のいただきを焼き指を燃やして，百人十人と群をなし，着物を脱ぎ銅錢をばらまいてお布施とし，朝から夕まで次々とまねをしあい，ただ時代に乗り遅れまいとして，老人も子供もかけまわって自分の職務を放棄することになりましょう。もしすぐに禁止せずにさらに寺寺を巡らせるなら，必ずひじを斷ち身の肉を切りとって供養するものが出てまいります。風俗を傷つけ四方の國々に笑いをまき散らす，些細ならぬことでございます[1]。

　「焚頂燒指」は頭のいただきで香をたき，掌で燈明をささげる供養である。「身を以ての供養が最高の供養である」と述べる佛典に基づいた行爲であり，供養すべき物品をもたない庶民でも參加できた。法務次官

の韓愈は臣下なので，佛教信仰にうつつを拔かす憲宗に對してはもって回ってやんわりと批判している。近年，法門寺の佛塔下から天子や貴族の佛舍利に供養した遺品の數々が發見されたが，それらが當時の最高級のものであったことからも，佛舍利信仰の熱狂ぶりはうかがわれる。

いくら婉曲に言っても，天子自ら先頭に立って異教にのめり込むことを批判しているのに變わりはない。ふれてもらいたくないところを突かれた憲宗は激怒し，卽刻に韓愈を極刑に處せと命じたが，周りの大臣たちがとりなし，當時は未開の地の潮州（廣東省）に左遷された。これはあまりにも有名な話である。

3 火葬の起源・ストゥーパの說話

さて唐代の人々を惹きつけた佛舍利はどうして中國にあるのか。釋迦が涅槃に入るのは紀元前383年頃のことと言われている。原始佛教聖典を見ると，クシナーラで死を迎えようとする佛陀に最後まで付き從ったアーナンダ（阿難，阿難陀）は，死後の埋葬法を訊ねる。尊師釋迦は次のように答えた。

> アーナンダよ。お前たちは修行完成者の遺骨の供養（崇拜）にかかずらうな。どうか，お前たちは，正しい目的のために努力せよ。正しい目的に向って怠らず，勤め，專念しておれ。アーナンダよ。王族の賢者たち，バラモンの賢者たち，資產家の賢者たちで，修行完成者（如來）に對して淨らかな信をいだいている人々がいる。かれらが，修行完成者の遺骨の崇拜をなすであろう[2]。

古代から中國文化の影響を強く受けた日本では今日でも「冠婚葬祭」という言葉は活きているが，この4つの儀禮の中でも中國では葬儀が一番重要なものだった。これに對して原始佛教では，この釋迦の言葉でも分かるように，修行者は自らの修養につとめることが大事で，葬儀にかかずらうことはなかった。遺骨（舍利）崇拜も世俗の人間のすることだった。それでも重ねて遺體處理法を聞くアーナンダに對して佛陀は，

> アーナンダよ。世界を支配する帝王（轉輪聖王）の遺體を處理するようなしかたで，修行完成者の遺體も處理すべきである。

と指示する。では帝王の遺體處理とは具體的にはどのようにするのか。
アーナンダよ。世界を支配する帝王の遺體を，新しい布で包む。新しい布で包んでから，次に打ってほごされた綿で包む。打ってほごされた綿で包んでから，次に新しい布で包む。このようなしかたで，世界を支配する帝王の遺體を五百重に包んで，それから鐵の油槽の中に入れ，他の一つの鐵槽で覆い，あらゆる香料を含む薪の堆積をつくって，世界を支配する帝王の遺體を火葬に附する。そうして四つ辻に，世界を支配する帝王のストゥーパを作る。アーナンダよ。世界を支配する帝王の遺體に對しては，このように處理するのです[3]。

これから分かるように，火葬は必ずしも佛教固有の葬法というわけではない。古代インドでは，地上で長壽を全うした後に，死界の王者，ヤマ神の君臨する最高天で祖靈と享樂を共にすることが理想とされており，その樂園への導き手，火神アグニーの助けを得るために火を尊んだ。世界を支配する帝王のストゥーパを禮拜することによって，その人は心が淨らかになって，死後にやはり善いところ・天の世界に生まれると述べられている。地上を支配した王の力は，死後つまり天上の世界までも支配すると考えられていたからである。その加護により死後の世界での安樂を獲得したいとの願望が，四つ辻でのストゥーパの出現になったのである。

このように古代インドでは，悟りを開いた佛陀もいまや世界を支配する帝王と同じ力を持つ存在と考えられただけで，火葬が佛陀や佛教徒の特別の葬法だった譯ではなかった。

さて佛陀は死後7日目に火葬に付された。[圖1]は火葬による佛陀の遺骨をおさめた壺（瓶）をもつドローナ（ドーナ）[Drona, Dona香姓]像である。この佛陀の遺骨を獲得するために，インドの各部族からクシナーラのマッラ族の下に使者が派遣された。[圖2]は派遣された騎士たちの圖である。マガダ國のアジャータサットゥ王，ヴェーサーリーのリッチャヴィ族，カピラ城のサーキャ（釋迦）族，アッラカッパのブリ族，ラーマ村のコーリヤ族，ヴェータディーパのバラモン，パーヴァーに住むマッラ族の7部族が釋迦の遺骨の要求をするが，クシナーラのマッラ族は佛陀が自分たちの土地で亡くなった以上，だれにも渡せないと宣言

第1章 舍　利

圖1　ドローナ像　　　　圖2　騎士分舍利圖（キジル）
　　　（キジル）

する。
　その時に仲裁に入ったのが，この壺を手にもったバラモンのドローナである。遺骨は，上記の7國とクシナーラのマッラ族の8つに分割される。彼らは持ち歸った舍利を收めるストゥーパ（sarirathupa）を建てて祭りを行い供養した。ドローナは，遺骨を盛った瓶をおさめるストゥーパ（瓶塔，kumbhathupa）を建てた。また遲れてやってきたピッパリ林のモーリヤ族には灰が與えられ，灰塔（angarathupa）が建てられた。
　このように八分割された遺骨に遺骨瓶と灰を加えた十の遺物は佛陀とゆかりある國々に持ち歸られて，ストゥーパが建てられた。考古學の遺跡調査の結果，十基のストゥーパの中で二つは現在までにそのおよその場所が確認できたという。それはヴェーサーリーとカピラ城のもので，舍利容器が發見されている。
　分舍利から百數十年後の紀元前3世紀中頃，全インドを版圖に收めたマウリア朝のアショカ王（阿育王，無憂王）の傳說では，彼はこれらのストゥーパから舍利を取り出し，さらに細かく分割し，一夜にしてインド各地に八萬四千の塔を建立したことになっている。

4 佛舍利信仰と説話

さて舍利にまつわる中國側の最初の挿話は，3世紀，江南地方にはじめての佛寺を建て，布教に功績のあった天竺僧康僧會（？-280）と吳の初代皇帝，孫權（182-252）の話である。佛教の靈驗を問う孫權に，康僧會は佛舍利の例を示した。それを出まかせと考えた孫權は，舍利を出現させたら塔寺を建ててやるが，出せなかったら國法によって處罰するぞと言う。康僧會が弟子とともに潔齋して靜室に籠もり香を焚いて祈ると，やがて舍利が現われる。それは光り輝く神祕性を持つのみならず，劫火にも燒き盡くされず金剛の杵にも碎けない尋常ならざる硬さを備えていた。

後世に見られる舍利の屬性はすべてここに見られる。例えば，蘇我馬子（？-626）は，獻上された舍利の眞僞を確かめるために「鐵槌で打ったが壞れず，水に投げれば浮かび上がった」[4]という。本物と分かり，翌年，馬子は舍利塔を建てて法會を行った。

康僧會の感得した舍利の靈異に魅了された孫權は，かねての約束通り佛塔を建て布教を許した。これ以後，高僧傳をはじめとする佛書は舍利感應について度々ふれることになる。

やがて阿育王傳說が流布し，6世紀中葉の崇佛皇帝，梁の武帝（在位502-549）以降になると，インドの地に建てられた八萬四千塔のうちのいくつかは中國の地に造塔されたものであるとする話が加わり，阿育王と結びついた舍利が語られるようになる。佛教振興のために作られた佛舍利說話は，國家興隆や民心把握のために積極的に利用されることになっていくのである。

その昔，九鼎の鼎の出沒が天命のありかを示したように，古代中國では佛舍利は神託的要素をも擔わせられた。陳の武帝（在位557-559）が得た佛牙はまさしくそうしたものの一つである。この佛牙は齊の法獻が烏纏國で得たもので，定林上寺にしばらく置かれていたが，梁の天監末に沙門の慧興が保管し，臨終の際に弟の慧志に附屬した。慧志はこれを梁末の承聖末年（555）に密かに武帝に送った。天子の位につく前にそれ

を得たことは，彼が將來の天子を約束されたことを意味した。

また隋の文帝は，4年間に3度にわたる大規模な舍利塔建設を全土に行って，皇帝から庶民に至るあらゆる人々を布施にかりだし，治世策の一支柱として佛教敎化運動を展開した。この延長線上にあるのが，先にふれた唐の法門寺の舍利信仰だったのである。その塔の正式名は「護國眞身塔」であった。最初に引用した韓愈の文章から分かるように，人々が熱狂し競って布施したのは，釋迦の眞骨である舍利のもたらす，數々の功德を期待してのものだった。

佛舍利信仰は，佛陀の遺化によりもたらされるものに觸れようとする，受動的な禮拜であった。舍利は姿を變えた佛陀そのものであり，人々を救濟すると信じられた。

5　火葬の受容

佛教の中國傳播とともに，火葬も佛教習俗の一つとして傳えられたわけであるが，肉體を保存して死後の復活を圖ろうと考える中國人の間にはなかなか廣まらなかった。5世紀の初めに遷化した譯經僧の鳩摩羅什（Kumarajiva, 344-413）の傳には，わざわざ「外國の法に依りて火を以て屍を焚く」[5]と特記されている。彼は龜茲國（キジル）の出身で，五胡の一つである羌族の建てた後秦で活躍する。後秦は國王の姚興自ら佛教を信仰し保護すること厚く，大臣以下も佛教を奉じたため，「沙門の遠き自り至る者五千餘人。州郡，之に化し，佛に事える者，十室に九なり」[6]と言われるほどで，佛教王國と言っても過言ではないが，そこでも中國文化への志向が強く土葬が行われていたために，このような書き方をしているのであろう。

もう一つ例を擧げよう。さらに時代の降った玄高（401-444）の場合も，弟子達は火葬にしようとしたが，「國制，許さず」[7]で結局墳墓を築いて土葬としている。彼は漢人であるが，活躍する場所は鮮卑族の建てた北魏だった。

この2例，あるいはまた各種の高僧傳を見ても，佛陀に倣おうとする佛教僧自身の火葬の例さえ唐代まではごく稀で，彼らも俗人と同じよう

346　　　　　　　　　Ⅲ　雑　纂

に中國人固有の土葬をとっていたことが分かる。
　この風潮にやや變化の見られるのは8世紀半ば過ぎの中唐以降である。安史の亂（755-763）の際に功績があり，また蕭宗・代宗兩朝の宰相としても活躍した杜鴻漸は佛敎信者であった。彼は臨終に及び，「沙門の法に依りて，其の軀を火焚する」[8]ように遺言している。遺言しなければ土葬にされることは無論であるが，このような俗人の火葬遺言の例も，中唐以降の墓誌には見られるようになる。これら俗人の火葬受容は，その背後に當然，僧侶の火葬が進んだことを物語っている。

6　高僧舍利信仰

　火葬の普及とともに，僧傳には佛舍利ではなく，高僧の舍利の記述が見られるようになる。俗人の傳記において，遺骸を某地某所の祖先傳來の冢塋（ちょうえい）に歸したと記す定まった型があるように，僧傳においては，火葬に附され建塔されたという記事の型が有り，それに加えて遺骨舍利の記述が載せられるようになった。そこでは舍利の數は克明に數えられ，その數は聖なる數，七や七の倍數，あるいは多さを強調して無數と記されている。さらにその形狀は「光潤」「五色璨然（ごしきさんぜん）」「珠玉のごとく瑩然（けいぜん）」といった佛舍利の屬性と一致する形容で語られている。
　このように，佛舍利と同じような記述が高僧舍利の場合にも現われたのはなぜだろうか。それは，殘された舍利こそが僧の覺悟の證しと考えられたからであった。名古屋ボストン美術館では，2002年の秋から2003年の春にかけて「時を超えた祈りのかたち　アジアの心，佛敎美術展」が開催され，寫眞のような「石製棺形舍利容器」［圖3］が展示された。
　圖錄解說によれば，石灰岩でできたもので，高48.9cm　幅69cm　奧行36.5cmの大きさで，時代は8世紀初めとされている。「棺形」は中國古代の土葬用の棺の形を受け繼いでいる［圖4］。火葬になっても土葬の文化を引きずっているのである。このような「棺形」の舍利容器はいくつも發掘され，この中に「金棺」「銀棺」が容っているものもあるという。そうすると「棺形」ではなく，「槨形」というべきであるかも知れない。
　それは別として，圖3の舍利容器には篆書の14文字が刻まれており，

第1章 舍 利

圖3　石製棺形舍利容器

圖4　中國古代土葬棺

舍利の主人が分かる。中國天台の祖師，智顗（538-597）である。天台宗は中國，朝鮮そして日本で盛んになったので，彼についての傳記は弟子によるものをはじめとして，いろいろ書かれ殘っている。ところがそれらの記錄には，彼が火葬にされたという記事はどこにも見つけられない。

　智顗には遷化後に様々な神異が現われる。そこで墓を開くと「遺形宴坐。宛若平生」[9]と記されており，肉體を保存する土葬であったことが

確認される。ではなぜ舍利容器が殘るのであろうか。

　この圖3は，先に述べたように8世紀初めの作品なので，彼の死後100年以上を經たものである。つまり，後の時代，恐らく8世紀初めに遺體を墓から取り出して火葬にし，舍利をこの舍利容器に容れて改葬したのであろう。そう考えれば，兩者は矛盾なく讀み取ることが出來る。高僧の舍利が注目されるのは，8世紀の唐代になって顯著になるからである。

7　舍利信仰と禪

　この時代の佛敎界をリードするのは禪である。石頭希遷（700-790）の法嗣である丹霞天然（739-824）には，次のような話が殘っている。これは有名な話で，［圖5］，［圖6］のように後世には畫題にもなっている。

　ある時，慧林寺にいた丹霞はひどい寒さに見舞われた。恐らく貧乏寺だったのだろう。焚くべき木もない丹霞は最後に本尊の木の佛像を燃やして暖をとった。それを見た人が咎めると，丹霞は平然と「わしは燃やして舍利をとるのじゃ」と答えた。件の人「木じゃござらぬか」。丹霞「木ならどうして騷ぎたてるんじゃ」10)。

　圖5は元の因陀羅の手になるもので，楚石梵琦（1296－1370）の贊「古寺，天寒く一宵を度（わた）らんとするも，風冷く雪飄々たるを禁じえず，旣に舍利，何の奇特も無し，且（しばら）く堂中の木佛を取りて燒かん（古寺天寒度一宵，不禁風冷雪飄々，旣無舍利何奇特，且取堂中木佛燒）」がついている。

　圖6は日本のもので，江戶時代の曹洞宗の仙厓義梵（1750—1837）が描いた。彼は自ら「若し佛を燒かんと言えば，眉鬚を墮落せん（若言燒佛，墮落眉鬚）」の贊をつけている。佛舍利信仰が佛の靈驗，加護をひたすら期待する受動的なものであったことはすでに上に述べたが，それはまた佛の說かれた敎えを忠實に學び眞似ようとする敎義佛敎に陷りやすいものでもあった。丹霞の問答はそうした形骸化した古い佛敎の枠から出た，自覺的佛敎への轉換を傳えているのだと考えられる。佛像の大き

第 1 章 舍　利

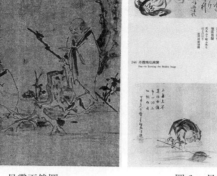

圖 5　丹霞天然圖　　　　　圖 6　丹霞天然圖

さ，寺院伽藍，佛塔の壯大さといった外面は，布施のバロメーターとなる故に佛舍利信仰では問題とされたが，「卽心是佛」「平常心是道」を揭げて，自らの心を開拓し個人の內面を探求しようとする新しい禪佛敎では，拒否こそすれ關心事ではなくなりつつある。韓愈が「佛骨を論じる表」で憲宗のあまりの崇佛ぶりを非難したのも，單に傳統思想である儒敎の守護人として排佛主義者に徹したと解されるばかりでなく，當時のこの新しい佛敎，禪との積極的な關わりも見逃されるべきではないであろう。

8　韓愈と禪

潮州に流された韓愈は，彼が禪僧大顚と交遊し佛敎に歸依したという京師での噂を傳える友人に，大顚との關わりを認めながらも噂を打ち消そうとして，儒敎徒の立場に變わりないことを傳える手紙を送っている。しかし排佛者と目される韓愈が，その中で「潮州にいた時，大顚と呼ぶ一人の老僧がおり，とても聰明で道理をわきまえておりました。遠方の土地であったので，話し相手もなく，山から州廳のあるところまで招き

寄せ十數日間，滯在させました。彼は實に能く肉體を離れ，物の道理によって自制心を持ち，物によって心が混亂することはありませんでした。彼と話していると，すべては理解出來なくても，要するに胸中のつかえはなくなり，得難い人物だと考えました」11)と告白していることは，勢力擴大を圖る禪佛教に格好の材料を提供することになった。10世紀半ばには，燈錄に大顚と韓愈の問答が登場する。もちろん禪側から創作されたものであった。

　憲宗が佛舍利を宮中に迎えて禮拜すると五色の光が現われ，皇帝初め百官たちは皆それを目にした。人々は「佛光だ」と口を揃えて言い，天子の信仰のあらたかな感應を祝したが，韓愈はただ一人「佛光ではない」として天子の德を讚えなかった。そこで天子が「佛光でないなら何の光か」と質すと，韓愈はたちまち返答に窮し，潮州に流される。そしてその地で大顚に次のように問うた，という設定で二人の問答は始まる。
　「私はその時，佛光ではないと言ったのですが，正しいでしょうか」
　「その通り」
　「佛光でないとすれば一體何の光でしょうか」
　「天龍八部，帝釋，梵天の佛の敎化を受けた光にちがいない」
　「あの時，京師に先生のような人が一人でもおられたら，私は今日ここに來ることはありませんでした」
　韓愈はまた質問する。
　「いったい佛に光があるのでしょうか」
　「ある」
　「どんなものが佛光でしょうか」
　　そこで，大顚は「韓侍郞」という。
　韓愈は「はい」と返事する。
　「見てごらん。見えるであろうが」
　「ここでは皆目見當がつきません」
　「ここが分かると本當の佛光なのだ。だから佛の道は一つであって，靑黃赤白といった五色ではなく，須彌山や鐵圍山を透りぬけ，山河大地をくまなく照らすことができるもの。眼では見えず，耳では聞こえず，したがって五眼もその姿を見ず，二聽もその響きを聞けぬ。かかる佛光を悟れば，あらゆる聖人，凡人，すべてが空しい幻のよ

うなもので，何ものもまどわすことはない」[12]。

大顛の言う佛光とは，佛舎利の放つ五色の光に代表される，過去佛の靈驗ではない。外に向けられた視覺や聽覺では捉えられないものであって，内に現われ，誰にでも賦與されている佛性に他ならない。「佛光ではない」と否定した韓愈も依然として外の何かを求めていたのであろう。少なくとも10世紀末の語録ではそのように韓愈を捉えている。

ところで，木の佛像を燃やした先の丹霞は，石頭希遷の下で大顛とは兄弟弟子であった。佛教はすでに新しい方向に歩んでいたのである。佛舎利信仰は，凡人の至り得ぬ境地に達した佛陀の舎利を崇め，人の王たる天子の信仰と事業を通してその加護を受け取るという受動的なものである。これに對して，高僧舎利信仰は，僧の覺悟の證を示す舎利を契機として，その覺悟の内容を問う自覺的なものであった。

9　古典的儒教の人間觀

20世紀の初めの辛亥革命（1911）によって中國では王朝が無くなるが，王朝制度・文化を支えたのは儒教であった。儒教は紀元前2世紀の漢王朝の時に國教となった。儒教の教えによって國家を治めるということである。それ以降，官吏（知識人）たちは儒教の經典（經書）を學んだ。

經書には，人々がこの世で遭遇する困難をはじめ，あらゆることに對する聖人のありがたい指針が滿載されている。その指示通りに行えば，人生の困難は何もない。古代中國の人々は，經書は眞理の塊のようなものだと考えていた。そこで學者たちは，新たな眞理を發見するのではなく，示された眞理を正しく理解することに努めた。學問の中心は哲學思索ではなく，禮であり，注釋學（文獻學）であった。

「禮」とは「心」と「形」が一體のものである。あるいは「心」と「形」が未分化と言った方が正しいかも知れない。「三歩下がって師の影を踏まず」という言葉がある。師への尊敬の心を，三歩下がる形であらわしている。心の中で「バカなどうしようもない教師」と思っていて，「三歩下がる」行爲に出ることは考えられないのである。

10　近世中國の人間觀

　上で中心的に述べてきた韓愈らの活躍する中唐の時代から，少しずつ社會變動が起きてきた。それまで社會の上層部には出てこなかった新興士大夫層の臺頭である。これは10世紀の宋時代に本格化する。

　中國の時代區分では，宋代以前を中世（貴族社會）とし，以後を近世（庶民社會）とするが，その萌芽は8世紀後半の中唐時代に見られるのである。彼ら新興士大夫層の求めた儒教は哲學思索に比重が移った。もちろん經書が中心に置かれるが，煩瑣な訓詁注釋書を通して經書を正しく理解し，聖人の指示を學ぶ（倣う）というのではなく，自らが聖人になる契機を經書から引き出すことを求めたのである。宋の陸九淵（1139－1192）は「六經はみな我が註脚なり」と言っている。聖人の手になるというだけの經書（形）の絶對性は否定されている。それに向かう自己（心）は，權威としてあった形を自由に支配できる。心と形は乖離したことが分かる。

　このような人間觀の變化は，儒教社會だけに限られたものではない。中國禪の誕生は，教義中心の舊佛教から脱却して心の覺悟を追求したものであった。事實，上で述べた韓愈をはじめとして，柳宗元，白樂天，權德輿，劉禹錫，李翱といった名だたる中唐の儒者達は，何らかの形で禪僧達と關わりを持っていた。彼ら新興士大夫層が，經書の文字中心の學問から拔け出て，自己の血肉としての新しい哲學を求め，禮樂制度の創始者としてではなく仁義道德の體現者としての聖人像を樹立した軌跡は，佛舍利信仰から高僧舍利崇拜への推移と重なるのである。

　最後に，今回の共通テーマの言葉「心と形」を引用して説明させていただくと，韓愈らの活躍する中唐は，心と形の未分化の時代から心と形の乖離の時代への分岐點であり，それは佛舍利信仰から高僧舍利信仰に移行する分岐點でもあるということであった。

1）　原文は「今聞陛下令群僧迎佛骨於鳳翔，御樓以觀，舁入大内。又令諸寺遞迎供養。臣雖至愚，必知陛下不惑於佛，作此崇奉，以祈福祥也。直以年豐人樂，徇人

第1章　舍　利

之心，爲京都士庶設詭異之觀，戲翫之具耳。安有聖明若此而肯信此等事哉。然百姓愚見，易惑難曉。苟見陛下如此，將謂眞心事佛。皆云，天子大聖，猶一心敬信。百姓何人，豈合更惜身命。焚頂燒指，百十爲群，解衣散錢。自朝至暮，轉相倣效。惟恐後時，老少奔波，棄其業次。若不卽加禁遏，更歷諸寺，必有斷臂臠身以爲供養者。傷風敗俗，傳笑四方，非細事也」(『韓昌黎文集』卷8「論佛骨表」)。

2) 中村元譯　『ブツダ最後の旅』［大パリニッバーナ經（南傳大般涅槃經）］　岩波文庫，131頁。
3) 注(2)引く同書，132頁。
4) 『日本書紀』敏達天皇十三年(584)の條。
5) 『高僧傳』卷2（T50,333a）。
6) 『晉書』卷117，姚興上載記（中華書局標點本，2985頁）。
7) 『高僧傳』卷11（T50,398a）。
8) 『佛祖統紀』卷41（T49,378a）。
9) 『國淸百錄』卷三「王答遺旨文」。
10) 原文は「鄧州丹霞天然禪師，不知何許人也。……後於慧林寺遇天大寒。師取木佛焚之。人或譏之。師曰，吾燒取舍利。人曰，木頭何有。師曰，若爾者何責我乎」(『景德傳燈錄』第十四，鄧州丹霞天然禪師)。
11) 原文は「潮州時有一老僧，號大顚，頗聰明，識道理。遠地無可與語者，故自山召至州郭，留十數日，實能外形骸，以理自勝，不爲事物侵亂。與之語雖不盡解，要自胷中無滯礙，以爲難得，因與來往」(『韓昌黎文集』卷3「與孟尙書書」)。
12) 『祖堂集』卷5　大顚和尙章「弟子其時云，不是佛光。當道理不。師答曰，然。侍郞云，旣不是佛光，當時何光。師曰，當是天龍八部・〔帝〕釋・梵〔天〕助化之光。侍郞曰，其時京城，若有一人似於師者，弟子今日終不來此。侍郞，又問曰，未審佛還有光也無。師曰，有。進曰，如何是佛光。師喚云，侍郞。侍郞應喏。師曰，看還見摩。侍郞曰，弟子到這裏却不會。師云，這裏若會得，是眞佛光。故佛道一道，非靑黃赤白色。透過須彌盧・〔鐵〕圍〔山〕，遍照山河大地。非眼見非耳聞。故五目不覩其容，二聽不聞其響。若識得這个佛光，一切聖凡虛幻，無能惑也」。

參　考　文　獻

『佛舍利と寶珠——釋迦を慕う心』圖錄　奈良國立博物館，2001。
『佛敎東漸——祇園精舍から飛鳥まで』思文閣出版，1991。
『時を超えた祈りのかたち　アジアの心，佛敎美術展』圖錄，名古屋ボストン美術館，2002。
京都國立博物館編『禪の美術』，法藏館，1983。
John S. Strong: *Relics of the Buddha* (Princeton University Press, 2004)。
吳立民・韓金科『法門寺地宮唐蜜曼荼羅之研究』中國佛敎文化出版有限公司，1998。

第 2 章
一人の日本人中國學研究者から見たドイツの中國學

はじめに

　みなさんはドイツにおいて中國學を學び，研究されています。そして中國學とは全てこうしたものだと考えている方もあるでしょう。しかし實は，私の國，日本の中國學は隨分と異なったものです。その違いは歷史に基づいており，また中國との地理的な關係とも深く結びついています。私は，その異質な中國學に携わる者として，ドイツの中國學について述べようとしています。從って私の意見は重要なものではないでしょう。しかし，自分の顔を知るために鏡や他者の助けが必要なように，異なる背景を持つ者の眼がかえって役立つことがあるかも知れません。
　また今日のドイツ中國學を語るには，過去の足跡を見ることも重要です。そこで私は，まずドイツあるいはヨーロッパの中國學と日本の中國學の相異を述べ，次に私なりにドイツ中國學の歷史をふり返って，今後はどうなるのか，何が期待されているのかについて，私見を述べたいと思います。

1　ドイツ中國學と日本中國學の相違

　昨年（2008），3人の日本人研究者が同時にノーベル物理學賞を與えられました。このことは，金融不安などで暗くなりつつあった日本の社

會にひとすじの光を投げました。彼らはみな宇宙物理學の分野で賞を受けたのですが，この分野の先人に，寺田寅彦（1878-1935）という學者がいます。ハンブルク大學の植民地研究所（Kolonialinstitut）にドイツで最初の中國學講座が開設されたのは1909年で，本年，100周年を祝うのですが，寺田は奇しくもこの年に，ベルリンの王立フリードリヒ・ウィルヘルム大學（現在のフンボルト大學）に，續いてゲッティンゲン大學に留學しています。日本では，彼は物理學のみならず文學の方面でも高名です。日本の近代文學を開いた文豪の一人，夏目漱石の弟子として，俳句をたしなみ，多くの優れた隨筆を殘しているからです。自然科學の關心事を文學的に表現した數少ない學者と言えましょう。

彼の隨筆の１つに「電車で老子に會った話」があります。その中にインゼル・ビュフェライ叢書に入っているアレクサンダー・ウラール（1876-1919）譯の『老子』が出て來ます。寺田が讀んだ『老子』の翻譯は *Die Bahn und der Rechte Weg des Lao-Tse. Der Chinesischen Urschrift* nachgedacht von Alexander Ular. Insel-Verlagであり，1903年にライプチッヒから出版されております。私は日本の圖書館で1921年出版のものを見ましたから，よく讀まれた翻譯であると思います。

寺田は氣に入った老子の斷片をいくつか引いて解説しています。１つは，『老子』41章の「大方無隅，大器晩成，大音希声，大象無形」です。ウラール譯は，

> Unendlich großes Viereck ist ohne Ecken; 無限に大きな四角には角がない。
> Unendlich großes Gefäß faßt nichts; 無限に大きい容器は何物をも包藏しない。
> Unendlich großer Schall ist lautlos; 無限に大きい音には聲がない。
> Unendlich großes Bild ist ohne Form. 無限に大きな像には形態がない

となっています。「大器晩成」の「器」の本來の意味は古代中國社會の宗廟に用いられる鼎などの銅器を意味するものであり，後の時代には「大才は早熟ではない」の例えとして用いられました。これは日本語の

成句として今も生きております。いずれにせよ,ウラールのこの部分の翻譯の間違いは確かです。しかし寺田は,この解釋は數學者や物理學者には面白いものだと言います。

リヒャルト・ヴィルヘルム (Richard Wilhelm, 1973-1930) は1911年に『老子』を翻譯していますが,この部分は下記のように,原文に忠實に正しく翻譯しています。

Das große Geviert hat keine Ecken.
Das große Gerät wird spät vollendet.
Das große Ton hat unhörbaren Laut.
Das große Bild hat keine Form.

ウラールの翻譯は1903年に出版されていますが,その前年に彼はまずフランス版を出しています。後書きに彼は,「しかしながらドイツ精神——ニーチェによれば——は間違いなく,フランス精神よりは『老子道德經』に近い」と述べ,最後に「老子からニーチェに至るまで存在の根源についての探求の歴史は螺旋狀をなす。二人は互いに近い。どちらが始まりで,どちらが終わりか？ 老子はニーチェのずっと末の子孫に違いない。あるいは中國は,ヨーロッパにはるか參千年を先んじている」と結んでいます。

ニーチェ (1844-1900) の哲學がドイツで流行っていたのでしょう。ウラールは『老子』の思想をニーチェに引きつけて解說しています。このように外國の思想・文化を自國の思想と比較したり,また現代的な意味をもつ思想として紹介する方法は,ヨーロッパ的な文化の中では一般的なものです。自國の文化の缺けた部分を補完しようとしているのです。

もう1例をあげましょう。ドイツではなくロシアの文豪トルストイ (1828-1910) です。ウラールと時代は少し重なりますが,活躍するのは彼より半世紀ほど前の時代です。トルストイは晩年に日本人と共譯の形でロシア語譯の『老子』を出しました。彼は中國語はできませんでした。そこで中國語にもロシア語にも堪能な日本人留學生である小西增太郎と共譯の形をとったのです。

トルストイは1842年に出版されたStanislas Julien, *Lao Tseu Tao Te-*

*king, Le Livre de la Voie et de la Vertu*のフランス語譯, 1870年のVictor von Strauss, *Lao-Tse's Tao Te King*のドイツ語譯, 1893年のJames Legge, *The Texts of Taoism*, vol.39 of *The Sacred Books of the East*, edited by F. Max Müllcの英譯を讀んでいて，それらをしのぐロシア語譯を作ろうとしたのです。小西はいくつかの注釋を參照しながら，毎回1,2章ずつ，『老子』のロシア語譯を作りました。現在の學者も使う河上公注はモスクワでは見つからず利用していませんが，王弼注は利用していますし，北宋の蘇轍の注も用いております。

　小西が試譯のロシア語をゆっくり讀み，トルストイは英獨佛の3譯に目をとおし，1句ずつ譯を確定し，最後に全文を通覽して決定譯を作っていったそうです。この作業はインドから入った佛典を中國で漢譯した作業と同じようなものだったでしょう。

　さてしばらくするとトルストイは小西に，「小西さん，君は少し，中國の文字にこだわりすぎないか。あまり文字にこだわると，活きた意味を殺すようになる。思いきった翻譯が必要だと思う。せっかくの『老子』の譯を殺してしまうのは殘念だからな」と意譯を求めたようです。しかし小西は，意譯すればかえって『老子』を曲解するおそれがあると考え，そのまま翻譯の姿勢をかえずに續けました。その後，トルストイは2度とこのことにはふれず，おなじようなやりかたで31章まで進みました。

　31章は「夫れ佳き兵は，不祥の器なり。物或は之を惡む。故に道有る者は處らず。……兵は不祥の器にして，君子の器に非ず」ではじまるのですが，ここにきてトルストイは拍手して喜び，「これは痛快だ。ここまで極論するところが老子のえらくて，尊いゆえんだ。參千年前に，こういう非戰論を高らかに唱えるとは，敬服のほかない。孔子は中庸主義の政治哲學者であったから，いつも世とともに上下したが，老子は純粹な哲學者であったから，政治なんかは眼中になかった」と激賞したそうです。

　ところが，これに續く『老子』の「やむことを得ずして，これを用うれば……」を見ると，トルストイは急に不滿の色をあらわし，「何だって？『やむことを得ずしてこれを用うれば』とは，これは取りも直さずコムプロマイスだ。『兵は不祥の器』だと斷言して，すぐあとに『やむ

ことを得ずして』とは,けしからん。老子ともあろうものが,こんなことを言う道理がない。ここには何か誤りがあるのではないか,それとも後世の學者が付け加えたのか。とにかく研究が必要だ」といきまき,この夜は譯文の訂正どころではなかったそうです。

「戰爭は大規模なけんかだ。人の國をうばって,自分の國としようという不道德な考えから起る爭いだ。この爭いには,あらゆる罪惡がともなう。何とかしてこの罪惡を世界から追い拂いたいものである。そうするには『やむことを得ずして……』というような手ぬるい事では,目的達成はできぬ。老子ともあろうものが,こういう議論をしようとは,どうしても考えられぬ……」とトルストイは興奮して論じ,ほかのことは耳に入らなかったようでした。

以上の逸話は,平和主義者トルストイの眞骨頂を傳えるにふさわしいものでしょう。ウラールとトルストイはともに中國學者ではありませんから極端ではありますが,彼らの翻譯の立場は,ヨーロッパの中國學者の立場を象徵的に表わしているように思えます。つまり,自國の思想・文化,あるいは自己の哲學・思想を語るのに,異國のそれを素材とし,自分なりに料理して用いるというものです。また寺田寅彦もこれと同じ立場をとっています。つまり彼も物理學者という自分の立場と興味から『老子』の一句を取り出して論じているのです。

寺田はウラールのドイツ語譯を購入して電車の中で讀みました。そして,「このドイツ語で紹介された老子は,もうすぎたない中國服を着たふきげんなこわい顏の貧血老人ではなく,さっぱりとした明るい色の背廣に暖かそうなオーバーを着た童顏でブロンドのドイツ人である。……同じ思想なのに,それが中國服を着て,榮養不良の中國學者に手を引かれてよぼよぼ出て來た時にはどうしても理解できなかった。ところが背廣にオーバー姿で,電車でたまたま隣り合ってドイツ語で話しかけられたらいっぺんに友達になってしまった。そんな具合である」と述べ,日本人の從來の注釋とは異なるこの翻譯を高く評價しております。

ウラールがこの獨譯の際にどんなテキストを用い,どのような注釋書や參考書を用いたのかは分かりませんが,われわれ日本の中國學者が『老子』を讀み,理解し,あるいは翻譯するのであれば,先にもあげた漢代の隱者とされる河上公と三國時代の王弼の注をはずすことはありま

せん。現存する日本の一番古い漢籍目録は藤原佐世『日本國見在書目』です。それは9世紀末の作品ですが，そこにはすでに『老子』とこれらの注釋書が著錄されています。從って遲くとも1200年前から，日本の中國學者はこれらの書物を讀んでいるのです。そしてウラールのような獨自の翻譯が生まれる餘地はありません。

　また日本文化は，中國文化と切り離せない關係にあります。日本語は，中國から漢字を取り入れ，それをもとに表記を工夫することによって言語として完成しました。そして日本人は，高度な文明を持った中國を一つのモデルと考え，19世紀半ば過ぎまでずっとその文化を受け入れ續けてきました。

　ウラールやトルストイのように解釋者の立場から自由に讀み取ったり，傳えられたテキストを輕々に疑うようなことは，日本の中國學者には考えられません。文化の輸入國は輸入したものを後生大事に守ろうとします。日本の古い學問にはそのような固定觀念の垢が千年以上もたまって固まっていますから，ヨーロッパの近代科學に身を投じた自然科學者の寺田寅彦には，日本の中國學者の提示する老子は「うすぎたない中國服を着たふきげんでこわい顔をした貧血老人」と見えたのです。

　日本の中國學者はあくまで原典を重視し，ヨーロッパの中國學者は原典を自分の眼で捉え直そうとする。この點が兩者の研究姿勢の根本的な違いだと，私は考えています。そしてこの傾向は歴史の産物なのです。それぞれに長所と短所を抱えていることは言うまでもありません。

2　ドイツ中國學の足跡

　19世紀後半から，日本は西洋の文化を受け入れる體制をとり，大學制度も西洋から入ってきました。この間，樣々な小規模の改變がありましたが，文學部の分野は哲學（思想），史學，文學の3本柱に大きく分けられました。そこで，日本の中國學では，中國の哲學・思想，歴史，文學・言語の3部門に分かれて研究されてきました。現在でもその認識は基本的にはあまり變わっておりません。學會もこの形で引き繼いでおります。

第2章　一人の日本人中國學研究者から見たドイツの中國學　　　361

　一方ドイツでは，中國學を表わすSinologieの示す範圍はもっと廣く，大學では東アジア學科，東アジア研究所（Ostasiatishes Institut）の中に，日本學（Japanologie）や朝鮮學（Koreanistik）とならんで中國學が置かれています。そして扱う對象は，中國に關するもの全てを含むことになっています。日本の中國學がいわゆる哲・史・文に限られてきたのに對し，その他に政治，經濟，科學，民俗學，宗教等々が含まれます。日本でも近年は，こうした様々な分野に目が向けられるようになってきておりますが，例えば中國科學・科學史研究のように，ヨゼフ・ニーダム（Joseph Needham, 1900-1995）を初めとする歐米人の影響をうけて始まったものも少なくありません。

　ドイツでは，中國學の扱う對象範圍はこのように廣いのに，中國學講座の置かれている大學は非常に少なく，マイナーな學問です。中國學の歴史は淺いからです。大學での學問研究の歴史の長いヨーロッパで，中國學が講座として一番早く設けられたのはフランスですが，それでも19世紀の初めであり，ドイツではそれよりさらに1世紀遅れて20世紀の初めでした。

　もちろん大學に中國學講座ができる以前から，各國のアジア進出に伴ってヨーロッパの中國に對する關心は深まり，學問研究の對象となっておりました。一般的に，ヨーロッパ中國學の起源は，大航海時代以降にイエズス會宣教師のもたらした中國に關する新知見であったと考えられています。中でも，明末から清初に天文學や曆學で活躍し，清では曆法を司る役人となったアダム＝シャール（Johann Adam Schall von Bell, 中國名は湯若望，1591-1668）は有名ですが，彼はケルン出身です。

　またイエズス會士キルヒャー（Athanasius Kircher,1602-1680）は，フルダ近くの神學者の息子として生まれ，自らも神學者の道を歩みました。彼自身は中國に行くことはありませんでしたが，彼の下には，宣教師たちからの手紙や書物の形で，中國の新しい情報知識が集められました。ここでキルヒャーは，聖書に說かれている教えの正しいことを中國に關する新知見を利用して明らかにしようとしたので，新知見によってこれまでの教えの矛盾を指摘したり，修正を加えようとしたのではありません。この態度は先にもふれたドイツあるいはヨーロッパ中國學の特徴的な立場を表わしていると思います。つまり新しい「學」の存在を考える

のではなく，自らの「學」の枠の中に新情報を取り込むことが重要だったのです。そのため，時として中國を知るためには役に立たない尺度が用いられ，またその社會の本質であるかどうかに關わりなく，エキゾチズムに關心が示されました。かつてはこうした傾向が，ドイツを含むヨーロッパ中國學の大きな特徴でした。

　20世紀に入ると相次いで，ドイツの4大學に中國學講座が置かれましたが，講座開設の背景，あるいはそこに迎えられた教授の經歷には，多少の例外はあるものの，共通點が多いと思われます。ハンブルク大學の前身である植民地研究所「東アジアの言語と歷史」を担當した最初の教授オットー・フランケ（Otto Franke, 1863-1946）は，ゲッティンゲン大學で，サンスクリット語を初めとするインド學，ギリシャ文獻學，ドイツ史，法學，中國語を學びました。そして1888年から1901年の10數年間，清朝末期の北京の公使館や上海・天津の領事館で，最初は通譯官として後には領事として勤務しました。彼は，この期間に中國國內はもとよりモンゴル，朝鮮，日本まで足を延ばした，東アジアの知識豊富な人物でした。中國から歸國した1903年から09年までは，ベルリンの中國公使館の參事官として働くかたわら研究活動をすすめ，またアジアを論じるジャナーリストとしても活躍しています。

　フランケの後任は，アルフレド・フォルケ（Alfred Forke, 1867-1944）です。彼の經歷もフランケとよく似ています。つまり大學では法學と中國語を學び，1890年から1901年の間，北京のドイツ公使館と上海の領事館で通譯官としての實務につき，その後，大學に席を得たのです。『墨子』等の先秦諸子の哲學者に關する論考と翻譯，また王充『論衡』の英譯と研究もあります。彼の主著『中國哲學史』（Geschichte der alten chinesischen Philosophie, Geschichte der mittelalterlichen chinesischen Philosophie, Geschichte der neueren chinesischen Philosophie）は，古代（秦まで），中世（漢から唐），近世・現代（宋から中華民國）の3冊からなる通史で，哲學のはじまりから同時代人，つまり中華民國初の梁啓超や蔡元培までを扱っています。この出版によって，ドイツ人讀者ははじめて體系的に中國人の精神的世界に誘われたはずです。フランケの『支那正史』（Geschichte des chinesischen Reiches）の出版がヨーロッパ人に對して中國の歷史的世界の扉を開いたのと，同じ役割を果たしたのです。

第2章　一人の日本人中國學研究者から見たドイツの中國學　　　363

　他の大學のポストについた敎授も，その履歷を考えるとハンブルク大學の兩敎授と大差はありません。例えばベルリンの初代敎授のデ・ホロート（J. J. M. de Groot, 1854-1921）は，『中國宗敎制度』の著作で有名なオランダ人です。彼はライデン大學で中國語を學んだ後に，當時はオランダ領であったアモイ，ジャワ，ボルネオで10數年，通譯官を勤めています。エーリッヒ・ハエニッシュ（Erich Haenisch, 1880-1966）は，武昌と長沙の軍人專門學校のドイツ語敎師として，1904年から11年まで中國に滯在し知見を廣めています。さらに先にも出たリヒャルト・ヴィルヘルムは，プロテスタントの宣敎師として，靑島を中心に1899年から22年間滯在しています。
　19世紀末近くまで，ドイツの中國學者のほとんどは硏究對象の中國に一度も足を踏み入れておりません。從って中國は書物・文字を通して靜的に捉えられる傾向を持っていたと思われます。ところが活きた中國への關心は，紆餘曲折があったとは言え，20世紀になると大學に中國學の講座開設を求めるまでに進みました。そしてそのポストについた敎授たちは，以上のように中國の空氣を吸っています。それも大多數は，ほぼ10年を越える長期間です。ここから生み出された中國學は，多分に實學的要素を含んでおり，現代と古代の乖離がありません。古典硏究が，單に古典として完結したものを求めるよりは，むしろ現實の問題にも廣く對應できる柔和さを保有しているように思えます。
　日本と同じように敗戰で戰後を迎えたドイツは，東西に分裂した國家となり，再統一は20世紀も終わりに近い1990年まで待たなければなりませんでした。この混亂期に，西ドイツの中國學の中心となったのは，1940年に講座が開かれたミュンヘン大學と戰前からのハンブルク大學であり，戰後の復興と新しい中國學の模索の先頭に立ったのは，兩大學の講座主任であったヘルベルト・フランケ（Herbert Franke, 1914-2011）とヴォルフガング・フランケ（Wolfgang Franke, 1912-2007）でしょう。彼らも舊體制下の敎育を受けており，その經歷も戰前の學者とほとんど變わりません。卽ち，中國あるいは中國文化圈に一定期間，身を置いているのです。
　しかし，それ以降の硏究者たちは東西の冷戰期間に敎育を受けており，舊東ドイツの中國學者が當時の友好國であった中華人民共和國に留學す

るような特殊な例を除いて，戰前のように長い期間，中國に身を置く機會はありませんでした。これは日本においても同じで，われわれの世代で中國に留學することはほとんど不可能でした。歷史の淺いドイツ中國學においてはこの期閒は特に嚴しい時代であったと思われます。しかし後で述べるように，これは否定的側面だけを持つものではありませんでした。

　私は大學に入學した頃，ギリシャ哲學を學んだことがあります。もう40年以上も前のことです。その時の指導教授は日本人がギリシャ哲學を研究する意義として，次のようなことを言われました。「西洋人には見えないギリシャ哲學が極東の日本人には見える。ギリシャ哲學はその後のキリスト敎とともに西洋の文化を形作り，現代まで生き續けている。キリスト敎の立場からの色眼鏡による誤った理解，そして自己文化の一部であることによる無反省と見落としが，西洋人には起こる」。

　この考えの正否は專門を異にしている私には判斷できませんが，ドイツ人の中國學を考える時，それは指導教授がかつて述べた，日本人にとってのギリシャ哲學のようなものではないかと思うことがあります。しかし大きく異なる點も存在します。ギリシャが日本人にとって靜止し完結した對象であるのに對し，ドイツ人にとっての中國は，過去から現在に不斷に存在する活きた對象だからです。中國學がヨーロッパの大學に置かれた大きな理由の一つは，現代の中國を理解することでした。より深い現代の理解のためにこそ，過去の遺產を知る必要があったので，この點は古典學としての中國學が確立している日本とは大きく異なります。ドイツ人にとっての中國學は，我々日本人におけるようにアプリオリーに存在する古典の山に分け入ることではなく，自らの求めに應じて對象も方向も絕えず進化させていくものです。自分の立場で自由に中國古典を讀み取り，中國の叡智を自己の知の中に生かすことも自由です。

　日本人にとって中國學を研究することは，そのまま自國文化を深化することであるのに對し，ドイツ人にとっては異質文化の探求でした。それを正しく把握することに，ドイツの中國學は努力してきたと思われます。宣教師たちは中國文化の紹介に努め，リヒャルト・ヴィルヘルムなどは，キリスト敎の布敎に行きながら，ただ一人の中國人に洗禮を與えることもなく，ひたすら中國古典の翻譯に打ち込みました。こうした行

爲もみなそこから出發しているのだと思います。
　いつの時代でも，あるいはどこの大學でも，ドイツではこの出發點に對する懷疑はないと思われます。ただ，上でもふれましたが，戰後の中國學はほとんど現地に長く滯在しない研究者たちによって進められてきました。ドイツの學生・研究者が本格的に中國に行き，活きた中國を學ぶ機會を持てたのは1978年に，中國が改革・開放路線をとって以降でした。それ以後に中國學を學んだ學生の多くは中國への留學經驗をもっています。そのような學生から將來のドイツ中國學を背負う研究者が出てくることでしょう。

お わ り に

　私は1960年代の終わりにミュンヘン大學に留學し，そこでヘルベルト・フランケ，ヴォルフガング・バウアー（Wolfgang Bauer, 1930-1997）兩敎授の講義・ゼミに出席し，ヴォルフェンビュッテルにあるヘルツォーク・アウグスト圖書館（Herzog August Bibliothek in Wolfenbüttel）の所長であるヘルヴィッヒ・シュミット＝グリンツァー（Helwig Schmidt-Glintzer, 1948-）らと共に學んだことがあります。ドイツでは，そのバウアーやシュミット＝グリンツァーをはじめとする，中國への長期滯在を經驗しない學者による重要な著作が出版されています（例えば，バウアーの *Das Antlitz Chinas—Die Autobiographische Selbstdarstellung in der Chinesischen Literatur von Ihren Anfängen bis heute*, München, 1990やシュミット＝グリンツァーの *Geschichte der chinesischen Literatur —Die 3000 jährige Entwicklung der poetischen, erzählenden und philosophisch-religiösen Literatur Chinas von den Anfängen bis zur Gegenwart*, München, 1990が擧げられる)。それらは，嚴しい時代に古典そのものと前時代の研究遺産を深く學んだ成果でしょう。ドイツにとっての中國は，20世紀初めに開かれ，再び閉ざされた時代を經て，後半にまた開かれ21世紀に續いています。閉ざされた時代にはそれ以前に受け入れたものを自國の文化に位置づけ，反省を加えて次への展望を開くことが行われるのです。
　最後に以上のことを，一つの比喩を提示して述べてみたいと思います。

最初に寺田寅彦の俳句の先生として，夏目漱石の名を擧げましたが，彼は坐禪を試みました。そして自らの體驗を『門』という小說の中で描いています。坐禪は文字通り座ることですが，それはただ單に座るだけではありません。公案というものを師匠から與えられるのです。主人公の宗助は「父母未生以前本來の面目は何か」という公案を與えられました。坐禪しこの公案を解けば，印可證明つまり「悟った」という證明を師匠から得られるのです。坐禪から離れているときはこの公案の答を考え，一方では無念無想でひたすら座るのです。座ることと考えること，それを靜と動と言い換えることができるかも知れません。靜で獲られたものを動に活かしてみる。動で獲られたものを靜で活かしてみる。この相互の運動の中で最後に「悟り」，つまり「自由」が得られると言われています。靜と動の兩要素が必須なのです。蛇足ながら宗助（漱石）は「悟り」を得られませんでした。

　ドイツの中國學は，學問の傳統の中で市民權を得るために格鬪を續けてきました。そしてその緊張感の中で，「中國はわれわれドイツ人にとって一體なにか」という自問を續けてきました。この問がある限り，ドイツの中國學は今後も多少の困難に遭遇し，試行錯誤を繰り返すことはあっても，着實に前進して行くことでしょう。また最近は，中國學の世界にも，中國人研究者がどんどん外へ出て積極的に自國の中國學を發信するという新しい要素が加わってきました。ここで閉ざされた時代に得られた成果を檢證し，開かれた新しい時代の中で活かすことによって，ドイツ中國學はさらに深化するのではないか。私はそう考えております。最後に，記念すべきこの日にお話でき，自らの研究を反省する強い契機となったことを申し添え，みなさんに感謝したいと思います。

參　考　文　獻

木村毅「トルストイ・小西增太郞共譯『老子』解說」（複製本『ロシア語譯老子』所收，日本古書通信社，1968）
寺田寅彦「電車で老子に會った話」（岩波版全集第四卷所收）
夏目漱石「門」（岩波版全集第六卷所收）
西脇常記「ドイツ中國學」（『中國21』第23卷，109-122頁）

第3章
私の過去と現在

　このような形でお話をすることは考えておりませんでしたが，臺灣清華大學との學術交流の一環として中國哲學の分野から話をするようにとの，道坂昭廣先生からのお言葉がありました。自らの過去の研究と現在の研究について，そして餘り細かい内容ではないようにとのことでした。

　この人間・環境學研究科を離れてすでに六年が經ち，その後に勤めた大學での五年間も過ぎ，私は昨年三月から自由の身を滿喫しております。自由の身と言えば聞こえはいいのですが，怠惰な生活を送っているということです。從って，今回は一度ゆるんだ研究生活を立て直すための絶好の機會と考え，喜んで參加させて頂いた次第です。

1　私の過去

　さて，自分の過去の研究をふり返ることはあまりやったことがありません。むしろ感慨をもって振り返ることの多いのは，私が五十歳を迎える前後から，つまり今から二十年ほど前から大學がどんどん變わっていったことです。その前にはこの研究科もありませんでした。前身は教養部，つまりリベラル・アーツ（liberal arts）を教える部局であり，專門に進む學生に學問の基礎を教えることを擔ってきました。その頃，私は東洋社會思想史を擔當し，學内非常勤で文學部の中國哲學史講座に出講していました。

　この時期，私は唐の史官・劉知幾の『史通』の注釋に沒頭しておりました。『佩文韻府』を友として内篇・外篇の全てに目を通すのに10數年

かかりました。この註釋に着手するにはいくつかの因縁がありましたが，その1つは若い頃のドイツ留學に遡ることができます。ミュンヘン大學中國學 Wolfgang Bauer（1930-1997）教授が中國の自傳をゼミで取り上げており，そこで，私は劉知幾の自序（自敍篇）を擔當しました。そこから『史通』に關心が廣がり，また中國の自傳にも興味を持ち，自傳を通して中國思想史を考えることに向かいました。バウアー教授自身は後年，『中國の顏――古代から現代までの中國文獻に見える自傳的自畫像』（*Das Antlitz Chinas—Die Autobiographische Selbstdarstellung in der Chinesischen Literatur von Ihren Anfängen bis heute*, München, 1990）を書き上げておられます。

　自傳を通して中國思想史を考える際に，特に注目したのは，儒敎思想が弱まり，まだ宋學が形成されない唐の時代でした。權德輿や劉禹錫が活躍する唐の中期以降，8世紀半ばつまり安史の亂以後の時代でした。この時代は佛敎や道敎が盛んとなりますが，私の關心は佛敎に向かいました。その理由もいくつかあったのですが，その一つに，昨年六月に96歳の高齡で亡くなられたHerbert Franke（1914-2011）の講讀に參加したことが擧げられます。

　彼は戰後まもない1947年に「モンゴル支配下の中國の貨幣と經濟」（*Geld und Wirtschaft in China unter der Mongolenherrschaft*）で博士となり，1953年の香港ドイツ領事館再開設とともに領事となった中國學者です。宋から元を中心に中央アジアの研究も行いました。

　講讀には漢譯佛典（ジャータカの類）をテキストとしました。京都の中國學は淸朝考證學に基づいていると言われておりますが，その當否は別として，舊來の中國學において佛敎は正當な扱いを受けてきませんでした。正史二十四史の中で釋（老）志があるのは二史だけです。ここからも見てとれるように，中國哲學史の中で佛敎はほとんど市民權を得ておりません。そこでの講義・演習内容は，經書の注疏や淸朝考證學の著作（例えば，顧炎武『日知錄』）が中心で，漢譯佛典を讀むことはありませんでしたので，新鮮さを感じました。また中國學に佛敎が入ってくることに驚きもしました。

　これは，今となってはもう40年も昔のことです。しかし20代，30代に得たもの，それは視野の廣さと言ってもよいのですが，いつも私の頭の

片隅に鎭座しており，役だったように思えるのです。
　『史通』の注釋をし，唐の思想史を自傳等を用いて研究し，50歳近くになった時，もう一度，私の研究に轉機が訪れます。それは1990年の東西ドイツ再統一です。その前年にベルリンの壁が崩壞しましたが，その時，私はドイツで海外研修中でした。
　20世紀の初頭に，ドイツ學術調査隊はトルファンを中心に調査・發掘を行い，多くの美術品や文書がベルリンに運ばれました。それらは整理されて美術館や研究所に收められ，展覽や研究に供されてきたのですが，東ベルリンに保管されていたため，戰後は西側の研究者にはほとんど開かれていませんでした。ところが東西ドイツの再統一によって，1994年からは，ドイツのトルファン・コレクションは世界中の研究者に開かれました。そこで，私は數年かけて２週間ずつベルリンに行き，コレクションの中の漢語寫本を調査しました。このコレクションには漢語の外に，ウイグル語やソグド語，あるいはトカラ語等の文書があり，調査隊派遣が終了した20世紀の20年代から，研究者の注目が集まっていました。しかし漢語に關しては，スタッフの薄さから研究は餘り進んでおりませんでした。
　その1994年の12月，前年に亡くなったAnnemarie von Gabain（1901-1993））追悼のトルファン研究會が，數日間ベルリンで開かれました。調査に行っていた私も，オブザーバーとして１日だけ參加させてもらいました。參加者は世界から集まった70人ほどですが，漢語研究はなく，先ほど述べたウイグル語等の文書を扱う研究ばかりでした。私は，世界にはこれだけ多くの研究者がいることを初めて知って驚きました。日本からも數名の學者が參加しておりましたが，日本にいては出會うことのない他分野の研究者であり，また研究テーマでした。
　ドイツ隊がトルファンから將來したウイグル語等の文書はそれほど多くもなく，また，まとまった長いものは少ないので，研究者は自分の讀んだ文書を紹介し，それを他の文書を讀んだ別の研究者がその知見を以て批判するわけです。
　ガバインは中國學から入り，トルファン學に移ったのですが，その研究の一つに，ウイグル語譯「玄奘傳」の研究があります（A.v.Gabain, Die uigurische Übersetzung der Biographie Hüen-tsangs. in: *SPAW* 1935, S.

151-180)。「玄奘傳」のウイグル語譯斷片は，ドイツばかりでなく，パリ，北京，ペテルスブルクにあります。「玄奘傳」とは，玄奘の弟子である慧立本・彦悰箋「大唐大慈恩寺三藏法師傳」のことです。

ほんの數行の斷片文書を俎上にのせてどのように料理するか，世界中から集まった大の大人が侃々諤々議論する光景は，今でも目に燒き附いています。學問研究に壁のないことを實感しました。つまり，東の研究者も西の研究者も同じテーブルについて同じテーマで話し，議論できるということです。自然科學の分野では當たり前のことでしょうが，人文科學の分野ではこれは難しいことです。

トルファンや敦煌といった中央アジアで發見された文書のほとんどは佛教關係のもので，大半は佛典です。それが漢譯されたり，ウイグル語譯されたりして，世界の人々に共有されました。どのように共有されたのかを知るためには，殘された言語，つまり，ウイグル語，漢語，ソグド語，梵語等のそれぞれを深く探求することはもちろん，それらを相互に比較研究することも必要です。

國際性のある研究の中で，中國哲學を修めた私が多少とも貢獻するには何をすべきか，と考えました。ドイツ再統一後，ベルリンのトルファン研究所には漢語の讀める研究員はいなくなりました。そして漢語斷片の整理も終わっていませんでした。そこで上で述べたように，トルファン漢語文書を調べるため，1994年からベルリンに出かけ始めたのです。そしていくつかの敦煌文書にない斷片を發見し，まとめとして佛典以外の漢語斷片目錄*Chinesische Texte vermischten Inhalts aus der Berliner Turfansammlung*（Franz Steiner Verlag, Stuttgart, 2001）を出版しました。

2 私の現在

（1）志磐撰『佛祖統紀』法運通塞志

上で申しましたように，幾つかの理由で私は中國哲學と佛教の關わりに研究の重心を移してきました。宋學研究も形から言えばこれに該當します。私は『史通』の研究の延長として，天台の佛教史書を選びました。劉知幾は『史通』書志篇で新しい書志として，歴代の王都を述べる都邑

志，各地の産物を記す方物志，氏族世系を述べる氏族氏の三つを提案しています。これらは時代の推移を明確に映し出すと考えたからに他なりません。

　南宋末期の志磐撰『佛祖統紀』の法運通塞志は，その30年ほど前に出來た宗鑑撰『釋門正統』の興衰志（佛教と世俗との關係を世俗の皇帝の年號の下に整理したもの）にヒントを得ているのでしょうが，その規模は全く異なります。つまり『佛祖統紀』54卷の中で，志は30卷を占め，その半分の15卷が法運通塞志です。しかも志の中には歷代會要志4卷もあります。法運通塞志は編年體で書かれて事件の本末が分かりにくいため，これを補っていくつかの重要項目を選び，その要點を說明し整理しているのが歷代會要志ですから，法運通塞志と一體のものと言えるのです。そうなれば，『佛祖統紀』の三分の一以上は法運通塞志ということになります。これについて作者の志磐は以下のように述べています。

　　大いなる佛教の教えが東の地の中國に傳わり，聖人や賢者が次々とこの世に出現するのは，佛・法・僧の三寶を保持し斷絕させないためである。ところが長い歲月が經過してみると，ある時代には興隆しある時代には廢絕した。思うにこれは世間に起こる事象が移ろい變化するからであって，佛教の教えそのものには加も減もない。歷史の流れを考え具體的な事跡を並べ，それによって佛法の廣がる時と塞がる時の事相を明らかにするとしよう。儒教や道教といった世俗の教えなどは，時勢とともに浮き沈みするものであるが，それらの事跡もことごとく明らかな訓戒となすべきものである。（このような立場から）法運通塞志十五卷を作る。

　　大法東流，聖賢繼世，所以住持三寶，不令斷絕。然歷年旣久，或興或廢，此蓋世事無常之變，於此道何成何虧邪。考古及今，具列行事，用見法運通塞之相。至若儒宗道流世間之敎，雖隨時而抑揚，而其事迹，莫不昭然可訓可戒。作法運通塞志十五卷（T49,130c11-16）。

　また序文には，次のように言います。

　　佛教の教えはもともと變わらないものであるが，世相の移り變わりと決して無關係ではない。釋迦が入滅されてから，樣々な祖師たちが次々とこの世に生まれ出たのは，佛教の道を傳え保ち，それを東

方に向かわせて中國の地に及ぼし，今に至るまで絶えることなく繼續させるためである。おおむね聖天子や賢臣たちは宿緣によって佛陀の遺囑を受けるもので，佛教信仰に心を傾けることを常とした。ところが儒教徒や道教徒で佛教信仰を持ち合わせない者が，佛教を排毀することもあった。しかしこうしたことによって最終的に佛教の滅びさることはなかった。それはこの教えがもともと常に變わらぬものだったからである。いったい世間では儒教・佛教・道教を稱讚して，三教の教えはどれも世間の人々を教化するのに十分であると言うが，それらがこぞって廣がる時と塞がる時を持つのは，時代がそうさせるのである。儒教・佛教・道教の三教の事跡を列擧し，一つの眞理の歸趨を究めて，編年體で記錄し，廣がる時と塞がる時の實相を見ていこう。

序曰，佛之道本常，而未始離乎世相推遷之際。自釋迦鶴林，諸祖繼出，所以傳持此道，東流震旦，逮于今而不息。大較聖主賢臣，宿稟佛囑，常爲尊事。而儒宗道流之信不具者，時有排毀。然終莫能爲之泯沒，以此道本常也。夫世稱三教，謂皆足以教世。而皆有通塞，亦時使之然耳。列三教之迹，究一理之歸，繫以編年，用觀通塞之相（T49, 325a7-14）。

以上の2つの引用から分かるように，志磐は，佛教の教えが盛んであったり衰えたりするのは，教えそのものが變わったわけではなく，世間に起こる事象が移ろい變化するからであると考えました。そのため，編年體の史體を用いて法運通塞志を編み，三教の興隆と衰亡を歳月の下に並べて，その實相を明らかにしようとしたのです。從って，その敍述は佛教のみならず，儒教や道教さらに他の思想，宗教にまで及んでおります。一種の宗教史と言えるのではないかと思います。

三教が互いにしのぎを削った隋唐の記事は大變興味深いものを留めています。例えば，唐太宗の貞觀十六年（642）の記事を引きましょう。

　　天子は弘福寺に行幸されて，穆太后の爲に追善供養を行われ，ご自分で願文を作って，その中で自らを「皇帝菩薩戒弟子」と稱された。住持の道懿に向かって次のように言われた。「朕は最近，老子が朕の祖先であるために釋迦の前に置かせることにした。お前たち

は恨んではいないのか」。道懿は答える。「陛下は一族の祖先を尊んでそれを決まりとお定めになりました。どうして怨みなどございましょうか」。天子が言われる。「佛陀と老子のどちらが偉いか，通人は自然と見分けるものである。一時的に上に置かれたからといって，そこで勝っているとは言えない。朕の一族は老子から出ているから老子を先に置いたのだ。朕がおこなったあらゆる功德はすべて佛敎に向けられている。昔の戰場に，すべて寺を立て，太原の舊の屋敷も寺に寄進した。道觀を作ったことは全くない。朕の本心はこのようなものである。お前たちよく知るがよい」。

　上幸弘福寺，爲穆太后追福，自製疏，稱皇帝菩薩戒弟子。謂寺主道懿曰，朕頃以老子是朕先宗，故令居釋氏先。卿等能無憾乎。對曰，陛下尊祖宗，降成式。詎敢有怨。上曰，佛老尊卑，通人自鑑。豈一時在上，卽以爲勝。朕宗自柱下，故先老子。凡有功德，僉向釋門。往日所在戰場，皆立佛寺，太原舊第，亦以奉佛。初未嘗創立道觀，存心若此，卿等應知（T49, 365b）。

ところで，この記事は基づくところがあり，志磐の創作ではありません。道宣撰『集古今佛道論衡』卷丙「文帝幸弘福寺立願重施敍佛道先後」に

　貞觀十五年五月十四日，太宗文帝躬幸弘福寺。於時僧衆竝出，虞候遠闢。勅召大德五人，在寺內堂中坐訖，具敍立寺所由。意存太穆皇后，哀淚橫流，僧竝垂泣。乃手製願文曰，皇帝菩薩戒弟子，稽首和南，十方諸佛菩薩聖僧天龍大衆。……帝謂僧曰，比以老君是朕先宗，尊祖重親有生之本，故令在前。師等大應悢悢。寺主道懿奉對，陛下，尊重祖宗，使天下成式。僧等荷國重恩，安心行道。詔旨行下，咸大歡喜。豈敢悢悢。帝曰，朕以先宗在前，可卽大於佛也。自有國已來，何處別造道觀。凡有功德，竝歸寺家，國內戰場之始，無不一心歸命於佛。今天下大定，戰場之地，竝置佛寺。乃至本宅先妣，唯置佛寺。朕敬有處所以盡命歸依，師等宜悉朕懷。彼道士者，止是師習先宗，故位在前。今李家據國，李老在前。若釋家治化則釋門居上，可不平也。僧等起謝。帝曰，坐。是弟子意耳。不述不知。天時大熱，房宇窄狹。若爲居住，今有施物，可造後房，使僧等寬展行道。餘言多不

載。事訖還宮（T52,385c）。

また道世撰『法苑珠林』卷100に

太宗文皇帝，……。又爲穆太后，造弘福寺。寺成之後，帝親幸焉。自點佛睛極隆嚫施。因喚大德十人，親到言論。于時寺主道意語言及太后，悲不自勝。掩涙吞聲，久而言曰，朕以早喪慈親，無由反哺。風樹之痛，有切于懷。庶憑景福上資冥祐。朕比以老子居左，師等不有怨乎。意曰，僧等此者安心行道，何敢忘焉。帝曰，佛道大小，朕以久知。釋李尊卑，通人自鑑。豈以一時在上，即爲勝也。朕以宗承柱下，且將老子，居先植福。歸心投誠自別。比來檀捨，僉向釋門。凡所葺修，俱爲佛寺。諸法師等，知朕意焉（T53,1026c）。

とあります。ただ，志磐の敍述は歷史書の持つ物語性を十分發揮しております。李氏の始祖として老子を選んだ唐においては，その末裔である道士が佛陀の子孫である僧侶より高い席につき，道觀建設をはじめ樣々な財政的優遇を受けることは當然でありました。それに對する佛敎徒の不滿。それに對し天下の皇帝が細かい心遣いをする。佛敎側の作ったフィクションでありましょうが，いかにもありそうに非常に具體的に敍述しています。志磐は史書の組み立てにおいても，また敍述においても極めてすぐれた歷史家であると言えましょう。

私は，『史通』と唐代の思想研究の延長線として，この『佛祖統紀』法運通塞志の研究を現在も續けています。そのテーマの一つは，志磐がどのような史料を用いて著作したかを明らかにすることです。現代文明の利器であるコンピュータの檢索機能を利用していますが，併せて張遵騮『隋唐五代佛敎大事年表』も參照しています。この書は單行本ではなくて，范文瀾（1893－1969）『唐代佛敎』の附錄として1979に出版されたので，餘り注目されなかったようですが，内典，外典を廣くフォローしており，今日でも價値ある工具書の一つと言えます。因みに張遵騮は張之洞（1837－1909）の曾孫にあたります。

志磐の引用書目は自らがどのような史料を用いて『佛祖統紀』を編纂したかを「佛祖統紀通例」の中で「釋引文」を設けて明らかにしています。「大藏經典」「天台敎文」「釋門諸書」「儒宗諸書」「道門諸書」に分けられ，178册の書が列擧されていますが，上のような作業をしてみると，これが全てでないことも分かってきました。

（2）ベルリントルファン文書の印刷斷片目錄（*Chinesische Blockdrucke aus der Berliner Turfansammlung*）

私がベルリン・トルファン漢語文書整理に關わり，その成果の一つとして，ドイツから非佛典漢語文書の目錄を出版したことについては先にお話しました。漢語文書の95％は漢譯佛典斷片で，その目錄作りは1960年代の後半から藤枝晃氏（1911-1998）によって始まり，今は龍谷大學西域文化研究所が目錄作りに協力しています。これまでに，

1） Fujieda Akira; Schmitt, G.; Thilo, T; Inokuchi Taijun：*Katalog chinesischer buddhistischer Textfragmente* Band 1, 1975, Berlin, Akademie der Wissenschaften der DDR

2） Thomas Thilo：*Katalog chinesischer buddhistischer Textfragmente* Band 2, 1985, Berlin, Akademie der Wissenschaften der DDR

3） *Chinese Buddhist Texts from the Berlin Turfan Collections*, Volume 3, Compiled by Kogi Kudara Edited by Toshitaka Hasuike and Mazumi Mitani, 2005, Franz Steiner Verlag, Stuttgart

の三册の目錄が出版されていますが，まだ繼續中です。

ところで數年前に，ベルリンから印刷本斷片のカタログを作らないかと話がありました。以上のように佛典がほとんどですから，私には荷の重い仕事ですが，すでに京都大學も退職しており，多少の時間的ゆとりもあると考え，無謀にも引き受け現在それに取り組んでおります。だいたい完成のメドがついたところです[1]。

およそ1,200枚ほどの斷片目錄ですが，私がこの仕事を引き受けたのには大きな理由があります。それは前にも述べましたように，漢語を理解できるものとして國際的な貢獻をすべきであるということです。

1,200枚の斷片は，契丹大藏經が90％を占めます。それはウイグル語譯佛典が生まれた時，基づいたテキストの一つです。契丹大藏經は1974年に，山西省應縣の佛宮寺木塔第四層の釋迦像の胎内から12點の殘卷が發見され，その報告書が1991年に出版されました。この木塔發見の殘卷が，現存する完全な契丹大藏經のほとんど全てです。從って，大變小さい物ですが多量にあるトルファン出土の契丹版斷片は，契丹藏を研究す

るには重要な史料となります。その目録を作っていく中でいろいろなことが分かってきましたが，時間の都合上，今日は1, 2點についてお話しさせていただきます。

　まず，ベルリンの版本斷片は1,200枚あると申しましたが，それは1,200卷の斷片ではないということです。1卷が何枚かに，あるいは何十枚にも分かれてしまっているのです。なぜそうなのかと言えば，トルファン文書は廢墟，廢寺から發掘されたもので，敦煌の藏經洞のように保存されてはいなかったからです。それを各國の探檢家たちがそれぞれ發掘したり，現地の人が廢墟，廢寺から採集して保有していたものを購入して本國に持ち歸りました。私はベルリンのカタログを作るためにロシアにも行きました。サンクトペテルブルクには，ロシアの外交官，クロトコフ（N. N. Krotkov, 1869-1919）がトルファンで購入した文書・文物が保管されているのですが，その中に漢語大藏經印本斷片が400枚以上あります。それらを檢討すると，何枚かベルリン斷片と接續するものが出てきました[2]。

　ベルリン藏とロシア藏が同一場所から回收されたことについて，別の證據を示しましょう。それはベルリン藏Ch 1124［圖1］とCh 961［圖2］，ロシア藏Дx 17211［圖3］とДx 17144［圖4］です。これらは表は契丹藏『別譯阿含經』の斷片で，互いに接續します。さらに，裏には補修用のそれぞれ1行の寫本『大寶積經』が用いられておりますが，それもちゃんと接續するのです。

　ドイツ隊の收集品はトルファンを中心に發掘したものと考えられてきたのですが，これらによって，クロトコフやフィンランドのマンネルヘイムと同じように，現地の人から購入した部分もあることが明らかになりました。

圖1　Ch 1124v

第3章　私の過去と現在　　　　　　　　　　　　377

圖2　Ch 961v

圖3　Дx 17221v

圖4　Дx 17144r/v

次に，トルファンには北宋の開寳藏をはじめ，10世紀から印刷された大藏經が，セットとしてどのくらい入ってきたかという問題です。例えば，開寳藏は近隣の高麗や西夏等の諸國にも下賜され，日本にも東大寺僧の奝然によって1セット傳わりました。殘念ながら安置した法成寺の火災で彼が持ち歸った開寳藏は燒失しましたが，燒失までの5,60年の間に書寫され，現在までその轉寫本がたくさん殘っています。このことを考えますとトルファンに入った版本大藏經も1セット，2セットといった程度ではなかったかと推測されるのです。

この推測の裏附けの1つとして，ロシア藏のДх17233＋Дх17248［圖5］は『雜阿含經』卷3（T2,15b9-19）と靜嘉堂文庫631の『雜阿含經』卷3（T2,15b12-17）［圖6］の契丹藏斷片があります。それらは，同じ部分で，同じ版式であり，活字も一致しており，少なくとも2セットはトルファンに傳わったと言えるのです。因みに靜嘉堂文庫のトルファン文書は，清末の新疆の財務官であった梁素文の收集品で，彼の收集品は東京大學總合圖書館や臺東區立書道博物館藏にも收められております。

また，例えばベルリンCh 2258（o.F.）［圖7］のような斷片もあります。これは，『大般若波羅蜜多經』卷98（T5, 542c18-25）の部分の寫本です。大きさ29.5×13.5cm。7行。1行17-19字。上下兩界線。界高22.3cm。天高5.2cm。地高3.4cmです。寫本ですが，これには，紙縫から1行目と2行目に柱刻「般若九十八　四　月」があり，契丹藏を寫したものです。帙號，版式，字形等あらゆる點で，契丹藏であると言えるのです。これは，奝然が將來した開寳藏が筆寫された狀況と同じ事を示しています。トルファンにも，多數のセットの大藏經が入ってきたのではなく，それを筆寫したことを示しています。

寫本から版本への移りかわりは，何百年もかかって徐々に進んでいったのです。木版印刷ではそんなに多くの部數が刷れるわけではありません。版木が摩滅するからです。從って，おそらくトルファン地域に1,2セットが入り，それが必要に應じて次々と筆寫されたものと推測できるのです。最後に，印本から筆寫された元代の寫本を紹介させていただきます

『聖妙吉祥眞實名經』は，磧砂藏の追雕本で，元のチベット僧の釋智

圖5　Дx 17233＋Дx 17248

圖7　Ch 2258

圖6　静嘉堂文庫 631

が翻譯した密敎經典ですが，元の時代にはよく流行しました。ウイグル語譯もあります。ベルリンCh 1597とCh 1787は表は金版『大般若經』ですが，その裏は，元人の稚拙な漢字寫本『聖妙吉祥眞實名經』［圖8］［圖9］です。金版『大般若經』がその役割を終えて，その裏が反古紙として再利用されたのです。趙孟頫を初め元の能書家の書に接する機會はありますが，元人の庶民の文字に出くわすことはほとんどありません。その意味でも貴重な資料と言えましょう。

　また，この書寫は漢字でありながら，モンゴルあるいはウイグル文書と同じく左から右に書かれています。異文化接觸の一コマを傳えるものでもあります。

III 雜纂

圖8　Ch 1579v

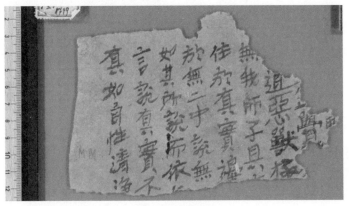

圖9　Ch 1787v

最　後　に

　結局，とりとめない話に終止してしまいました。今日の話では私は若い頃にドイツに行ったこと，その縁が現在まで續いていることを中心にお話しました。縁は人間關係によって生み出されるものです。孔子の言

葉に,「人能く道を弘む,道,人を弘むるに非らず」があります。學術も人間關係によって前進するものでしょう。かつて人間・環境學研究科に身をおいた私としましては,清華大學との學術交流が廣く,また長く續けられ,兩大學の中國學がさらに發展することを祈念するのみです。

1) 2014 年に *Chinesische Blockdrucke aus der Berliner Turfansammlung*. Beschrieben von Tsuneki Nishiwaki. Übersetzt von Magnus Kriegeskorte und Christian Wittern. Herausgegeben von Simone-Christiane Raschmann (Franz Steiner Verlag, Stuttgart) として出版された。
2) 詳細は本書Ⅱ-3章「ロシア・クロトコフ蒐集漢語版本について(附目錄)」參照。

あ と が き

　筆者の專門は中國思想史である。寫本にしろ版本にしろ一次史料を用いることは，この研究分野では筆者の修業時代には少なく，プラトン作品を讀む際にバーネット校訂版を用いるように，漢語テキストの大部分では，著名な校訂本がほとんど活字化されており，それに基づいて研究を進めてきた。近年注目されている戰國期の竹簡・木簡の大量の出土もなかった時代である。それが研究生活の中間を過ぎた50歳前後から，いくつかの要因が重なって，トルファン文書なる一次史料を扱う研究にも足を踏み入れることになった。序文で述べたように，それからすでに20年以上の歳月が經過したことになる。

　敦煌文書・トルファン文書を用いて様々な方面から研究されたある先生が，寫本は様々な情報がつまっていて，ながめているだけで樂しい。それにひきかえ版本は情報が少なくその面では劣ると，ある時，言われたことがある。それは確かであろう。そのような版本，しかも粉々になった斷片とこの10年以上つきあってきた。

　ただ，版本斷片整理の中にも樂しみはあった。たとえばCh/U 7440rは，『大方廣佛華嚴經』卷17の契丹版斷片の僅か11行に過ぎないが，天界には「[五善知]諸根喩／初擧[廣喩]／二辨超過／三徵四釋」4行の書き込みがある。これは唐の澄觀『大方廣佛華嚴經疏』卷19の一文であろう。從って，この斷片の存在は，トルファン地域の佛教が，契丹で盛んであった華嚴教學のそれを繼いでいることを示そう。

　このような細かい事實を積み重ねることによって，曖昧模糊として摑みどころのなかったトルファン地域の佛教世界に光明が投げかけられ，様々な預見と想像をめぐらすことができる。そうした小さな喜びをいくつも見つける幸運と遇うことになった。

　もう1例を擧げよう。U 7001v（o.F.）には，rのウイグル語版本の補修として契丹學僧の非濁（?-1063）『隨願往生集』卷18首題あるいは尾

題の部分の紙が利用されている。首題（尾題）の10字足らずであるが，この20巻の著作は，高麗の沙門義天の『新編諸宗教藏總錄』卷3に著錄されているし，また元の『至元法寶勘同總錄』卷10，「弘法入藏錄所記東土聖賢集」の條に「新編隨願往生集二十卷　沙門非濁集　上一集二十卷二帙「禪」「主」二號」と見えるのであるが，現存しない作品である。

これらの斷片は千年近く埋まっていた土中から掬（救？）い出されたものである。アームストロングが月面に降りて歩いて行く先には，何十億年も前から，地球に持ち歸られるべく石（大阪の萬博で展示）が待っていたが，このような極小斷片の發見にさえ，それに似た氣分にさせるものがあった。

21世紀，地球は急速にグローバル化して小さくなり，緊密性を日々増しているが，筆者の研究分野である漢字文化圏はひとつの完結した世界を築いており，異文化の研究者と交わることにはなかなか難しいものがある。しかし，多くの異文化の接觸した一地域であったトルファンから出土した文書を扱ったおかげで，この20年餘りの間に，漢字文化圏の外に生を受けた多くの研究者と親しくなり，コンタクトを持つことができた。その交流が研究にどれだけ活かされたかを考えると，はなはだ心細い思いはするが，研究を進める上で筆者の大きな原動力になったことだけは確かである。

最後に，筆者の味わうことの出來た以上のような小さな喜びを，出版という大きな喜びに繋げてくれた知泉書館の小山光夫氏に心より感謝申しあげる。

平成27年殘暑嚴しき終戰記念の日
西脇常記　誌す

初出一覽

I　トルファン出土漢語大藏經の版本について
第1章　トルファン文書とその研究成果
第2章　トルファン出土漢語大藏經
（*Chinesische Blockdrucke aus der Berliner Turfansammlung*［Franz Steiner Verlag, 2014］のEinleitung「序論」を改稿）

II　トルファン漢語文書の目錄と論集
第1章　「毛詩正義」寫本殘簡について　附移寫―消えたベルリンの1殘簡と日本に傳世する7殘簡―（『文化史學』67號, 2011年11月）
第2章　靜嘉堂文庫藏漢語版本斷片について（附目錄）（『文化史學』69號, 2013年11月。目錄は新稿）
第3章　ロシア・クロトコフ蒐集漢語版本について（附目錄）（『トルファン出土漢語文書研究』第3章を改稿。目錄は第4章［自費出版, 2010年12月］）
第4章　マンネルヘイム・コレクションについて（附目錄）（『文化史學』65號, 2009年11月。後に『トルファン出土漢語文書研究』（自費出版, 2010年12月）所收。目錄は同『トルファン出土漢語文書研究』所收）
第5章　金藏『大方便佛報恩經』は契丹藏か？（『文化史學』71號, 2014年11月）
第6章　行琳集『釋敎最上乘祕密藏陀羅尼集』をめぐって（新稿）
第7章　一枚のウイグル文印刷佛典扉繪（『文化史學』68號, 2012年11月）

III　雜　纂
第1章　舍利――火葬の風景（火葬の受容）（新稿）
第2章　一人の日本人中國學研究者から見たドイツの中國學（『文化學年報』59, 2010年3月）
第3章　私の過去と現在（新稿）

The World of Documents in the Classical Age of China:
The Classification and Study of Turfan Documents

by

Tuneki NISIWAKI

Chisenshokan Tokyo
2016

Table of Contents

Preface   v

I. The Chinese Printed Editions of Tripitaka Excavated at Turfan

Introduction   5

Chapter 1   Turfan Documents and Recent Findings   7

Chapter 2   The Chinese Editions of Tripitaka Excavated at Turfan   13
  1. Overview of the Printed Editions of the Tripitaka   13
  2. Derivative Lines of the Tripitaka and their Fragments   15
    1) The *Kaibao zang* 開寶藏 and the *Koryô zang* 高麗藏
    2) The *Jin zang* 金藏 and its Derivatives   16
      i) The *Jin zang*   16
      ii) The *Jin zang* in Butterfly Binding   20
      iii) Fragments with Colophons   21
      iv) The *Hongfa zang* 弘法藏 from the Yuan   23
      v) Listing of the *Jin zang* in Butterfly Binding   25
    3) The *Qidan zang* 契丹藏   27
      i) The Wooden Pagoda of the Fogong Temple 佛宮寺   27
      ii) Fang-shan Stone Sutra 房山石經   29
      iii) The Qidan Tripitaka, Fang-shan Stone Sutra, and Turfan Documents   31
      iv) The Pagoda of the Tiangong Temple 天宮寺   32
      v) The Print Format of the *Qidan zang*   33
    4) Some editions of Tripitaka engraved in the Jiangnan 江南 Region   41
  3. Inflow of the Printed Editions into Turfan and the Transmission of Frontispieces to Later Generations   42

II. Catalog of the Turfan Documents in Chinese and the Collection of Related Treatises

Chapter 1 The Surviving Manuscript Fascicles of Maoshi zhengyi 毛詩正義— One of the Lost Berlin Fascicles and the Seven Fascicles that Have Been Transmitted to Japan ... 55
  Introduction ... 55
  1. The Manuscripts of Maoshi zhengyi and their Forms ... 56
  2. The Surviving Manuscript Fascicles of *Maoshi zhengyi* Acquired by the German Academic Research Expedition ... 58
  3. Scribing and Annotating the Surviving Manuscript Fascicles of *Maoshi zhengyi* Acquired by the German Academic Research Expedition ... 60
  4. Seven Surviving Fascicles of *Maoshi zhengyi* Transmitted to Japan ... 63
  5. Scribing and Annotating the Manuscript Fascicles of *Maoshi zhengyi* Transmitted to Japan ... 67
  Conclusions

Chapter 2 The Fragments of the Chinese Editions in the Seikado Library 静嘉堂文庫 Holdings Introduction ... 85
  Introduction ... 85
  1. Questions about the Origin ... 86
  2. Questions about the Tripitaka set that Entered Turfan ... 89
  3. Questions about the Frontispieces of the *Qidan zang* ... 91
  Appendix: Chinese Editions Fragments Catalogue in the Seikado Library Holdings ... 100

Chapter 3 Chinese Editions in the N. N. Krotkov Collection of Russia ... 117
  1. An Example of the Classification of Russian Collections ... 118
  2. The Source of N. N. Krotkov Collection ... 121
  Appendix: Chinese Printed Editions Fragments Catalogue of the N. N. Krotkov Collection ... 126

Chapter 4 C. G. E. Mannerheim Collection ... 169
  Introduction ... 169

1. Places where the pieces in the C. G. E. Mannerheim
   Collection were Collected 170
2. The Features of the C. G. E. Mannerheim Collection
   — Era and Content 174
3. Various Fragments 176
   (1) Buddhist Canons no Longer Extant 176
   (2) The Manuscript of the *Foshuo renwang huguo bore
       boluomi jing* 佛說仁王護國般若波羅蜜經 187
   (3) Materials on Daoism 190
   (4) Secular Documents 192
   Appendix: Chinese Editions Fragments Catalogue of
       the C. G. E. Mannerheim Collection 196

Chapter 5 Is the *Jin Zang Dafangbian fobaoen jing* 大方便
           佛報恩經 the *Qidan zang*? 287
Introduction 287
1. The Extant *Jin zang Dafangbian fobaoen jing* 288
2. Examination Based on the Form of Bookbinding of
   Volume 2 of the *Jin zangDafangbian fobaoen jing* 289
3. Examination Based on the text of Volume 2 of
   the *Jin zang Dafangbian fobaoen jing* 292
Conclusions 297

Chapter 6 Issues on Xing Lin's 行琳 *Shijiao zuishangsheng
           mimi tuoluoni ji* 釋教最上乘祕密藏陀羅尼集 301
Introduction 301
1. Fang-shan Stone Sutra 房山石經 and the Qidan Tripitaka
   (the *Qidan zang*) 303
2. Xing Lin's *Shijiao zuishangsheng mimi tuoluoni ji*
   among the Fragments of the Turfan documents 308
3. Xing Lin's Preface to *Shijiao zuishangsheng mimi
   tuoluoni ji* 311
4. The transmission of Xing Lin's *Shijiao zuishangsheng
   mimi tuoluoni ji* 315
Conclusions 317

Chapter 7 The Frontispiece of a Printed Buddhist Canon
           in Uigur 321

Introduction ... 321
1. Locating the Problem: Part 1 ... 322
2. Locating the Problem: Part 2 ... 324
3. Dang Baohai's 黨寶海 explanation ... 325
4. Kentaro Nakamura's 中村健太郎 Opinion ... 328
5. The Author's Opinion ... 329
Conclusions ... 333

III. Personal Essay

Chapter 1   The Relics of Buddha: The Landscape of Cremation ... 339
  1. Gave offerings to the relics of Buddha of the Famen Temple 法門寺 ... 339
  2. Hanyu's 韓愈 Memorial ... 340
  3. Didactic Tales about the Origin of Cremation and about the Stupa ... 341
  4. Faith in the Buddha's Relics and Didactic Tales ... 344
  5. Accepting Cremation ... 345
  6. Faith in the Relics of Eminent Monks ... 346
  7. Faith in Relics and Zen ... 348
  8. Hanyu and Zen ... 349
  9. The View of Humanity in Classical Confucianism ... 351
  10. The View of Humanity of Early Modern China ... 352

Chapter 2   German Sinology from a Japanese Sinologist's view ... 355
  Introduction ... 355
  1. Difference between German and Japanese Sinology ... 355
  2. Footprints of German Sinology ... 360
  Conclusions ... 365

Chapter 3   My Past and Present ... 367
  1. My Past ... 367
  2. My Present ... 370
    i) The Chapter of *Fayun tonge zhi in Fozu tongji* 『佛祖統紀』法運通塞志 selected by Zhi Pan 志磐 ... 370
    ii) Catalog of the Fragments of the Printed Editions of the Turfan documents of Berlin ... 375

The World of Documents in the Classical Age of China：

  Concluding remarks　　　　　　　　　　　380

Postscript　　　　　　　　　　　　　　　　　383

Original Publications　　　　　　　　　　　　385

西脇 常記（にしわき・つねき）

1943年上海に生まれる。東京教育大學文學部哲學科卒業。京都大學大學院文學研究科博士課程（中國哲學史）修了。京都大學文學部助手，新潟大學教養部助教授，京都大學教養部助教授，同大學大學院人間・環境學研究科教授を歷任し，2006年，退職。京都大學名譽教授。その後，同志社大學文學部教授。文學博士（京都大學）。專門は中國思想史・中國文化史。

〔主要業績〕『史通內篇』・『史通外篇』（東海大學出版會，1989，2002年），『唐代の思想と文化』（創文社，2000年），*Chinesische Texte vermischten Inhalts aus der Berliner Turfansammlung*（Franz Steiner Verlag, Stuttgart, 2001），『ドイツ將來のトルファン漢語文書』（京都大學學術出版會，2002年），『中國古典社會における佛教の諸相』（知泉書館，2009年），*Chinesische Blockdrucke aus der Berliner Turfansammlung*（Franz Steiner Verlag, Stuttgart, 2014）。

〔中國古典時代の文書の世界〕　　　　　　　　ISBN978-4-86285-239-7

2016年8月5日　第1刷印刷
2016年8月10日　第1刷發行

著　者　西　脇　常　記
發行者　小　山　光　夫
印刷者　藤　原　愛　子

發行所　〒113-0033 東京都文京区本郷1-13-2
　　　　電話03(3814)6161　振替00120-6-117170
　　　　http://www.chisen.co.jp
　　　　株式会社　知泉書館

Printed in Japan　　　　　　　　印刷・製本／藤原印刷